子ども虐待ソーシャルワーク
転換点に立ち会う

川﨑二三彦
Kawasaki Fumihiko

明石書店

まえがき

　我が国で児童虐待の統計を取り始めてから今年でちょうど20年、「児童虐待の防止等に関する法律」が制定、施行されてから数えるとちょうど10年となる。この間児童福祉の世界は、我が国の社会情勢も反映しながら、文字どおり激動した。大学卒業以来32年間を児童相談所で勤務し、その後、子どもの虹情報研修センター（日本虐待・思春期問題情報研修センター）に移って業務を続けながら、私はそのことを身をもって体験した、というより今なお体験し続けていると言っていい。

　本書は、この激動の時代を俯瞰し、児童福祉の業務に現に携わっている方々や、これから児童福祉について学ぼうとする学生、院生、さらには研究者、また子どもや家族に関心を持っている多くの方々に、私たちの社会が経験した変化とそのプロセス、また現在の課題などを、種々の角度から示そうと試みたものである。

　手始めに、激動の様子を象徴する図を示してみよう。1948年（昭和23年）に児童福祉法が施行されてから、厚生省及び厚生労働省が発出した児童相談所の運営にかかる指針の変遷図がそれだ（次頁）。

　児童福祉法施行当初、児童福祉司は児童相談所に所属せず、独立して業務を行うなど、現在とはかなり違ったシステムだったが、幾たびかの法改正を伴いつつ、1951年（昭和26年）に「児童福祉マニアル」、1952年（昭和27年）には「児童福祉必携」が出され、我が国の児童福祉は少しずつその形を整えていく。そして児童相談所運営の基本が定まるのは、1957年（昭和32年）の「児童相談所執務必携」によってであろう。児童相談所はここに至ってようやく、揺籃期を脱したのである。

　以後、途中で「児童相談所執務必携（改訂版）」（1964年）や「児童相談所執務提要」（1977年）が出されたものの、「児童相談所運営指針」策定までの約30年余、児童相談所は安定期を過ごしたと言っていい。

　ところが、平成の時代に入ると指針の改正速度は次第にはやまり、ついには

児童相談所運営指針等の発出と主な改正

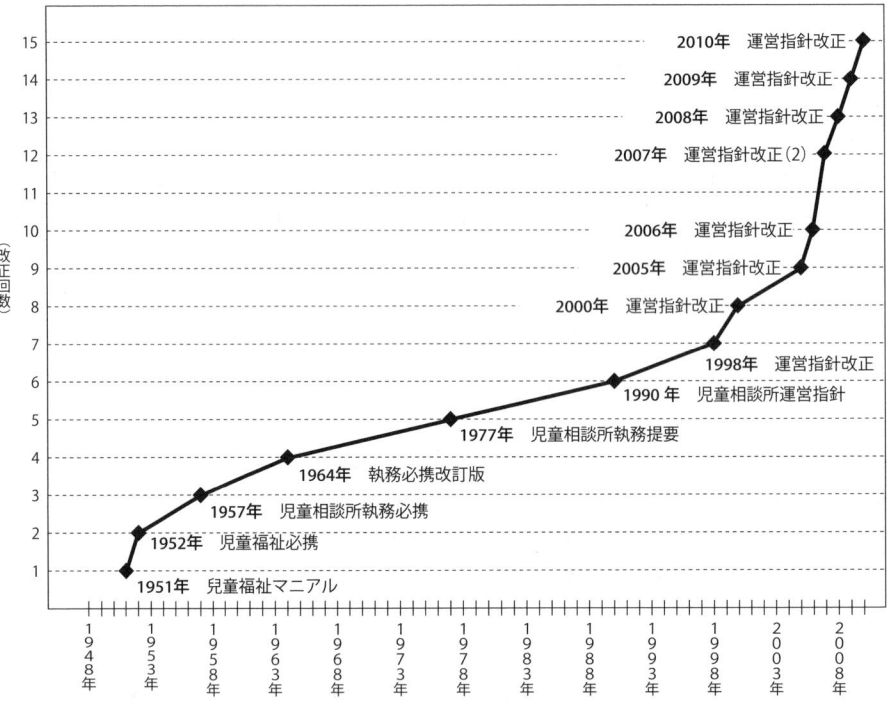

児童福祉法制定当時は、比較的頻繁だった指針等の策定は、その後安定期を迎え、児童相談所運営指針になって以後頻繁に改正されていく様子がわかります。

めまぐるしいほどの変化を遂げていく。ここでは、改正に当たっての厚生省（厚生労働省）の説明を引用しながら、その足取りをたどってみたい。まずは1990年（平成2年）の「児童相談所運営指針」の発出。この年は、先にも述べたように、児童虐待の統計を取り始めた年だ。

「児童福祉法が施行されて40年余がたちました。……この間の社会経済状況の変容は、家庭や地域における児童養育機能の低下をもたらし、新たに対応すべき課題も起こってきています。また、昨年11月20日には、国際連合において『児童の権利条約』（仮称）が採択されるなど、世界的にも児童に対する関心が高まってきています。

こうした中で児童相談所は、その時代、時代のニーズにあわせ、児童福祉に関する専門的な行政機関として、相談指導、措置、一時保護等の機能を有機的に結びつけつつ、援助活動を展開してきました。そして今後も先に述べた時代

背景の中で、児童相談所の果たすべき役割はますます重要になってくるものと思われます。
　……『児童相談所運営指針』は、こうした認識のもとに、昭和52年に策定された『児童相談所執務提要』を全面的に見直し、児童相談所が、さらに児童の健やかな成長と自己実現を援助する機関となることができるよう、その運営の指針を示したものです」
　こうして生まれた児童相談所運営指針が初めて改正されるのは、策定後8年を経過した1998年（平成10年）のことだ。
　「昨年6月には、次代を担う児童の健全な成長と自立を支援するため、児童福祉法が制定後50年ぶりに大幅に改正され……」
　というぐらいだから、私たちも心して受けとめたのだが、今にして思えば、あくまでも従来の枠組み内での"大改正"に過ぎなかったと言っていい。
　そして2000年（平成12年）11月の改正。これはもう、厚生省の言葉を引用するまでもなく、「児童虐待の防止等に関する法律」の成立によるものだ。かつて児童相談所で勤務し、再び児童相談所に戻った者が、あまりの変貌ぶりを目の当たりにして、自らのことを自嘲気味に「浦島太郎」と言い始めたのはこれ以後のことだろう。
　さて、2005年（平成17年）。
　「『児童虐待の防止等に関する法律の一部を改正する法律』及び『児童福祉法の一部を改正する法律』により、児童虐待の定義の明確化や、国及び地方公共団体の責務等の強化、児童虐待の通告義務の範囲の拡大等が図られるとともに、児童家庭相談に応じることを市町村の業務として法律上明確にし、住民に身近な市町村において、虐待の未然防止・早期発見を中心に積極的な取組みを求めつつ、都道府県（児童相談所）の役割を、専門的な知識及び技術を必要とする事例への対応や市町村の後方支援に重点化する等地域における児童家庭相談体制の充実を図る……」
　このときの児童福祉法改正は、市町村を児童家庭相談の第一義的な機関と位置づけるなど、数々の児童福祉法改正の中でも特筆すべきものであった。これ以後、児童相談所運営指針は毎年改正されていく。順次見ていこう。

　まずは2006年（平成18年）9月の改正。背景には2つの出来事があった。すなわち、
　「本年10月からの障害者自立支援法の施行及び、本年4月に取りまとめられ

た『今後の児童家庭相談体制のあり方に関する研究会』報告書等を踏まえ、今般『児童相談所運営指針』を別添のとおり改正した」
　というのである。後者の研究会に、実は私も委員の一人として参加したのだが、実務的に大きな問題となったのは、むしろ前者だろう。障害児施設が原則的に措置から契約へと大きく制度が変わり、その対応で児童相談所は忙殺されていく。
　ところが、この改正から半年も経たない2007年（平成19年）1月、運営指針はまたしても改正される。こんなに間をおかず改正されるのは初めてのことだが、その理由は次のとおり。
　「児童虐待により子どもの尊い命が失われるなどの深刻な事件が頻発しており、児童相談所における立入調査や一時保護等の措置が迅速かつ確実に行われるとともに、関係機関相互の連携強化を図るなど、子どもの安全確保を最優先とした対応を行うことが緊喫の課題となっている」
　この改正に影響を与えたのが、ネグレクトによって3歳の子どもが餓死した京都府長岡京市での事件であった。振り返ると、当時私は、京都府の職員として本件の対応に追われたのだが、厚生労働省も事件の3カ月後には早くも指針を改正し、迅速に反応したのである。
　さて、2007年（平成19年）は、1月に次いで10月にも改正があった。ちなみに1年に2度も改正されたという前例はかつてない。その理由は以下のとおりである。
　「『少年法等の一部を改正する法律』が、本年11月1日に施行されることに伴い、今般『児童相談所運営指針』を別添のとおり改正したので……」
　この改正の背景には、おそらく2003年に長崎市で起きた中学1年生による男児誘拐殺人事件や、2004年の佐世保市での小6女児による同級生殺害事件などがあったと思われる。重大事件を起こした触法少年について、新たに警察官から児童相談所長に送致する制度が設けられ、その場合、児童相談所長は原則として家庭裁判所に送致するよう定められたもので、やはり非常に大きな制度改革であった。
　さて、それから半年後の2008年（平成20年）3月。
　「今般、『児童虐待の防止等に関する法律及び児童福祉法の一部を改正する法律』が本年4月1日に施行されること等に伴い、児童相談所運営指針等を別添のとおり改正……」
　児童虐待防止法の第2次改正が行われ、臨検・捜索制度などが新たに導入さ

れたからには、指針がそのままですまされないのは当然のことだ。
　さらに2009年（平成21年）3月。
「今般、『児童福祉法等の一部を改正する法律』が、一部の規定を除き、本年4月1日に施行されること等に伴い、児童相談所運営指針等を別添のとおり改正……」
　ここでも多くのことが改正され、新しい内容もつけ加えられたが、たとえば児童福祉施設や里親で育つ子どもに対する職員等の虐待を「被措置児童等虐待」として明確化し、その対応を定めたのも、このときのことであった。
　改正はまだ続く。本年（2010年）1月に東京都江戸川区で発生した小1男児に対する保護者による暴行死事件を契機として、3月には、次のような趣旨の改正があった。
「今般、『学校及び保育所から市町村又は児童相談所への定期的な情報提供に関する指針』（平成22年3月24日付雇児発0324第1号）を策定したこと等に伴い、児童相談所運営指針等を別添のとおり……」
　どうだろう。ここまで児童相談所マニュアルの変遷、特に最近の児童相談所運営指針のめまぐるしい改正状況を追いかけてきたが、それはとりもなおさず、現代社会における家族や子どもの状況が変貌していることのあかしであり、それに伴う児童福祉の実施体制の必然的な変化の歴史だと言ってもいいのではないだろうか。

　本書は、そうした子どもと家族の現状、そして児童福祉の動向、さらには児童相談における対応の180度とさえ言える転換などを身をもって体験した私が、それらを、またそれらの意味するものを苦心惨憺、種々の形で表現したものだ。が、これらはすべて「今にして思えば」式に書かれたものではなく、まさに変化のただ中にいて、その時々に渦中の人として書き表したものである。
　なお、若い読者には道案内となり、ベテランの専門家には議論のきっかけとなるよう、本文の脇に140字以内で、現時点での私の考えやコメント、解説などを自由に気軽に呟くことにした。140字とは、もちろん最近とみに世間で広がるツイッターの制限字数を意識してのことだが、読者は読み進むにしたがい、本文だけでなくそんな呟きに対しても、あるいは納得し、あるいは反論し、はたまた異論を唱えたくなるだろう。そして知らず知らずのうちに、読者自身も何ごとかを呟いている……。そんな趣向を楽しんでいただければさいわいである。

加えて、それぞれの内容が少しでも理解できるよう、各章の冒頭に、案内役となる小文（オリエンテーション）を置いてある。まずはそちらを眺めるのも一興かも知れない。

　ところで、今このような書物を上梓する意味、またその価値は奈辺にあるのか。何年も前から編集者とあれこれ議論し、考えながら、ようやくここまでたどりついて確信することをひとことで言えば、私たちは、このような激動の時代だからこそ、我が国児童福祉の歩みを再確認し、そこから深く学ばなければならないということだ。
　ソーシャルワークのあり方は、先にも述べたように児童虐待への対応を中心にして劇的な転換を遂げている。そこには必然があり、発展もあるのだけれど、新しくこの世界に入ろうとする人たちが現在を正しく理解するうえで、また私たちの誰もがその変化を受けとめ、未来に確かな一歩を刻むためには、本書のような存在が是非とも必要だと、私は信じる。
　とはいえ、この時代を、またその変遷をまるごとつぶさにとらえることなど不可能だし、私の力量を遙かに超えていることは先刻承知。だから本書は無謀な企て、蟷螂の斧というほかないが、しかし、小さな一石を投じることならばできないことはない。それが本書を世に送り出す理由である。

　2010年11月

　　　　　　　　　　　　　　　　　　　　　　　　　　　　　川﨑二三彦

◆
子ども虐待ソーシャルワーク
転換点に立ち会う
◆

目　次

まえがき　3

第1章
子どもと家族の現在
◆ 生きづらさへの眼差し ◆

- 一本の木も黙って立ってはいられない……………………………………018
  理想の家族／少子化時代／どこまでやるの？／親側の不安
- 被害者としての加害者……………………………………………………021
  フラッシュバック／パソコンパニック／非行と虐待
- 刃物をもちだす子どもたち………………………………………………028
  盾／爆発／安全／刃物の意味／成長
- たった一度の"体罰"事件…………………………………………………032
- どこか気になる子どもたち………………………………………………034
  気がかり／落とし穴／葛藤の内包／援助の道
- 暴力をふるう子どもたち…………………………………………………037
  支配／暴発／混乱／背景／援助
- 放任される子どもたち……………………………………………………043
  はじめに／黙認／放置／偏愛／干渉／目配り
- キレる子ども、プラス大人たち…………………………………………049
- 人権を侵害される子どもたち……………………………………………051
  米を持たせた子ども／人権侵害を明記／保護者との対立／親子の再統合
- 楽園を失った子どもたち…………………………………………………055
  子どもの楽園／消え去った文明／難しくなった現代の子育て
- 最前線で考える子どもと家族の今………………………………………058
  "やりなおせる国・日本"を創ろう／"家族"を創る／かけがえのない命／対人援助職のバーンアウト／60周年を迎えた児童福祉法
- 置き去りにされる赤ちゃん………………………………………………066
  赤ちゃんポストの背景にあるもの／敷居が高い？／相談援助の基本／

時代を見通した援助の方法を
- 現代社会の遠い隣人……………………………………………071
- 権威をなくした父親……………………………………………073
- "ことば"を憎む子ども…………………………………………074
- 所持金２円のひったくり犯……………………………………076
- ストレスに押しつぶされた母親………………………………077
　　〆切り日／ストレスとはなんだろう／現代社会／ある事例／Ａ子／前兆／事件／破綻／がらくたの薬理作用

第2章
ソーシャルワークの行方
◆ 変貌する現場で考える ◆

- 児童虐待防止法、ついに成立…………………………………092
　　ネグレクト／児童虐待防止法／泣き叫ぶ声／未踏の道
- 児童虐待防止法、施行直前……………………………………097
　　急増傾向とまらぬ虐待通告／虐待防止法制定の意義／立入調査／相談を受ける義務／児童虐待の定義をめぐって／児童相談所の力量アップ
- 児童虐待防止法、施行される…………………………………106
　　はじめに／法第11条／国会審議／児童福祉司指導／困難
- 増える児童相談所の緊急対応…………………………………111
　　24時間体制／緊急保護／急増する虐待通告／児童虐待の要因／私たちの課題
- むずかしい初期対応……………………………………………116
　　ある通告／介入と援助／誤報／私たちの課題
- 学校による虐待通告……………………………………………120
　　団体の責務／通告の秘密／連携の課題
- 児童虐待防止法、改正される…………………………………124
　　期待と批判と／親子の再統合／安全の確保／ヒットを打て！／これからの課題

- 児童虐待防止法、再び改正される……………………………………131
  児童虐待防止法の成立／児童虐待防止法の第1次改正／第2次改正へ／司法が関与、立入調査権限の拡大／面会・通信の制限強化／安全確認の義務化／機関連携の強化／保護者への支援について
- 児童福祉の貧困………………………………………………………140
  児童相談所を訪ねる／全国トップクラスでも……／イギリスの児童福祉事情／貧しい日本の体制／さまざまな努力／これからの児童虐待対策
- 虐待死した子どもが問いかけるもの………………………………144
  後を絶たない子どもの虐待死／検証の義務化／死亡人数／多くは乳幼児が犠牲に／検証事例から／提言と対応／心中事例について／最後に
- いよいよ始まった親権制度の見直し………………………………153
  児童虐待防止法制定から10年／児童福祉法47条2項をめぐって／重要性を増す施設と児童相談所の連携
- 児童虐待防止法10年のパラドックス………………………………156

第3章

"よりよい実践"とは何か
◆ 事例報告にみる変遷 ◆

【グループワーク1】
- 子どもが子どもであるための治療的アプローチ……………………162
  Ⅰ はじめに／Ⅱ 対象児の決定と集団指導の目的／Ⅲ 方法／Ⅳ 1982年の夏季集団指導／Ⅴ まとめにかえて

【グループワーク2】
- ユースホステル盗難事件………………………………………………177
  先行き不安なスタートだった／思わぬ事件が発生する／いつまで話が続くんですか／突然Gが泣き出した／最後まで面接を続けよう／サイクリングがMを変えた／200キロという長さの中で

【家族療法実践1】
- それを調べて来てよ……………………………………………………183

何でかわからへんけど／家族では無理です／家の中は無茶苦茶／それを調べて来てよ／そればっかり考えてた／わかっちゃいるけど／呼吸である／いつものパターンが

【家族療法実践2】
- 症状が家族を結びつける··190
   Ⅰ はじめに／Ⅱ ケースの概要／Ⅲ 指導方法と経過／Ⅳ 考察

【ソーシャルワーク事例】
- 夜逃げの家族··205
   はじめに／藁をもつかむ思いで／破綻／軽自動車での放浪／律儀な電話／保証人を求めて／再起を目指して／引き取りの準備／再出発／ふりかえって

【介入的ソーシャルワーク事例】
- 2度の立入調査と28条申立て··231
   はじめに／経過その一　通告／経過その二　援助方針／経過その三　立入調査／経過その四　再入院、再手術／経過その五　2度目の立入調査／いくつかの改善／医療機関との連携／一時保護制度のあり方について／児童相談所や児童福祉施設の体制整備

第4章
専門性と相談体制のジレンマ
◆ 児童相談所の日々 ◆

- 専門性と処遇力、その2··244
   Ⅰ 心理職／Ⅱ 児童福祉司発見の旅／Ⅲ 凡人の道
- 多忙の海に溺れる児童福祉司··284
   人事課長にきいてくれ／福祉司の日々／今、求められるもの
- 現場で生まれ、現場を支える児相研···290
   鈴木政夫さんからの手紙／規約改正／全国セミナーの開催／秋田セミナー／児童福祉司研修ワークショップ／児相研カナダ研修旅行／児相研メーリングリスト／児相研の「見解」／組織活動／これからの児相研

- 児童相談所 Weekly……………………………………………………309
  - Ⅰ　2000年10月～2001年4月
  - Ⅱ　2001年5月～2001年10月
  - Ⅲ　2002年5月～2002年11月

第5章
誰のために闘うのか
◆ 児相再編物語 ◆

- はじめに……………………………………………………………402
- 前　兆………………………………………………………………404
  1980年人事異動／再編問題の歴史／福知山児童相談所の新築／府の「行革」と保育指導員の問題／三児相分会合同会議／第1回三児相研集会
- 胎　動………………………………………………………………416
  児童相談所再編の動き／第2回三児相研集会／第3回三児相研集会
- 浮　上………………………………………………………………427
  最初の交渉／一時保護所問題の検討／福祉部次長の舞鶴・福知山児相訪問／福祉部計画案／軋み
- 展　開………………………………………………………………445
  局面の変化／南部児相の建設／北部問題―その1／北部問題―その2／業務検討会議
- 収　束………………………………………………………………460
  人員問題―その1／組織問題／人員問題―その2／2-24次長交渉
- 総　括………………………………………………………………467
  再編の結果について／私たちの取り組みについて
- おわりに……………………………………………………………472

あとがき　475

第 1 章
子どもと家族の現在
◆ 生きづらさへの眼差し ◆

◆オリエンテーション

　大地はひび割れ、樹々さえ枯れよ、というほどの猛暑。熱中症で5万人が救急車で運ばれ、500人以上が死亡したという今年の夏のさなか、世間を震撼させたのは大阪市西区で起きた2幼児放置死事件であろう。報道によれば、マンションで発見された3歳の女児と1歳男児の遺体に目立った外傷はなかったものの、すでに死後数週間を経ていたらしく、ことのほか腐敗が進んでいたという。風俗店勤務の母親が長期間にわたって自宅に戻らず、子どもたちを放置して死なせたとして逮捕された。
　この事件では、匿名通報を受けて5回の家庭訪問をしながら子どもたちを保護できなかったとして児童相談所が激しく非難されたのだけれど、その背景には、「幼い子どもたちがまさかこんな形で死んでいくなんて！」という驚き、悲しみ、憤り、無念の思い、やりきれなさなどの感情をもてあました人々が、それらを子どもの保護を担当する児童相談所にぶつけたのであろう。
　まさに究極のネグレクト。長く児童相談に携わり、種々の児童虐待に対応してきた私にとっても、かつて経験したことのない稀な事例だったと言うほかない。ところが、よくよく考えていくと、驚いたことに実は私自身がこの母子と多くの共通点を持っているのである。それに気づいて背筋が寒くなってしまった。

　「もしもし、川﨑さんでしょうか。実は私、〇〇と申しまして……」
　電話の向こうから、慇懃な言葉遣いの男性が話しかけてくる。のだけれど、その名前に覚えはない。とりあえずは黙って聞いているが、面接を控えている私は次第にいらいらしてくる。
　「ところで、ご用件はどんなことでしょう」
　この手の電話の多くは、マンション購入の勧誘だ。
　「物件は大阪にありまして……、いえ、実際に住むという話じゃないんです。資産価値が高くて好条件ですので、今ご購入されますと必ずや高収入に……」
　私の名前や勤務先をどこで調べたのか、京都府に在職中、こんな電話が何本かかってきたか数知れない。と考えて話を元に戻すと、事件の現場となったマンションのこの部屋は、ある資産家が資産運用のために購入し、賃貸で誰に部屋を貸すかといったことはすべて不動産業者に任せていたらしい。それゆえ又貸し又貸しの末にこの母子が住んでいたなんて寝耳に水、考えもしなかったというのである。この男性、事件後は母とのあらぬ関係まで疑われ、対人恐怖に近い状態になってしまったという。幸か不幸か私にそんな余分な資金はなかっ

たから難を逃れはしたものの、マンションで資産を運用する人が珍しくないとしたら、彼の人を嗤うことは決してできるものではあるまい。

ところで、児童相談所がこの家族と接触できなかった大きな理由の一つに、母子がマンションに転入してきた後も住民票を移さず、本人を特定できないという問題があった。が、我が身を振り返ると何のことはない。単身赴任で横浜に来ている私も、実は住民票は京都に残しており、この母子と、いわば大差ないのである。つけ加えれば、近隣住民との交流だって似たようなものだ。本件では、同じマンションに住む隣人が、「まさか自分のすぐ隣でこんなことになっていたとは」と絶句する様子がテレビに映し出されていたが、都会砂漠の中で親子３人が誰にも知られず生活するといった暮らしぶりに、多くの人が暗澹たる気持ちにさせられた。では私はどうか。本章に掲載した「現代社会の遠い隣人」を読んでいただければ、この母子と大同小異、お寒い実情が見えてくるだろう。

こうして考えていくと、大阪市２幼児放置死事件は、あまりにも酷い事件として私たちを驚愕させただけでなく、もしかすると今後も似たような事件が生じ得る、それもごく身近で起きても不思議ではないという予感があって、つまりは、私たちは今本当に安心して暮らせる社会に生きているのかという疑問がふつふつと湧き起こってきたがゆえに、大きな衝撃をもたらしたのではないだろうか。私にはそのように思えるのである。

さて、いささか分厚い本書の第１章を、私は「子どもと家族の現在」と題して始めることにした。副題を「生きづらさへの眼差し」とした理由は、今述べたことからご理解いただけるのではないだろうか。

ここには1990年代後半から現在までの十数年間に、さまざまな媒体から依頼され、それに応じて書き綴ったもののうち、現代社会の家族状況や子どもの姿を照らし出していると思われるものを選んで掲載した。読者は、たった10年ほどの間に生じた社会の変化を実感するかも知れないし、あるいは今なお変わらぬ家族と子どもの姿を発見するかも知れない。まえがきにも書いたように、できれば読者の皆さんが、原稿を書いた当時の私と、それについて呟く現在の私を相手に議論し、対話していただければと願っている。

> 一本の木も黙って立って
> はいられない

一本の木も黙って立ってはいられない

理想の家族

　最近つくづく思うのですが、私たちが生きている時代というのは、いったいどんな時代なのでしょうか。先日もある中学生の非行の相談に応じていたのですが、その親ごさんは、とてもよくできた人でした。自分たちが住んでいる社会をしっかり見つめておられるようで、環境問題にも心を痛めているのでしょう、排気ガスをつくり出すのはよくないからと、思い立って家庭での車の使用をやめてしまったと言います。子どもたちの食事にも気を使い、添加物の入ったものは避け、なるべく自然の味のするもの、安全な食品を用意しているのです。もちろん子育てにおいても子どもの個性を尊重し、頭から押さえつけるような態度はとりません。子どもの主張を聞いてやろうと努力し、ともかく理想的な家庭を願って真剣に取り組んでおられるわけです。ところが子どもが非行化してきた。いったいどういうわけなのか、よく聞いていくと、彼にとっては、他の家と違って父親が車も持たず電車で通勤するというのは、今の時代では何か情けないことに感じられたらしいのです。そう考えていくと食べ物に気を使うというのも、どこか神経質な印象につながるようで、しまいに彼は、その食品をどこで購入したかをしつこく問いただし、親が日頃信頼を置いている生協の商品だとかえって食べなくなり、近くのスーパーで買ったものなら安心して食べるようになったというのです。ここにはどこにでもよくある思春期の反抗といったテーマも見え隠れしていますが、一方、ごく普通の、むしろ善良な家庭の親ごさんの今日的な気分も象徴的に反映しているように、私には思われました。

少子化時代

　少子化時代と言われます。少ない子どもを大切に育てるということなのでしょうか。確かにひと昔前と比べて、親が子どもに向ける目は、ずっと行き届いており、かつ子どもが小さいときから、親は塾にお稽古ごとにと通わせ、下にも置かぬ扱いをしている感があります。ただ、どう言えばいいのでしょうか。そこには先ほどの家族のような、いわ

＊重版御礼。500ページにもなろうかという分厚さなのに、1年で重版になるとは思いませんでした。本書を手にしてくださった方々に深く感謝し、重版では、新たな呟きを加えることにしました。＊印のあるツイートがそれです。

＊不思議ですね。新たに呟いていくと、何か新しい本を作り上げていく気分になります。重版を手にする方は、何か得した気分に……なりませんかね。

それにしても、「生協の品をいやがりスーパーの食品なら安心」という中学生の話は今もって忘れられません。びっくりするようなエピソードの中に、時代が象徴されていることは、でも多いんですよね。

ば先行きへの不安感に裏打ちされたような必死さ、丁寧さを私は感じとってしまうのですが、それは誤解なのでしょうか。こんな話がありました。公園に割と大きな木があって、子どもたちが木登りをするのだけれど、最近の子どもはそんな経験が少なくて、どうも見ていて危なっかしい。怪我でもしたらどうするのかと、保護者が話し合ったというのです。こんなときすぐに出てくる意見は、"公園は木登りをするところではない。木登りを禁止すべきではないか""立て札を立て柵をすればよい""止めても登ろうとする子はいるんだから、いっそのこと切り倒してしまったらどうか"……要するに安全策を模索するわけです。また"もし怪我をしたらいったい誰が責任をとるのか""確かあの公園は市が管理しているはずだ、市のほうに聞いてみよう"といった意見も出てきます。むろん逆に、"木登りも大切な経験だ、木を切るなんてもってのほか"といった規制反対の声も必ずあって、議論は白熱していきます。私がここで言いたいのは、個々の意見の当否ではなくて、何事によらず、今はこうした子育て論議が花盛りだということです。考えてみれば、これは決して悪いことではなくて、むしろ親が子どものことを真剣に考えて話し合っているのだから、大変よいことだと言えるはずです。しかし皮肉なことを言えば、今では一本の木も黙って立っているのは難しくなってきたと言えなくもない。

どこまでやるの？

　実は、私たちが児童相談所で経験することの中にも、これと似たようなことがちょこちょこ見られるような気がします。小学校6年生の男の子の登校渋りを訴えて相談に来たある母親は、友人関係のこと、勉強のこと、本人の性格について等々、その原因について思い当たることをあれこれと話してくれました。いちいちもっともだとうなずける内容だったのですが、私にとって印象深かったのは、そんなことよりもむしろ彼の育てられ方でした。一人っ子の彼は、素直で明るい子だというのですが、たとえば毎日の時間割の用意はもちろん母の仕事、そればかりか帰宅すれば、母親がさっさと鞄を開け、中のものを出して整理し、連絡帳を確認し、翌日の用意も母親が始めるというのです。その間彼自身は、母の行為に対してまったく無関心というのか、ごく当たり前のこととしてやり過ごしているそうです。

> もしかして、今は黙って立っていられる？

一本の木も黙って立ってはいられない

「私がやったほうが結局早いし間違いもないでしょう」
　母はそう言うのですが、単に能率のことだけでなく、この年齢になってくると、いかに小学生とはいえ、勝手に鞄を開けてもらいたくはないという気持ちは起きてこないのだろうかと、疑問が湧いてきます。逆に言うと、そうしたことをしごく当然のこととして受けとめてしまう彼の感性が心配になるのです。
　一方こんな例もありました。先ほどの登校渋りの子どもとはある意味で正反対で、やはり小学校の、今度は低学年の男の子ですが、彼はやんちゃで、もともと活発な子どもでした。でもクラスでは女の子にちょっかいを出して嫌われるし、遊び仲間に入れてもらおうとしても、ともすればルールを守らないため、結局は一人だけはみ出してしまいます。そうなるとおもしろくないわけですから、しなくてもよいいたずらを重ね、叱られるという悪循環を続けなくてはなりません。彼も一人っ子で、兄弟でもいれば自然に競争もあり、また妥協し折り合いをつけることも学べたのかも知れませんが、如何せん仕方のないことでしょう。ただ私がここで問題にしたいのは、そんな彼の性格のことではありません。こうした事態に直面した親のことなのです。こんな話を聞かされた父親は彼を許すことができません。当然叱るのですが、それがまた度を超している。蹴ったり叩いたりという体罰にとどまらず、「出ていけ！」と放り出します。しかもそのやり方がリアルなのです。子どもに荷物をまとめさせ、電車賃まで持たせるのですから、小さい子どもにすれば、出ていけという言葉を本気にせざるを得ません。実際この例に限らず、最近の相談の中では、親が怒って本当に子どもを追い出したという話をちょくちょく耳にするようになりました。要するに、親のほうが子どもの起こすさまざまな出来事に耐えられなくなってきているのです。

親側の不安

　考えてみれば、子どもがいたずらをし問題を起こすのは、これはもう昔から変わらぬ当たり前のことなのです。だから本来なら、親は子どものしでかしたことに応じて叱ったり、大目に見てやったり、場合によっては黙認することだって必要となってきます。でも、今は親のほうにそんな余裕がなくなってきた。極端な例では、子どもの勉強を

見てやるのはいいのですが、"思ったように理解しない"とか"さっさと答えを言わない、"あるいは"食事が遅い"といった理由で叱りつけ、骨折もするような激しい体罰を繰り返し加えたために、とうとう子どもが逃げ出し、児童相談所で一時保護したという例もあるのです。

　確かに親の子どもへ向ける関心は以前にも増して強くなっていると思います。でも、現代という時代が何か大変生きにくい世の中だからでしょうか。私はそこに親の側の不安を見てしまうのです。それは何も、児童相談所で相談をするような悩み事をかかえている人だけのことではない。たとえばいい高校、いい大学にいい就職先と、少しでも安定した子どもの未来を望む親がいます。ところが他方では、ただまっとうに暮らしてくれさえすればいい、ともかく死んじゃあだめだぞ、といったような、極めてささやかな、でも切実な願いを持って子育てをしているような人もいます。というより、今、親はその両方の願いの間を激しく揺れ動いているような気がしてなりません。そう考えると、登校渋りの母親の一生懸命さも、虐待まがいの叱責を続ける父親の激しさも、現代を生きるそんな親の気分の反映のような気がしてきます。子どもには子どもの社会があり、子どもだけの世界もあるはずです。少子化時代と言われる今だからこそ、もう一度子どもの世界を尊重するということを考えてみてもいいのではないでしょうか。

（1996年8月）

> 児童福祉司となって、まさに地を這うがごとくに担当地域の相談援助活動に邁進していた頃、京都府少年補導協会が発行する『補導だより』編集部から頼まれて書いた原稿です。特集「少子化時代」の中のひとこま。児童虐待時代到来の少し前という感じが、何となくしませんか？

被害者としての加害者

フラッシュバック

「ツトム君は当時小学校6年だったんです。私が『どこを叩かれるの？』と聞きましたら、『足とか顔、鼻も耳も口も叩かれたし、太股とかもあった。最初の頃は手でやられたけど、最後はライターで足の裏をやけどさせられた。丸坊主にさせられたこともある。男の人は机の上に足を乗せて、大声で怒鳴る』などと、すごくリアルに教えてくれました」

「そんなことが続けば誰だって我慢できませんよね。ツトム君も、

被害者としての加害者

「理解や共感のしづらい児童虐待を意外な切り口から解きほぐし、防止のための糸口を示してくれます」という一節が、本稿掲載誌の編集後記に載っていました。

本誌の発行は2000年8月。児童虐待防止法は制定されたけれどまだ施行前という微妙な時期なので、ここでは児童福祉法による通告義務を引用しています。なお通告義務は、1948年の児童福祉法施行時からありました。

内縁の男と暮らす母親の元を飛び出して、おばあちゃんのところに逃げ込むわけです。でもおばあちゃんにしたらどうでしょう、やはり簡単には引き受けられないんです。『あんたのお母さんなんやし、辛抱をし』と言い聞かせて涙ながらに帰します」

「でも、戻されれば余計に暴力はきつくなって、また逃げるということの繰り返し。男と母親が2人で迎えに来て『いやや！』と叫んでいるツトム君を無理やり車に押し込んで連れ帰ったり、『どつかれて歩けへん』と、ツトム君がおばあちゃんに悲痛な電話してくることもあったようです」

*

ある講演会で、私は一つの例を引きながら、子どもの虐待について話していた。

言うまでもなく、"子どもが虐待されている""保護者に任せてはおけない子どもがいる"といった事実を知った国民は、児童福祉法第25条の規定に基づいて、児童相談所（または福祉事務所）へ通告しなければならない。そして、こうした虐待の通告が近年急増していることは、すでにご承知のことであろう。そんなわけで私たち児童相談所の職員は、通告を受けて具体的に子どもの保護をはかる活動を第一にしながらも、児童虐待の現状や対応の方法、さらには子どもを虐待から守るためにどうしたらいいのか、といったテーマで関係機関と協議し、ネットワークをつくり、場合によってはこうした講演会に引っ張り出されることも多くなっているのである。

「それで、最後は眼窩骨折してしまうようなひどい怪我をさせられて、ついにおばあちゃんもツトム君をかくまうことにしたんですが、私が驚いたのは、その最後の逃走場面です。ツトム君がこんなことを言いました」

「怪我したところが痛くて、おばあちゃんに電話したら『逃げておいで』って言われた。荷物をまとめて駅に向かった。でも電車に間に合わないような気がして、もう荷物はその辺にほったらかして、走って駅に行った」

「『えっ、じゃあその荷物はどうしたの？』と、私は思わず訊きました。それでわかったのは、もう絶対ここには戻らないと決意したんでしょう、入るだけの荷物を3つ4つの鞄に詰め込んで持ち出したんで

すね。教科書や文房具にランドセル、半分やりかけの夏休みの宿題に衣類など、ともかくあらゆる物を詰め込みました。そしたら今度は重くなり過ぎて、『ぐずぐずしてたらお母さんに見つかってしまう！』と、途中、公園の植え込みに何もかも投げ捨て、身一つでおばあちゃんのところに駆け込んだというんです。実は私は後で公園を捜し、無残にも雨でずぶぬれになっていた鞄を見つけて持ち帰ったんですが、話を聞いている私にもツトム君の必死さが伝わってきて……」

　と、ここまで話したとき、私は思わぬ体験をするはめに陥った。その場面が急に生々しく浮かんできて冷静さを失い、不覚にも声を詰まらせてしまったのである。いわゆるフラッシュバック現象というのはこんなことを言うのであろうか。

＊

　長い間児童相談所で相談活動に従事してきて思うのは、虐待に対する取り組みは、私たち職員を、他の相談とはまた違った感情状態に追いやるということだ。保護者ともやむなく対立・対決しなければならないことも多く、一刻を争うような緊急の対応も求められ、場合によっては命の危険も伴うような事態が続くとそれもやむを得ないと思うのだが、一番重要なことは、虐待という事実を前にすると、私たち自身も知らず知らずのうちに傷ついてしまうということではないだろうか。講演会でのエピソードも、そのような意味でなら説明がつく。

　と考えていて、あらためて気がついた。当然と言えば当然過ぎることだけれど、このようにして相談に携わった者でさえフラッシュバック現象に襲われて涙ぐむとしたら、虐待された当の本人のトラウマはいかばかりかということだ。事実ここに登場したツトムも、祖母宅に引き取られて以後しばらく、夜中に寝ていても、ちょっとした物音にさえ怯（おび）えなければならなかったのである。

パソコンパニック

　では、このような痛ましい子どもの虐待という出来事がどうして起きてしまうのか、また年々急増する子どもの虐待の背景にはいったい何があるのか。相談の実務者として、実際にかかわった事例から見えてきたものをいくつか述べてみたい。

＊

被害者としての加害者

　ただし、ここで話が少し横道にそれることをお許し願いたい。私は今、この原稿を書くのにパソコンを使用しているのだが、本題に触れる前に私のパソコン歴を披露してみようと思うのだ。
　"ワープロ"というものを最初に目にしたのがいつだったかは忘れてしまったが、ともかく液晶の画面はごくごく小さく、フロッピーディスクのような記憶装置さえついていない代物を見て、これはとても使い物になるまいと見限ったことだけは覚えている。ところがその後の進化はめざましく、ふと気がつくと、何かを書くのにも、ワープロはもはや手放せなくなっていた。結果、何台も買い換え、生活にも十分馴染んだ頃である。時代はいつの間にかパソコン全盛期に移っていた。四十路を過ぎてから新しい道具を手にするのは結構骨が折れるだろうと思いつつ、試みに1台購入してやはり面喰らった。とにかくわけがわからないのである。読みづらいマニュアルを眺め、"超簡単"だの"中年男性にぴったり"だのという謳い文句に惹かれてパソコン雑誌を何冊も買い込み、挙げ句の果てにはメーカーに電話で問い合わせてもみるのだが一向に作動しない。最後は奥の手、操作手順にない方法で締めくくる。怒りにまかせて電源を切ってしまうのである。
「ああ、せいせいした。もうパソコンなんてまっぴらだ！」
　こうしてたった一つの操作を理解するために膨大なエネルギーを費やし、しかもなお徒労に終わって疲れ果ててしまう私をあざ笑う者がいた。
「ほら、こうすればいいだけだろ」
「ええっ？　どうして！　どうしてそんな簡単にできてしまうんや!?」
「こっちこそ聞きたいねえ、何でこんなことで悩んでいるのか……」
　パソコンに強い友人はいつも、何時間、あるいは何日にもわたる私の苦労を一瞬にして解決してしまうのである。まことに情けないというほかない。

＊

　閑話休題。なぜこのようなことを長々と書いてきたかというと、あるとき、こんなふうにパソコンに疲れてしまう自分と、虐待を加えてしまう親たちとが見事に重なっていることに気づいたからである。たとえば頭蓋骨骨折で病院に運び込まれた1歳の子どもの母は、私に次のように訴えた。

第1章
子どもと家族の現在
◆生きづらさへの眼差し

「先生、啓一には"かげひなた"があるんです」
「パンでもみんながいるところでは食べません。いっぺん隠れて、こっそり隣の部屋で様子を見てたんです。そしたら5分ほどしてから急にパクパク食べ出した。腹が立って『なんであんたはそんなことするの！』と叱ったら泣き出してしまいました」
 彼女は、まだ1歳そこそこの赤ちゃんが親に反抗している、と心底信じているのである。そのことへの怒りがどのような結果を生むか、目に浮かぶのではないだろうか。
 あるいは先ほどのツトムの母。彼女はさまざまなことでツトムを追いつめ、内縁の夫とともに暴力を繰り返していたのだけれど、こんなエピソードがあった。学校給食を食べるのが遅いと言われて悩んだ彼女は、ご飯の1杯目は最低10分間で食べるようにと時間を計り、それに遅れると体罰を加えたというのである。家族団らんの夕食とはいえ、時計を持って監視する母のそばではさぞ食事ものどを通るまい、と私は案じたのだが、むろん母親にはいささかの疑問もない。彼女にすれば当然の子育てなのである。
 このほかにも例を挙げれば枚挙に暇がない。ある夫婦の例では、赤ちゃんは母が抱くものであって父は抱いてはいけないと信じ込み、私たちが出会った生後8カ月に至るまで、父はただの一度も子どもを抱っこしたことがないというのであった。

＊

 これらは、子どもをどう育てるか、あるいは子どもというのはそもそもどんな存在なのか、ということについてのあまりの無知を示しているように私には思えるのだが、ふと考えてみると、どうだろう、中身こそ違え、パソコンで悩んでいる自分自身と瓜二つのような気がしてきたのである。知っている人間にとっては当たり前すぎることが、別の人間には極めて困難な出来事になってしまい、そのためのガイドブック、つまりパソコン雑誌や育児書は街にあふれているのに、というよりあふれすぎているために、いくら読みあさっても求めている答えが手に入らない。とどのつまりはパニックになって電源を切ってしまう、はたまた子どもに攻撃の矛先(ほこさき)を向けてしまう、というわけだ。
 もちろん子どもの虐待が、こうした情報洪水の中の情報疎外といったことだけで発生するというわけではない。たとえばツトムの場合で

被害者としての加害者

も、よくよく聞いていけば、能力主義の圧力に押しつぶされそうな母の姿が浮かび上がってきたし、啓一の"かげひなた"に腹を立てた家族は、実は啓一が障害児ではないかという不安を消せないでいたのであった。その他、家族の経済的苦境や夫婦間のトラブル・葛藤が子どもに向けられることは多いし、生きにくい世の中で父や母自身が精神的に病んでいることも稀ではない。要するに、子ども虐待の背景は一つではなく、いくつかの要因が重なることで家族が追いつめられ、それらの結果として初めて虐待はその姿を現すのである。児童虐待問題の根は深いと言わざるを得ない。

非行と虐待

ところでこの問題を複雑にするのは、加害者である親たちを一方的に非難すれば事たれりとするわけにはいかないことであろう。子どもに虐待を加える親たちが、今述べてきたように、実はある意味では最も援助を必要としているということは疑いない。たとえば啓一の場合も、父や母に対し、彼の現在の発達の様子を丁寧に伝え、今後の成長の道筋を指し示すことで、彼らはずいぶん態度を変えたはずである。加害者である親たち個々の状態に即した援助的なかかわりは、いつでも必要不可欠と言っていい。

*

さて虐待の問題を複雑にする要素というなら、もう一つのことを挙げなくてはなるまい。それは虐待される被害者である子どもたちが、必ずしもツトムや啓一のような純然たる被害者として立ち現れるわけではないということだ。

「はい、この前は特にひどくて、マンションのベランダからお隣のおうちに頼んで逃げ込ませてもらったんです」

「でも、私はまだいいんです。困るのは妹にまで無茶苦茶な命令をすること。それがつらくて……」

学校ではおとなしくてまったく目立たない高一の息子が、一歩玄関を入ると、途端に傍若無人の暴力行為を繰り返す、ということに耐えかねて相談にやって来た母の話である。

「以前は父親がいるとまだましだったんです。でも主人も最近では注意すらしなくなりました。今となっては本当に対処の方法がないん

です」

　聞けば聞くほど悲惨な状態であった。だがよく聞いてみると、家庭内暴力に至ったいきさつは、幼い頃から父親の体罰・暴力にさらされて育った彼が、体力的に父と遜色なくなってから、それまでのうっぷんを晴らすかのようにして次第に無理難題を要求し、暴力、無法の限りを尽くすという経過をたどっていたのである。次の例。

　「暴力といっても、手が痛くなるからと、木切れを使ったり扇風機を投げつけたりで、それは常軌を逸していました。ええ、小さいときからずっとです。口より手が先に出るのが父親でしたから」

　校内暴力やバイク窃盗を繰り返し、児童相談所でも挑戦的な態度を崩そうともしないある中学生の母は、このように父親の態度をなじってみせたが、こんな形で親からの暴力を受け続けた末に家出し、あるいは性的な逸脱行為を繰り返し、また暴力行為や窃盗に走る少年がいかに多いことか。というよりも、その存在が日常生活で正当に認められず、人から大切にされる経験もなく、逆にひどい扱いを受けた子どもたちが、自分たちの生きている証(あかし)としてさまざまな問題を起こすとも言えるのではないだろうか。そして……。

　「バカヤロー！」

　ある家庭訪問での出来事だ。私が驚愕したのは、たった今まで、暴力的な父の前で極度の緊張に縮こまっていた中１の五郎が、２階に上がった途端、突然自分の妹を度はずれた大声で怒鳴りつけるのを聞いたからであった。彼は空き巣の常習犯として児童相談所にやって来たのだが、話を聞けば、やはり幼少時からずっと父の暴力を身に浴びて育っていたのであった。そしてこれまた、あらかじめ刻印されていたかのような触法行為。ばかりか、父から受けた行為を、今度は私たちの目の前で妹にやってみせてくれたのであった。しかし考えてみるとこの瞬間こそ、虐待の被害者が、実は加害者に身を置き換えることがあるということをつぶさに示し、また加害者は実は被害者なのだということを鮮やかに映し出した瞬間ではなかっただろうか。虐待という問題に対処することの難しさはこんなところにもあると言っていい。

*

　では、彼らに接するにはどうすればよいのか。この点に思いを馳せるとき、いつも浮かんでくるのは次の一節だ。

被害者としての加害者

「家庭学校には、どのような少年がいますか。そう問われて、私たちは被害者である少年がいると答えるのです。しかし、当の本人がもし被害者気取りでいるとしたら、問題はまったく別だと思うのです。少年がいろいろと泣き言をならべ、自分はその被害者だと思っているとしたら、私はその甘えを許さないだろうと思うのです」

これは、岩波ブックレット『いま教育に欠けているもの──私の道徳教育論』（北海道家庭学校長谷昌恒氏著）からの引用である。著者はここで、非行を犯して入所してきた子どもたちに、被害者意識ではなく、"加害者としての自覚""深い罪の意識"を求め、なおかつ少年たちを"被害者として"遇しようとしている。複雑な家庭背景を持ち、保護者から虐待や遺棄されて育った末に問題を犯した子どもたちに対するには、こんな接し方がやはり必要なのだ、と私は思うのである。

＊

なお本稿に登場するツトムや啓一、五郎たちのことは、拙著『子どものためのソーシャルワーク』シリーズから引用しました。非行や虐待に対する児童相談所の具体的な相談援助活動やその問題点、課題などについてさらに詳しくお知りになりたい方、関心のある方は本シリーズ『①虐待』『②非行』『③家族危機』『④障害』（明石書店刊）をお求めくだされば幸いです。

（2000年8月）

掲載誌は、矯正協会発行の『刑政』。このときまで、寡聞にして本誌の存在を知りませんでした。児童福祉分野だけでなく、関連分野で児童虐待への関心が高くなっていることを感じたものです。

刃物をもちだす子どもたち

盾

「今日はお父さんが来てくれるから面会だよ」

こう話した途端、小学生と中学生の姉妹は台所に走って行く。いったいどうしたのかと訝（いぶか）るまもなく、彼女たちが持ち出したのは、なんと包丁であった。その包丁をしっかり握りしめ、児童福祉司をにらみ続ける姉妹。

"ここでひるんではいけない"瞬間的にそう悟った児童福祉司は、いささか動揺もあったが、彼女たちを見据えて問いかける。

「それをどうするつもりや！　お父さんを刺すとでもいうのかい!?」

1997年の神戸連続児童殺傷事件の後も、サバイバルナイフによる少年犯罪が話題となり、2000年になると、佐賀でバスジャック事件も発生します。こうした中で、『児童心理』2000年12月臨時増刊号が思春期の危機を特集し、「少年が持つ刃物」を題材にした原稿依頼が舞い込んできたのでした。

「そんなことするはずないやろ！」
「じゃあ、包丁はそこに置きなさい」
　おそらく児童福祉司の気迫がまさったのだろう。2人は思わず顔を見合わせた後で包丁を手放し、再び話し合いを続けることになったのであった。
　さて、こんなことも生じるのが児童相談所の一時保護所というところである。実はこの姉妹、統合失調症を患った母と各地を放浪し、母子密着の生活を送る中で"父親は悪魔だ"と言い含められ、それをすっかり信じ込んでいたのである。包丁を持ち出したのは、当のその父がやって来ると聞かされ、不安と恐怖に襲われての行動だった。のっぴきならない状況に追いつめられ（追いつめられたと信じ込んで）、身を守るために止むに止まれず包丁で身構えたのである。この場合、彼女たちが自ら進んで刃物を振り回すことはない。なぜと言って、この場合の包丁は攻撃の武器ではなく、あくまでも"身を守る盾"の役割を担わされていたのだから。児童福祉司は一瞬のうちにその状況を読みとったのであろう。避けて通れぬ対決の瞬間を見事に切り抜けたと言っていい。

爆　発

　だが、事情が違えば結果も変わってくる。こんなことがあった。
　継父から殴られ、虐待されてきた中学2年のA男を一時保護していたときのことである。彼は知的にも若干のハンディがあった。そこへ非行を繰り返す同じ中2のB男が入所してきたのである。しばらく生活をともにするうちに、職員の目を盗んでB男がA男に命令し、自分のすべき役割を押しつけ、さらには暴力をふるうようにもなった。すぐにはわからなくとも、このようなことは次第に明らかになるものである。あるときついに、B男の暴力行為が発覚した。なかなか証拠を見せなかったB男が、とうとう指導員の見ているところでA男を殴ったのである。考えてみれば、A男は虐待の被害者として保護されているのである。その彼が、身の安全を保障されるべき一時保護所で、過去に受けたと同じような暴力をふるわれたとしたら、決して見過ごすことなどできるものではない。
　ただ残念なことに、指導員が早まった。"何としてもA男を守って

刃物をもちだす子どもたち

やらねば！"というＡ男への思い入れも強かったのであろう、Ｂ男の暴力に瞬間的に反応して、平手で軽く彼を叩いてしまったのである。もちろん許されない行為、だが覆水は盆に返らない。

さあ、すると……。恐いものなしの非行少年として暴力をふるうことはあっても、自分が暴力を受けることなど決してなかったＢ男が激怒した。しかし力では指導員に勝てないことも彼にはわかっているのである。すぐさま台所に駆け込んで包丁を、彼の場合は両手に１丁ずつ、合計２丁をつかんで飛び出してきた。身の危険を感じた指導員はすぐさま逃げ出したのだが、それを見たＢ男は指導員に向かって包丁を投げつける。幸いにも包丁はわずかにそれたが、Ｂ男はますます興奮する。残った包丁を振りかざし、必死の形相で指導員の後を追いかけていった。前後の見境もなく児童相談所を飛び出し、指導員を捜して公道を歩き回るＢ男。

これには他の職員も驚愕した。まずは指導員を安全な場所に退避させ、次いでＢ男の後をただただ付いて回る。何とかして彼の興奮を静めなければならないが、「やめろ！」とか「包丁を渡せ！」などと強く叱責すればかえって逆上し、無関係の者にまで刃物を向ける可能性がある。しかしそのような傷害事件だけは絶対に避けねばならない。だらしが無いように見えても、彼をこれ以上興奮させないことが第一の目標となる。

結局は110番の通報をした。そしてサイレンの音に気づいた彼に、"包丁を持っていたらまずいことになるよ"と、機を逃さず声をかけた。彼もそのときやっと気を取り直したのだろう、何とか包丁を引き渡してもらうことができたのであった。警察には事情を説明し、そのまま引き取ってもらった。

安　全

少年が刃物をちらつかせ、あるいは本当にそれを使って殺傷しかねないような場面はそう多く経験することではない。しかしひとたびそのような場面に遭遇すると、これはまさに緊急の対応が求められる。しかも誰かと相談したり、いったんその場を離れて検討するような余裕は、通常ない。そのため対応する側も、当の本人以上に冷静さを失い、適切な方針を見いだせなくなることも生じ得る。

このような場合、まず考えなければならないのは、何といっても"安全"だろう。たとえば消防士であるとか救急救命士などの場合も、第一の任務は二次災害を防ぐこと、つまり自分自身の命を危険にさらさないことと言われている。学校や児童相談所その他の機関であっても、その点は変わるまい。ところが自分たちが日頃かかわっている生徒であることなどから、危機的な場面であっても何か指導しなければならないと思ったり、あるいは"舐められてたまるか"といった思いから、危険を増大させる言動をとってしまうことがある。英雄的に見える行為が必ずしも適切とばかりは言えない点は、注意すべきであろう。

刃物の意味

ところで一概に刃物をちらつかせると言っても、そこにはさまざまな事情がある。いつなんどき緊急の対応を余儀なくされるかわからないことを考えるなら、あらかじめその意味を考えておくことは重要であろう。

まず思うことは、刃物を持ち出すときというのは、彼ら自身にとっての一大事であり、彼ら自身が重大な危機を感じている場面だということだ。そして刃物は、実は"弱さの表れ"だと考えたほうがいい。というのも、生身の自分一人ではとうてい立ち向かえないと感じた彼らは、何か自分を大きく見せるもの、自分が拠りどころにできるもの、頼れるものを欲するのである。ときには仲間と徒党を組んで対抗するかも知れないし、ある場合にはアルコールや薬物に依存することもある。刃物を握りしめるのも、その一つではないだろうか。

ただし刃物は、刃物であるがゆえの独自の意味を持つ。言うまでもなく相手を殺傷する能力を身にまとうわけだから、それを握る当の本人さえも気づかぬような事態を引き起こす可能性があるということだ。本人は単なる護身用だと思っていても、あるいはただ相手を脅すだけのつもりだったとしても、思わぬ事態が生じかねないということを、私たちは十分理解しておかねばならない。とするならば、その場に出くわしたとき、相手の弱さをあげつらったりプライドを傷つけるような態度、あるいは必要以上に尊大な態度で威嚇するなどは好ましくない。

| 刃物をもちだす子どもたち |

成長

　さて最後に、こんな事態でも今後に生かすことができるのかどうか、その点に言及してみたい。結論から言えば、彼らのみならず彼らに対応する私たちにも、実は成長するチャンスが潜んでいる、と私は思う。

　刃物を挟んで対峙するというのは人間の命が問われている危険な場面であり、全身全霊をかけた真剣勝負が求められているはずである。だから双方がこの危機に真正面から向き合い、かつ真摯に乗り越えたならば、それぞれが成長し力量も高まる可能性は十分ある、と私は考えるのである。

（2000年12月）

たった一度の"体罰"事件

| 現在も体罰をめぐる議論は活発です。恥を忍んで書いた原稿なので、読んでほしいような、ほしくないような……。 |

「あっ、叩いた」
「お父さんが叩いた！」
「ご、ごめん」
「違うやろ！」
「謝る人が違うやろ」

　3人の子どもを育てていて、こんなにうろたえたことはなかった。末っ子の長男がそのときどんなイタズラをしたのかはもうすっかり忘れてしまったが、私にすれば決してあり得ないはずのことが、たった一度とはいえ、現実に起こってしまったのである。

　児童相談所というところで働いているからかどうかは知らない。ともかく私は、子育てにおいて一切の体罰、どころか罰そのものを封印していた。ピアノの稽古に通っていた娘が練習不足を咎められ、指を叩かれたと訴えてきたときも、評判のよかったそのピアノ教室を、私は直ちにやめさせた。

　実は我が家では、罰も否定するかわりに褒美も与えない。"そんな味気ない子育てなんて……"と言われたこともあったが、意固地なまでに私はこの方針を貫いた。"信念は人生を窮屈にする"と、人にはわけ知り顔で話す私の、もしかしたらこれが唯一の信念であったかも知れない。

その私が、よりによって子どもを叩いてしまったのである。"あっ、しまった！"と思っても後の祭り。姉2人が間髪を入れず一斉に抗議した。彼らに反射的に謝った私は、"違う、叩かれた弟に謝れ！"と追い討ちをかけられたのだが、こんなに狼狽しつつ、こんなに子どもらを頼もしく感じた瞬間は、かつてなかったと言っていい。"やはり叩いてはならぬ"と、私が確信を深めたのは言うまでもない。

ところで、我が家のこんなルールを公にすることを、私は最近まで慎重に避けてきた。たとえば"我が子を虐待してしまいそうだ"と不安を訴える母親。

「そうですよねえ、子どもが憎たらしくなることってありますからね」

「お母さんが叩く気持ちもわかります」

と、こう返さなければ相談は深まるまい。ところが私が決して体罰を認めない人間だと知れたら、相手はかえって落ち込んでしまうかも知れない、と妙な配慮が働いていたのである。

だが、世に体罰を許容する雰囲気は根強い。過日、ある通信制大学スクーリングの講座「児童福祉論」の受講者（その多くは医療や福祉関係の職員だった）に体罰について尋ねてみた。すると……、

「人は身体で痛みを知るからこそ人の痛みもわかるのだ」

「叱られて当然のことをして頬を叩かれたとき、頬は痛かったけど心は痛くなかった」

「親が子どもを叩かない家ほど、教師が手を挙げるとすぐ体罰だと騒ぐのではないか」

「なぜ叩いたか、そのときは理解できなくとも、後々にはわかってくれるはずだ」

想像以上に体罰肯定の声が強いのだ。もちろん逆の意見がないわけではない。

「幼少の頃、親に手を挙げられると、とてもつらく悲しかった。しつけだったとは思うけれど、親に対して疑問を持ったことは確かです」

「八つ当たりで3歳の息子にモノを投げてしまった。そのときから子どもは情緒不安定になった」

「体罰は最も簡単で安易な方法だ」

第1章
子どもと家族の現在
●生きづらさへの眼差し

この話、後日談があるんです。73ページの「権威をなくした父親」がそれ。あわせて読んでみてください。

> たった一度の"体罰"事件

「体罰で一時的に、あるいは人前でだけ収まったとして、果たして意味があるだろうか」

日本でも今、虐待通告が急増している。それらひとつひとつの事例と向き合いながら感じることは、我が国の文化、風土は暴力に対していささか甘いのではないかということだ。虐待のすそ野に広がる体罰容認の風潮に警鐘を鳴らす意味で、私の偏狭なる信条、アメとムチいずれも拒否する養育方針を披露してみるのもよいかも知れぬ、などと考え始めた今日この頃である。

ただし、そうしたからといって子育てがすべて順調にいくかというとそれは誤解。蛇足だがつけ加えておく。

（2001年2月）

> 今なお、「いささか」じゃなくて「おお甘」かも……。

どこか気になる子どもたち

気がかり

"あんな些細なことで怒り出すなんて……。しかも手加減しないで殴りかかるから、まったく驚いてしまうわ"

"あれっ、彼女はこんな成績をとるような子じゃあなかったはずなんだけど……"

"あいつ、「今日も遅刻かい」と言っただけで表情が変わったぞ。何かイライラすることでもあるんやろか。考えてみると最近こんなことが目につくんだよな"

"気になる子ども"が確かにいる。また"気がかりなこと"も、注意深く観察していると結構目につくものである。ではそんな子どもたち、そんな行動に気づいたとき、どうすればいいのか。

結論から言ってしまえば、"どうすればいいか私にはわからない"というほかない。そもそも"気がかりなこと""気になる子ども"と言うとき、その原因や対処の仕方がはっきりしていることってあるだろうか。実はそうした要因や背景がわからないからこそ、心の片隅に引っかかる、"気にかかる"のではないだろうか。つまり、気になる子どもにどう接するかというときには、まずは"わからない"ということを前提にしておくことが必要なのだと思う。

> 「気になる子、問題のある子に対して学校・教師にできること」を書いてほしいという依頼。この原稿に『総合教育技術』誌編集部がつけたタイトルは、「わからないことを、わからないままちゃんと心の中に置いておきたい」でした。

落とし穴

だが"わからない"と言ってすませるわけにもいかない。特に先のような場面に直面した教師は、何はともあれ注意し、指導することを求められるから。

「もう少し冷静になれないかしら。それに暴力は絶対だめよ」

「あなた、この間どんな勉強の仕方してたの。ちょっと怠け過ぎじゃない？」

「とにかく遅刻しちゃいかん、わかったな」

だが、こう言ったからといって問題が解決したわけではない。というより、このような形で"とにかく注意したんだから"と収めてしまうと、落とし穴にはまりこんでしまう。換言すれば、本当の問題が隠されてしまうことがある。

＊

一般的なことだが、私たちは葛藤をかかえると、その苦しさから逃れたいと思う。

「娘は昨夜も帰ってきませんでした。先生、何とかしてください」

「はい、登校する気配もありません。それどころか親がこれだけ心配しているのに、この前はテレビを見て笑い転げているんです。つい腹が立って怒鳴りつけてしまいました」

「重度の障害を持つ子どもですから、一時は本当に一緒に死のうと考えましたよ」

子どものことで悩む親たちも、かかえている大きなストレスを扱いかねて爆発し、苦しさに耐えきれず葛藤を投げ出したくなる。

葛藤の内包

実は"気になること""気になる子ども"を発見した教師も、同じように葛藤をかかえ込まされており、同じようにその苦痛から逃れたいと感じている可能性がある。ただしその葛藤の中身は、"わからなさ"だと私は思う。つけ加えれば、わからない中で何とか指導しなければならないと考える苦しさでもあろう。

つまりポイントは、気になる子どものことがわからないということではなくて、"わからなさ"をどう扱うかということなのだ。

どこか気になる子どもたち

*

　私が考える"気になる子"への正しい対処の方法は、"わからなさ"をそのまま保持すること、いわば葛藤を内包しておく、苦しさを苦しいままかかえ込んでおくということだ。
　なぜか。
　たとえば、"遅刻しちゃいかん"と注意して、後はもう割り切ってしまえば、さっきまで気がかりだと感じていたことも忘れられるし、葛藤も過去のものとなる。しかし理由があいまいな遅刻や欠席の背景に、家庭内でのネグレクトや虐待が隠されていたり、家族の危機、経済的な困難や養育環境の悪化などが生じていることは多い。気がかりな行動の裏に意外な事実が隠されていることは稀ではないのである。
　だとしたら、"一応指導はしたんだから……"と心中のストレスを取り除いてほっとしたために、かえってより重要な問題の発見を遅らせ、症状の背後にある本質を見失ってしまった、ということにもなりかねないのではないだろうか。

援助の道

　落ち着きがなく、モノの扱いも乱暴という男の子がいた。ところが父はその逆で神経質、細かなことにも気がまわる。結果、ことあるごとに子どものしぐさのいちいちを注意しないではいられない。彼はそれを嫌がり、最近では父が帰宅する気配を察しただけでそそくさと自室に籠もってしまう、という悪循環。
　「叱るばかりじゃ、子どもがいじける。今日は優しい父になろう」
　あるとき、父親も反省してケーキを買って帰ったのであった。ところが……、
　「こら！　なんて食べ方をしてるんだ！」
　家族の団らんは瞬時にしていつもの暗い食卓に逆戻り。彼の落ち着きのなさは父子関係が悪いことも要因だろう、と私たちは考えていた。のだが、どうにも腑に落ちない。そこで親しい児童精神科医に診てもらうと……。
　「ごく軽い脳波異常がありました。父子関係というより、器質的な問題でしょうね」
　この話を聞いて父親も救われた。内心では自分の育て方が悪いんだ

と自責の念にかられていたからである。

　さてしかし、こんなふうにして症状の背景に潜む要因が浮かび上がってくるとばかりとは限らない。原因の究明ができないまま、気がかりな行動が続くのである。

　そんなとき、指導はしつつも、あまり簡単にわかろうとはしないことが肝要だ。わからないことをわからないままちゃんと心の中に置いておく。苦しいことだが、結果的にはそれが気になる子どもをより深いところで理解し、本当に求められている援助を可能にする、と私は思うのである。

（2001年6月）

暴力をふるう子どもたち

支　配

　あれは確か中学1年の夏だったと思う。放課後、それまで遊んでいた友人と別れ、ひとり運動場を歩いていたときのことだ。ふいに見知らぬ上級生から呼び止められてしまった。
「用があるから、ちょっと来い」
　何となく悪い雰囲気を感じたものの、断り切れなくて体育倉庫の裏側までついて行くと、他にも数人、似たような風貌の中学生が待ち受けている。
「オマエ、金持ってるか？」
「えっ、ないですけど……」
　学校に財布を持参する習慣などなかった私は、ありのままを答えたのだが、その瞬間、頰に激しい痛みが走った。何の前触れもなくいきなり殴りつけられたのである。
「なかったら、明日持ってこい！」
　幸いにもと言うべきかどうか、ともかくそれで解放されたので、私はほうほうの体でその場を逃げ出した。そしてこの出来事は、親や教師はもちろんのこと、親しい友人の誰にも話さず卒業し、自分ひとりの胸にしまって大人になったのであった。
　ではなぜ、私はこの事実を誰にも打ち明けなかったのだろうか。喋

暴力をふるう子どもたち

れば報復されるという恐怖感があったことは事実だろう。が、それだけなら卒業してもなお秘密にする必要はない。思うにこの体験は、失意、惨めさ、悔しさ、情けなさなどが混じり合った整理のつかないもので、思春期のまっただ中にあっては、あまりにも屈辱的な事件だったのだ。つまり手もなく暴力の被害者となり、すごすごと引き下がった自分の不甲斐なさが知れると、すでに傷ついた自尊心は回復不能に陥ってしまう、と本能的に感じとったのではないだろうか。実は被害を受けた側がこのような気分に襲われるところに、暴力の一つの本質が潜んでいるのである。

　暴力は、人が安全かつ安心して暮らすことを脅かし、直接的な危害を加えるというだけではない。暴力をふるうことによって、あるいは暴力を誇示することによって、相手の心の自由を奪い、人格までをも支配する。

　私のささやかな体験で言えば、彼らが私に個人的な恨みを抱いたり、何か彼らを刺激するような言動をしたわけではないのであって、まさに金銭目的の暴力であったというほかない。ここでは暴力は、人を支配する明らかな道具の役割を担っていたのである。

暴　発

　ところで、児童相談所で扱う暴力というのは、決してこのような例だけではない。というより、ある意味ではこれと対極にあるような暴力の姿に直面することのほうが多い。

　小学生のミニキャンプを計画したことがあった。対人関係がうまくとれなかったり、ちょっとしたことでトラブルを招く、あるいは不登校に陥ったり、さらには集団生活に不適応感を示す子どもたち等々に呼びかけ、希望者を募って小さなグループをつくり、療育事業を実施するのである。

　この日のプログラムはハイキング。かなりの距離を歩いてグループの皆が疲れ気味になったとき、事件が起こった。

　誰彼なくかまってほしい子どもである。ただし相手の気持ちにおかまいなく接近するので嫌がられ、結果的にはいつも疎んじられる。こうなると、ちょっかいを出しては排斥されるという悪循環が出現する。その彼が、同じグループの男児を後ろから棒きれで突っついたのだ。

彼にすれば軽い気持ちの、むしろそれは愛情表現ですらあった。とはいえ表現方法はいかにもまずい。

「ヤメロよ」

ムッとして男児が注意した。しかし相手のそんな気配を感じることができず、限度をわきまえないところが彼の課題なのだ。警告を無視し、にやにやしながら男児を突っつく動作を繰り返す。その瞬間だ。

「コノヤロー」

いきなり男児が立ち上がり、猛然と彼に殴りかかったのである。ちょっとばかりふざけが過ぎているかな、という程度にしか考えていなかった職員も、虚を突かれて対応が遅れ、暴行を防ぐことができなかった。が、その後はすぐにからだを押さえ、興奮を静めようとする。のだが、いったん爆発した彼の感情はとどめようもない。

「手を放せ！」

「半殺しの目にあわせんかったら気分がおさまらん」

「もう一発殴らせてくれ！」

どんなに宥めようとも怒りはおさまらず、結局はグループの他のメンバーと別行動の形で児童相談所に連れ帰ったのだが、沈静化する気配もない。

「殴らんと気が済まん」

「やらせてくれないんだったら、ぼくはもう帰る」

最後は裸足のまま無断で児童相談所を飛び出し、遠い道のりを歩いて自宅に帰ってしまったのであった。さて、では彼の心境はどうであったろうか。おそらくは感情コントロール機能がすっかり失われ、出来事のきっかけが何であって、自分がなぜそこまで腹を立てるのかを振り返ることができなくなっていたのだろう。もちろん冷静に事態を把握するなど論外である。

先に示した中学生の例が、ある意味では暴力の持つ意味を十分知ったうえで、目的達成のためにあえて暴力を行使しているとしたら、後者の小学生は、もはや前後関係すらわからず、ただただ自分の感情のしもべとなって行動する以外、術がなかったと言っていい。つまり暴力は、本質的に、統制のきかない感情の発露という側面を持つことが多いのである。

混　乱

　高校生が、背後からいきなり自分の母親を刺すという事件があった。しかも母に切りつけた後、彼は家を飛び出して手首を切っていたのである。幸い怪我は２人ともたいしたことはなく、表沙汰にもならなかったのだが、心配した両親が私たちのところにやって来た。
「直前に兄弟げんかをして父親に叱られているんです。思いつくことと言えばそれぐらいしかありません。でも、そんなことで……」
　親も彼の行動の理由がわからない。心理判定員が本人と面接した。
「家族も殺して自分も死ぬつもりやった」
「また、どうして？」
「復讐」
「えっ？」
「誓い」
「……」
　話せば話すほど、面接している側がとまどうような彼の説明であった。念のため心理検査を実施する。その一つ、ロールシャッハテストの結果を見ると、なるほど彼の場合、色彩に対する即座的な反応が特徴的であった。加えて形体の把握力も弱い。わかりやすく言えば、ものごとの本質を見極める力が不足しているうえ、情動を揺さぶられるような刺激に対しては、十分吟味しないまま感情的に反応してしまうのである。
　刺傷事件の背景に何があったのか、具体的なことは結局わからなかったけれど、何らかの些細な出来事に刺激され、自分でも説明できないまま直接的な行動に出てしまった可能性は高い。つまり面接者の当惑は、そっくりそのまま彼自身の混乱を反映したものだったとも考えられるのである。
　この高校生の例は、先の小学生とは少し趣が違うが、自分の身に起こったこと、また自分自身の感情を自分で整理することができないという点では共通する。
　もちろん思春期の子どもたちがふるう暴力には、相手を支配し、従わせようとする意思に加え、自分を抑えられず暴発し、統制困難となってしまった感情の両方が同居し、混在していることがほとんどである。というより彼らの暴力は、感情と意思がどのように調合され、

配剤されているかによって、その性質や色合いが決まってくるのではないだろうか。

背景

「ええ、この学年では一、二を争うワルと言って間違いありません」
「指導がまったく入らないんです。その点を含んで相談してやってください」

バイク窃盗や対教師暴力などが繰り返され、警察が何度も補導していた中学生であった。学校もほとほと困り果てていたのであろう、生徒指導の教師が児童相談所に何度も足を運んで窮状を訴える。彼が起こした事件は、年齢の関係から家庭裁判所で扱われることはなく、すべて児童相談所に送られていた。

「私は、ルールを守るよう小さいときから厳しくしつけてきました。もちろん必要に応じて体罰もやりました。それはそれで意味があったはずです」

一人で会社を興し、苦労の末に安定した現在の地位を手に入れた父であった。子育てにおいても信念を曲げることはない。ところが、黙って父の話を聞いていた母がここで口を開く。

「体罰と言っても限度があります。掃除機の柄が折れるぐらいに殴りつけたことだってありました。子どもは、そんなときはもう怖がるだけで、何を言われているのかなんて考えられる状況ではなかったんです」

「しかし、兄弟を同じように育ててきたのに、あいつだけが問題を起こしてるやないか。しつけ方が悪いんじゃないはずだ」

「あなたは子どもの気持ちがわかってないんです」

彼の非行の背景には両親の不和、家族の乖離という問題が潜んでいる、というのがこの面接を終えての印象だったが、同時に彼の暴力行為に関しては、父からの激しい体罰が確実に影を落としている、と私は考えたのであった。

「誰に言うとるんじゃ」
「えっ？」

これは、あるときの彼との面接のひとこまである。何気なく、というより少し親密な感じで話しかけた私に、彼が小声でぼそっと漏らし

た言葉に、私は意表をつかれた。
　後から考えてみると、あるいは独り言だったのかも知れない。ともかく私の態度に触発されて彼の内部に湧き起こったものは、"馴れ馴れしくするな" という反発、もしくは "舐められてたまるか" といった対抗意識などであったろう。思いがけない反応に一瞬ひるんだが、しかし私はすぐ、次のように解釈した。
　"彼は今、面接者である私とパワーゲームをしているんだな"
　幼少の頃から一方的な体罰、あるいは虐待といってもいいような暴力の被害に遭ってきた彼は、中学生になって暴力の持つ支配力に気づいたのである。同級生を脅して配下に組み込み、親とは口もきかず、教師に挑み、法律に触れる行為を犯しても平然とする。そんな彼であれば、どうしたって "児童相談所の指導になど従うものか" という姿勢を誇示しなくてはならないのである。
　この会話はこれだけで終わったが、私には複雑な思いが残った。暴力の被害者として育った彼は情緒的にも不安定で、些細なことでもカッとしてしまい、怒りをそのまま周囲にぶちまける。そんな彼が、今では自身が痛い目に遭ってきたその暴力を、生きていくための手段に使おうとしているのである。被害者から加害者へ、180度の転換であった。

援　助

　では、こんな彼らにどう接すればいいのか、言葉を換えれば、彼らが暴力を使わなくてもすむような人生を歩むには何が欠落しており、私たちは何を用意してやればよいのか。
　ミニキャンプで暴発した先の小学生に、こんなエピソードがあった。あるとき、彼を連れて母親も児童相談所に来たのである。なかなか来てもらえない母が姿を見せてくれたので、いざ面接をしようと張り切っていたら、"ちょっと用事があるので……" と言い残して出て行ってしまった。ところがしばらくすると玄関先で何やら騒がしい声。訝しく思って様子を見に行くと、当の母親が数人の者に囲まれて児童相談所に向かって歩いて来るではないか。
「どうしたんですか？」
「いえね、この女性が万引きしたんですよ。それで事情を聞きたい

と申しましたら、『私は児童相談所に呼ばれているから時間がない』と応じてくれないもので……」

　驚愕した。児童相談所の面接にやって来たついでに保護者が万引きするなんて、いったい誰が予想できるものか。が、こんな出来事に遭遇してあらためてわかったこともある。実は母には軽い知的障害もあって、家族の生活の重要な部分を小学生の彼が支えることもしばしばなのであった。家庭訪問すると、必ず彼が出てきて応対する。こんな状況だから情緒的な安定を図るような配慮など、これまで何もしてもらえなかったと言っても過言ではない。そんな彼に対して、暴力の加害者としての自覚だけを求めても、問題の解決はほど遠いと言わざるを得まい。

　暴力をふるう思春期の子どもたちが加害者として自らの行為を真摯に振り返るためには、まず最初に、彼らが味わわされてきた貧困や暴力、その他の被害体験を十分に癒してやる必要がある。考えてみよう、被害者が経験する痛みを実感を持って理解し、共感するためには、人間としての感情が豊かでなければならないはずだ。が、残念なことに暴力をふるう多くの加害者にはその点が欠落していることが多い。結果、被害者側はそこに彼らの"誠意のなさ"を読みとってしまうのである。

　暴力をふるう彼らを深く理解したうえで、人生の被害者として遇し、加害者としての自覚が持てるように援助する、それこそが児童相談所の目指すべき道ではあるまいか、私はそう考えている。

（2001年11月）

> 青少年暴力を特集した『公衆衛生』誌から依頼されて書いたのですが、これが機縁となって、後に開かれた第22回日本思春期学会総会のシンポジウム「思春期と暴力」で、本誌編集委員の方と共同座長を務めさせてもらいました。医師中心の集まりで、結構緊張した記憶があります。

放任される子どもたち

はじめに

「自主性を育てる、自律を促すといった名目のもとに、放任になってしまっている親たちも多いのではないでしょうか」

「本当に放任は自主性を育てることになるのか、ご考察をいただき親に向けての提言をお願いします」

　という依頼が編集部から届いたのは、いつのことだったろうか。放

放任される子どもたち

本稿は2002年の執筆。この頃になると、突然あちこちから執筆依頼が舞い込んでくるようになりました。頂戴したテーマが、多忙な中で忘れていたことを考えるきっかけになることも多かったように思います。とはいえ、このテーマには四苦八苦しました。

任とは「成行きにまかせてほうっておくこと。うちすてて干渉しないこと」(広辞苑) という意味である。ただし放任主義となると、「それぞれの自由にまかせて、干渉しない主義」(同) ということになる。では子育てにおける放任とは、また放任主義とはどのようなものをさすのか。実は私は、未だに本テーマへの的確な回答を見い出せず、頭の中がぐるぐる回っている。その点をご容赦いただいたうえで以下の論述におつきあいくだされば幸いである。

黙　認

たとえば喫煙する中学生。学校にも行かず好き放題をし、ついにはバイク窃盗などで警察に補導されて児童相談所に通告されてきた。

「私も経験があるからわかるんです。いったん覚えると、習慣になりますでしょう」

父親が述懐する。

「やめろと言っても無理ですから、放っています。ただし家の外では吸うなと注意しているんです。玄関先でスパスパやられたんでは近所の手前もありますしねえ」

これを放任、あるいは放任主義というべきだろうか。あるいは次の例。

「お母さんにオールしてもいいかって聞いたら、1週間に一度、土曜日だけという条件で『いいよ』って言ってくれた。この前は友だちと喋りっぱなし。むっちゃ楽しかったわ」

"オール" とはオールナイトで遊ぶことらしい。彼女は高校1年生。この時期は友だちと一緒に過ごし、思いっきり喋ったり遊びたい盛り……だということはよくわかる。だが高校生の娘が深夜ずっと外で遊び続けることを、保護者が心配しないはずがない。にもかかわらずそれを許すのは理解ある親だからこそなのか。

＊

ここに登場した中学生や高校生の保護者に限らず、子どもたちのこうした行動を容認している例は少なくない。ただし、それを積極的に奨励し、認めているかと言えば、多くの親はそうではあるまい。彼らは結局のところ "見て見ぬふり" をし、あるいは "目をつぶっている" のである。つまり黙認だろう。ではなぜ黙認するかと言えば、現

状ではそれ以外に方法がないからだ。本当は何とかやめさせたいのだが、叱れば反発され、なだめてもすかしてもうまくいかない。ところが傍からは、"親のしつけができていない"とか"放任している"と非難されるのである。だから本稿で取り上げるには、必ずしも適当とは言えない例なのだろう。

放　置

　放任主義を探す旅をもう少し続けてみたい。ある保育園から連絡が入った。
「あのう、登園してきた女児が顔にひどい怪我をしているんです。本人に聞いてもはっきりしたことがわからないんですが、お父さんに叩かれたようにも感じます。もしかしたら虐待かも知れないので、とりあえずお知らせしなくてはと思って……」
　すぐに保育園に出向いて本人に会ってみた。なるほど擦り傷のような跡が生々しい。ところが、
「あのな、人形で遊んでたの」
「そしたら後ろからお兄ちゃんが押した」
「転んで、おもちゃ箱に顔をぶつけた」
「いっぱい泣いた」
　話を聞く限りでは、暴行・虐待とまでは断定できないのである。念のため保育所の園医に診察してもらったが、擦過傷というだけで、やはり原因の特定は難しいとのこと。ただし、そんな怪我をしたのに保護者は病院に連れて行くわけでもなく、家庭内で応急的な処置すらしていないとなると、これは不適切な対応と言わざるを得ない。この事例は放任というより放置、いわゆるネグレクトと言うべきだが、保護者にも事情がないではない。
　最近の世相を反映してのことであろう、安定した就労先がないまま経済的に困窮していた母が、やっと就職先を見つけたのである。だが仕事は夜間に及び、勢い子どもたちだけで留守番することも多かったという。だとしたら今回の怪我も、こうした状況の中で生まれた必然的な事故と言えるかも知れない。これでは"しっかり子どもさんの面倒を見てあげてくださいね"などと諭しても、母親が態度を改める保証はない。

放任される子どもたち

「じゃあ、どうやって食べていけと言うんですか？」
「好きで放ったらかしにしてるんじゃありません」
というわけである。

偏　愛
　次の例はどうだろう。母一人子一人の母子家庭からの訴えだ。
「私の体調がすごく悪くて、医者からは明日にでも検査入院するよう言われています。今も電話するのがやっとの状態で、何とか１、２週間だけでも息子を預かってもらえないでしょうか」
　児童相談所からソーシャルワーカーが家庭訪問した。何しろしんどくて動くことすらできないし、わざわざ相談に出向くなんてとても無理だというのである。5歳の幼児。その日のうちに一時保護することにした。
　さて、母親が子どもに言い聞かせている姿を見ると、いかにも可愛がっているという印象だ。
「ママが病気だってことはわかるでしょ。これから入院しなくてはいけないから、児童相談所でいい子にしててちょうだいね」
　子どもを抱き寄せ、ほおずりし、キスもして、いつまでも別れようとしない。
　子どもの姿形もなかなかのものだ。おそらくは母親の趣味(このみ)だろう、上下の服はともに派手な色目のブランド品。頭髪もみごとなパンチパーマに仕立て上げ、鮮やかな金髪に染められている。善し悪しは別として、母親の思い入れが深いことだけはよくわかる。
「お母さん、とにかく早く病気をなおしてください。お子さんは大切にお預かりいたしますから」
「ありがとうございます」
　と、ここまではよかったのだが、次第に雲行きが怪しくなってくる。今すぐにでも入院するはずだった母がいっこうに腰を上げようとしないのだ。しかも挙げ句の果てには電話もつながらなくなり、約束した一時保護の期間が終わっても連絡すらしてこない。行き場を失った子どもは、ずるずると一時保護所で生活を続けるしかない。のだが彼は意外と平気な様子である。
「いいよ、ボク、テレビゲーム買ってくれたらそれでいいもん」

第1章
子どもと家族の現在
◆生きづらさへの眼差し

どうも、こんなことには慣れているという風情。
　そうしてわかったことは、彼の場合、母親がたっぷりの愛情を注ぐ場面ももちろんあるのだが、逆にしばしば母の都合だけで長時間の留守番を強いられたり、買い物につきあわされ、また約束をたがえられるようなことが続いていたのである。
　母にとって大切な一人息子であることは間違いないが、その愛情はたぶんに一方的で自己中心的というほかない。
「何でも一人でやらせていますからね」
「ええ、意外とがまん強いところがあるんです、この子は」
　心配して問いかけると、母は平気でこんな説明をする。考えていくと、放任主義を自認する保護者にこのような理屈を述べて合理化する人が多いような気がしてならない。どうも主義としての放任の中には、実は保護者の身勝手さが隠されている場合もあるのではないか、私にはそう思えて仕方がないのである。

干　渉

「せっかく高校に合格したのに、連休明けから休み始めたんです。このままでは留年してしまいそうで、どうしたものか……」
　せっぱ詰まった訴えは母親からであった。ともかく来所してもらってじっくり話を聞いてみる。
「はい、一人息子なんですけど、実は中学3年の2学期、行動的にも落ち着かなくて、学校も休みがちになったことがあるんです」
「でも最後は勉強もしました。高校には始めから行くつもりだったようですから。ただ成績がなかなか上がらなくて、『希望の高校はかなり努力しないと難しい』って、先生に言われたんです」
　話は高校受験にまでさかのぼる。志望校への進学は危ういと判断した母親が、確実に合格できる高校に鞍替えするよう強く勧めたというのである。本人もこのときはやむなくその意見に従い、そのまま入学したのだが、内心では不満がくすぶり続けていたらしい。
「親がここにしろと言ったから受けただけ」
「あんな学校、別に行きたくなかった」
　話せばいつもこんな調子で、とりつく島もないという。
「せっかく合格したんだからやめてしまうのはもったいないと説得

47

放任される子どもたち

するんですが、『うるさい』と言うだけで……」
　母の悩みは解決しそうにもないのであった。
　　　　　　　　　　　　＊
　思春期にはこんな問題が生じることが多い。不安や葛藤を内に秘めながら自立の道を歩み始めた子どもたちが、親の意向を無視できずに中途半端な決定をしてしまうと、その結果を自分で引き受けられず、親に攻撃の矛先を向けるのである。思い通りにならない現実に直面させられたとき、親の責任にしておくほうが楽なのだ。
「せっかくだから、今の学校を何とか続けさせたい」
「そのためにはどうすればいいのか、よい方法を教えてほしい」
　母はこう訴えるが、自分の陥った困難を親のせいにしている限り、解決の道のりは遠いものである。問題の根本は、あくまでも彼自身が自分の進路をどう決めていくか、逆に言えば彼がしっかり自己決定できるかどうかということにかかってくる。

目配り
「過干渉がよくないということはよくわかりました。じゃあ先生、放っておけばそれでよいのでしょうか」
「ただ、学校を続けようと決断したら単位不足で留年が決まっていた、というのではショックですよね。お子さんが自己決定するうえで必要な情報には目を配っておきましょう」
　要はちゃんと関心を向けながら、見守りながら、その都度子どもの判断を尊重し、支えてゆくことであろう。
　彼は結局この高校を退学し、あらためて別の高校を受験し直すと決意したのだが、両親はそのことを意外なほどすっきりした表情で報告してくれた。
　そんな両親のことを思い出しながら、放任主義でもなく、過保護・過干渉でもない子育てというものが、やはりあるのだと私は思うのである。

（2002年9月）

第1章
子どもと家族の現在
◆生きづらさへの眼差し

キレる子ども、プラス大人たち

　「子どもが変わったと思うか」ですって？　確かに「変わった」と言えるでしょうね。でも「そんなに変わってなんかいない」とも言えますよ。だって、子どもが大人になるプロセスは基本的には同じですし、子どもは問題を起こしたり失敗したりしながら、つまり試行錯誤しながら成長していくものです。私も約30年間を児童相談所という場で過ごしてきて、そんな子どもたちにたくさん出会ってきました。昔も難しいと感じる子はたくさんいましたからね。

　「子どもの心が見えない」とか「子どものことがわからない」というのは、最近では1997年の神戸児童殺傷事件をきっかけにして、強く言われるようになったと記憶しています。その頃も「子どもは変わった」と主張する人がたくさんありました。

　先にも言いましたが、ある意味では子どもは「変わった」んです。ただ私が思うには、「子どもは社会を映す鏡」ですから社会情勢を敏感に反映する。そういう意味では子どもは常に変化していると言っていい。

　たとえば今年（2004年）も、佐世保の女児殺害事件が社会に大きなショックを与えました。今までならば考えられないようなことで子どもがキレてしまうわけです。

　でも、ちょっと角度を変えて世の中を見てみましょう。たとえば昨年（2003年）1年間の自殺者は、中高年男性を中心に3万4,000人を超え、過去最悪となっています。自殺というのは、人生そのものに対して最終的にキレてしまった状態ですよね。だから中高年の人は、世で騒がれることもなく、ひっそり黙ってキレているんです。

　児童虐待だって、さまざまなストレスの果て、自分の感情を抑制できず子どもに向けて爆発させてしまうことです、ある意味では。ですからキレるというのは、決して子ども特有のことではなく、本当は現代社会で暮らす私たち自身がかかえている大きな課題、特徴なのではないでしょうか。それが社会の動向、雰囲気を最も敏感に反映する子どもたちの現象として現れている、と私には思えるのです。

　ただ残念なことに、私たちはそうした現代の子どもたちを的確に表

2004年6月1日、長崎県佐世保市の小学校で、6年生の女子が同級生の女児をカッターナイフで切りつけ殺害した事件。前年には、同じ長崎県で、中学1年の少年が4歳の男児を騙して連れ回し、暴行を加えた末にビルの屋上から突き落とし死なせる事件も発生しています。

キレる子ども、プラス大人たち

現する言葉を、まだ見つけられないでいます。そこに大人のいらだちがあり、極端な場合には子どもを「モンスター」だとか言ったりするのではないでしょうか。

　こういう状況の中で、今再び、厳罰化の方向で少年法が改正されようとしています。確かにわからないでもないのですが、子どもたちの問題を本質に立ち入って深く理解することなしに、対症療法的に押さえ込もうとするだけでは矛盾は深まるばかりではないか、と危惧しています。

　とはいえ、現実問題として最近は保護者のほうが我慢できなくなってきた。ふところが浅くなってきたというのか、子どもの問題が思ったように改善してくれないと、親のほうが先に「もう振り回されるのはいや」と煮詰まってしまう、キレてしまう。今起こっている問題にじっくりつきあっていくことができないんですね。中には「我が子を殺すかも知れない！」などと悲鳴をあげるので、やむなく児童相談所が子どもの一時保護をするというようなことも多くなってきました。

　児童相談所の取り組みですか？
　ええ、確かに児童相談所は、たくさんの子どもの相談に応じ、たくさんの子どもたちと出会っています。けれど簡単じゃないですよ。子どもだってなかなか心を開いてなんかくれませんしね。

　児童相談所に行けば、ぴたりと治るなんてものではありません。多くの人が誤解しているんですが、児童相談所に相談に行けば、何かしらいい答えを用意して待ってくれていると思っているんです。でも相談というのは、そもそも答えがないものなんです。答えがない中を、相談に来られた人と相談を受ける私たちがじっくり話し合い、一緒に考える中で、気がつくと自ずと道が開けていく、相談とはそういうものなんですね。私たちが知っているのは実はそのこと、つまり保護者がほしがっている問題解決の虎の巻ではなく、「プロセスを経て問題は解決に向かう」ということなんです。

　子どもがわからないと悩む教師に何かアドバイスしてほしいというんですか。
　ちょっと逆説的になりますが、私は「わからない」という気持ちを

大切にしてほしいと思っています。みんな「早くなんとかしなきゃ」と思い過ぎているってことはないでしょうか。早くわかりたいという気持ちは痛いほど理解できるんですが、先ほども申しましたように、わかるということはプロセスを重ねる中でこそ可能なのであって、「早わかり」は、実は早くストレスから逃れたいという気持ちの表れでもあるんですね。それは、私が現代社会の特徴と考えているキレること、あるいはふところの浅さと、もしかしたら共通してはいないでしょうか。

　子どもはさまざまな症状や問題行動を通して、私たちにいろいろ投げかけてきています。そんな子どもの心を、じっくりかかわる中で深く理解できるならば、問題解決の糸口は見えた、私はそう思っています。

(2004年10月)

人権を侵害される子どもたち

米を持たせた子ども

　夜間に残って仕事をしていた職員が、ふと見ると、どこか見覚えのある子どもが玄関先に立っている。
「なんだ、○○君じゃないか。どうしたの？」
以前に一時保護したことのある小学生だった。
「あのう……」
か細い声で彼が口にしたのは、今晩食べるものがなくて困っていること、児童相談所に何とかしてもらうよう頼んでこい、と父に言われてやって来たということであった。
　窮状をよく知っている職員が、一時保護所に置いてあった米を持たせて帰したのは、かれこれ20年以上前のことだと思う。

＊

　京都府に就職して30年。実は私は、この期間のすべてを、ずっと児童相談所で働き続けてきたのであった。
　長く児童相談所に身を置いていて感じることは、時代の変遷が激しいとはいえ、私たちのところへ持ち込まれる相談の底流には、今述

第1章
子どもと家族の現在
●生きづらさへの眼差し

わからないきもちを大切に、という主張は「どこか気になる子どもたち」(34頁)のところでも述べました。これは、私がロールシャッハテストを学んだ精神科医の辻悟先生に教えてもらった「葛藤内包モデル」をヒントにしているものです。

> 人権を侵害される子どもたち

た例に限らず、家族の困難、養育環境の劣悪さなどが暗い影を落としているということだ。

たとえば、朝早くから夜遅くまで働かねばならないため、小さい子どもだけで留守番させた末に出火、焼け出された子どもの保護を求めてきた父親がいた。

あるいは別の例。家庭訪問してみると、畳の上にまで何か糞らしきものが落ちていて異臭が立つ中、はだか同然で子どもがすわっている。妙に記憶に残っているのは、つけっぱなしのテレビ画面が、不釣り合いに輝いていたことだ。

借金のために給料の大半を返済に充てざるを得ず、子どもらの教育費はおろか、その日の生活費も出せないで親子げんかを繰り返す家族とも出会った。

生後すぐにダウン症との診断を告げられ、憔悴してしまった母が、どうせ障害があるならやっても無駄、と発達保障の努力や十分な養育を諦めてしまい、その結果、子どもはますます悪循環の中に放置されてしまうという例もあった。

「ええ、万引きしたというんで、警察署でぶん殴ったんです。2メートルぐらい吹っ飛びましたかね、うちは厳しいですから」

日常的に激しい体罰を加えているという家族も珍しくはない。

人権侵害を明記

さて、今般の「児童虐待の防止等に関する法律」の改正では、第1条を「この法律は、児童虐待が児童の人権を著しく侵害し、その心身の成長及び人格の形成に重大な影響を与える……」と改め（下線部が改正箇所）、児童虐待は人権侵害にあたることを明記した。この改正については、多くの人が歓迎しており、当然の内容と言っていい。

だが、少し見方を変えると、先に紹介した子どもたちは、法律の制定や改正を待つまでもなく、多かれ少なかれ人権侵害を受けていたと考えられるのではないだろうか。幼い子どもだけが留守番を続けていたり、異臭を放つような住居は決して子どもたちが健全に育つ環境とは言えないし、万引きに限らず、過ちを犯したからといって激しい体罰を加えられる必要はない。まして子どもに障害があったからといって、生まれてきた彼らには何らの責任もないのであって、本来ならば

第1章
子どもと家族の現在
◆生きづらさへの眼差し

より手厚い監護や療育の機会が与えられなければならないはずである。

だから私たち児童相談所の職員は、このような例において、子どもたちの人権が守られていないことは先刻承知していたのである。しかしながらこれまでは、あえて「人権侵害」といった言葉を使うことは少なかったように思う。というのは、人権侵害の直接的な加害者となる親たち自身が、ある意味ではいかんともし難い大きな困難をかかえており、援助を必要としていることも痛感していたからだ。

こうした家族の相談に、すでに久しく応じてきていた私たち児童相談所職員は、愛情はあっても、それを具体化する術を持たない保護者や、そこに置かれる子どもたちのあまりに劣悪で不安定な養育環境に、日常的なジレンマを禁じ得ない。ともすれば絶望的な気持ちに陥りながらも、ときには寄り添い、ときには叱咤しつつ、何とか子どもを守ろうとしてきたのが児童相談所の歴史であった。

保護者との対立

ところが、このようなスタンスで相談活動を進めるだけでは、問題の解決が甚だしく困難な事例にぶつかるようになってきた。それが児童虐待である。

児童虐待の通告件数が増加するにつれ、社会の関心は日増しに高まってくる。あるいは逆に、社会の関心の高まりが密室の中での虐待発見を促進し、通告が急増したとも考えられよう。いずれにせよ虐待によって子どもの命が奪われるという最悪の結果をもたらした事例がいくつも報道されるようになると、まずは児童の安全を確保することが先決ではないか、という声が強まってくる。こうした声に押されるようにして成立したのが「児童虐待の防止等に関する法律」(児童虐待防止法)であった。

> この法律は議員立法によって2000年に全会一致で可決・成立しました。

こうして法律が制定されると、児童相談所の対応にも大きな変化が生まれる。

「保護者の気持ちに配慮するあまり、児童の保護が手遅れになってはいけない」「まずは子どもの安全確保が先決である」といった方針の徹底が図られ、速やかな一時保護が児童相談所に要請されたのである。というのも、我が国の法制度の中で、虐待から子どもを緊急的に保護する唯一の手段は、児童相談所長が決定する一時保護しかないか

53

人権を侵害される子どもたち

らである。

　ところが児童虐待の場合、保護者は往々にして虐待行為そのものを否定したり、仮に行為は認めても、「しつけ」と強弁して虐待とは認めようとしない。したがって職権で子どもを保護すると、児童相談所はしばしば保護者の激しい攻撃にさらされることになる。

　「お前の家族をめちゃくちゃにするぞ」「日本刀で叩き切ってやる」「家庭裁判所に申し立てたら殺す」「あることないこと新聞社に言ってやる」。全国各地でこんな言葉を投げつけられたり、実際に職員が殴られるような事態も生じており、私自身も似たような経験を何度も味わった。

　つまり、援助を必要とする保護者と援助を差し伸べるべき児童相談所とが、激しい対立構図の中に投げ込まれるのが、児童虐待の現実だと言っていい。

　したがって本当に虐待から子どもを守るのであれば、まずは保護者に自らの行為が虐待にあたるということを自覚してもらう、言い換えれば、保護者の自覚を促すための制度的な工夫が必要であろう。同時に、虐待行為をせざるを得ない保護者の困難を軽減し、適切な形で援助が図られるような仕組みをつくり上げることも不可欠である。というのも児童虐待の場合、保護者は人権侵害の加害者であると同時に、広い意味で言えば、たとえば過去に虐待を受けた歴史を持っているなど、被害者としての側面も持っているからである。

親子の再統合

　ところで児童虐待では、子どもを保護すればそれで問題が解決するというものではない。たとえば、深刻な虐待を被って一時保護が必要とされたある児童は、話を聞かされて次のように抵抗した。

　「なぜ、ぼくが児童相談所に行かないといけないんや。ぼくはイヤ。お母さんが悪いんやから、お母さんがどっかに行けばいい。ぼくは自分で生きていく」

　これはある意味で正論だろう。なぜと言って、一時保護所や児童福祉施設に入所すれば、確かに子どもの安全は守れるかも知れないけれど、他方では慣れ親しんだ家庭や地域から離れて不慣れな生活を強いられることになるからである。児童虐待という人権侵害から子どもを

第1章
子どもと家族の現在
◆生きづらさへの眼差し

守ることが、一歩間違えれば別の権利を侵害することにもなりかねない。

　そこで、今回の児童虐待防止法改正では、保護者に対する指導について「親子の再統合への配慮その他の児童虐待を受けた児童が良好な家庭的環境で生活するために必要な配慮の下に適切に行われなければならない」と定められたのであった。

　この改正は当然のこととして受けとめられている。ただし具体的な取り組みはこれからと言わざるを得ないし、本来ならば、子どもの安全確保の方法そのものについても、もっと議論を深めていく必要がありはしないだろうか。たとえばＤＶ防止法での保護命令は、加害者に接近禁止や住居からの一時的な退去を命令するものだけれど、児童虐待防止法では、安全のためには、あくまでも被害側者の子どもが家庭から離れるしかないのである。

　児童虐待という人権侵害から子どもを守るには、こうしたさまざまな課題を克服していくことが必要だ。その意味では虐待防止の取り組みは始まったばかりというほかない。私たち児童相談所の職員も、引き続き努力することを誓って本稿を閉じたいと思う。

(2005年1月)

楽園を失った子どもたち

子どもの楽園

　19世紀日本の社会を「子どもの楽園（a very paradise of babies）」と評したのは、1859年に着任した初代駐日英国公使オールコックですが、こうした印象を持ったのは何も彼に限ったことではありません。幕末から明治にかけて日本にやって来た多くの欧米人が、共通して抱いた感想なのです。いくつか例をあげてみましょう。

　「一般に親たちはその幼児を非常に愛撫し、その愛情は身分の高下を問わず、どの家庭生活にもみなぎっている」（カッテンディーケ）

　「日本人の性格として、子供の無邪気な行為に対しては寛大すぎるほど寛大で、手で打つことなどとてもできることではないくらいである」（フィッセル）

長年勤務した児童相談所を辞め、子どもの虹情報研修センターで勤務を始めて最初に書いた原稿です。

楽園を失った子どもたち

「何とかわいい子供、まるまると肥え、ばら色の肌、きらきらした眼」（グリフィス）

「赤ん坊が泣き叫ぶのを聞くことはめったになく、私はいままでのところ、母親が赤ん坊に対して癇癪を起しているのを一度も見ていない」（モース）

これらはすべて、名著と言われる『逝きし世の面影』（渡辺京二著、平凡社ライブラリー）からの引用ですが、虐待通告への対応に日々追われ、不眠不休で働き続ける現在の児童相談所職員からすると、にわかには信じがたいような内容です。

消え去った文明

本書で著者は、子どもをいとしがり、可愛がるのはひとつの能力だと述べ、「しかしそれは個人の能力ではなく、いまは消え去ったひとつの文明が培った万人の能力であった」と論じています。仮にその論述が正しいとすると、子どもを可愛がる能力ということも文明が、つまり社会が培うものだということになります。それが失われたというのですから、これは穏やかな話ではありません。

ところで、日本をこのようにとらえた当時の欧米人は、社会の近代化を進め、発達した工業化社会に生きていました。彼らは、そうした社会の矛盾に気づき、懐疑や反省を抱くようになっていたからこそ、前近代社会とはいえ、簡素だが豊かな日本のさまざまなありように驚嘆し、「子どもの楽園」を発見したのではないでしょうか。ただし、だからといって彼らが自分たちの文明の優位性を疑うことは決してありませんでした。つけ加えるなら日本の社会は、欧米をモデルとして急速に近代化を成し遂げていきます。その結果、前近代社会が育んできた「子どもの楽園」は、必然的に失われていったのでしょう。

では現在の私たちは、子どもたちにどのような育ちの環境を用意しているでしょうか。前近代が生み出した「子どもの楽園」の、次のような光景と比べてみましょう。

「子供たちの主たる運動場は街上である。……子供は交通のことなど少しも構わずに、その遊びに没頭する。彼らは歩行者や、車を引いた人力車夫や、重い荷物を担いだ運搬夫が、独楽を踏んだり、羽根つき遊びで羽根の飛ぶのを邪魔したり、紙鳶の糸を乱したりしないため

私は、筑紫哲也著『スローライフ』（岩波新書）で『逝きし世の面影』のことを知りました。一読してすっかりファンになり、以来あちこちで紹介しています。まだの方は、本書を脇に置いて、そちらを読んだほうがよいかも……。

に、少しの迂(まわ)り路はいとわないことを知っているのである」(ネットー)

　現在でも、たとえば小学生が集団登校する際に、大人が前後を付き添って見守る風景を見かけるようになりました。確かに子どもを大切にするという点では変わらないのですが、内実は正反対と言わざるを得ません。なぜと言って、ネットーが上記のように描写した時代は、子どもが「だいじにされていることに慣れている」ため馬や乗り物をよけず、道路をわがもの顔で闊歩したのですが、現代はと言えば、いつどんな危険が待ち受けているかわからないため、大人が常に子どもの周囲を警戒していなければならないのですから。

難しくなった現代の子育て

　こうした中で、児童相談所には、虐待に限らず非行相談なども含めて複雑で深刻な相談が後を絶たず、たった今も専門職員がさまざまな相談援助活動に粉骨砕身しています。ただし私自身は、本年（2007年）3月末をもって長年の児童相談所勤務に終止符を打ち、今は横浜にある「子どもの虹情報研修センター（日本虐待・思春期問題情報研修センター）」で新たな業務に就いています。とはいえ、文字どおり退職間際まで、虐待のため職権で一時保護した小学生や育児ができず精神的に不安定な母、あるいは性的な問題をかかえる中学生等々への対応に追われ、時間を問わずスタッフと協議を繰り返したものでした。それもこれも、子どもと家族の置かれた厳しい現実の反映なのでしょう。

　ひるがえって考えると、前近代において子どもが育っていくということは、時代の制約はやむを得ないとしても水や空気のように当たり前のことだったのでしょう。だからこそ万人が、それを能力などと意識することもなく子どもをいとしがり、可愛がっていたのではないでしょうか。

　ところが現代の子どもたちは、誰であれ不登校やいじめ、非行などの問題をかかえ込む可能性があり、場合によっては自殺したり、さらには殺人事件に巻き込まれることさえないとは言えません。たとえそうでなくとも、多くの子どもたちは高校や大学受験などで大きな重圧を背負っていますし、私たちが生きていく自然環境そのものも脅かされています。

楽園を失った子どもたち

こうした状況だからこそ、親たちは子育ての不安を高め、悩み、またストレスも強く感じてしまうのでしょう。携帯電話でいつもわが子の位置情報を確認し、何かあれば学校等の責任も問わねばならず、場合によっては自ら虐待してしまうことも起こりかねません。社会が目覚ましく発展し、巨大化するにつれて、かえって家族が孤立し、子育てが難しく感じられるというのは、なんとも皮肉な現象です。

こう考えていくと現代は、残念ながらかつてのように万人に子どもを可愛がる能力を賦与している社会ではなさそうです。それゆえ、今を生きる私たちは、意識して、つまり人知によって子どもの育ちを支えていくほかないのでしょう。だからこそ児童福祉に携わる者の役割はいっそう重く、子どもとかかわるさまざまな場面で知恵が求められ、工夫も必要となる、私はそう思うのです。

(2007年5月)

最前線で考える子どもと家族の今

今回私に与えられたのは、「現代の子ども・家族問題の焦点」というテーマだ。考えてみると私には荷が勝ちすぎる。というのも子どもと家族に関する報道は、新聞の1面で大きく取り上げられることは少なくても、多方面にわたって日々相当のボリュームで報道されており、それらを追いかけるだけでも大変な労力を要するからである。

そこで今回は趣向を変え、社会福祉に関係するさまざまな分野で活躍する人たちが、子どもや家族について、また現在の我が国の社会状況について、どんな問題意識を持って取り組んでいるのかということを眺めることで、何とか本テーマに接近してみようと思う。とはいえ、こうした研究や実践のすべてを網羅するなんてことは、当然私の手に余る。そこで、この半年あまりの間に私自身がシンポジストとして招かれた企画に限定し、それがどんな問題意識で行われ、そこに身を置いた私が、どんな感想を持ったのか、ということを述べてみたい。

"やりなおせる国・日本"を創ろう

2007年9月、京都府保険医協会が"やりなおせる国・日本"を創

第1章
子どもと家族の現在
◆生きづらさへの眼差し

ろう──社会保障基本法を手がかりに」というシンポジウムを開催したのをご存じだろうか。元上司がシンポジストとして私を紹介したらしく、依頼されたときには、内容もよくわからないまま否でも応でも引き受けるしかなかったのだが、当日のシンポジウムや夜の交流会には、自民党や民主党から共産党に至るまでの国会議員をはじめとして錚々たる面々が参加されていて、身のほど知らずによくも引き受けたものだと痛感したのであった。それはさておき、このシンポジウムは、どんな意図で開催されたのか。

「私は、社会保障基本法がなぜ今必要なのかという点に絞って、問題提起をさせていただきます。私は全盲ですが、24年間弁護士をしながら相談活動、あるいは障害者活動をやって参りました。そして率直に申し上げて、命、そして生きることに対する社会の受けとめ方に強い疑問を持っております」

「死にかけた人間に我慢して生きろ、生きていたら何かいいことがあると言います。本当にそうでしょうか。必死に生きようとしている人間を、さらに突き落とすがごとき社会構造に、今、なっていないでしょうか」

「日本の国民総生産は世界第2位ですが、その日本で自殺者が3万人。そのうちの8千人から1万人は、経済的理由です。もちろんすべてがマイナスに傾いているとは言いません。経済は少しは改善されてきたと言います。しかしそれが、命の危険にさらされている人たちには、まったく跳ね返って来ていない。大企業が潤えば、いずれは下の方にも潤いが来ると言いますが、本当でしょうか。万が一それが正しかったとしても、今の状況では、下に届くまでには、庶民は死んでしまうのではないでしょうか」

「国民の声が反映され、国民一人ひとりが社会保障の給付面で落ちこぼれず、取り残されない、そういう仕組みをつくること、これが私たちの考えた社会保障基本法の目標です。そうした制度が、これからの日本で実現することを切に願っております」

以上は、本シンポジウムで竹下義樹弁護士が行った基調報告の抜粋である（「京都保険醫新聞」2008年1月7・14日合併号から引用）。

寡聞にして、「社会保障基本法」の制定を目指す動き自体を私は知らず、事前に行われた打ち合わせで初めて教えられるという体たらく

> 最前線で考える子どもと家族の今

だったのだけれど、シンポジウム当日に発刊された『社会保障でしあわせになるために——社会保障基本法の挑戦』（京都府保険医協会編・かもがわ出版）を読むと、協会が率先して研究会を組織し、「社会保障基本法（案）」をまとめ、本書刊行と合わせてシンポジウムを開催したということがわかった。

　法案が打ち出す社会保障の施策には、「年金等の所得保障」「医療福祉等の給付」「住宅保障」「保健事業」などに加えて、その第16条に、「虐待防止と発達保障」の項目があり、「国及び地方公共団体は、人間としての尊厳を否定ないし脅かす虐待を防止し、あるいは虐待されている者を救済するための手続きを確立しなければならない」「国及び地方公共団体は、子どもの健全な発育・発達を保障するための施設を設置し、あるいは施策を実施しなければならない」と記載されていた。

　ははーん私が呼ばれたのは、このあたりについて話せということなんだなと思い当たって準備を始めたのだけれど、虐待防止の観点からしても、この法案は大いに賛成できるものであった。なぜと言って、児童虐待の問題は、児相研（全国児童相談研究会）が、その見解で「児童虐待の背景には、しばしば非常に深刻かつ複雑な養護問題が隠されています」と述べているように、広い意味での貧困問題が深く関与しており、「社会保障基本法」は、そうした貧困問題の解決を正面から取り上げていると思われたからである。[※]

　ところでこのシンポジウムでは、施策を推進するうえで避けて通れない財源問題をめぐって熱い議論が繰り広げられた。そして、「財源調達力と制度の普遍性の両方を確保することは難しい」と率直に指摘したシンポジストに対して、会場からしきりに「そんな話は聞きたくない」といったヤジが飛んだのであった。あらためて現在の我が国の現状を打開することの難しさを示した瞬間であったと言えよう。

　ただし「社会保障基本法（案）」は、第４条で、「国及び地方公共団体は、すべての者が健康で文化的な最低限度の生活を営むことができるよう、第３章に定める社会保障施策のほか、その他の必要な各般の措置を講じなければならない」としたうえで、「国および地方公共団体は財政上の考慮を理由として、その責務の遂行を懈怠（けたい）し、あるいはもっぱら財政上の理由から権利を制限してはならない」とも述べており、その意味でも画期的な内容であると感じたのであった。

※ これは、児相研が2003年11月22日に出した「児童虐待対策の抜本的な充実を——児童虐待防止法見直しに関する私たちの見解」からの引用です。私も見解作成に参加したものですから、引用したのでしょう。

第1章
子どもと家族の現在
◆生きづらさへの眼差し

"家族"を創る

 さて、次に紹介するのは、2007年11月に開かれた法政大学第23回多摩シンポジウムである。すでに23回目を迎えるという歴史を持つシンポジウムのことを、残念ながら私はまったく知らず、やはり人を介してシンポジストを依頼されたのだが、「"家族"を創る」というテーマには惹かれるものがあった。
 では、このシンポジウムを用意した人たちは、どんな問題意識を抱いていたのだろうか。法政大学現代福祉学部、岡崎昌之学部長の趣旨説明を聞いてみよう
 「今日は『"家族"を創る』というテーマでシンポジウムを開催いたします。これを想定するにあたりまして、私どもは学部内で数名の先生方を中心に、どういう内容でやろうかということで、約半年かけまして、いろいろ検討をさせていただきました」
 「そのときに、私どものいちばんの課題であり、解決しなくてはいけない問題として、現在の家族とその状況はどうなっているのだろうかということが話題となりました。もともと家族とは、血縁関係で構成する社会の中における最小の組織、基点になると言うことができると思います」
 「しかし、そういう本来の意味の家族が、高齢化の問題、あるいは若い人たちの晩婚化の問題があったり、また家族そのものの内部の問題等があり、従来のような家族という概念だけでは、どうも成り立たなくなってきております。さまざまな形で家族が崩壊している場面も見受けられるし、社会的な事件と言われるものも、そういうことを背景に起こっているのではなかろうかと思います」
 「そこで本日、まず第一部では、家族の状況、現況はどうなのだろうか、その背景にある問題は何だろうかということをご議論いただき、また、第二部ではそういう家族を、地域社会とか、企業、あるいはNPO、そういう主体でどう支援、サポートできるのだろうかをテーマにご議論いただくというふうに、テーマ設定と内容を決めさせていただいたわけです」(「法政大学第23回多摩シンポジウム報告書」から引用)
 私は第一部で、おもに児童虐待の現状などについて発言するよう求められたのだが、その前に、「"家族"を創る」というテーマそのもの

最前線で考える子どもと
家族の今

このメモは1994年に広島で開かれた「児童相談所における家族療法・家族援助の実際、第3回研修会」に参加しての感想文に記したものです。

について一言述べてみたいと思った。というのも、すでに10年以上も前のことだが、私は次のようなメモ書きを残していたからである。

「河合雅雄著『学問の冒険』(佼成出版社)を手にして私は、彼の本当の（あるいはそもそもの）関心は人間そのものにあったのだということ、そしてその契機となったものが"戦争"であるということを発見した。戦争中に青年期を過ごした彼は、大陸に出征した日本軍兵士が残虐な行為を犯しながら、敗戦となってそれぞれの故郷に戻ると"あたかもスイッチを切り替えたかのように豹変した"様を見て、"悪から善へのこの飛躍は何であろう"と疑問を持ち、"人間の内包する悪は、どこからきたのであろう。それを探れば人間というこの奇妙な生物のあり方を解く一つの鍵が与えられるだろう。……人間とは何かという大昔からの難問に迫るのに、人間の内なる悪の起源を探りたい""それを探るには、やはりサルから人類への進化を考えていくのが意味のあること"だと思いを巡らせた。この善と悪について、彼は『森林がサルを生んだ──原罪の自然誌』(講談社文庫)で一つの回答を示し、さらに人類そのものの由来にも挑戦する。分厚い『人間の由来』(上・下、小学館)を読めばわかるのだが、そのキーワードこそ"家族"であった」

「彼の師であった今西錦司は、家族こそ人類社会の特徴であると洞察し、家族成立の条件を4つあげたという。すなわち雄、雌の恒常的な関係を前提に、①インセストタブーの存在②外婚制の存在③コミュニティの形成④雌雄間の分業の4項目である。河合雅雄は40年余にわたるサル研究から、家族を持つサルは人間以外にないことを示したのである」

このようなメモのあと、当時の私は次のように続けていた。

「"家族は人間(特有)の基本的社会単位である"とふまえたら、たとえば往々にして社会から孤立している虐待ケースは、コミュニティの形成という家族成立の条件からみて危うく、性的虐待ケースではインセストタブーの存在という条件が欠落していることになる。虐待は、まさに人間存在の根本にかかわる深刻な問題ではないのか」

いささか短絡的過ぎる私の問いかけはともかくとして、テーマに「"家族"を創る」というフレーズが登場する現代が、ある意味では子どもと家族の深刻な姿を象徴していることは疑いないのではないか。

第1章
子どもと家族の現在
◆生きづらさへの眼差し

私はそんな気持ちに襲われたのであった。
　さて。

かけがえのない命
　「私たちが実践している福祉の原点は、命を大切にすることであるといってもいいのではないでしょうか。（ところが）今日、毎日のようにひとの命があまりにも軽視されるような事件や出来事が多発しています」
　「また、医療制度や介護保険、障害者自立支援法、生活保護といった命や生活を支える制度に改革の風が吹き寄せています。『制度改革』にあおられても、うまく助けを求められない場合や社会の側にその思いを汲み取れないときに、こうした悲しい出来事が生まれると思います。私たち自身の命を守るとともに、ひとり一人の命の大切さをあらためて考え、その実践をしていきたいと思います」
　2008年2月に開催された日本社会福祉士会近畿ブロック研修会が、シンポジウムのテーマとして選んだのは、「かけがえのない命——その大切さを現場から考える」であった。そこでは各シンポジストが、まさに〈命〉が失われ、損なわれている実態をこもごも報告した。それはたとえば、北九州市で生活保護を「辞退」した男性が、自宅で死後1カ月経った状態で発見された事件のことであり、知的障害を持つ従業員が職場で虐待を受け、賃金未払いのまま劣悪な条件で働かされ、死亡者まで出たという滋賀県のサン・グループ事件であった。
　私が依頼された演題は、「今日の児童福祉に関する現状と課題について」というものだったが、全体のテーマをふまえ、子ども虐待による死亡事例のことを中心に据えて話すことにした。というのも、2006年中に虐待によって死亡した子どもが、100事例、126人にのぼっていたからである。研修会に参加された社会福祉士の方々は、必ずしも子どもの問題に携わっているとは限らなかったが、児童虐待の問題は決して児童福祉だけで解決できるものではない。そこで私は印象的なある事例を紹介した。障害のある娘2人とその父が無理心中を図った事件である。厚生労働省は、心中であっても子どもの命を奪う行為は虐待にあたるとして注意を喚起しているが、確かに子どもが自ら死を選ぶことは稀であり、子どもを巻き添えにする無理心中は虐待の一つで

2007年7月、北九州市で、一人暮らしの男性（52）が、「おにぎりが食べたい」と日記に記して餓死した事件。保護課の就労指導によって保護の辞退を届け出たが、日記には「働けないのに働けと言われた」と記されていたことなどから、福祉事務所の対応が厳しく問われました。

滋賀県の肩パッド製造会社「サン・グループ」の事件を、私は『透明な鎖——障害者虐待はなぜ起こったか』（高谷清著）で知りました。障害につけ込む会社のあくどさと、彼らを支援して闘う人たちの姿に感動したことを記憶しています。

63

ある、と私も考えている。が、その背景はさまざまだ。

実は先に示した親子3人が無理心中で死亡した事件に関しては、地元の福祉団体などが「障害児家族心中事件調査団」を結成して聞き取り調査を行っており、事件から1年を経てシンポジウムが開かれていた。

「娘2人が通った養護学校の寄宿舎が2008年度で廃止されることに対し、調査団は『大きなよりどころを失い、絶望的な思いを深めていったのでは』と指摘。障害者自立支援法の施行については『親子3人の絶望を身近に引き寄せた』と報告した」(2007年12月9日付中日新聞を要約)

詳述する余裕はないが、この事例も含めて、「かけがえのない命」が、法の不備、制度の矛盾によって傷つけられ、失われることさえあるということに、私たちはもっと注意を向けてしかるべきではないだろうか。

「障害者自立支援法は、このままでは障害者を突き放して自ら解決するよう求める『障害者"自己責任"法』に、あるいは障害者を福祉サービスから遠ざける『障害者"疎外"法』『障害者"自立阻害"法』にさえなりかねません」

児相研は、障害者自立支援法に関しても上記のような見解を示しているが、先の事例は、この指摘を最も深刻な形で体現したとさえ言えるのではないだろうか。

つけ加えれば、本研修会ではシンポジウムに先立ち、講談師神田織音(かんだおりね)さんが、老いた母と息子の悲しい心中事件をテーマにした「福祉講談」を演じ、参加者の涙を誘ったのであった。

対人援助職のバーンアウト

以上、私自身が参加したいくつかのシンポジウムを紹介させてもらった。

これらを振り返ると、現代の子どもと家族が、生活のさまざまな分野で厳しい状況にさらされ、呻吟し、まるで「現代の子ども・家族問題」をひとつに焦点化するなんてできないよ、と囁きかけてくるようにさえ感じてしまう。

さて、私がまだ児童相談所に勤務していた頃の、人間ドックでのエピソードだ。

最前線で考える子どもと家族の今

その後、この事件は本調査団の手によって『障害のある子ども・家族とコミュニティケア——滋賀・父子心中事件を通して考える』(クリエイツかもがわ)として単行本にまとめられています。

児相研が出したのは「障害を持った子どもが安心して暮らせる社会を！——障害者自立支援法の根本的な見直しを求めます」という見解です。発表は2006年11月。

「いいですか、今は対人関係の仕事に携わる人、特に弱者救済の分野で働く方が一番ストレスが強くて危ないんです。あなたも、もう少しご自分の生活を見直して休息をとってください。今のような生活は改善しなければなりません」

医師から手厳しく指摘されたのだが、診察室からも私たちのそんな厳しい実態が透けて見えるのだろう。むろん、だからといって医師の指示するような生活など、児童相談所にいる限りできるはずもないのだが……。

そんなことを思い出していたら、2008年2月に九州大学大学院で、「対人援助職のバーンアウトの対処と予防」というテーマのシンポジウムを行うので、「福祉職とバーンアウト」について話してもらいたいという依頼が舞い込んだ。考えてみると、私が身を置いたいくつかの職場でも、優秀な児童福祉司が抑うつ状態に陥ったり、一時保護の指導員が休職した、といった事態が起こり、彼らのサポートをどうすればいいのか悩んだものであった。

対人援助職にかかわるシンポジウムでも、こうしたテーマが正面から取り上げられるようになったのだと思いつつ参加してみると、私の他には、教師のバーンアウト、保健・医療職のバーンアウトについて語るスピーカーが登場し、それぞれの現場の困難な状況、そこで苦吟するスタッフの姿がリアルに語られた。それが現在の我が国の偽りない実情なのであろう。

60周年を迎えた児童福祉法

最後に、書き残していたもう一つのシンポジウムのことを思い出したので、簡単に触れておきたい。それは「児童福祉法制定60周年記念全国子ども家庭福祉会議」である。会議の名称を見ても明らかなように、2007年12月に実行委員会主催で開かれたこの会議は、児童福祉法制定60周年を目前にして開かれたもので、開催趣旨は、次のように述べられていた。

「戦後の子ども家庭福祉を支えてきた児童福祉法が制定されて、今年で60周年を迎えようとしています。同法は、戦後の日本の発展と共に、改正を繰り返しながらも、現在でも日本の子ども家庭福祉の基盤として位置づけられてきました」

最前線で考える子どもと家族の今

「児童福祉法のこれまでのあゆみを辿り、また現在の児童福祉法の子ども家庭福祉分野の諸領域における課題を整理すると共に、これからの我が国の子ども家庭福祉の新たな枠組みを模索すべく『全国子ども家庭福祉会議』を開催します」

1948年1月1日に施行された児童福祉法は、折しも今年（2008年）で60年の歴史を刻んだことになるのだが、たくさんの分科会の中の一つ「子ども虐待への社会的対応の展望と課題」に、私はシンポジストの一人として招かれたのであった。

考えてみると、児童福祉法は、その第1条で「すべて国民は、児童が心身ともに健やかに生まれ、且つ、育成されるよう努めなければならない。すべて児童は、ひとしくその生活を保障され、愛護されなければならない」と規定し、第2条で「国及び地方公共団体は、児童の保護者とともに、児童を心身ともに健やかに育成する責任を負う」と定めたうえで、「前2条に規定するところは、児童の福祉を保障するための原理であり、この原理は、すべて児童に関する法令の施行にあたって、常に尊重されなければならない」（第3条）と謳っている。

これまで書き綴ってきたように、現代の子ども・家族問題は、何が焦点で何が問題なのか、単純に述べることなど私にはとてもできないのだが、こんな時代だからこそ、私たちは、戦後まもなく、理想と決意に満ちて生み出された児童福祉法の根本原理に立ち返る必要があるのではないだろうか。

複雑かつ巨大な社会、多様で多彩な現代に生きる子どもたちの未来を、私は児童福祉法のこの原理に託し、この原理が名実ともに実現するよう不断の努力を続けたいと思うのである。

（2008年6月）

置き去りにされる赤ちゃん

赤ちゃんポストの背景にあるもの

——設置以来7人が預けられ、動き出した熊本の慈恵病院のこうのとりのゆりかご、いわゆる赤ちゃんポストですが、先生はどのようにお考えでしょうか。

本インタビューを受けたのは設置後4カ月目。「こうのとりのゆりかご検証会議」最終報告によれば、2年5カ月間に51人の子どもが預けられています。

第1章
子どもと家族の現在
◆生きづらさへの眼差し

棄児に関する統計が、2000年まではあるんです。それによると、全国で毎年200件前後の相談が児童相談所に寄せられていました。それ以降は、棄児＝養育の放棄（ネグレクト）ということで、虐待の一つにカウントされたため、具体的数値がわからなくなりましたが、おそらく棄児の件数は、現在もそれほど変わらないのではないでしょうか。

産んでしまったけれど育てられない、というのであれば、何も子どもを棄てなくとも、児童相談所に相談していただければ、代わって育ててくださる里親さんを紹介することもできるし、乳児院だって利用できる。児童相談所はそのような相談に応じる役割を持っていますので、それぞれの事情に応じた援助の方法を示すことができます。

ただし今の社会は、これだけ情報が氾濫していても、その情報から落ちこぼれてしまうというのか、私たちの手が差し伸べられない方がいる。児童相談所の存在や、その役割が十分知られていないわけです。そういう状況の中で、毎年たくさんの棄児が出てしまう。熊本でも、この間に何件かの棄児があったと思います。赤ちゃんポストは、そういう社会の動きの中で必要性が叫ばれ、生まれたのだろうと私は理解しています。

──切羽詰まった親がいるのに、ケアする体制が追いついていない。
　　だから、赤ちゃんポストは必要ということですね。

児童相談所にいた頃、こんな経験がありました。ある夜、突然警察から電話が入り、生後間もない新生児が病院のトイレに産み捨てられている、今すぐその子どもを預かってほしいというのです。しかし児童相談所に新生児を預かる設備はありません。とりあえず発見された

これは『生命尊重ニュース』誌インタビューの記録。この冊子は、胎児を一人でも多く救いたいとの願いを込め発行している月刊誌。インタビュアーは田口朝子さんでした。

児童相談所が対応した棄児件数の推移

*厚生省・厚生労働省統計

> 置き去りにされる赤ちゃん

病院に入院させてもらえないかと頼んだのですが、「ここの病院は新生児を取り扱っていません」と言われてしまった。そこで、子どもの状況もよくわからないまま、夜間の病院探しが始まりました。何とか受け入れてくれる病院を見つけてほっとしましたが、赤ちゃんが入院できたのは深夜になってからでした。

児童相談所の実務だけから言えば、棄てられた場所が赤ちゃんポストであれば、生命の危険を心配しながら一刻を争って病院探しをする必要はありません。ポストの是非についてさまざまな議論がありますが、こういう場合、少なくともポストならば、命は確実に救われるわけです。

敷居が高い？

——公的な相談窓口に行くことがいいとは思いますが、行政の相談機関はどうも敷居が高い、と思っている人が多いのではないでしょうか。

児童相談所の場合、敷居が高いというのは、2つの意味が考えられます。一つは、そもそも児童相談所の数が少ないという点です。国が出している児童相談所運営指針は、児童相談所の設置数について「人口50万人に最低1か所程度が必要」と書いてあります。ということは、人口1億2,770万人として、最低でも250カ所以上は必要なのですが、現在は196カ所しかありません。身近な存在でないため気軽に相談しにくく、しかもわざわざ時間をかけて遠方まで足を運ばなければならない。それだけで敷居が高いということになりますね。

もう一つは、匿名性の問題です。児童相談所は、名前も住所も聞かないまま子どもを預かることはしていません。というのも、子どもは、「自分はどうしてこの施設に来たのか」「どうしてこの里親のもとで暮らしているのか」「自分の親は、どんな事情があって自分を手放したのか」ということを理解することがとても大切なんです。それがわからないためにアイデンティティが確立できず、苦しむ子どもも多いですから。

皆さん方は「いのちを大切にする」ということで活動されていますが、児童相談所も「子どもの権利」を第一に考えます。子どもが親元を離れなければならないような場合、匿名というのは親には都合がい

「人口50万人に最低1か所程度必要」という規定は、2009年3月の改正で削除されました。中核市でも児童相談所を設置できるとされたことをふまえたものらしい。なお、2010年11月現在の児童相談所設置数は205カ所となっています。

＊そして2012年1月現在では、206カ所になっています。

「皆さん方」とは、『生命尊重ニュース』を発行している「生命尊重センター」の方々を指しており、お腹の赤ちゃんを救うことを大きな目的として活動しています。

いかも知れませんが、子どもの権利を守るという立場からは譲れないのです。この面に関して言えば、敷居を低くすればいいというものではありません。

――妊産婦の悩みの受け皿、相談窓口は児童相談所にあるのでしょうか。

生む生まないで悩んだり、生まれてくる子どもの養育について困り果て、妊娠中から児童相談所に相談に来られる方は珍しくありません。そのような場合、児童相談所は特別の窓口を設けているわけではありませんが、妊娠の段階から真剣に相談に応じています。

――現実はきびしいですね。10代であったり、シングルであったり、経済的困窮であったりすると、山ほどの相談があります。身も重く心も重い。それを受けとめ解きほぐす相談窓口が必要ですね。

相談援助の基本

――先生のご著書の中で、虐待には①多くの親は子ども時代に大人から愛情を受けていなかったこと、②生活にストレス（経済不安や夫婦不和や育児負担など）が積み重なって危機的状況にあること、③社会的に孤立し、援助者がいないこと、④親にとって意に沿わない子（望まぬ妊娠・愛着形成阻害・育てにくい子など）であること、の4つの要素が揃っていると指摘されています。望まない妊娠や女性の過重な育児負担なども、虐待につながるわけですね。

主たる虐待者が誰なのかを見ていくと、日本では実母が約6割を占めており、圧倒的に多いんです。ただしその背景には、父親の子育てへの参加が非常に低いという実態もあるのではないでしょうか。不規則勤務や長時間労働のせいか、父親は子どもと接する時間さえない。いきおい子育ては母親にまかされていく。しかも現代社会は、情報があふれているようで個々のつながりは希薄化している。言葉を換えれば、人と人とが支え合う力が弱まっている。孤立しているんですね。

子どもを棄てるのは犯罪だと感じていても、どこに相談すればいいかわからないし、そもそも相談するという発想さえ持てないまま、本当に棄ててしまうとか殺害にまで至ることがあるのも、今述べたよう

置き去りにされる赤ちゃん

な現代社会の延長線上のことではないでしょうか。

——つい最近、望まない妊娠をした女性とお話しました。児童相談所にも、市役所にも、福祉事務所にもいろいろ行ったけれども、「前例がないから」と言われたそうです。

　もちろん同じ事例というのはありません。一人ひとりが個性ある存在であるように、相談の一つ一つはすべて違います。しかし、だからこそその人のお話を真剣にうかがって、一緒に解決策を考えていく、それが相談援助の基本です。一緒に考えていく中で来談者がヒントを得たり決断もしていき、解決の道筋が浮かんでくるんです。

　こんな例がありました。「破産宣告を受けてマンションから追い出される。赤ちゃんを連れては仕事にも行けないから、すぐにでも預かってほしい」という相談です。ところがお話を聴いていくうちに、「この子はおっぱいをよく飲むんですよ」とおっしゃって涙ぐまれた。解決の方向はその瞬間から変化していきました。混乱して「今すぐ施設に」とおっしゃっていた方が、子どもと生活しながら再起する方法を考え始めたんですね。相談というのは、そうやって進んでいくんです。

時代を見通した援助の方法を

——子どもたちの声を新聞で拾ってみると、「命をゴミのように捨てている」と言っています。子捨て、虐待の背景には、「子どもは授かりもの」といった命の見方が変化しているように思いますが。

　変化したのかどうかはわかりませんが、現代人は、さまざまなしがらみを離れて自由に生きていますよね。しかし逆に、私たちが培ってきた文化、文明というものが継承されているのかどうか、不安になることもあります。もしもそうだとすると、「子どもは授かりもの」といった考え方もその一つでしょうが、これまで社会の中で確実に受け継がれていたものが忘れられていく。すると今度は一人一人がいろんなことを一から考えなければなりません。確かに過去から受け継いだものの中には、今日の社会にそぐわなかったり、個人を古い因習に縛りつけるものもあるかも知れません。しかし、だからといってそうして蓄積されたものから離れて自由に生きていこうとしても、個々の人

第1章
子どもと家族の現在
◆生きづらさへの眼差し

間の判断能力には限りがありますから、一見すれば素晴らしいように見えても、実はそれが浅知恵でしかなかったりする。ある意味不幸な時代ですね。

　近所づきあいのような面倒なことを避けて気楽に暮らしているといっても、実は孤立し、何かあったときに困ってしまうわけですから、私たちは、そんな状況をふまえて、孤独なお母さんたちが参加できる場をつくるとか、新しい援助の方法を考えなくてはならないと思います。

——私たちは、赤ちゃんポストを応援しながら、お母さんお安心の広場、ほっと・スポットでいのちの文化伝統を守っていきたいと思います。

(2007年10月)

＊今読み返してみて、「そうなんや！」と膝を叩いてハッと恥ずかしくなりました。自分の文章に自分で感心するなんて……。でも、どんなに優れている人でも個人の力はたかが知れてるんであって、そこに育まれてきた歴史や文化を受け継いでこそ、人は生きられるんじゃないでしょうか。

現代社会の遠い隣人

　横浜で単身赴任することとなり、長年住み慣れた京都を離れて何とか引っ越しを済ませた当日のことだ。
「ごめんください。今度こちらに引っ越してきた者ですが……」
「おじゃまします。202号室の川﨑と申します」
「あのう、お留守でしょうか……」
　私が借りたのは、2階建て合計4戸の小さなアパート。何はさておいても隣人に挨拶をと思い、玄関ドアの前に立ってインタホンで呼びかける。が、どの部屋の住人もいっこうに出てこない。留守がちな場合もあろうかと思い、日持ちのよい京菓子を持参したのだが、今日は日が悪いのだと言い聞かせて持ち帰った。
　ところが、そんなことを何度繰り返しても、相手はなぜか顔を出してくれないのだ。夜中、灯りが点（とも）っていることを確認して訪問しても、やはり応じる気配がない。かろうじてそのうちの1軒だけとは言葉を交わせたのだが、よりにもよって「実は私、明日転居するんです」と言われたときには、さすがに気が抜けてしまった。こんな調子で、私は今に至るまで、同じアパートの住人と挨拶すらできていないのである。

71

現代社会の遠い隣人

"横浜じゃあ、誰もがこんな暮らしぶりなんだろうか……"
そんな疑問を抱いていたときのことだ。
「厚生労働省が『こんにちは赤ちゃん事業』を始めましたよね。生後４カ月までの赤ちゃんを全戸訪問するというんですけど、いきなり誰かが来て、ドアを開ける人っているんですか？」
私が勤務を始めた子どもの虹情報研修センターが企画した大学院生たちの研修会で、若い女性研究者がこんな発言をしたのである。
「そのこと、もう少し詳しく説明してもらえないかな」
こんにちは赤ちゃん事業ならば、通常は事前に連絡したうえで訪問するはずだから心配は無用なのだが、ドアを開ける人なんていないという発言が気になった。彼女は次のように続ける。
「私は普通にマンションで育ちました。なので急に誰か知らない人が来ても、ドアは開けないんです。ええ、近所づきあいもあまりなかったと思います。マンションには友だちもいなかったから、遊ぶときは別のところへ行きました。はい、住んでいたのは札幌です」
「虐待では、孤立している家庭のリスクが高いって言われてるんだけどねえ」
「だって、不用心でしょ」
この女性の感覚では、どうも見知らぬ者の訪問には応じないのが常識らしい。だとすると、私は大きな誤解をしていたことになる。
とはいえ、来訪者を拒絶し、玄関を堅く閉ざしておくのは当たり前、隣人が誰でどんな生活をしているか知りたくもないし、また知られたくもないというのは、いったいどんな社会なのだろうか。これでは地震や火事などの突発的な出来事に遭遇して初めて、「おや、お二階さんでしたか」というようなことにもなりかねない。
隣人に最後まで渡せなかった京菓子を一人わびしく食しながら、私たちはこれからどんな地域社会を築けばよいのかと思案する以外、私にはなすすべがないのであった。

（2007年８月）

「"引っ越し挨拶" 装い女性の部屋に強盗、３人逮捕」なんて事件が本年10月、東京で起きているんですよ、驚いたことに。やはり、私はまちがっている？

第1章
子どもと家族の現在
◆生きづらさへの眼差し

権威をなくした父親

「殴られた子どもが重体になっているのに、保護者は『しつけのつもりだった』と言います。これはどういうことでしょうか」

「しつけと虐待は、結局どこが違うんですか」

ここしばらく、「しつけと虐待」に関していくつかのマスコミから同じような質問を受ける機会があった。そんなとき私は、大方次のように説明する。

「児童虐待防止法は『ケガをするような暴行は虐待』と位置づけているんですが、一方で親権の一つである『懲戒権』は、しつけとして行う『体罰』を、ある程度は認めているんです。それが、しつけと虐待の区別をわかりにくくしている一つの要因だと思います」

ところが、取材にやってきた記者は、この程度の説明では満足してくれない。

「では川﨑さんは、しつけとしての体罰を認められるんでしょうか？」

「もう一度訊きます。しつけと虐待はどこが違うんですか？」

執拗に追求されて、やむなく個人的な信条を話すはめに陥ったのだけれど、それを端的に言えば、「子育てに体罰はまったく不要」ということになる。私個人は、「懲戒権」が許容する程度の体罰も、一切否定しているのだ。

マスコミ記者が知りたいことは、つまりは現在の多くの人が聞きたいことかも知れぬと考えて、以後私は、研修会などで意識的にそんな話をするようになった。

「愛情があれば体罰も許される、という考えに、私は与しません」などとスピーチするのだが、そんな私も間違いをしでかしたことがある。過去に一度、つい息子をコツンと叩いてしまったのだ。とその瞬間、その場に居合わせた娘が手厳しく抗議した。

「あっ、叩いた」

「お父さんが叩いた！」

「ご、ごめん」

ある講演会。恥を忍んでこんなエピソードを紹介したときのことだ。

権威をなくした父親

「質問があります。そのとき川﨑さんは、お子さんに謝っておいでですよね。でもそれは、父親の権威を失わせることになりませんか」

会場からの思わぬ質問に、私は狼狽する。"えっ、権威が失われただって⁉"

帰途の電車で思い出した。娘のこのときの反応を、実は私は頼もしく感じていたのである。そうだ、威厳を保とうと、「悪いことをしたから叩いたんだ！」なんて強弁すれば、それこそ権威は虚構のものとなり、子どもの信頼もなくしてしまうだろう。

大人と子ども、親と子、支配と被支配といった関係性の中で、安易に体罰を用いたり、不都合なことを糊塗して合理化し、正当化するということはないだろうか。

たとえ相手が我が子でも、過ちは率直に認め、謝罪もする、それこそが父親の権威を高める遠いようで近い道、だと私は思うのだが。

（2008年4月）

"ことば"を憎む子ども

本紙（『京都新聞』）で「現代のことば」が連載されるようになったのは、1966年1月のことだという。すでに40年以上の歴史があるというのだから、現代において「ことば」がいかに大切であるかを示すひとつの証左だと言えよう。

ところが、最近私が参加した事例検討会で、こんな話が飛び出した。

「ぼくが担当している子どもが、こんなことを言うんです。『先生、人間ってどうしてことばを持ってるの？　ことばなんてこの世になければよかったのに』って。返答に窮しました」

まだ小学6年生だという彼は、いったいまた、どうしてそんなことを考えついたのか。この子には複雑な事情があって、今は母と離れ、児童福祉施設で生活しているのだけれど、聞けば聞くほどに、さもありなんと思えるエピソードが続く。

施設から帰省中のことだ。携帯電話に夢中で、母が運転中に交通事故を起こしてしまった。ところが、同乗している彼に対して、母は事もなげにこう指示する。

第1章
子どもと家族の現在
◆生きづらさへの眼差し

「いいこと、後ろの席の赤ちゃんが泣いて気が散ったために、つい脇見運転したということにするのよ」

すべからくこんな調子で、子どもが心待ちにしている面会や家庭引き取りの約束さえ、母は言を左右にもてあそんで反古(ほご)にし、彼の期待はいとも簡単に裏切られる。

その結果だろう。とうとう彼は、何を信じていいのかわからなくなり、混乱もし、そして最後に達観する。「つまりは人間に『ことば』があるからいけないのだ」と。

次々と嘘を繰り出す母を恨まず、なぜか「ことば」のほうを憎む彼に、ではどう接してやればいいのか。検討会は、あるいは沈思黙考し、あるいは言を重ねて議論を続けたのだが、考えてみれば、ことばについて彼が漏らした慨嘆は、そっくりそのまま今日の社会を撃つのではあるまいか。

振り返れば、昨年（2007年）選ばれた「今年の漢字」は「偽」であった。あまり思い出したくはないのだが、食肉の素材が、野菜の産地が、菓子の賞味期限が偽られ、老舗料亭の偽りまでもが発覚、マンションなどの耐震偽装問題が世間を騒がし、年金記録も、政治活動費も、さらには国会答弁までもが「偽」に塗られていたのであった。

では今年（2008年）、私たちの社会は、彼の小学生に胸を張ってことばの大切さを語ることができるであろうか。残念ながら、ことば巧みに人を騙す「振り込め詐欺」が横行し、一国の総理さえもが、不用意な発言を繰り返しては陳謝し、ことばの軽さが世間の批判と失笑を買ってしまった。

もちろん子どもたちの多くは、たとえば「ごめん」の一言を、あるいは「ありがとう」の一言を口に出せずに苦しみ、逆に、やっと発したその一言ですべてが通じ合えたといった体験もし、ことばの力を実感して成長していることを、私は知っている。

願わくば、大人社会のことばの一つひとつが、未来を担う子どもたちに、まこと信じられるものであってほしいと念じずにはいられない。

(2008年12月)

2007年って、こんな年だったんですね。何かもうずいぶん前のことのような気がします。

所持金２円のひったくり犯

所持金２円のひったくり犯

　私が勤務する子どもの虹情報研修センターは、児童虐待の問題を中心に、全国の児童相談所や児童福祉施設などの方々にさまざまな研修プログラムを提供している。以下は講師控室のひとこま。
　「先生のお話を聞きながら、最近あった事件を思い出しました」
　たった今講演を終えた講師との短い会話である。
　「110円入りの手提げバッグをひったくられた71歳の女性が、果敢に犯人を追いかけてバッグを取り返したって事件がありましたよね。逮捕されたのは30過ぎの男でしたから、えらい女性がいるもんだと感心したんですが、実は男性の所持金はたったの２円。空腹で、走ろうにも走れないありさまだったというんです」
　今回の講師が取り上げたテーマは「子どもの貧困」。その熱弁に誘われて、私は思わずこんな事件を話題にしたのである。
　それはさておき、講師の説明によれば、我が国では「低消費水準世帯の推計」、いわゆる貧困に関する統計が1965年に打ち切られて以後、今日に至るまで政府による統計数値がないというのである。これには驚いた。統計すらないというのであれば、貧困を克服するための政策など打ち出しようがないではないか。現に子ども虐待の問題だって、厚生省（当時）が1990年に統計を取り始めてから約10年後、やっと児童虐待防止法が成立し、まだまだ課題は多いとはいえ、さまざまな施策が行われるようになったのである。
　もちろん貧困問題は、わざわざ統計を待つまでもなく、今や危機的な状況を呈し、非正規雇用の労働者も次々と解雇されている。だから、目の前で起こっていることを素直に見つめさえすれば、緊急の対策、手厚い施策が求められていることは誰にだってわかる。早い話、先のひったくり事件でも、むしろ被害を受けた女性のほうが、「若い子やったので、気の毒やわ」と同情したぐらいなのである。
　さてここで、センターで最近行われたもう一つの研修を紹介してみたい。
　「不登校の子どもが13万人と言われていますが、日本の子どもたちは、ではどれぐらい出席していると思われますか？」

ただし、2009年10月20日には、当時の長妻厚生労働大臣が記者会見し、全国民の中での低所得者の割合を示す「相対的貧困率」が2007年調査で15.7%だったと発表しました。これを受けて１年後の2010年10月20日には日弁連が国会内で集会を開くなど、取り組みが進んでいます。

第1章
子どもと家族の現在
●生きづらさへの眼差し

講師が参加者に問いかける。

「私の調査によると、1年間を通して無欠席の子どもは、学年が上がるにつれて次第に増加し、中学3年生では実に4割以上が1年間1日も休まずに登校しています。日本の子どもたちの出席状況は、総体で言えば極めてよいのです」

「ところが角度を変えて、経済的困難をかかえる子どもを取り出して見ると、たとえば年間の欠席が10日以上の小学6年生のうち、6割近くを彼らが占めており、30日以上の欠席ともなれば、なんと4分の3以上がこうした子どもたちなんです」

講演を終えても講師控室では話が続く。

「経済困難があんなに影響するなんて……。ショックでした」「不登校って決して心の問題だけではないんですよね」

子どものかかえる問題が貧困と通底していることに、心が痛んでしまう。

(2009年4月)

ストレスに押しつぶされた母親

〆切り日

テレビのスイッチを入れると、こんなニュースが流れている。

「ノーベル賞の授賞式が近づいてきました。現地時間で12月10日の授賞式を前に、小林誠・高エネルギー加速器研究機構名誉教授と益川敏英・京都産業大教授、下村脩・元米ウッズホール海洋生物学研究所上席研究員の日本人3人がストックホルム市のホテルで記者会見しました」

100年に一度の経済危機だと騒がれて学生の内定は取り消され、大企業までもが次々と大幅な人員削減を打ち出すご時世である。このニュースは一服の清涼剤のようなものだと思いながら、ふと手帳に目をやると、今日はその12月10日。というのはいいとして、そこに書き付けられたメモを見た途端、私はいささか（もとへ、大いに）慌ててしまった。「原稿〆切り日」と、小さいながらもくっきりと記されていたからである。

前置きが長いのは、前々からの私の特徴です。今回は実際に掲載された原稿ではなく、ノーカット版を載せています。

ストレスに押しつぶされた母親

「あっ、今日中に仕上げなくちゃいけなかったんだ」
　と我に返ったものの、パソコンに格納されている当該ファイルには、タイトル以外、実は未だ1文字も打たれていないのであった。
「児童虐待と家族のストレスというテーマで原稿を書いてもらえないか」
　と依頼されたのは、もちろん執筆するには十分過ぎるほどの時間的余裕があった頃のことだ。ところが私は、子どもの虹情報研修センターにいて日々こうした問題に取り組んでいながら、本テーマのポイントが奈辺にあるのかをつかみかね、いたずらに時を重ねるしかないのであった。いわば自らストレスをかかえ込み、為す術もなくそのストレスを強めていったというほかない。ところが考えあぐねているうちに、はっと気づかされる。
「そもそもストレスとは何かということを、オマエは何も理解していないぞ」
　これでは原稿なんぞ書けるはずもない。ここは読者の顰蹙を買うことを承知で、〈ストレスとは何か〉というところから始めるしかあるまい。

ストレスとはなんだろう

　と考えて思い出した本がある。その名も『ストレスとはなんだろう』（杉晴夫著、講談社BLUE BACKS）。自然科学の知識がない私には難しい点も多々あって、読み終えても生半可な知識しか残っていないのだが、恥をしのんで受け売りの知識を披露してみたい。
　本書によれば、ストレス学説を打ち立てたのはカナダの科学者ハンス・セリエだという。彼は自らを科学の新たな研究分野を切り開いた『課題発見者』と位置づけ、それに導かれて研究を行っただけの『課題解明者』たる弟子たちがノーベル賞を受賞したことを、あまり喜ばなかったらしい。ストレス学の大家も自らのストレスだけは超越できなかったのかも知れぬ、などという下種の勘繰りはさておき、ストレス学説は彼の度重なる失敗の果てに、むしろその副産物として生まれたものだという。何しろ彼の親友は、「セリエ君、いまからでも遅くないから君がいま熱中している『がらくたの薬理作用の研究』を止めたまえ。さもないと君は一生を棒に振ることになるよ」と忠告したと

第1章
子どもと家族の現在
◆生きづらさへの眼差し

いうのだから。

　閑話休題。セリエは、ラットに卵巣や胎盤の抽出液（エキス）を注入することで、同時に以下の3つの症状が生じることを発見した。すなわち①副腎皮質が肥大し、②リンパ組織も萎縮、③胃腸内壁からは出血があって潰瘍になる、というのである。セリエの研究目的は、エキスの中からこうした症状を起こさせる未知の性ホルモンを発見することだったが、都合の悪いことに、純粋のエキスだけでなく不純物でもこうした症状が発現し、許りかホルマリンのような有害物質でさえも同様の反応が生じることが知れてしまう。簡単に言えば、彼の研究は完全に頓挫したのである。実はそれこそがストレス学説の出発点であった。未知の性ホルモンで名を挙げそびれた彼は、発想を変えることで新たなひらめきを得たのであろう、さまざまな有害物質を被ったときに生体が示す一様の反応について、たった70行余りの論文を発表する。それこそがストレスに関する最初の論文であった。そして彼は、動物が示す上記3つの症候群を「警告反応」と命名する。

　なるほど、特定の有害物質やウィルスが生じさせる異変ならば、それらを突きとめて解毒剤やワクチンを処方すればいいだろう。そうではなく、有害物質の種類を問わず"あらゆるがらくた"によって生じる異変ってところが、ストレス学説の味噌なんだな、などと考えていて、「えっ」と読み返したのが次の一節である。

　「彼は慧眼にも、これらの症候群が、外部から加えられた有害な作用に対し、動物の体がそのすべての機構を総動員して抵抗しようとするはたらきの、最も明らかな現れであることを見抜いていたのである」

　「野生動物にとってこの警告反応とは、有害な作用を加えられた動物自身に向けられた警告である。動物は自分の体内に起きた組織の変化を直接知る術は持たないが、体内の変化が引き起こす自覚症状自体が警告なのである。この自覚症状は激しい胃腸の痛みなどによる体の違和感を引き起こし、その結果、動物は健康なときの活動を止めて安全な場所でうずくまり、体力の許す限り有害な作用の影響から回復するまでひたすら耐えるのである」

　そうか。さっきセリエが述べたストレスに対する3つの症状は、生体を防衛するための警告だったんだ。それで動物は自然の摂理に従って休養し……、とここまで 誘 われて、素人の私にもやっと、現代社

> ストレスに押しつぶされた母親

会においてストレスが極めて重要な課題であることが仄見えてきた。

現代社会

なぜと言って、早い話が本原稿である。論文の構想も立たず、何も書けないまま〆切り日を迎えた私のストレスが高じ、仮に副腎皮質が肥大して胃腸が痛んだとしても、野生動物のように活動を止め、安全な場所にうずくまって回復を待つというわけにはいかない。そんなことをすれば矢の催促が待っていて、ストレスはいや増すばかりであろう。

と苦心惨憺、ちょうどここまで書き上げたところへ電話が鳴って、涼やかな女性の声が飛び込んできた。

「あのう、お願いしていたお原稿の〆切りが過ぎておりまして……」

「えっ、あっ、はい。も、もちろんメールは見ていました。まことに申し訳ございません」

督促のメールに頰被りを決め込んでいたら、つまり"活動を止めてうずくまって"いたら、敵も然る者、……いや、これは失敬。急ぎ先へと進めよう。セリエによれば、ストレス反応には3段階があるという。すなわち今まで述べてきた警告反応期に加え、抵抗期、疲憊期がそれである。仮にストレス作用が強烈すぎると動物は死んでしまうが、最初にやってくる警告反応期を生きながらえると、ストレス作用が継続していても警告反応期の諸症状は変化して、①副腎皮質からの激しいコルチコイド分泌は停止し、②リンパ組織も萎縮から回復、③胃腸内壁の出血、潰瘍も回復するらしい。一知半解の知識を弄して恐縮だが、この時期が抵抗期と呼ばれるもので、動物は元気を取り戻すチャンスを得て回復する。ただし、ストレス作用に対して完全に適応したわけではなく、抵抗の持続エネルギーが限界に達すると、動物は死んでしまう。それが疲憊期だ。こうしたメカニズムをふまえ、著者の杉氏は次のように指摘する。

「ヒトの精神的ストレスの多くは、周囲の人間関係などが原因で起こり、しかも何日も何ヵ月もあるいは何年も続くのである。……このためヒトは動物のように精神的ストレスから行動によって逃れる道が閉ざされている。したがって、この文明社会特有の長期間続く精神的ストレスはわれわれにとって深刻極まる問題となるのである」

第1章
子どもと家族の現在
◆生きづらさへの眼差し

ある事例

　こんな事件があった。

　「孫を突き飛ばすなどして死なせたとして、××署は27日、傷害致死の疑いで、Ａ子容疑者（47）を逮捕した。調べでは、Ａ子容疑者は26日午後9時45分ごろ、自宅の居間で小便をした孫のＩ美ちゃん（4）を叱っていたところ、Ｉ美ちゃんに蹴られたことに腹を立て、突き飛ばした。Ｉ美ちゃんは後頭部を打ち、病院に搬送されたが27日に死亡した。Ａ子容疑者は容疑を認めているという。

　Ｉ美ちゃんの腕には、熱したライターの金具部分を押しつけたような痕などがあったといい、同署はＡ子容疑者がＩ美ちゃんに日常的に虐待していた可能性もあるとみて追及している。

　Ｉ美ちゃんはＡ子容疑者の長男の子どもだが、今年4月からはＡ子容疑者夫妻の養子として同居。Ａ子容疑者にはなつかず、言うことを聞かないことが多かったという」（MSN産経ニュースを一部変更して抜粋）

　実はこの事件で起訴されたＡ子容疑者の公判を、私は傍聴している。そのときの様子をふまえ、プライバシーに配慮して、事件を再現してみよう。

　仮にこの事例の援助担当者ならば、まず確認しておきたいのは、なぜ実父母ではなく祖母が養育しているのか、そしてなぜＡ子夫妻はＩ美と養子縁組をしたのかということだろう。聞けば父母は離婚し、母が親権者となってＩ美を引き取ったという。ところがしばらくして、実家に戻ったはずの母が突然、Ａ子宅を訪ねてくる。物語はここが起点となる。

　「親とけんかして実家を飛び出した。働かねばならないけど、Ｉ美がいては仕事もできないので、しばらく預かってほしい」

　母はこう訴え、一緒に連れて来ていたＩ美を置いて帰ってしまう。だが実際は、新たに交際を始めた男性がＩ美の養育に消極的であったうえ、けんかした自分の実家に頼むわけにもいかないことから困り果て、Ａ子を頼ったものらしい。母にしてみれば、新しい男性と首尾よく交際を続けるためにはＩ美の存在がストレスとなったのであろう。そこで、男性との生活に「有害な作用」をもたらすストレス、すなわちＩ美を、いち早く手放したのである。余談だが、公判で母は、我が

81

> ストレスに押しつぶされた母親

子を死なせた者だけでなく、それを幇助した者も厳罰に処してほしいと涙ながらに訴えた。のだけれど、Ａ子の弁護士からは逆に、「Ｉ美ちゃんが亡くなった責任の一端は、あなたにもあることがわかりますか」と尋問される一幕もあった。

Ａ子

　さてＡ子は、ほどなくして母のそうした事情を知らされたうえ、「親権もいらない」という意向まで聞いてしまう。Ｉ美の実父、すなわち自分の息子に養育条件がないことも承知していたＡ子は、のっぴきならない事態へと追いつめられたのである。このとき助け船を出したのが、再婚した夫であった。
　「ワシも決して若くはないが、オマエがそのつもりなら、Ｉ美が成人するまでワシも頑張る」
　Ｉ美と血縁関係のない夫がそこまで言ってくれたことに、Ａ子は大いに励まされたであろう。こうしてＡ子は、Ｉ美との養子縁組を決意する。ただしそれは、夫の協力、サポートというストレス低減の要素と引き替えに、自らは、（実母が選択したような）精神的ストレスから逃れる道を封印し、何年も続くストレスを引き受けることとなったのである。
　では、その後の養育はどうであったろうか。母が預けていった日、Ｉ美は「ママのところに帰りたい」と泣き出したという。こうしてＡ子の養育が始まった。
　「食べるといっても、最初はもう大人の倍近い量を、おなかに詰め込むような調子で食べていました。でも少しずつ改善していったんです」
　「今思い出すのは、一緒にお風呂に入ったり買い物に行ったり、歌を歌ったりしたごく普通の生活のことです」
　声をふるわせ、とぎれとぎれに証言するＡ子の様子は痛々しい。誕生日には内緒でケーキを用意してＩ美を驚かせるなどの工夫も凝らし、20年ぶりの子育てに精魂込めるのであった。しかし、
　「４歳になってもお箸やスプーンがちゃんと握れず、お漏らしすることも珍しくありません。悪いことをしても、『ごめん』の一言がなかなか出てこないので焦りました」

「私の親に相談したこともあります。『子どもも寂しいんだからわかってやりなさい』と言われましたが、自分は養子縁組をして、今はもうおばあちゃんではなく母親なんだからと、忠告を素直に聞くことができませんでした」

思い悩んだ末、A子は子どもを置いていった実母の実家に連絡を入れたこともある。だが、自分たちにＩ美を押しつけられても困ると考えたのかどうか、電話の向こうからは冷たい返事しか返ってこなかったという。こうした状態が続く中、A子は傍目（はため）にもわかるほどに痩せていく。

前　兆

事件前日のことだ。A子は掃除をしようとして、寝転がっているＩ美に足を蹴られ、よろけて捻挫してしまう。

「ふうっ」

たばこを一服吸って気を取り直し、何とか昼ご飯をつくってやったものの、Ｉ美はそれを食べようともせず、叱っても謝らない。腹を立てたA子は、とうとう痣（あざ）ができるまでＩ美の頬を平手打ちし、手にしていた百円ライターに目をやると、口金を熱して手や足に押しつけてしまう。

「ライターで火傷させたり、平手打ちしたことは虐待であると言わざるを得ません。しかし裁判長、このような行為は偶発的なものであり、決して根深いものではありません。判決に際しては、その点を十分ご考慮いただきたいと存じます」

弁護士はこの点について、最後の陳述でこう訴えたのであるが、考えてみると、A子が痩せてきたという事実が、とりもなおさずストレスの警告反応だったのではないだろうか。野生動物ならば「活動を止めて安全な場所でうずくまり、体力の許す限り有害な作用の影響から回復するまでひたすら耐える」ところを、A子はさらにエネルギーを費やしてＩ美の養育に力を注ぐ。また、自分の親や実母の実家にまでも相談し、何とかしてストレスを払い除けようとしたのであった。

だから愛飲しているたばこを一服吸ったのは、野生動物が「活動を止めて安全な場所でうずくま」るのと同じ生体防衛の反応であり、言うなればストレスへの最後の抵抗だったのではないだろうか。そして、

ストレスに押しつぶされた母親

ライターで火傷させたり平手打ちを喰らわせてしまうといった虐待行為は、たとえ偶発的な出来事であったとしても、実はストレスに抵抗するエネルギーがほぼ尽きかけた証左であったとも感じられるのである。

事件

さて、思いもかけず激しい暴力に直面したＩ美は、何か感じるところがあったのか、翌日になると優しくＡ子の肩を叩いてみたり、しきりに「お手伝いする」と言いながら、家事をするＡ子の近くにずっといたという。

しかし所詮は４歳の子どもである。「洗濯する」「ご飯つくる」などと言っても手助けになろうはずがない。まとわりつかれればまとわりつかれるほど家事は滞り、Ａ子のいらいらは募っていく。ただしこの日は、前日のような暴力は控えている。

「前の日のことを後悔していました。ですから、叩いたりする気持ちにはなりませんでした」

公判でこう証言したＡ子であったが、そこへ二の矢が飛んできた。

「あらら、またお漏らししちゃったの!?」

爆発寸前の心境だったが、すべきことが残っている。よろよろと階下に降りてタンスからＩ美のパンツを取り出し、再び２階へ上がっていく。

「イタタ」

悪いときには悪いもので、前日痛めた捻挫(うず)が疼くのであった。それでもＡ子は必死で気持ちを抑え、濡れた衣類をとりかえ、新しいパンツを履かせてやる。異変はこの直後に起こった。

「もう、いい加減にしてよ！」

と、実際に口に出したわけではないが、沸き起こった感情ならば、ほぼこのとおりであろう。衣服を着替えさせたところで、Ａ子は自分のからだを支えにして立っていたＩ美を発作的に突き倒してしまったのだ。Ｉ美は、硬い床材でできたフローリング仕様の廊下に後頭部を強く打ちつけて意識を失い、救急車で病院に運ばれる。だがその甲斐もなく、脳挫傷を起こして死亡する。救急車に同乗しているあいだ、Ａ子は激しく取り乱し、半狂乱状態だったという。

「Ｉ美には取り返しのつかないことをしてしまい、本当に言葉もあ

りません」

　最後に裁判長に促されたＡ子が、涙を浮かべて謝罪の言葉を述べ、公判は結審した。児童虐待事案、その中でも死に至る最も深刻な事案の一つ。この事件を、読者の皆さんはどうお感じになっただろうか。

破　綻

　ストレス反応が疲憊期に入ると、動物は死んでしまうという。では私が、「ストレスに抵抗するエネルギーがほぼ尽きかけた」と、つまり抵抗期を過ぎて疲憊期に突入していたと睨んだＡ子の場合は、どう考えればいいだろうか。彼女は野生動物のようには死なず、逆にストレスの最大の要因となっていたＩ美を死なせてしまった。ここに、現代社会の人間が被るストレス、なかんずく精神的なストレスとそれへ対処することの困難さが見え隠れしているように、私には思えるのである。

　「われわれは不愉快な状況におかれいらいらして過ごしていると、まず『何となく気分がすぐれない』状態になることが多い。この漠然とした不快感は、昔から『不定愁訴』と呼ばれている。この状態を起こすストレスは人によりさまざまであり、したがって不定愁訴は非特異的症状である」

　「この不定愁訴を感じているとき、セリエが発見した実験動物の警告反応と同様な、①副腎皮質の肥大、②リンパ組織の萎縮、③胃腸壁の出血（潰瘍の前段階）が実際にヒトでも起こっていることが確かめられている」

　「つまりヒトが感じる不定愁訴は、まさにストレスを加えられた動物に現れる警告反応と同じ現象であり……」

　先に紹介した杉氏はこのように述べているのだが、私が思うに、人間が動物と違うのは、こうしたストレス状況を前にした反応のあり方ではないだろうか。もちろん本来ならば、人間であっても「警告反応の期間、身体の過度の活動を控え病気にかかるのを予防しなければならない。この点から見ても、不定愁訴を感じているときは安静にしていることが大切である」という杉氏の指摘は頷ける。ではＡ子はどうであったのか。強いいらだちを前にして「ふうっ」とたばこを１本燻らせたところは、確かに自らを安静に保とうとする方策であったろう。

> ストレスに押しつぶされた母親

だがその直後には、早くもストレス真っ盛りと言っていいほどの状況に、進んで身を置くしかなかったのである。換言すれば、人間はストレスを感じたとき、野生動物が通常とっている生体の自然で本来的な防御反応を行わず、というより行えず、ある意味では無防備なまま、ストレスに立ち向かわねばならないのである。児童虐待の多くは、自らかかえ込んだストレスへの対応が破綻した結果生じたもの、さらに言えば、必然的に破綻を招いてしまった結果生じたものと言ってもいいのではないだろうか。

がらくたの薬理作用

ところで、児童虐待の要因、背景について、私はことあるごとに、「子ども虐待対応の手引き」から以下の箇所を引用してきた。繰り返しになることを承知で、ここでも紹介しておきたい。

「児童虐待の研究から、虐待では、①多くの親は子ども時代に大人から愛情を受けていなかったこと、②生活にストレス（経済不安や夫婦不和や育児負担など）が積み重なって危機的状況にあること、③社会的に孤立し、援助者がいないこと、④親にとって意に沿わない子（望まぬ妊娠・愛着形成阻害・育てにくい子など）であること、の４つの要素が揃っていることが指摘されている」

広く考えれば、上記４つの要素はすべて保護者に有害な作用を及ぼすストレスであると言って差し支えあるまい。それはともかく、ここでは今まで見てきたストレスとの関係で、一つだけつけ加えようと思う。

「児童虐待の加害者となってしまう保護者は、これ以上ないというほどの苦しみ、困難を味わわされ、また人権侵害の被害者の側に立たされてきたのであり、その果てに到達したのが、児童虐待という結果なのである。だとしたら保護者自身が、まずは精神的、物理的に、また社会的に十分な援助を与えられなければならない」「だが、援助を必要としているからといって、その人が必ずしも素直に援助を求めるとは限らない。いやむしろ、最も強く援助を必要とする人が、最も強く援助を拒絶するということも、決して珍しいことではないのである」（拙著『児童虐待』岩波新書から引用）

本稿執筆に七転八倒しながらふと気づいたのは、私たちが行う援助

のこと、正確に言えば、援助を拒否する親たちのストレスのことである。

　今まで見てきたように、児童虐待の背景にはさまざまなストレスがある。当然のことながら、冒頭で述べたような現在の経済危機や非正規労働者をはじめとする解雇なども家族に強いストレスを与え、めぐりめぐって児童虐待の要因として働くことは大いに考えられよう。したがって、私たちはこうした諸要因を少しでも取り除くよう努めなければならないのである。ただし付焼刃を承知で言えば、ストレスというのは、先にも述べたとおり「有害物質の種類を問わず"あらゆるがらくた"によって生じる異変」、つまりどんなものからでも生じる異変なのである。このようなストレス学説をふまえれば、援助を拒否する親にとっては、援助者たちも立派なストレスとなり得るのではあるまいか。なぜと言って、彼らの多くはすでに十分孤立し、不安や怒り、苦痛、恐怖、失望などを感じ、あるいは秘密を持ち、無知でもあり、疑心を捨てられずにいるのである。要するにひとことで言えば、彼らは"あらゆるがらくた"に囲まれていると信じきっており、もうこれ以上は、何も要らないのである。だとしたら、援助を拒否するのは決して彼らの無理解によるものばかりではなく、ごく自然なことであるとも言えよう。角度を変えて言えば、彼らが援助を受け入れるには、大いなる勇気がいるということを、私たちは理解しなければならないのである。ストレスという言葉をキーワードに、児童虐待、特に介入的な援助を考える際には、家族だけでなく援助者を巻き込んだ「システム」を見つめることが必要だと、私はあらためて思い知ったのであった。

　などと書いているうちに、はや紙数も尽きた。そこで本稿はただちに閉じることとするが、これを読まれた編集部や読者の皆様が、「がらくたの薬理作用」によって胃腸が痛まぬことを願うばかりである。

引用・参考文献
川﨑二三彦（2006）『児童虐待――現場からの提言』（岩波新書）
日本子ども家庭総合研究所(編)（2005）「子ども虐待対応の手引き」（有斐閣）
杉晴夫（2008）『ストレスとはなんだろう』（講談社 BLUE BACKS）

（2009年5月）

世の中にはこういうこともあると思ったのは、最後の3行が編集長の査読により削除されたこと。言われてみれば確かに蛇足、品がない。でも「是非よろしく」と頼んでおいて断りなくカットするとは……。編集長も、がらくた原稿に余程のストレスを感じたんでしょうね。お詫びいたします。

第2章
ソーシャルワークの行方
◆ 変貌する現場で考える ◆

◆ オリエンテーション

　時代が移るとともに、人は変わっていく。特に昨今、団塊の世代が大量に現場を去り、それに続く世代までもが定年となる時期を迎えて、世代交代をいかに支障なく果たしていくかということが、どの世界でも大きな課題となっている。

　先頃発刊された『そだちと臨床』(明石書店)誌2010年秋号は、そうした背景を見据えてのことであろう、"緊褌一番、これだけは伝えておきたい"という思いを、まもなく定年退職を迎える3人の人たちに書いてもらったという。登場したのは、いずれも長年にわたって児童福祉の世界でイニシアティブを発揮し、多大な貢献をしてきた方々。その中の一人に、私がかつて一緒に仕事をした柴田長生氏の名前があった。彼は、所長として赴任したばかりの児童相談所で体験したエピソードのひとこまを、次のように書き始める。

　「この家族への関わりを持とうとするのですが、一切シャットアウトされていました。立入調査・身柄確保・28条申立……。明らかにそれらを実行するしかないケースでしたが、この児相はこれまでに28条申立や、身柄確保のための立入調査の経験を持っていませんでした」

　「不退転の決意で、何が何でも身柄確保することを目的とする立入調査を実行することとなりました。本児の伯母さんの協力を得て、伯母さんが大家さんから提供された住居の合鍵で玄関の扉を開けることも決めました」

　実は彼が赴任する半年前、当該の児童相談所が関与していた家族でネグレクトによる3歳児の餓死事件が発生していた。ために事件が報道されるや否や、全国から非難の嵐が巻き起こり、職員は大きな痛手を被ってしまう。だからこそであろう、死亡した子どもの命を無にしないようにと、事件後は全員が一丸となって懸命の努力をしていたのである。だが、いよいよ立入調査を実施することとなった日の前夜。現場監督を任されているスーパーバイザーが、彼に相談する。

　「『児童相談所です』と告げて、伯母さんに扉を開けてもらう手はずにはなっているのですが、室内に踏み込むのは、インターフォンで母と会話を交わし、ある程度の同意を得てから……」

　本章には、「ソーシャルワークの行方」と題して、大きな変貌を遂げつつある相談援助のあり方を見据えながら、転換点に立ち会い、その時々に、その場その場で感じたことを書き表したものを収録している。では転換点とは何か、またそれはどこにあるのか。実は柴田氏の次の発言に、はからずもその瞬間が

表現されているように、私には感じられたのである。
　「逡巡してはダメ。『児童相談所ですが、お子さんの様子を確認に来ました』と（立入調査の実施を）告げて扉を開けたら、役割分担に従って1秒以内には室内に踏み込め！」と一喝しました。嫌な仕事でも、やらねばならないときにはやらねばなりません。それで職員たちの覚悟が決まったようです」

　考えてみれば、児童相談所におけるこれまでの援助の多くは、援助者と援助を受ける側との共同作業で進められ、相手も感謝し、援助者側も納得して問題が解決していくという形が、いわば理想であった。だから、「正当の理由がないのに、（その）執行を拒み、妨げ、若しくは忌避し、又はその質問に対して答弁をせず、若しくは虚偽の答弁をし、若しくは児童に答弁をさせず、若しくは虚偽の答弁をさせた者は、50万円以下の罰金に処する」とされるような立入調査は、彼がいみじくもここで書いたように、児童相談所職員にとっては「嫌な仕事」というほかないのである。
　とはいえ、長らく児童相談所で援助活動を続けていた者には、児童福祉法が制定された1947年当時から立入調査の規定があって、上限こそ現在の100分の1の5,000円ではあっても、当時から罰金が科せられていたことは周知の事実。虐待され、あるいは極めて不適切な環境に置かれている子どもを保護することができるのは児童相談所以外にないことも重々承知していたのである。だからこそ、相談援助の理想が何かを知り尽くしていてもなお、痛みを覚悟で強権発動を決意するのである。

　児童虐待防止法施行後の10年間、私たちは、子どもの安全を守る砦としての使命と援助関係の理想との間で揺らぎ、悩み、決断し、また苦悩してきた。違う言い方をすれば、この時代は、柴田所長とスーパーバイザーの間で交わされたような転換点を象徴する会話が、全国各地で無数に行われた時代であったと言ってもいい。子ども虐待ソーシャルワークの探求とは、自らこのような経験をし、あるいはそれを全体で共有することによって、より深く検討・吟味する作業を指すと言ってもいいだろう。
　本章を編むとき留意したのは、以上のようなことだ。何が変わり、何が残ったのか。何が新たな課題として浮上し、何が未解決のテーマとなっているのか。読者がそれらを考える一助となることを願って、本章の水先案内としたい。

> 児童虐待防止法、ついに成立

児童虐待防止法、ついに成立

ネグレクト

　あるアパート。玄関を開けてまずびっくりしたのは、入ってすぐ目の前にある流し台に近づくことすらできないことであった。狭い台所には十数個もの黒いゴミ袋が、まるでバリケードのように積み上げられており、そこがもう何週間、あるいは何カ月も使用されていないことは明らかであった。半分飲みかけたコーヒー牛乳の1リットルパックはステンレス台にへばりつき、持ち上げて見ると下部はカビが覆っている。流しの中は、うずたかく積まれた食器のまわりをコバエが飛び交い、風呂場と見れば、最後に使ったのがいったいいつだったのか判断しかねる状態で、浴槽には冷めてしまった汚れ湯が放ったらかし。湯船の底にはゴミが沈殿して……。

＊

　これは私が初めて実施した児童福祉法第29条に基づく立入調査の一シーンである。母一人子一人の母子家庭。その母が小学生になった子どもの面倒をかえりみず、ひどいときには3日も4日も家を空けてしまうという虐待通告を受けてのことであった。ネグレクト。空腹の子どもは冷蔵庫などを探しまわるのだが、まともな食べ物は見つからない。思いあまった教師や近くの民生児童委員が、こっそり届けるパンやコロッケで何とか飢えをしのぐ。こんなことを聞かされては児童相談所も手をこまねいて見ているわけにはいかない。関係機関と協議を続け、役割を分担して母に働きかけ、独自に家庭訪問をし、手紙を出すなどしたものの、母はいつも不在で音沙汰もない。そんな経過を踏んでの強制的な立入調査であった。

　実際に居室に入り、これではとても子どもが健全に生活できる状況ではないと結論づけた私たちは、即日子どもの一時保護に踏み切った。のだが、実は通告から一時保護までには約半年もの時間を要してしまったのである。案の定、この処遇に対して多くの人からさまざまな意見が噴出した。

　「なぜもっと早く立入調査をしなかったんですか？」
　「でも、逆に言えばこれだけの時間をかけたからこそ、母親も一時

ここからは、児童虐待防止法制定以後の10年間の軌跡を、その時々に私が体験し、見聞きし感じたままに綴っていきます。本稿は児童虐待防止法が制定された直後に書いたもの。当時の様子が彷彿とすればいいのですが……。

この事例は、もちろん児童虐待防止法制定前のこと。こういう事例が積み重なって法律の制定につながったんでしょうね。

保護に納得してくれたと思うんだけど……」
「いや、ちょっと待って。そもそも立入調査は本当に必要だったの？　確か親戚とは連絡が取れたんだから、何も強制的な手法に頼らなくても、そちらとの協力関係にもっと力を入れるべきじゃなかったのかなあ」
「ところで、立入調査に30分近い時間を費やしているでしょ。話を聞く限りでは、玄関を開けた瞬間に事態は一目瞭然だったはずです。いくら強制力があるといっても、ちょっと踏み込み過ぎじゃあないかしら」
「けれど家庭裁判所に申し立てる可能性を考えたら、正確な調査は不可欠だったと思いますよ」

　家族の状況や相談経過の詳細を省いているので、理解しづらい点があるかも知れないが、直接担当した私自身の感想を述べるなら、こうした相反する意見のすべてがすべてもっともだ思え、結局どうするのが一番良かったのか、今に至るもわからないのである。換言すれば、虐待と言われている子どもたちへのアプローチは、とても一筋縄ではいかないということだ。一つ一つの局面で重大な決断を迫られ、なおかつ失敗は許されない。権限を振りかざすだけでは解決しないが、立入調査や一時保護など、児童相談所が持っている機能は必要に応じて毅然と行使しなければならない……。

> 今ならずいぶん違った対応、議論になるでしょうね。第一、「わからない」などと言っておられる状況ではありませんから。

児童虐待防止法

　今、このように困難でしかも緊急の対応を求められる虐待の通告が、文字どおり全国で急増している。
　ただし、その事実が世間の耳目を集め、さらには国会でも活発な議論が巻き起こってきたのはつい最近のことと言っていい。私が知る限りでは、この1年間、つまり、1999年から2000年にかけて衆議院の「青少年問題に関する特別委員会」の場に児童相談所の所長が参考人として招致され、現場で直接実務に携わっている児童福祉司も呼ばれて意見を陳述した。また弁護士や医師、児童福祉施設長、さらには作家、民間の虐待防止活動に取り組んでいる人など、さまざまな立場の人が多数登場し、それぞれの経験をふまえて、思いのたけや見解、識見を披露もした。つまり児童虐待の問題が従来にない形で継続的に審

児童虐待防止法、ついに成立

議され、突っ込んだ討論がなされたわけである。

ところが、いざ議論を始めてみると、肝心の児童福祉法には"児童虐待とは何か"という定義もなければ"児童虐待をしてはいけない"といったことすら記載されていないことがわかってきた。

こうした経過を踏んで本年（2000年）5月、全会一致で可決、成立したのが「児童虐待の防止等に関する法律」（児童虐待防止法）である。この法律第2条では、「児童虐待」を「保護者がその監護する児童に対し、次に掲げる行為をすること」として、次のように規定した。すなわち、

1　児童の身体に外傷が生じ、又は生じるおそれのある暴行を加えること。
2　児童にわいせつな行為をすること又は児童をしてわいせつな行為をさせること。
3　児童の心身の正常な発達を妨げるような著しい減食又は長時間の放置その他の保護者としての監護を著しく怠ること。
4　児童に著しい心理的外傷を与える言動を行うこと。

以上の4点である。そして第3条において「何人も、児童に対し、虐待をしてはならない」と明記、児童虐待の禁止を謳った。

そのほかにもこの法律は、国や地方公共団体に対して、児童虐待の早期発見と虐待を受けた児童の適切な保護、またそのための広報啓発活動の努力、さらには虐待防止のための体制整備を求め、一方で児童相談所長には、通告された児童の安全の確認を速やかに行い、必要に応じて一時保護などの措置をとるよう要請している。

だからこの法律は、いわば今日的な問題となってきた児童虐待に国として初めて取り組む姿勢を示した確かな証であり、虐待防止のための重要な第一歩と言っていい。もはや児童虐待は許されないし、また見過ごしてもいけないのである。

泣き叫ぶ声

と、ここまで書いてきたのだけれど、ではこの法律が制定されたことで児童虐待の問題は解決するのかといえば、ことはそう簡単に運ばない。たとえば……。

ある民生児童委員のところへこんな電話がかかってきた。

「赤ちゃんが虐待されているような気がします。夜になると、決まってひどい泣き声が聞こえますから。ええ、ほとんど毎日のことなんです。それも泣き出す時間がほぼ決まってるんですよ」

心配になった児童委員の動きは早い。地域に密着していればこそできることではあるが、夜になると実際にその家の近くまで出かけ、直接様子を確認してもみたのである。

「場合によっては児童相談所に通告して子どもの保護をお願いしなければ……」

こうして可能な範囲でいろいろ調査し、わかったことはしかし、何とも呆気（あっけ）ない事実であった。この赤ちゃん、実は全身のひどいアトピーに悩まされて治療を続けていたのである。そのためもあって両親は、何としても身体を清潔に保たなくてはならないと、毎日必死でお風呂に入れるのだが、子どもは風呂を嫌って泣き叫ぶ。いつも決まった時刻に泣き声が聞こえてくるというのも、ならば当然であろう。もちろん児童虐待なんかではない。

「皆さんお笑いになるかも知れませんが、この電話を聞かされたときの私は、ホントすごく真剣だったんですよ」

当の民生児童委員も、にっこり笑ってことのいきさつを説明してくれたのだけれど、このエピソード、もう少し突きつめていくと単なる笑い話では終わらない。

考えてみればすぐにわかることだが、虐待の多くは家庭内で起こる。つまり閉ざされた空間、密室の中で悲劇は演じられるのである。ということは事実が隠され、明るみに出ないこともしばしばあるということだ。私たちはこうした構図の中で児童虐待を早期に発見し、適切な保護を加えなければならない。だから今述べたエピソードも、そうした努力の過程で生じたやむを得ない事例、逆に言えば虐待への対応の困難さを裏側から証明づける出来事のように、私には思えるのである。

未踏の道

子どもを虐待から守る、と一口に言っても、今見てきたように、はや入口段階で難しさが浮かんでくるのだから、まして通告後の対応となれば、困難を極めることも稀ではない。

「実は昨日、頭蓋骨骨折、四肢挫傷、皮下血腫などで1歳半の子ど

> 児童虐待防止法、ついに成立

もが入院したが、どうも被虐待児症候群の疑いが濃い。児童相談所と連携する必要を感じるので、とりあえず連絡しておきたい」

「急なんですが、これから子どもを一時保護してもらえませんでしょうか？　ええ、内縁の夫が度々暴力をふるうため、子どもはそれに耐えられなくて祖母の元に逃げ帰って来たんです。昨夜も母とその男が『子どもを出せ！』と怒鳴り込んで来て大騒ぎになりました。本人は『もう母親の元には絶対戻らない』と言いますので、昨日は何とか突っぱねたんですが、『今日また来たら恐い、どうしよう』『今度はきっと子どもを連れて行く』と祖母が怯えています。それで何とか２、３日だけでも児童相談所に頼めないかと思って……」

「４歳の子どもが交通事故に遭いましてね。重傷の可能性もあるんですが、宗教的な理由なのか、両親とも病院へ連れて行くことを拒否しているんです。事故直後に自宅に連れ込んでしまったものですから現場で困ってしまい、いろいろやってはみたんですが、なかなかうまくいかない。それでいい知恵はないものか、一度児童相談所に訊いてみようということになったんです」

*

虐待の通告はいつもこのようにして突然飛び込んでくる。彼らがその後にたどった道筋は、実は拙著「子どものためのソーシャルワーク」シリーズ『①虐待』（明石書店）に詳しいのでそちらに譲るとして、ではこんな事態になってしまった背後にはいったいどんな事情が隠されているのか、今子どもはどんな様子で、彼らの親たちはどんな思いでいるのか。残念なことに、たいていの場合、必要な情報はごくわずかしか入ってこない。その中で私たちは、一刻の猶予も与えられず、直ちに状況を分析・判断し、速やかな決断を迫られる。だから虐待のソーシャルワークは、まるで未踏の道を歩むがごとき活動となる。

もちろん児童相談所には「児童相談所運営指針」があり、最近では厚生省が監修した「子ども虐待対応の手引き」も出されてはいる。これらは私たちが虐待に対処するうえで不可欠のものではあるが、だからといって「指針」や「手引き」が、今陥っている困難を直接解決してくれるわけではない。

ここに登場した子どもたちやその家族も、担当者の私を巻き込んで思いもかけぬドラマを生み出していくのだが、私が『虐待』を著した

児童相談所運営指針は、厚生労働省が発出している通知。新人の児童福祉司が配属されると、ともかく私は、「常に運営指針を手元において仕事をしてくれ」と口を酸っぱくしてお願いしていました。

「子ども虐待対応の手引き」も厚生労働省の通知。なお、こちらは課長通知ですが、「児童相談所運営指針」は局長通知。より実務的です。

理由も実はそこにある。なぜと言って、彼らに翻弄（ほんろう）され、未踏の道を歩む児童福祉司はいったい何を感じ、どう行動したのか、あるいはできなかったのか、それらの逐一をありのままに表現し、多くの方々に広く問いかけてこそ、私たちは虐待の深層に迫り、また虐待のソーシャルワーク論を深め、さらには虐待防止にも貢献できる……。私はそこを書き表したかったのだ。

*

折しも「児童虐待の防止等に関する法律」は、附則第2条で「児童虐待の防止等のための制度については、この法律の施行後3年を目途として、この法律の施行状況等を勘案し、検討が加えられ、その結果に基づいて必要な措置が講ぜられるものとする」と定めている。法律の豊かな検討のためには、具体的な事例の具体的なソーシャルワーク実践およびその総括が是非とも必要ではないだろうか。

（2000年7月）

> 児童虐待防止法の第1次改正は、2004年。先に示した児童虐待の定義は、このとき早くも変更されました。

児童虐待防止法、施行直前

急増傾向とまらぬ虐待通告

「夫が長男にひどく暴力をふるうんです。殴るといっても限度を超えている感じで……。あの、ただ子どものほうも、すぐにビービー泣いてしまいます。何か性格的な問題でもあるんでしょうか。すごく心配になって……」

若い夫婦と子どもだけの核家族、その中で虐待をおそれての自主的な相談であった。だが私たちが驚かされたのは、性格が心配だと言われた肝心の長男が、まだ生後4カ月だったこと。この年齢の赤ちゃんが泣くのは当たり前だということに、この夫婦は気づいていないのだろうか……。不安を感じていると今度はまた別の通告。

ちょっとしたことで継母から叱られ、暴力を受け、邪険に扱われてきた中学生である。たまりかねて家出した彼を一時保護し、いざ家族に連絡してみると、どうであろう。家出してから10日あまりで、継母は勝手に本人との養子縁組を解消していたのであった。確かに再婚した先の子どもと折り合いをつけ、新しい家庭をつくっていくのは並大

> 児童虐待防止法、施行直前

抵のことではない。だが、家出して戻ってみたら親子関係がなくなっていた、というのでは子どもも苦しい。現代の家族は本当に家族として機能しているのか、疑わずにはおれない事例であった。

あるいは、乳幼児を強く揺さぶることによって頭蓋内出血や眼底出血が生じ、後遺症として、麻痺や知能・学習障害および視力障害などが認められ、最悪の場合には死亡するとも言われている Shaken Baby Syndrome（揺さぶられっ子症候群）。その症状を疑われ、病院から通告を受けたある事例では、母が医療関係の従事者だというのである。だったら子どものケアだって人並み以上に注意を払うことができるのではないのか……、と思って聞いていくと、母自身が精神的にかなり追いつめられており、治療も受けていたのであった。現代社会で暮らす家族のストレスは想像以上に強いものがある、と思い知らされた例であった。

> ＊SBSという概念が広まるにつれ、その有用性、限界性が議論されるようになり、現在では「臨床的に虐待を疑って対応すべき乳幼児の頭部外傷」を、新たに「虐待が疑われる乳幼児頭部外傷（abusive head trauma in infants and young children, AHT）」と定義しています。

他方、経済的にも貧困で父はアルコール依存、母や子どもに暴力をふるうことで憂さを晴らすような家庭もある。当然のようにして暴力・虐待が繰り返され、その挙げ句に母子が逃げ出したことから児童相談所にも連絡が入った。このときは婦人相談所と協力しながら子どもを保護したのだが、豊かさを誇る現代にあっても、養護基盤の劣悪さを背景にした多問題家族は決して少なくない。

＊

私が勤務するのは、管内人口約30万人の小さな児童相談所だけれど、ご多分に漏れず虐待通告の急増傾向は相変わらず。今年度（2000年度）は上半期だけですでに昨年の通告件数を上回ってしまった。しかもその内容はと言えば、今述べたような事例も含み込んで、それぞれがさまざまな背景をかかえており、どの相談も一筋縄では解決が難しい。やむなく深夜に家庭訪問したり、あるいは午前0時を過ぎてから緊急に出かけて子どもの一時保護を図ったりと、現場のスタッフは相当の過重負担と緊張を強いられながら日々を過ごしているのである。

虐待防止法制定の意義

このような状況の中で、本年（2000年）5月、「児童虐待の防止等に関する法律」（児童虐待防止法）が可決・成立し、「公布の日から起算して6ヶ月を超えない範囲内において政令で定める日から施行す

> 実際の施行日は、2000年11月20日。

る」とされた。しかし虐待への対応は待ったなしである。児童虐待とは何かを定義し、虐待の禁止を明文化したこの法律を、だから私たちは法の施行を待たずに早くも利用している。

「ワシの子ども時代はもっと殴られましたぜ。でも文句一つ言わなかった。悪いことをしたんやから当たり前ですわ。それでも別に非行に走ったわけでもないし、こうやってまともに暮らしていますやろ」

こんなことを話す父親に対して、私たちは次のように説明する。

「時代が違ってきていますからねえ。今は児童虐待防止法もできまして、以前なら見過ごされていたようなことも許されなくなっています。児童相談所には社会的な役割があり、従来以上に適切な対応を求められるんです」

つまり「児童虐待の防止等に関する法律」の成立は、成立したこと自体ですでに一定の意味を持つと言っていいのである。だが課題も多い。

立入調査

つい先日のことだ。精神的な疾患をかかえ、いろんな事情が重なって不安を高めた母親が、小学２年のＡ男を自宅に閉じ込めて登校させず、自分も家から出ようとしないという通報があった。しかも伝えられる情報では、じっと家の中にいるのが苦痛になったＡ男が逃げ出そうとしたため、１日中縛られているというのである。食事も十分には与えられていないうえ、39度の熱が出たにもかかわらず診察も受けさせていないとも聞かされる。

こんな状態で日一日と過ぎていくので、私たちも次第に焦ってきた。つながりにくい携帯電話に何度もチャレンジして母の説得を試み、パンやおにぎりなど簡単な食事を用意して玄関の前に置いてみたりもした。また学校や福祉事務所など関係機関と協議して室内の様子を確認する方法も模索するが、なかなか打開策が見つからない。

こうした中、何度目かの電話がつながったときのことだ。母が急に「ちょっと待って！」と電話を切ってしまうのだ。かなり慌てていた様子だったので後から事情を訊いてみると、Ａ男が縛っていた紐をほどいて２階のベランダから身を乗り出し、降りようとしたというのである。万が一のことがあれば大きな事故にもつながりかねず、私たち

> 児童虐待防止法、施行直前

はますます心配になってきた。

　ではこうした場合の児童相談所の役割は何か。児童虐待防止法は、第8条で「……児童相談所長は、速やかに、当該児童の安全の確認を行うよう努めるとともに、必要に応じ同法第33条第1項の規定による一時保護を行うものとする」と規定しており、続く第9条では「都道府県知事は、児童虐待が行われているおそれがあると認めるときは、児童委員又は児童の福祉に関する事務に従事する職員をして、児童の住所又は居所に立ち入り、必要な調査又は質問をさせることができる」と明記している。

　全体の状況を総合的に判断するなら、児童相談所はこのような場合にこそ、立入調査の権限を行使してA男の安否を確認し、必要ならば一時保護もしなければならないはずである。ところが、ことはそう簡単ではない。肝心の立入調査が思うほどには実施しにくいのである。学校教師はもちろん、母の主治医や私たち児童相談所職員その他、誰が訪問しても母は玄関ドアを開けることすらしないのだ。

＊

○竹村泰子君　次に、ちょっとあちこち行って申しわけないんですけれども、第9条の立入調査に当たって立ち入りを拒否された場合に、裁判所の令状に基づいて解錠の必要がある、虐待が行われているという確たるいろいろな聞き込み情報があってそこに立入調査をしなければならないとき、このときに裁判所の令状に基づき解錠の必要があると考えるわけですけれども、なぜそのような規定が設けられなかったのでしょうか。

○衆議院議員（太田誠一君）　立入調査につきましては、その場合に強権的に部屋に入るということになりますと、かぎを壊すとか、かぎを壊した人とその親子の関係というのはやや強硬なことをした人とされた人という関係になるので、実はその後、その親子と児童相談所の職員というのはやっぱり信頼関係がないとその後のいろいろなことがうまくいかなくなるという点がありまして、相談所の職員に例えば裁判所から許可を出して錠を壊させる権限を与えるということは望ましくないのではないかというような考え方であります。そこで、児童相談所の職員にはそのような強硬な権限は与えないことにいたしました。

　ただし、この場合に児童福祉法の62条の1項というところに罰則の

> 竹村さんは、当時参議院法務委員会の理事。児童虐待防止法は衆議院議員による議員立法のため、参議院での審議では、衆議院議員が質問に答えるわけです。最初はこれが不思議な感じでしたね、私には。

> ここで、「望ましくない」と述べられた、裁判所の許可を得て鍵を壊せる「臨検・捜索」制度が、その後導入されたのですから、世の中は、やはり激変しています。

規定がありますので、保護者が立ち入りを拒んだ場合には罰金20万円までを科すことができる、こういう間接的な強制によって公権力の行使という手段にするということでございます。

それとあわせて、今の9条と10条とをあわせて、10条が警察官の援助を求めるということをはっきり書いたために警察官と児童相談所の職員が2人1組で、警察官の即時の対応、いわゆる現行犯的な推定でもって中に入ることができるという警察官が本来持っている権限とあわせて、錠を壊すのが警察官で、中に立ち入って調査するのが児童相談所の職員、こういうことで問題を解決しようとしたわけでございます。

（2000/05/16　参議院法務委員会）

＊

以上は児童虐待防止法についての国会審議の抜粋である。これを読む限り、いかに立入調査であるとはいえ、児童相談所職員が鍵を壊してまで中に入ることは難しく、また母が精神的に不安定な状態にある以上、警察が現行犯的な推定をして強く対処するにも慎重さが求められるはずである。私たちは正直言って行き詰まってしまった。

この事例では、幸か不幸かA男がスキをついて何とか家から飛び出したため、無事保護することができたのではあるが、あらためてこのような場合の難しさを実感したのであった。

相談を受ける義務

さて、母にしてみれば、A男が自分の意に反して飛び出したことは許せないことであった。だからその事実を受けて一時保護した児童相談所と母とが良好な関係を築いていくことは、相当の努力を必要とする。

児童虐待防止法では、第11条で「児童虐待を行った保護者について児童福祉法第27条第1項第2号の措置が採られた場合においては、当該保護者は、同号の指導を受けなければならない。2．前項の場合において保護者が同項の指導を受けないときは、都道府県知事は、当該保護者に対し、同項の指導を受けるよう勧告することができる」とされている。しかし、実際には児童相談所の指導に強制力があるわけではなく、私たちは子どもの保護のため、必要ならば児童福祉法第28条

第2章
ソーシャルワークの行方
◆変貌する現場で考える

今では、罰金額も「50万円以下」に引き上げられています（現在は児童福祉法第61条の5）。

警察官は「人の生命、身体又は財産に対し危害が切迫した場合において、その危害を予防し、損害の拡大を防ぎ、又は被害者を救助するため、已むを得ないと認めるときは、合理的に必要と判断される限度において他人の土地、建物又は船車の中に立ち入る」ことができます（警察官職務執行法第6条）。

保護者が児童を虐待し、著しくその監護を怠るなど著しく児童の福祉を害するような場合、児童相談所長は、（保護者が反対しても）家庭裁判所の承認を得て児童福祉施設や里親への入所等の措置をとることができます。児童福祉法28条は、そのことを定めた条項です。

> 児童虐待防止法、施行直前

の申立ても辞さないわけであり、往々にして保護者と対立し、緊張状態のまま推移していくことも多い。そう考えると、法は保護者に指導を受ける義務を課したとはいえ、そこにはやはり困難が伴うと言わざるを得ない。この点で、本年（2000年）6月、厚生省に対して全国児童相談所長会が提出した「要望書」は注目してよいであろう。

> 全国児童相談所長会は厚生労働省に対して毎年要望書を出しています。

「保護者への指導プログラムの体系化とケア体制の充実を図られたい」

「新法第11条では、児童虐待を行った保護者へ指導を受ける義務を課している。児童虐待を行った保護者への指導プログラムの体系化を図られるとともに、保護者へのケアの体制の充実として、民間団体を含む支援機関への補助、カウンセリング費用の無料化等の施策を講じられたい」

まさにこの指摘のとおりで、私たちはA男の母と粘り強くかかわり続けながらも、こうした形で保護者への指導のプログラム、システムの整備を図っていく必要があると考えている。

児童虐待の定義をめぐって

ところで少し話はそれるが、私はこの秋、ごく短期間ながらカナダ・トロントを訪問し、子ども家庭サービスにかかわるいくつかの機関を見学してきた。本稿はそのことを述べる場ではないので中身については省略するが、日本に戻って来て最初に接したニュースが、大阪で発生したマンションでの幼い子ども3人の焼死事件であった。新聞報道によれば、母がスーパーに買い物に出かけ、出火当時は乳幼児3人だけが留守番をしていたらしい。火災を聞きつけて駆け戻った母は子どもたちを助けようと部屋に飛び込もうとしたが、周囲に押しとどめられ、「子どもが……」と泣き叫んでいたという。まことに痛ましい出来事であった。だが、ひるがえってこの事件がトロントで生起していたならば、事態はまた違った様相を呈していた可能性がある。というのもトロントでは、12歳になるまでの子どもが一人で置かれることは禁じられており、必ず誰か責任の持てる者が見守っていなければならないからである。どんな事情があったにせよ、幼い子ども3人を置いたまま出かけることは、ネグレクトのおそれがあるとしてCAS（Children's Aid Society）への通告対象となるのである。

こう考えると、どこまでが児童虐待でどこからは子育ての事情として許されるのか、はたまた体罰はしつけなのか虐待なのか、といった判断はそう簡単ではないということになる。むろん児童虐待を疑った一般国民は、"疑わしきは通告する"というスタンスでいいのだが、それを受ける児童相談所側には、もっと明確な基準がなければなるまい。

＊

児童虐待防止法での虐待の定義はすでに94頁で述べたとおりであるが、実務に携わる児童相談所の立場からすると、これだけでは決して十分とは言えない。なぜか。たとえば、厚生省が企画し、日本子ども家庭総合研究所が制作したリーフ「子どもの声に耳をすませて！」には、次のような説明がある。

「……虐待であるかどうかは児童相談所が判断します。児童相談所の調査でたとえ虐待の事実がなかったことがわかっても、そのことで責任を問われることはありません」

要するに私たちは、児童虐待か否かを判断するため、もう少し具体的でわかりやすい指標を望んでいるのである。この点については、すでに国会でも次のような議論が行われていた。

＊

〇田中（甲）委員　今、この特別委員会の中で、定義というところで大体大枠共通の認識が生まれてきています。それは、身体的虐待、性的虐待、心理的虐待、ネグレクトという4つの項目になるんだろうというふうに認識しておりますけれども、この点を法律にうたっていく際に、現場から見て、さらにこういう点が必要だとか、あるいはその4項目がこういう意味合いを持って重要なんだという、その辺の補足が飯島参考人からいただければありがたいと思います。

〇飯島参考人　犯罪の構成要件ということではないんですけれども、それをもって、やはり規定的には非常に抽象的に最終的にはならざるを得ないとは思いますが、一般的な、今社会的合意の中でこれは許せないという行為につきましては、例えば身体的に殴る、けるとか、そういうようなことも含めまして、やはり一歩具体的に踏み込んだ形での、世間一般にわかりやすいような形での定義というのがなされれば、私としては助かります。

飯島さんは、当時、東京都児童相談センターの児童福祉第二係長兼児童福祉司でした。

> 児童虐待防止法、施行直前

> 広岡さんは、社会福祉法人子どもの虐待防止センター理事でした。

○田中（甲）委員　定義に関して、広岡参考人、何かございますか。
○広岡参考人　ケースワークをする立場で考えますと、虐待の定義の中の、その虐待の種類を今述べられたと思うのですけれども、種類そのものは余り重要ではなくて、やはり重症度の方が大事なんですね。命の危険、重度、中度、軽度、危惧、このあたりの概念をきちんとすることの方もとても重要だと思います。どちらかといったら種類の方に皆さんの気持ちが行っているんですけれども、実際には、この種類というのは絶えず重なり合って私たちの目の前に登場してくるという認識をいつも持っております。

それから、もう一つ種類のことでいうと、私たちは母親たちと接するときに、随分虐待の定義が変わってきたんだよ、皆さんは、今お母さんをする人たちは以前母親をしたときよりもずっと厳しい定義の中にさらされているんだよという話をあえてしております。

それは、特にネグレクトの部分で安全の考え方が去年通達の中で変わったと思うのです。例えば、スーパーマーケットに行って子供をベビーカーの中に置いたまま二階に行ったり、車の中に放置したままいなくなる、これは不注意ではなくて虐待である、こういった考え方が提出されたと思うのですけれども、まだこれについてはなかなか一般には、お母さんたちは受け入れがたいものがあるみたいです。これも随分、時代とともにこの種類も変わっていかないといけないものなんだというふうに私は考えています。

(2000/03/23　衆議院青少年問題特別委員会)

*

児童虐待のとらえ方は、時代とともに、また社会のあり方とともに変化する。この中で何を虐待と認識し、何をしつけの範囲と見るか、その作業が児童相談所に課せられているとしたら、その責務は大きいと言わざるを得ない。

実は私たちのところでも、遅まきながら受けつけた虐待通告のすべてについて、果たしてそれが本当に虐待であったのか、また虐待というならその程度をどう判断したのか、あるいは不適切な養育であり支援を必要とはするが虐待とまでは言えないのか、さらには誤認通告であったのか等々を明確化し、統計的にも整理しようと考えている。現時点で児童虐待をどのように認識するのが妥当なのか、現場から明ら

かにすることができるなら、それはそれで意義深いのではないだろうか。

児童相談所の力量アップ

あれこれのことを脈絡なく書き散らしてしまったが、最後にこうした状況の中で虐待に取り組む児童相談所そのものが持っている問題についてもふれておきたい。

○虐待通告の増加で対応はお手上げ状態。さらに一時保護所も恒常的に満杯で、今は児童養護施設も満員のため、一時保護委託も出来ない状況がある。
○通告による時間外の出動も増え、児童福祉司は精神的に休まることがなくなった。慢性的な疲労状態に追い込まれている。
○「通報してくれれば専門機関の児童相談所で対応します」と広報しても、現状では十分に対応しきれないため、かえって不信を招きかねない。
○急増する虐待通告に追われ、通常の相談業務に影響が出ている。
○一人の職員の受け持つケース数が多すぎてこまめに家庭訪問出来ないなどジレンマがいっぱい。
○児童相談所は、虐待を受けた子どもとその親に対する心理治療のトレーニングを積み、スキルアップをはかる必要がある。
○児童虐待に対応できる専門スタッフを大幅に増員配置してほしい。
○経験の蓄積すら出来ないような頻繁な人事異動は禁止すべきだ。
○児童福祉施設の最低基準を是非とも引き上げてほしい。
○児童相談所に弁護士を配属できるよう予算措置してほしい。

これらは、全国児童相談研究会（児相研）が発表した「『児童虐待の防止等に関する法律』成立にあたっての見解」に引用された児童相談所職員の率直な声である。

すでに見てきたように、児童虐待への対応は、通告の受理から始まって、安否の確認、一時保護、保護者の指導・援助など、どれひとつとっても困難であり、私たち児童相談所職員はその中で悪戦苦闘を強いられている。したがって、急増を続ける虐待通告を的確に判断し、適切な対応を図るためには、児童相談所の体制整備、専門性の充実・強化は急務と言わなければならない。

第2章
ソーシャルワークの行方
◆変貌する現場で考える

それから10年経った今、「お手上げ状態」は改善されるどころか、当時の比ではないほど深刻化してるんじゃないでしょうか。

＊福岡市の児童相談所では、2011年度から、なんと弁護士さんを常勤職員として配置してるんですよ。こういう措置がやはり必要です。

本見解は、2000年5月に出されました。以後、児相研は節目節目で何度か見解を発表していますが、その最初の見解がこれです。

105

> 児童虐待防止法、施行直前

> ここで言われている「国レベルの研修システム」という要望は、もしかして今私が勤務している「子どもの虹情報研修センター」の設立という形で実現した？

> 本原稿の最終更新日は、2000年10月3日14時22分。つい最近逮捕された某検事のように意図的な改変はしておりません。ですからこれは、施行直前に書き上げているのですが、掲載誌は2000年12月刊。微妙な時期の原稿です。

「児童福祉司の増員を図られたい」

「一時保護所の最低基準を見直し、職員や設備基準の充実を図られたい」

「児童相談所職員の人材の確保及び資質の向上を図るため、国レベルの研修システムと研修の予算措置を講じられたい」

　これらは、先に紹介した全国児童相談所長会の厚生省に対する「要望書」の一部であるが、実務に携わっている私たちの、まさに切実な願いと言っていい。

＊

　以上、最近の児童虐待に対する児童相談所の取り組みや課題について、個人的な意見を述べてみた。率直に言って、課題は山積している。しかし「児童虐待の防止等に関する法律」が成立したことは、虐待された児童への対応だけでなく、児童虐待を許さないための重要な一歩であることは疑いない。私たちはこの法律にも導かれながら、今後とも精一杯の努力を続けていきたいと考えている。

（2000年12月）

児童虐待防止法、施行される

はじめに

> 本稿を含めて、本章のここまで3つの原稿は、児童虐待防止法制定後約1年間に書いたものです。児童相談所の大変さが示されてはいますが、現在の厳しさ、過酷さには及ばない感じがします。どうでしょうか。

　児童虐待防止法が施行されて半年あまり。この間も虐待の通告件数は増加の一途をたどっているが、一方で通告を受ける側の児童相談所も新年度から児童福祉司の増員をはかったり、虐待対策課、あるいは虐待対策班のような形で専任の組織を設置したところも多い。厳しい財政状況という枷（かせ）を乗り越え、真剣な取り組みを始めていると言っていいのではないだろうか。

　だが児童虐待への対応は、こうした組織体制の充実・整備を不可欠の前提としつつも、それだけでこと足れりとするわけにはいかない。発見・通告から分離・保護、さらには児童・保護者への援助、家族の再統合に至るまで課題は山積しており、さまざまな角度からの検討が求められているのである。

　そこで今回は、私自身が悩んでいることのひとつ、保護者への援助

について述べてみたい。

法第11条

児童虐待防止法は第11条で次のように規定していたはずである。すなわち、

「児童虐待を行った保護者について児童福祉法第27条第1項第2号の措置が採られた場合においては、当該保護者は、同号の指導を受けなければならない。

2　前項の場合において保護者が同項の指導を受けないときは、都道府県知事は、当該保護者に対し、同項の指導を受けるよう勧告することができる」

ところでこの条文については、参議院法務委員会で法律提案者の衆議院議員から次のように説明されていた。

○衆議院議員（石井郁子君）　従来は、保護者が指導を受けなかった場合には説得を試みる、そういう方法しかとれなかったと聞いております。また、義務でないと親はなかなか治療に参加しないということを現場から聞いているところでございます。

本法案の11条第1項におきまして、保護者が指導を受ける義務を明記したことになります。強力に指導を行う根拠ができるとともに、さらに勧告という手段も明文で定めたことによりまして、親子関係の修復を目指した保護者の指導を強力に行うことが可能になったと考えているところです。

（2000/05/16　参議院法務委員会）

国会審議

率直に言って、私はこの答弁に納得できなかった。なぜと言って、児童虐待防止法が成立するまでの国会審議で多くの参考人が求めていたのは少し違ったものだったから。たとえば全国児童相談所長会会長の大久保隆氏。

○大久保参考人　児童相談所は、立入調査権や一時保護権が与えられ、虐待家庭への強制的な介入が可能ですが、この権限を行使した場合は、保護者はその後の児童相談所の対応に拒否的になる傾向がかなり強うございます。

児童相談所といたしましては、家庭環境の改善を図るため、立入調査や一時保護後も引き続き保護者への指導援助を実施したいと考えましても、児童相談所との接触を拒むなど、拒否的な対応をなされる保護者が多く、なかなか改善が進まないという状況がございます。したがいまして、介入は警察等他の機関が行い、児童相談所は介入後の家庭環境改善を担うというような役割分担が望ましい……。
(2000/03/23　衆議院青少年問題特別委員会)

また駿河台大学の吉田恒雄氏も以下のように陳述している。
○吉田参考人　カウンセリングの機関でありますけれども、……現在の児童相談所の忙しさ、また役割から見てどれだけそれが可能か、また、介入権限と治療、援助権限が一緒であってよろしいのかという疑問も出てまいります。
　私は、この治療に関しましては、すべて児童相談所が行うのではなくて、他機関、例えば民間機関も含めた他機関に児童相談所が委託できるものとするという形……これによって、治療費というのを、特に経済力の乏しい親御さんに対して負担させなくて済むのではないかというふうに思われます。また、児童相談所の相矛盾する機能も解決するのではないかと思われます。
(2000/04/20　衆議院青少年問題特別委員会)

これらを考えると、第11条というのは、抜本的な保護者への指導や援助の体制をつくり上げる余裕がないための応急的な処置に過ぎないのではないか、という疑念を消すことができないのである。

児童福祉司指導

とはいえ、法律が施行された以上は本条項も活用しながら虐待への対応、保護者への援助や指導を行わなければならない。それらの一端を紹介しながら、本条についてあらためて考えてみたい。
　家出中にバイク盗の疑いで補導された中学生である。"父からずっと殴られてきた、もう家には帰りたくない"と訴え、大きな背中を丸めて泣きじゃくる彼を見た警察が、一時保護を求めて通告してきた。
「お父さんが"一度会って話したい"と言ってるけど、どうや」

第2章
ソーシャルワークの行方
◆変貌する現場で考える

保護して数日、少し落ち着いた頃を見計らって面接したが、言い終わらないうちに彼はふてくされ、居室に入り込んでしまう。
「家はイヤ。施設へ行くんやオレは」
「あの子もいっぱい悪いことをしていますし、主人が一方的に悪いわけではないんです。でも今は無理に引き取っても……」
「首に縄くくってでも連れて帰る！」
父母と子ども、意見は三者三様で処遇決定は難航した。ところで、
「オレも2、3発は殴られて当然や。悪いときは殴らんとアカンやろ」
彼がこんなことを漏らす。"体罰容認の文化は根強い"とが私の感想だが、それはさておき児童福祉司と心理判定員、一時保護スタッフがチームを組んで協議を繰り返す。
「あの父親がそんな簡単に考えを変えることはないよ」
「それがね、よくよく聞いていくと彼は本当は家に帰りたいみたい」
処遇をめぐって児童相談所側も紆余曲折する。在宅での「児童福祉司指導」という結論を出したのは一時保護所で父子が無事対面した後のことだ。行政処分だから文書で通知するのだが、実はそこが一つの眼目。
「……一時保護を解除するにあたり、児童のこれまでの行動及びこれに伴う家庭内での状況に鑑み、当分以下の点について経過観察を行います」
こんな文章の後に次の3点を示した。
（1）保護者は児童に対して暴力的な体罰を行わないこと。
（2）児童においては深夜徘徊や無断外泊をあらため、バイクの無免許運転等の犯罪行為を行わずきちんと登校すること。
（3）上記2点を確認するため、児童・両親で定期的な来所をしていただくこと。

＊

不思議なことに以後は体罰も皆無、本人も遅刻がちながら登校を続け、深夜徘徊なども影をひそめたという。約半年後、処遇会議で担当福祉司から指導措置解除の提案があった。
「そうですね、文書を用意したので本人にも保護者にも児童相談所の考えを説明しやすかったし、来所がちゃんと実現したのも、枠組み

> 児童虐待防止法、施行される

がはっきりしていたからだと思います」

困難

だが、常にこのように進むわけではない。同じようにして児童福祉司指導を決定した別の事例を紹介してみたい。顔にひどい痣があって、やはり警察通告をきっかけに預かった幼児である。一時保護が引き金となったのであろう、母は、暴力をふるう一方の当事者であった内縁の夫と別れ、実家の協力を得て子育てをするという。そこまで決意して再出発するのであれば、子どもはいったん母親の元に返そう、だがその後の様子も確認し、できれば母の子育ても応援したい、といった理由で私たちは児童福祉司指導を決定した。

ところが、いざ子どもを引き取ってしまうと、母はその後の児童相談所のかかわりを煙たがる。

「子育てで、何かお困りのことはありませんか？」

「ありません」

ともすればヒステリックな叱り方をする母の様子が心配で、あれこれ援助の手を差しのべようとするのだが、返事は素っ気ない。

*

思うに、先の中学生の場合は保護者自身が本人の行動に不安を感じており、児童相談所の指導や援助に期待もしたのであろう。ところが後者では、むしろ一時保護という形で子どもを奪われたという意識が払拭できず、素直に児童相談所の指導に応じる気持ちになれなかったのではあるまいか。

児童虐待を行った保護者に対する児童福祉法第27条第1項第2号の措置、つまり児童福祉司指導というのは、決して虐待を起こさぬよう監視するだけでなく、育児不安や子育ての苦労を共感的に理解し、受けとめ、虐待や暴力に頼らなくても可能な養育技術を伝えることなどがその大切な役割のはずである。ということはその前提に相互の信頼関係が不可欠なのであり、この点で児童相談所は難しい立場に立たされることもある、と言わざるを得ない。

皆さんのご意見をお聞かせください。

(2001年8月)

> いずれの事例も、それほど複雑な構図を持つわけではありませんが、児童福祉司指導による措置の特徴を示していて、それは現在も共通するのではないかと感じます。

増える児童相談所の緊急対応

24時間体制

「こんな時間なのに、友だちを自分の部屋に呼び込んでシンナーを吸ってるんです、もうどうしていいかわかりません」

「こちら〇〇県の〇〇警察署です。終電が出た駅の構内で子どもが保護されたんですが、何を聞いても返事がありません。よく調べてみると知的障害があって、そちらの児童相談所で判定した療育手帳を所持しているんですよ」

「子どもがすごく不安定なんです。自殺でもするつもりだったんでしょうか。ついさっき、手首を切ってしまって……」

「病院内のトイレに赤ちゃんが捨てられていました。ええ、先ほど発見したところなんです」

涙声の保護者や処遇に困ったさまざまな関係機関からの電話。このようにして日曜祝日、深夜早朝、時間を問わず緊急の相談が入ってくるのが児童相談所の宿命である。

業務時間が終了すれば閉庁するのは他の行政機関と同じだが、こうした緊急の相談のため、事務所は閉めても外部からの連絡には対応できるようにしておかなければならない。私たちの児童相談所では、時間外に電話で受付をする非常勤の管理宿直職員を配置しているのだが、近年、こんな電話がとみに増えてきた。

「あのう、児童相談所の管理宿直の者ですが、川﨑課長のお宅でしょうか？」

寝ぼけ眼で時計を見ると、果たして午前3時。"いくら何でもこんな時間に何の用だ"と思いつつ話を聞いてみると、ある小学校の校長から電話が入ったのだという。とにかく折り返し連絡することにした。

「もしもし、××校長先生のお宅でしょうか。私は児童相談所の相談判定課長で川﨑と申します。先ほどご連絡くださったとお聞きしたのですが……」

「ええ、そうなんですよ。すみませんねえ、こんな時間に。実は本校の生徒のことなんですが……」

増える児童相談所の緊急対応

緊急保護

小学校3年の女児A子。予想どおり、虐待の通告であった。

「午前1時頃でしたでしょうか。どうも母親にひどく叱られ、何度も叩かれたらしいんです。それで担任の家まで逃げてきたんですね。『もう家には帰りたくない』と訴えています。どうしたものか、ともかく相談したくて……」

A子については、以前すでに学校と協議をした経過があった。

「布団叩きで叩かれたようなんです。見ると、背中一面に痣ができていました。目の下あたりも少し青くなっていますし、怪我の状況から判断して"思わず手が出た"というようなレベルではないと思うんです」

担当の児童福祉司が学校を訪問する。校長が保護者と面談し、児童相談所はしばらく様子を見ることになったのだが、母の行為が沈静化したと思われていた矢先、些細なことで再び事件が起こった。学校から預かった保護者へのプリントを出し忘れたことで母が怒り、いったん眠ったA子をわざわざ起こして叱りつけ、そばにあったこうもり傘で何十発も叩いたのである。後頭部には血がにじんだ痕があり、首を絞められてできたような痕まで発見された。A子も恐怖さめやらぬ様子だという。

「児童相談所長の権限で一時保護したいと思いますが、今夜は学校で対応をお願いしていいでしょうか。ええ、朝一番にあらためて連絡いたします」

児童相談所としても放置はできない。ぼんやりした頭のまま、こんな返事をした。しかしこれは夢ではない。避難してきたA子に付き添って担任が学校まで連れて行き、いったん保健室に寝かせたのであった。

翌日早速、担当の児童福祉司や心理判定員が学校に赴き、A子と面接をして意向を確認、そのうえで一時保護所に入所させた。

担任の先生、ありがとうございました。本来ならば、朝まで待たず直ちに急行すべきなんですが、ここは学校に甘えたんです、児童相談所が。

急増する虐待通告

児童虐待に関する記事がマスコミ等で盛んに報道されているが、このような形で児童の安全を優先させ、緊急的な保護も求められるのが虐待対応の特徴である。では児童虐待は本当に増加しているのであろ

第2章
ソーシャルワークの行方
◆変貌する現場で考える

うか。
　下のグラフは、厚生労働省報告例「虐待に関する相談処理件数」をもとに作成したもので、一瞥して明らかなように児童虐待の処理件数は急増していると言うほかない。

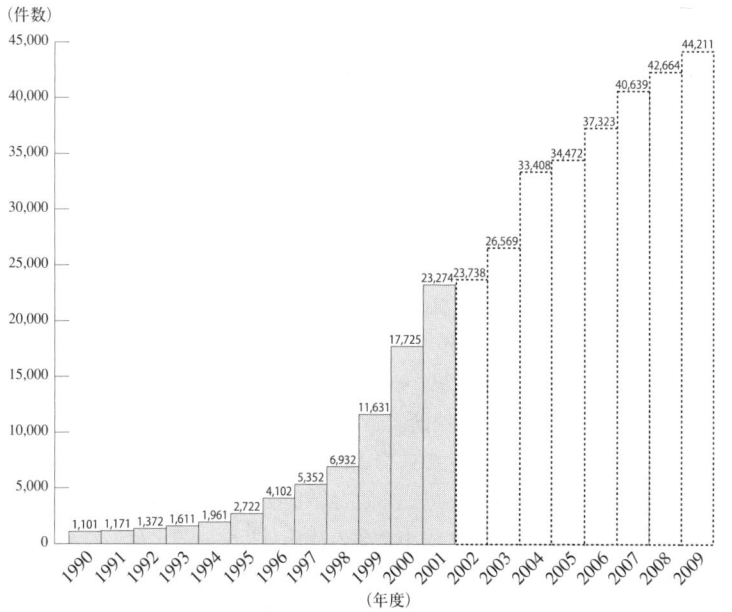

(件数)
年度	件数
1990	1,101
1991	1,171
1992	1,372
1993	1,611
1994	1,961
1995	2,722
1996	4,102
1997	5,352
1998	6,932
1999	11,631
2000	17,725
2001	23,274
2002	23,738
2003	26,569
2004	33,408
2005	34,472
2006	37,323
2007	40,639
2008	42,664
2009	44,211

　ただし件数増加の大きな要因は、なんと言っても「児童虐待の防止等に関する法律」の成立、およびそこに至るまでのさまざまな取り組み、たとえば虐待通告を喚起する厚生省の通知や国会審議等を挙げねばならないだろう。
　児童福祉法第25条で規定されているように、「保護者のない児童又は保護者に監護させることが不適当であると認める児童を発見した者は、これを福祉事務所若しくは児童相談所又は児童委員を介して福祉事務所若しくは児童相談所に通告しなければならない」のであって、児童虐待は、家庭内の密室化された空間で生じるという特性を持つことから、虐待された児童を発見した者は積極的に児童相談所に通告するよう、活発な広報活動が行われたのである。つけ加えれば、児童相談所の存在が十分知られていないことから児童福祉法の改正も行い、

今は「処理」という言葉を使わず、「対応件数」と言っています。当時は2001年度までしか図示できませんでしたが、このグラフではその後の数値を点線で加えています。この当時急増と書いたものが、その後の10年でも一貫して伸び続けていることがわかります。

＊2010年度の児童虐待対応件数は、東日本大震災の影響で宮城県、仙台市、福島県を除いているのに、過去最高の55,154件となりました。

通告義務について、ここでなぜ児童虐待防止法を直接引用しないのか。自分が書いたのにわかりませんでした。調べると、本法第6条は、制定当初「児童虐待を受けた児童を発見した者は、速やかに、これを児童福祉法第25条の規定により通告しなければならない」とされていたんですね。昔のことは忘れます。

113

増える児童相談所の緊急対応

通告は「児童委員を介して」も可能であると改められた。

では、実際に児童虐待は増加しているのかどうか。この点の判断は難しい。というのも、現在の通告件数の増加は、今述べたように、これまで見過ごされていた虐待の発見と通告によるところが大きいからである。

ただ、現代社会の諸状況を俯瞰すると、児童虐待そのものも増えてきているのではないかという危惧はある。

児童虐待の要因

なぜそう考えるのか。厚生労働省の「子ども虐待対応の手引き」を見ると、「健やか親子21検討会報告書」を引用する形で次のような指摘があった。

「児童虐待の研究から、虐待では、（1）多くの親は子ども時代に大人から愛情を受けていなかったこと、（2）生活にストレス（経済不安や夫婦不和や育児負担など）が積み重なって危機的状況にあること、（3）社会的に孤立化し、援助者がいないこと、（4）親にとって意に沿わない子（望まぬ妊娠・愛着形成阻害・育てにくい子など）であること、の4つの要素が揃っていることが指摘されている」

確かにＡ子の場合でも、中小企業の社長をしている父は、この不況で早朝から深夜まで会社経営に没頭せざるを得ず、夫婦の会話も思うに任せない。いきおい子育てはすべて母親の肩にかかってくるため、母は生活上も慢性的なストレスが高じていたのである。一方、この家族はいくつかの点で学校と激しく対立していた。児童福祉司が面接したときも学校教師への不満が繰り返されたが、結果として自ら孤立してしまったのも事実である。さらにＡ子。彼女に何か障害があるとか、非行や不登校のような問題をかかえているというわけでは決してないのだが、母親には我慢ならないことがあった。

「これはしつけじゃないんです。しつけというのは、たとえば行儀をよくするとか挨拶がきちんとできるよう、今の状態から一歩でも二歩でも引き上げるためにするものでしょう」

「Ａ子にそんなことは求めていません。でもね、学校からまっすぐ家に帰る。渡されたプリントはちゃんと差し出す。こんなことは当たり前のことであって、できて当然なんです。それがいくら言ってもで

きないんであれば、叱りつけるのは仕方ないでしょう。わかるまで叩いたのはそういうことなんです」

"親にとって意に沿わない子"というのは、必ずしも何か特別の問題を持っている子どもというわけではないのである。

まだ父母の生育史に遡って話を聞いてはいないが、こうして見ていくと、虐待発生の可能性を高める4つの要素というのは、ごく一部の事例にあてはまる特殊なものとばかりとは言えまい。

A子のような事例をいくつも経験させられると、通告件数が増大しているだけでなく児童虐待そのものも増えているのではないか、と感じざるを得ないのである。

私たちの課題

さて、こうした背景を秘めている家族にはどのような援助が適切なのか。率直に言って、児童虐待防止法は施行されたものの、私たち児童相談所はまだまだ手探り状態である。A子の場合も、一時保護はしたものの、ではその後どうすればいいのか。所内では、川の流れが大きく蛇行するように処遇意見が揺れていった。

「首を絞めるなんて、命にかかわることではないですか。家庭裁判所に申し立ててでも施設入所を目指すべきです」

「でも、母親は虐待を認め、反省しているんでしょう。父親もこれからは子育てに協力すると言うんだし、在宅の方向を模索しましょうよ」

児童相談所の中では、こうした議論が日々繰り返されている。おそらくはこのような議論や無数の試行錯誤の中で初めて、虐待への適切な対応、保護者に対する好ましい援助のあり方などが浮かび上がってくるのではないだろうか。私たち児童相談所の職員は、そう信じて日夜奮闘しているのである。

＊

さて最後に、私が貴学会（日本社会病理学会）に望むことを述べて本稿を閉じたいと思う。

私はこの20数年間、非行や不登校、家庭養護の問題その他、児童相談所に寄せられるさまざまな相談を通して現代社会を眺めてきた。そうすると、臨床現場という小さな窓を通してではあるが、我々が住む

> 今ならたぶん、子どもの安全を最優先して、もっとシビアな議論になるんじゃないでしょうか。こうして読んでいくと、援助方針をめぐって、児童相談所の判断も少しずつ変化しているように感じます。

社会のありよう、あるいは社会が内包している課題の一端を否応なく垣間見ることとなった。

だが、仮に児童虐待そのものが増加傾向にあるとしたら、なぜ今日の社会で虐待が増加するのか、私はそれをしっかり見つめ、正しく把握したいと思う。いわば現代社会の深奥から児童虐待に迫り、その本質的な問題を解き明かせないものかと思うのである。貴学会への私の期待はそこにある。

（2002年10月）

むずかしい初期対応

ある通告

日曜の午後のことであった。

「3歳ぐらいのお子さんですが、この暑さの中、2時間以上も玄関から放り出されて泣いています」

「あんまりなんで、思いあまってジュースを買ってやったんですよ。でも、『かまってくれるな！』と言われてしまって……」

「ええ、『もっと泣け、もっと泣け』というような調子なんです」

「最後は民生児童委員さんが頼んでくれて、子どもは何とか家の中に入れてもらったんですが、さすがにぐったりしていました」

虐待の加害者とされたのは、アパートで一人暮らしをする50歳ぐらいの男性であった。いったいそんな男性がどうして虐待者になってしまったのか。よく聞いてみると、彼は長い入院期間を終えて退院してきたばかりだというのである。ところがアパートに戻ってみると、大家から家賃の滞納を厳しく咎められる。

「1年以上の滞納だ。このままでは出て行ってもらうしかない」

「聞けば生活保護費の中には家賃もちゃんと含まれているというじゃないですか。福祉で受け取っているのにそれを払わないなら、これは詐欺ですよ」

退院早々に転居を約束させられた彼は、引っ越しの手伝いに娘を呼んだのである。その娘に子どもがいた。彼の孫である。ところが離婚したばかりという娘にも事情があったのだろう、孫を置いたまま外出

してしまう。
　カンカン照りの真夏日、病み上がりの身体、経済的困窮、アパートの追い立て、狭い住居にクーラーもない室内、勝手に出て行って戻らぬ娘、一人残された孫……。これではイライラも頂点に達せざるを得ない。思わず孫に八つ当たりし、些細なことで叱りつけ、外に放り出したのだろう。私たちはそこへ登場したのであった。
「あんたら、誰です？」
「児童相談所から寄せていただきました」
「どういうことです？　帰ってください」
「そういうわけにはいきません。お子さんの安全を確認するのは私どもの義務ですから……」
「ほっといてください！　しつけです」
　私たちは粘って直接子どもの様子を見、安全を確認して帰途についたのだが、果たしてこの対応でよかったのかどうか。

介入と援助

　児童虐待は、早期発見、早期対応が重要である。だが通告を受ける側の児童相談所にいると、率直に言って、日々対応の難しさを感じ、悩むことが多い。
　たとえば今ここで示した事例。通告してきた人たちは度を超えた叱り方で幼児が衰弱していないかを心配していたし、客観的に見ても、しつけの範囲を明らかに超えた虐待と言っていいだろう。だからまずは速やかに子どもの安全を確認する必要があったし、児童虐待防止法は、まさにそのことを児童相談所に求めているわけである。
　では、立場を代えて虐待者であったこの男性の身になって考えると、どうだろう。そうでなくとも八方ふさがりの状態に追いつめられ、気が立っているときに、突然見知らぬ人間がやって来て児童虐待ではないかと詰問する。しかし彼が本当に求めていたのは、そんな疑いのまなざしではなく、窮状を打開する具体的なてだて、援助だったはずである。
　だから私たちの訪問は、これ以上の虐待行為を抑制する力にはなったとしても、彼が必要としている援助を差し伸べるまでには至らなかった、と言わざるを得ない。

むずかしい初期対応

　虐待対応の難しさは種々言われているが、子どもの安全を図るための速やかな介入と、虐待に至ってしまう家族や保護者のかかえる困難に対する援助とが簡単には結びつかず、むしろ相矛盾するかに見える場合も多いというところにもある。

誤　報

　ところで、密室の中で生じる虐待はどうしても闇の中に埋もれてしまいやすい。そこで多くの国民が児童虐待の発見・通告に努めるよう広報活動が行われ、児童虐待防止法は児童福祉に関係の深い専門家たちに早期発見の努力義務を課したのであった。だから、この間の虐待通告件数の急増は、虐待そのものの増加というより、こうした努力の結果と考えて差し支えあるまい。このこと自体は歓迎すべきことだけれど、実は通告件数が増大するに従って、誤認や誤報、さらには意図的な歪曲のような通報が混ざるようになってきた。たとえば、
「近所で子どもがひどく叱られています。ええ、以前から続いているものですから心配になって……。今日は思い切って玄関まで行って表札を見てきました。○○さんというお宅です」
　ところが、いざ調査に乗り出すと、意外な展開。
「住民票を確認しましたが、そんな年齢の子どもはいません。念のため両隣についても調べてみましたが、やはり該当するような世帯ではありませんでした」
　しかしこれなどは善意の通報である。
「前の家の子どもの泣き声がうるさいんだよ。何とかそっちでしてもらえないの、お宅、行政でしょ」
「お宅らは、子育ての相談なら何でも応じますって宣伝してるじゃない。何で対応しないの、仕事してないんじゃないの」
　こんなことを言われて苦労している児童相談所職員も、現にいるのである。
　さらにはこんな例もあった。
「この前、久しぶりに行ってみたら1歳の我が子が激しく泣いてしまうんです。もしかしたら日頃から虐待されているのではないでしょうか。何とか児童相談所で確認してほしいんですよ」
　現在別居中だという父からの電話であった。どうやら家庭裁判所で

第2章
ソーシャルワークの行方
◆変貌する現場で考える

親権をめぐって母と争っているらしい。
　揉めている相手方を予告もせずに訪問すれば、泣き出すことだってあるだろうし、そもそも"父と出会って泣き出した"という事実だけで虐待を疑う根拠になるのかどうか。まことに腑に落ちない通告であった。それでも一応は母子とかかわりのある保健師に聞いてみる。
「ええ、検診や予防接種にもきちんと来ていますし、虐待の事実はないと私たちは考えています」
　なんだ、やっぱりそうじゃないかと考えていたら、今度は母が電話してきた。
「ある人が、私のことを『虐待してる』って通告したと聞きました。本当ですか？」
「虐待なんてしてないことを、是非とも証明してください」
「ところである人が、父親に子どもを会わせるようアドバイスするんですが、いやなんですよ。これを断るにはどのように返事をしたらいいんでしょう」
「あのう、ある人って言うと？」
「家庭裁判所の人です」
「……」
　子どもの親権をめぐって夫婦で争うのはいいのだが、互いを批判し、非難するために、また離婚調停を少しでも有利に運ぼうとして虐待という言葉を使い、児童相談所を利用しようとするのである。

私たちの課題

　ここまで、虐待通告にまつわるいくつかの例を示してきたが、こうして見てくると、児童相談所は虐待対応の入口段階からかなりの悪戦苦闘を強いられているのかも知れない。だが児童虐待防止法の施行以後、私たちは法律の要請によってどんな些細な通告であっても見逃さず、試行錯誤しながらも児童の安全確保を第一に取り組んできた。実はこうした苦心惨憺の末に、本当の意味での児童虐待防止法の整備や虐待に対する総合的な対策が確立する……、私たちはそれを信じて日夜奮闘努力しているのである。

（2002年11月）

学校による虐待通告

団体の責務

　過日のこと。つい最近高等学校の校長を定年退職したという方と話す機会があった。
「実は今、妊娠、出産を控えた中学生の相談で頭を悩ませているんです」
　挨拶がわりに最近の児童相談所事情を説明する。中学生が妊娠し、児童相談所職員が中絶手術に立ち会ったり、あるいは出産後の養育が難しいという相談などが相次いだため、自然とそんな話題が出たのであった。
「妊娠というのは、私も高校で結構たくさん経験しましたよ」
　彼が相づちを打つ。
「でも高校の場合、妊娠がわかって退学させられるとか、本人が不利になりはしないか、児童相談所としては気を揉むことも多いんです。実際に退学してしまった例もありますし、予定日がちょうど夏休みだったため、高校には内緒で出産し、いったん乳児院を利用して卒業後に引き取ったという例もありました」
「実はね、私が校長として赴任した当初は、自校の生徒が妊娠したという事実が、私のところまで伝わってこなかったんですよ。ええ、せいぜい半数ぐらいでしたかねえ」
「えっ、本当ですか？」
「校長が信用されていないんです、簡単に言えば。ですから養護教諭などが子どもから妊娠の事実を打ち明けられても、なるべくなら私の耳に届かないようにしていたんでしょうね。でも最後のほうになると、ほとんどは報告が入るようになりました。出産した子を応援して卒業させる取り組みもしましたから、多少は信頼されるようになったんでしょうかねえ……」
　元校長は別件で来所したのだが、むしろこの話のほうが、私には印象に残った。子どもを守ることにおいて学校という組織・機関が重要な責務を担っていることは疑いないものの、校長や教頭、担任や養護教諭、あるいはスクールカウンセラー等々、それぞれの立場で果たす

べき役割も違ってくる。ある意味ではそれぞれの職員が協力しつつ、また対峙しつつ、その職種をかけて真剣に取り組んでいるのだろうと感じたのであった。

　　　　　　　　　　＊

　さて、「児童虐待の防止等に関する法律」（児童虐待防止法）では、児童虐待の早期発見に関して、「学校の教職員、児童福祉施設の職員、医師、保健婦、弁護士その他児童の福祉に職務上関係のある者は、児童虐待を発見しやすい立場にあることを自覚し、児童虐待の早期発見に努めなければならない」とされている。そして今回（2004年）の第１次法改正では、それに加えて「学校、児童福祉施設、病院その他の児童の福祉に業務上関係のある団体」にも早期発見の努力義務を課したのであった。児童虐待の発見を個々の専門職員に任せるのではなく、機関として組織的な対応を図ろうとしたものと言えよう。だとしたら、
　「先生にだけは打ち明けるけど……」
　「他の人には言わないで」
などと言いながら、性的被害を訴えたり虐待の事実を告げるような子どもに対して、どのように応じるのがいいのか。おそらくは学校内での立場の違いを乗り越え、これまで以上の相互信頼関係を築くことで、一致した取り組みを進めるよう求められるのではないか、と私は想像している。

通告の秘密

　さて、児童虐待防止法の施行以来、学校からも、さまざまな虐待の通告が寄せられるようになった。
　「目のふちが青くなっているので、本人に訊いてみましたら、お父さんに殴られたと言います」
　「今朝の様子を見ますと、先週末と同じ服を着て登校しているんです。はっきり言って服は着た切り雀。しかたなく学校で洗濯し、洗ったものをその日のうちに乾かして着せて帰すような対応をしています」
　「どうしましょう、家に帰りたくないと訴えています。どうも昨夜もひどく叱られて締め出されたらしいんです」
　では、こうしたさまざまな通告を受けた児童相談所は、その後どの

> 「団体」の責務が加えられたのは、たぶん中学３年の男児が意識不明の重体となった岸和田事件の影響があると思います。あの事件では、児童相談所も学校も組織的な対応ができていなかったとして、「機関としての通告の明確化」が緊急提言されていますから。

> 学校による虐待通告

ような対応をとるのであろうか。

　児童虐待防止法は児童相談所長に対し、「速やかに、当該児童の安全の確認を行うよう努めるとともに、必要に応じ児童福祉法第33条第1項の規定による一時保護を行う」ことを要請している。今回の法改正作業の過程でも、民主党から「児童の安全確認は、……通告を受けたときから48時間以内に行うよう努めなければならない」とする改正案が提出された。この案は結果的には見送られたものの、すでに法制定以前から48時間対応を行うと決めて実施している県もある。

> 全国に先がけて48時間ルールを導入したのは埼玉県。

　実際のところ、最近では虐待対策課などが設けられている児童相談所も珍しくなく、通告の内容や程度によるとはいえ、その日のうちに学校や保育所などの関係機関を訪問して協議したり、必要に応じて児童とも面会し、さらには職権で、つまり保護者の同意を得ないまま一時保護を行うことも稀ではない。

　ところで、この段階で実務上問題となるのが、児童虐待防止法第7条だ。そこには「児童相談所……が児童虐待を受けた児童に係る……通告を受けた場合においては、当該通告を受けた児童相談所……の所長、所員その他の職員及び当該通告を仲介した児童委員は、その職務上知り得た事項であって当該通告をした者を特定させるものを漏らしてはならない」と規定されている。

　だから虐待問題に関する教職員の研修などでは、法第7条を示して、「通告したことが漏れることはありませんので、安心して児童相談所へ通告してください」といった説明がなされる場合がある。基本的に間違いではないのだけれど、このことは実はそれほど簡単にはいかないのである。

　たとえば、ひどい怪我をして登校し、家に帰りたくないと訴える児童を緊急に一時保護した場合、児童相談所は保護者にどのように説明するのがいいのか。

　「誰がそんなことを言ったんだ！」

　「それは言えません」

　通常は私たちも、通告者の特定ができないよう最大限の配慮をするのだけれど、保護者にすれば、児童相談所などというところに誰が連絡したのか、あまりにも明白なことであろう。それはたとえば、入院患者の怪我の状態が虐待だと判断されて通告があった場合などと同様

である。

　むろん学校からの通告ならば、いつでも保護者にわかってしまうというわけではない。虐待の状況によって対応の仕方も違うし、児童相談所と学校とで協議を重ねながら、保護者とのコンタクトのとり方も綿密に打ち合わせ、最も適切な対応を目指す場合がほとんどだろう。しかしながら、先に出した例のように、登校してきた児童を即日一時保護する必要があるときなどでは、児童相談所が「当該通告をした者」を伏せることは難しい。

　そこで、まずは学校と十分協議して役割分担を決め、保護者への説明をはかることになる。もちろん一時保護の決定はあくまでも児童相談所がするわけだから、その理由も児童相談所から説明する。

　だが、虐待の加害者である保護者がそれで納得することはまずない。そもそも虐待行為自体を否認することが多いし、たとえ暴行の事実を認めたとしても、家庭のしつけだと主張し、虐待であるとは頑として認めない。最後は、一時保護決定した児童相談所への激しい攻撃や引き取りの要求を行い、私たちも毅然とした姿勢で対応をしていくのだけれど、ときとして攻撃の矛先が学校に向けられ、学校へ直接乗り込んで校長に抗議したり、電話で延々と非難したりすることも数多く経験した。

「法律で義務づけられており、学校の責務として児童相談所に通告しました」

「一時保護については、児童相談所がその責任において判断したものであって、その点についてはこちらで説明しかねます。児童相談所にお尋ねください」

　このような説明を粘り強くしていただくことも多いのである。

連携の課題

　したがって児童相談所の立場からすると、このような対立的局面はもちろん、虐待へのさまざまな取り組み、対応において、関係する機関との連携は不可欠であると言っていい。

　たとえば児童相談所が強制力を伴う立入調査を実施して一時保護した強度のネグレクト事例では、そこに至るまでの間、担任や養護教諭を含めて学校全体で児童の状況を詳しく把握し、加えて食事や衣類面

> 学校による虐待通告

での援助も続けてもらった。さらに児童相談所や福祉事務所、あるいは民生児童委員などによる関係者協議の重要な一員として重要な役割を担っていただいた。だから強制的な介入を行ううえでは、それまでの学校の取り組み、学校が具体的に把握した児童や家族の情報が、大いに役立ったわけである。

ただ、虐待対応での連携にはさまざまな課題がある。たとえば情報の扱い一つとっても、守秘義務と情報の共有化とは矛盾してしまう。実はこの点に関して、今回の児童福祉法改正案は、要保護児童の適切な保護を図るため、関係機関等による「要保護児童対策地域協議会」を設置できるよう定め、この会議に参加する者に、「正当な理由がなく、協議会の職務に関して知り得た秘密を漏らしてはならない」と守秘義務を課したのであった。従来指摘されていた矛盾の解決を図ろうとしたものと評価できよう。

> 児童虐待防止法の第1次改正は、2004年10月施行。また児童福祉法改正のほうは2004年11月に可決・成立し、2005年4月に施行されています。

この改正（案）にも見られるように、現在の虐待対応は、未解決の問題をまだまだ含み込みながら、少しずつ改善の道を模索していると言っていい。

児童相談所と関係機関の連携、学校と児童相談所の連携に関しても、まだ多くの課題がある。それらを具体的な取り組みの中で正確に認識し、解決していく中でこそ、充実した虐待対応は実現していく、と私は考えているところである。

（2004年11月）

児童虐待防止法、改正される

期待と批判と

「動きが悪い。他機関を信頼してほしい。児童相談所の判断は遅すぎる」

「研修体制が確立しておらず、職員間の実践力に格差が大きい」

「コミュニケーションがとれていればスムーズにいくことが、児相も施設も担当者が変わったりし、双方の引き継ぎがまずいところがある。長期入所児への対応や、アフターケアについては、もっとかかわる必要がある」

> 本稿は全国児童養護施設協議会発行の『季刊児童養護』からの依頼で書いたものなので、法改正の中でも、特に児童福祉施設と関連する事項を中心に述べています。

「施設の心理担当者が関わっている場合には、施設退所の際に心理担当者の意見も聞いてもらいたい」

「被虐待児やADHD、非行傾向のある児童等の施設ケアの実態（処遇の困難さ）についての理解に乏しい福祉司や判定員がいる。そのために入所措置後の施設への支援体制の必要性の意識が弱い」

「本音で書かせてもらうと、やはり人によって動いてくれる人とそうでない人がいる」

「職員が育ちあい、専門性を高めあってきたことが、仕事のやりがいや児相職員としてのプライドにつながっていたと思うのですが、そうした雰囲気が職場に残っている児童相談所が極めて少なくなってきているのでは、と危惧しています」

「地域の中で発達障害等、子育てや教育場面等で対応に困る子どもは少なくない。このような子どもに児童相談所はもっと積極的にかかわり、十分に機関連携をしてほしい」

＊

これらは、私が事務局長を引き受けている全国児童相談研究会（児相研）が、児童虐待防止法見直しに向けて2003年の夏に行った会員アンケートへの回答の一部である。児相研は児童相談所職員が中心の研究会だけれど、福祉事務所や児童福祉施設の職員なども参加しており、この機に関係機関から見た児童相談所について意見を求めたのであった。

「なかなか手厳しいな」

児相研の会員になろうというぐらいの人だから、児童相談所に対して一定の理解はしてくれるだろう、という甘い気持ちは霧消した。彼らはむしろ、今後への期待も込めて、単刀直入、率直な批判の声を届けてくれたのである。

このアンケートもふまえてまとめられた児相研の「児童虐待対策の抜本的な充実を──児童虐待防止法見直しに関する私たちの見解」（2003年11月、以下「見解」と呼ぶ）は、児童相談所の現状を次のように表現した。

「通告を一手に引き受ける児童相談所の業務は、条件整備の不十分さも相俟って、矛盾が頂点に達するほどに激化しています」

「対立する保護者との面接が10時間を超えたとか、さらに極端な場

> 1975年に発足した児相研については、290ページ「現場で生まれ、現場を支える児相研」に詳しいので、そちらをご覧ください。

> 児童虐待防止法、改正される

合には翌朝まで続いたという例まで出現し、個々の職員は限界以上の努力をしているにもかかわらず、他方では『虐待対応の大変さはわかるが種々の相談への対応が遅い』などの批判を甘んじて受けなければならないような事態も生まれています」

　　　　　　　　　　　＊

　そして１年後、児童相談所がかかえている体制上の課題は十分解決されないまま、改正された児童虐待防止法が施行され、また児童福祉法の一部を改正する法律案も全会一致で可決されたのであった。

　ただし参議院厚生労働委員会においては、児童福祉法改正案を可決する際に付帯決議を採択し、政府に対して次のように求めている。

　「児童福祉司等専門職員の資質の向上を図るとともに、その配置基準を見直す等、児童相談所の体制の拡充に努めること」

　本稿では、このような決議にも期待しながら、法改正が児童相談所に要請しているもの、あるいは今後の課題などについて、おもに児童福祉施設との関連を中心に、児相研の「見解」なども引用しつつふれてみたい。

親子の再統合

　「児童虐待を行った保護者について児童福祉法第27条第１項第２号の規定により行われる指導は、親子の再統合への配慮その他の児童虐待を受けた児童が良好な家庭的環境で生活するために必要な配慮の下に適切に行われなければならない」（第11条）

> 「27条１項２号」による指導とは、簡単に言えば児童福祉司による指導措置で、行政処分の一つです。蛇足ながら……。

　今回の改正で焦点の一つになったのは、親子の再統合に向けた取り組みである。「発生予防から虐待を受けた子どもの自立に至るまでの切れ目ない支援」を提起した社会保障審議会児童部会「児童虐待の防止等に関する専門委員会報告書」（2003年６月）をふまえてのことだろうが、これは当然のことであり、児相研の「見解」も以下のように指摘している。

　「児童虐待の解決は、子どもを保護し救出さえすればよいというものではありません。子どもは、保護されたとしても慣れ親しんだ家庭や地域から離れて不慣れな生活を強いられ、行く末を案じ、不安を感じています。保護されたからといって虐待関係が終わるわけではなく、むしろ保護されていること自体が未だに虐待関係の中におかれている

第2章
ソーシャルワークの行方
◆変貌する現場で考える

ことの証なのであって、そのまま放置することは、子どもの期待を裏切ることになってしまいます」

*

　こんな例があった。
「登園した園児の頰や額に傷を発見したが、よくみると両耳にもひどい痣があり放置できない」
　保育所からの通告であった。私たちはただちに保育所を訪問し、子どもの状態を確認したうえで、即日、職権による一時保護を行った。だが両親は虐待の事実を頑強に否定する。
「しつけで叩いたことはあっても、そんな傷に覚えはない」
　逆に児童相談所に対して激しい抗議を繰り返すので、勢い面接は長時間となり、深夜に及ぶことも稀ではないのであった。
　ところが家庭裁判所への申立て寸前に、一転して施設入所に同意する。そして入所後は、子どもとの面会についても指示に従い、児童相談所での保護者面接にも応じて、少しずつ改善の兆しが見られるようになったのである。母から電話があったのはその頃だ。
「あのう、四国のおばあちゃんが危篤なんです。いえ、父親の祖母にあたる人で、すごく世話になったものですから、最後に子どもの顔を見せてやりたいんです。施設から連れて行っていいでしょうか」
　父は未婚の母の子として出生、生みの母の顔もよく知らず、実際には祖父母に育てられたことを、私たちは知っていた。遠くに住むその祖母が危篤となり、今から急ぎ出発する、是非にと懇願されれば、数少ない身内の重大事である。むげには拒否できない。不安を抱きながらも、結果的には3日間だけという約束で、外泊を許可したのであった。
　が、この不安は的中する。実家から戻った両親が態度を変え、子どもを施設に返さないのである。
「再度一緒に暮らせるよう、これまで計画的に進めてきたでしょう。今度失敗したら取り返しがつかなくなります。そのためには今しばらく施設に預け、しっかり取り組むことが大切なんです」
　道理を尽くして説得するが、保護者は応じない。
「児童相談所が外泊を認めてくれたことはありがたかった。それは感謝している。でも子どもはもう手放さない。約束を破ったと言うが、

ウウム、この段階でのこの希望、どうするかは今でも悩ましいですね。皆さんはどう判断しますか？

127

> 児童虐待防止法、改正される

そっちが先に子どもを勝手に連れて行った。だから自分たちも自分たちの子どもを手元に置く。そのことの何が悪い」

苦渋の中、立入調査による身柄の保護という強行手段までは行わず、当面は家庭訪問などで対応することにしたものの、こうなると関係機関からも批判が巻き起こる。

「インターネットで調べたら、強制引き取りは、統計的にも非常に予後が悪いと出ていましたよ」

「そんなこと、こっちだって先刻承知のうえなんだ！」

と口にこそ出さないが、かといって親子分離が最終目的ではない児童相談所として、単純に保護すればいいというわけにはいかない。

> ウウム、この段階でのこの状況、どうするかは今でも悩ましいですね。皆さんはどう判断しますか？

この事例はその後、危惧したとおりの虐待が再燃し、今度は何とか保護者の同意を得て再度の一時保護、再度の施設入所、再度の修復プログラムの取り組みという経過をたどることになる。

安全の確保

このようなことを長々と紹介したのは、ただ単に親子再統合への道のりが困難であるということを示すためだけではない。

今回の法改正では、親子再統合について言及するだけでなく、次のような点も新たにつけ加えられたことに、私は注目しているからである。

「児童虐待を受けた児童について施設入所等の措置（児童福祉法第28条の規定によるものを除く。）が採られた場合において、当該児童虐待を行った保護者が当該児童の引渡し又は当該児童との面会若しくは通信を求め、かつ、これを認めた場合には再び児童虐待が行われ、又は児童虐待を受けた児童の保護に支障をきたすと認めるときは、児童相談所長は、次項の報告を行うに至るまで、同法第33条第1項の規定により児童に一時保護を行うことができる」

「2　児童相談所長は、前項の一時保護を行った場合には、速やかに、……同法第28条の規定による施設入所等の措置を要する旨を都道府県知事に報告しなければならない」（第12条の2）

これは、同意による入所であっても、安全確保のため児童相談所は必要に応じて毅然と対応しなさい、というメッセージであろう。しかしこの点は、法改正を待つまでもなく、児童虐待防止法成立以前の

1999年に発行された「子ども虐待対応の手引き」でも、すでに以下のように指摘されていた。

「保護者の同意によって入所した場合であっても、保護者に引き取らせることが児童の身体・生命に重大な危険を及ぼすことが予想される場合には、児童相談所に一時保護（一時保護委託）の検討を求めることが必要である。法第33条の一時保護は親権者の意に反しても行うことができるので、一時保護委託に切り替えることによって児童の保護を図ることが可能となるからである」

ただし今回の法改正では、一歩進んで、このような形で一時保護する場合には、必然的な方向として28条の申立をすることが前提とされている。だから一時保護委託に切り替えた後の選択の余地はあまりない。

> 同意が撤回されれば入所措置は継続できません。しかし一時保護ならば児童相談所長の判断でできます。加えて一時保護は施設等への委託も可能なので、引き続き同じ施設で生活させられるのです。子どもの安全を図るうえでは重要な措置ですが、保護者にはたぶんわかりにくい制度だと思います。

ヒットを打て！

ここまで見てきて私は、今回の法改正が児童相談所に求めているものの大きさ、あるいは難しさに、率直に言ってささかたじろいでいると告白せざるを得ない。

しかも改正法は、そのほかにも、通告の範囲を「虐待を受けた児童」から「虐待を受けたと思われる児童」にまで拡大、児童虐待の定義も見直してDVの目撃なども心理的虐待と明確化、児童相談所は児童虐待に対して、より幅広く、かつ専門的な対応を要請されたのである。

つけ加えれば、改正された児童福祉法にも、次の1項が新たに挿入された。

「家庭裁判所は、措置に関する承認の審判をする場合において、当該措置の終了後の家庭その他の環境の調整を行うため当該保護者に対し指導措置を採ることが相当であると認めるときは、当該保護者に対し、指導措置を採るべき旨を都道府県に勧告することができる」（児童福祉法第28条第6項）

となると、困難だからといってたじろいでいるような場合ではない。家庭裁判所からも勧告を受けるのだから、改正された法律を十分ふまえ、児童相談所はより適切な指導を行わねばならないのである。

ところでこんな小話がある。野球の試合だ。0対1で負けたまま9回裏ツーアウトランナーなしという場面。相手投手は剛速球を投げ込

児童虐待防止法、改正される

むエース。悪いことに、対戦するのは下位打線。ではここで打撃コーチは、どう声をかければいいのか。

実は、こういうとき、決して間違わないアドバイスがあるというのである。

「いいか、必ずヒットを打ってこい」

「……」

これからの課題

考えてみると、今回の法改正において児童相談所が言われたことは、これと大同小異ではないだろうか。もちろんヒットは必要だから、法改正には賛成だ。けれど私たちが本当に望んでいるのは、「ヒットを打て」というだけでなく、そのための具体的な方策なのだ。

保護者指導に関して、もう少し述べてみよう。

「児童相談所には保護者を指導に従わせる権限が何もありません。子どもを保護する（保護者から分離する）ことで、家庭引き取りを願う保護者が指導を受け入れる場合も確かにありますが、だからといって保護者を指導する『手段』として子どもを親から引き離すのは本末転倒でしょう」（児相研の「見解」）

よくマスコミ等で、児童相談所には強い権限があると喧伝されているが、いささか誤解がある。確かに子どもを職権で保護したり、必要な場合には面会や通信の制限も行うなど、児童相談所には他の機関にない強大な権限がある。しかしそれはあくまでも子どもの分離、保護にかかわってのことであり、保護者を指導に従わせる権限ではないのである。

「児童虐待を行った保護者について児童福祉法第27条第1項第2号の措置が採られた場合においては、当該保護者は、同号の指導を受けなければならない」（第11条）

確かに法はこのように規定しているが、たとえ虐待行為を認めなくとも、また面接に応じなかったり教育プログラムを拒否する等々があっても、保護者に対して、何らの強制力が働くわけではない。ただ知事が指導に従うよう勧告するだけなのである。

このような仕組みを改めなければ、本当の意味では保護者の指導も、また援助も有効には機能しないのではないだろうか。

「児童虐待への適切な対応策を確立し児童虐待を防止するには、国民的な取り組みが必要であり、児童福祉法や児童虐待防止法の改正にとどまらず、法律的にもあらゆる分野での検討を排除せず、最善の体系を策定すること」(児相研の「見解」)

私たち児童相談所の職員は、改正された児童虐待防止法を忠実に施行するとともに、児童虐待から子どもが守られ、かつ保護者が適切に援助できる仕組みをつくることを求めて、これからも努力していきたいと考えている。

(2005年2月)

児童虐待防止法、再び改正される

児童虐待防止法の成立

議員立法による「児童虐待の防止等に関する法律案」が全会一致で可決・成立し、初めて施行されたのは、2000年11月20日のことでした。

実はこの日は、国連が子どもたちの相互理解と福祉を増進させることを目的として1954年に制定した「世界の子どもの日(Universal Children's Day)」にあたっており、1959年の「児童の権利に関する宣言」、1989年の「児童の権利に関する条約」が国連で採択されたのも、同じ11月20日のこと。そのため私は、政府は本法に相当な期待を寄せているのだな、と感じたものでした。

それはさておき、この法律は児童虐待の防止等に関する施策を促進することを目的として掲げたうえで、児童虐待の定義を初めて明記し、児童に対する虐待の禁止を謳い、さらに児童虐待の防止に関する国及び地方公共団体の責務を規定し、児童虐待を受けた児童の保護のための措置等も定めていました。が、立法者自身もこれで児童虐待への対策が万全であるとは考えていなかったのでしょう、最後に「児童虐待の防止等のための制度については、この法律の施行後三年を目途として、この法律の施行状況等を勘案し、検討が加えられ、その結果に基づいて必要な措置が講ぜられるものとする」という附則もつけていたのです。

> 第2章
> ソーシャルワークの行方
> ◆変貌する現場で考える

> 本稿は、改正された児童虐待防止法について『そだちと臨床』誌連載の「行政 up to date」のコーナーで、わかりやすく解説してほしいと頼まれて書いたものです。「わかりやすくと言われて、「です・ます」調にするとは、また何と安直な」と思われるでしょうが、お許しください。

児童虐待防止法、再び改正される

児童虐待防止法の第 1 次改正

　さて、本法が施行されたことによって児童虐待への社会の関心はそれまで以上に高まり、児童相談所への虐待通告も引き続き増加していきました。そうしたことも含めて 3 年間の法律施行状況を検討する中で、児童虐待への対応は、虐待の発見と子どもの安全確保だけではなく、「発生予防から虐待を受けた子どもの自立に至るまでの切れ目ない支援」(「児童虐待の防止等に関する専門委員会報告書」2003 年 6 月)が必要であるとの認識が広がっていきました。

　事実、2004 年の第 1 次改正を見ると、「児童虐待を行った保護者に対する親子の再統合の促進への配慮その他の児童虐待を受けた児童が良好な家庭的環境で生活するために必要な配慮をした適切な指導及び支援を行う」ことなどを国や自治体の責務として新たに規定しています。

　他方、折しも国会で法改正の議論が大詰めを迎えようとしていた矢先の 2004 年 1 月、大阪府岸和田で、中学 3 年生の男児が 1 年半近くにわたって暴行を受け、食事も与えられずに意識不明の重体になるという事件が発覚しました。男児が在籍していた中学校の校長は「担任や級友が家に行ったが、会わせてもらえなかった」と説明したのですが、この事件は、保護者によって意識不明の重体に至るまで放置されたというショッキングな出来事に加え、学校や児童相談所が、虐待のおそれがあるという情報を得ていたにもかかわらず何らの援助の手も差し伸べられなかった、という点でも社会に大きなインパクトを与えたのでした。

　そこで第 1 次改正では、こうした疑わしい事例に対しても早期対応を怠らぬよう、通告対象を従来の「児童虐待を受けた児童」から「児童虐待を受けたと思われる児童」にまで広げたのですが、それと合わせて家庭への立ち入りをどのように確実に行うかが議論となりました。しかしながらこの点に関しては結論が得られず、次回の検討課題とされたのでした。すなわち、「児童虐待の防止等に関する制度に関しては、この法律の施行後三年以内に、児童の住所又は居所における児童の安全の確認又は安全の確保を実効的に行うための方策、親権の喪失等の制度のあり方その他必要な事項について、この法律による改正後の児童虐待の防止等に関する法律の施行状況等を勘案し、検討が加え

られ、その結果に基づいて必要な措置が講ぜられるものとする」(附則第2条)こととなったのです。
　この第1次改正案は、全会一致で可決され、2004年10月1日に施行されました。

第2次改正へ
　さて、児童虐待防止法の第1次改正が施行されて2年余りを経過した頃から、再度の法改正論議が活発に行われるようになりました。
　その中で話題となったことの一つが、2006年5月に福島県泉崎村で起きた3歳男児の虐待死事件です。長年にわたり児童相談所等の関係機関がかかわりながら、虐待死を防ぐことができなかったとして問題となったこの事例では、実は当該児童の兄の件などで、以前に合計4回にわたって立入調査が試みられていたのです。ところが保護者が応じなかったことなどから、いずれも不成功に終わってしまった。というのも、児童虐待防止法第9条による立入調査は、正当な理由なくこれを拒めば罰金が科せられるとはいえ、鍵を壊してまでも強行することは許されないからです。
　そこで、あらためて立入調査の実情を調べてみると、保護者の抵抗や拒否、あるいは所在が確認できないなどで立入調査が実施できなかった事例が、2005年度中に行った207件のうち20件、約10%近くあったのでした(2006年12月、厚生労働省発表)。

司法が関与、立入調査権限の拡大
　こうした状況を受けて、第2次改正では、第1次改正の際に指摘された「児童の住所又は居所における児童の安全の確認又は安全の確保を実効的に行うための方策」について、司法が関与することを前提に、解錠も可能となる仕組みがつくられました。法改正についてマスコミ等が一斉に「児童相談所に権限付与」といった報道をしているのは、一つには立入調査に実力行使が可能となったこの点を指しているわけです。
　具体的な内容を図にしてみましたが(次頁)、住居の不可侵と児童の安全確保という相矛盾する問題に対して、行政機関にすべてを委ねるのでなく司法が関与することとしたのは、一歩前進でしょう。ただ

児童虐待防止法、再び改正される

児童の安全確認・保護のプロセス

虐待通告
↓
児童相談所
↓
児童虐待防止法第8条の2（新設）　出頭要求　書面による告知
↓
拒否
↓
第9条（罰金に関しては改正児童福祉法第61条の5）　立入調査（罰金50万円以下に引き上げ）
↓
拒否
↓
第9条の2（新設）　再出頭要求等　書面による告知
↓
再度の拒否
↓
裁判所への許可状請求
裁判所　第9条の3（新設）　（資料提出）（許可状発布）
↓
臨検又は捜索（実力行使可）
↓　許可状提示　警察の援助
児童福祉法第33条
子　ど　も　の　保　護（安全確保）

児童相談所 → 立入調査（警察の援助）→ 子どもの保護（従来の流れ）

⇨　従来の流れ（今後も有効）
➡　第2次改正で新たにつけ加えられた流れ

134

し実務的には、書面で告知した出頭要求や立入調査、さらには再出頭要求を行い、それらがいずれも拒否された場合に、都道府県知事（権限委任された児童相談所長）が、「児童虐待が行われている疑いがあると認められる資料、臨検させようとする住所又は居所に当該児童が現在すると認められる資料並びに当該児童の保護者が……立入り又は調査を拒み、妨げ、又は忌避したこと及び……出頭の求めに応じなかったことを証する資料を提出しなければならない」のであり、緊急的な対応が必要な場合、簡単には使えません。

臨検・捜索等の実施状況

事　項	2008年度	2009年度	2010年度
出頭要求	28ケース（48人）	21ケース（25人）	50ケース（72人）
※出頭要求の結果			
①出頭要求に応じた　・在宅支援	8ケース	3ケース	16ケース
・一時保護	──	2ケース	5ケース
②出頭要求に応じない　・家庭訪問等後、一時保護	4ケース	3ケース	2ケース
・家庭訪問等後、在宅支援	8ケース	5ケース	14ケース
・立入調査後、在宅支援	──	2ケース	3ケース
・立入調査後、一時保護	4ケース	4ケース	3ケース
・立入調査後、死亡確認	1ケース	──	──
・立入調査拒否後、再出頭要求	3ケース	2ケース	5ケース
・その他（継続中）	──	──	1ケース
再出頭要求	3ケース（5人）	2ケース（2人）	6ケース（7人）
※再出頭要求の結果			
①再出頭要求に応じた　・一時保護	1ケース	──	──
②再出頭要求に応じない　・家庭訪問等後、在宅支援	──	1ケース	3ケース
・家庭訪問等後、一時保護	──	──	1ケース
・臨検・捜索実施へ	2ケース	1ケース	2ケース
臨検・捜索	2ケース（4人）	1ケース（1人）	2ケース（2人）
※臨検・捜索の結果			
・一時保護	2ケース	──	1ケース
・在宅支援	──	1ケース	1ケース

出所：厚生労働省調べ

> 児童虐待防止法、再び改正される

面会・通信の制限強化

　今回の改正では、子どもを保護するうえでさらに強化された点が、ほかにもあります。それは、保護者の面会・通信の制限に関する事項です。虐待によって子どもが保護者のもとから分離された場合、従来は、（家庭裁判所が承認することで行われる）児童福祉法第28条による児童福祉施設への入所措置に限って面会・通信の制限が規定されていたのですが、今回の改正で、児童相談所長が行う一時保護や保護者の同意による施設入所の場合にも、面会・通信の制限が可能となることが明記され、さらに一時保護や施設入所させている場所についても、「当該保護者が当該児童を連れ戻すおそれがある等再び児童虐待が行われるおそれがあり、又は当該児童の保護に支障をきたすと認めるときは、児童相談所長は、当該保護者に対し、当該児童の住所又は居所を明らかにしないものとする」とされました（第12条第3項）。

　保護者の行為に対する制限は、これだけではありません。以下は児童福祉法第28条による入所措置に限ったものですが、面会・通信を制限するだけでなく、つきまといや徘徊を禁止する命令が出せるようになりました（第12条の4）。すなわち、当該保護者が、当該児童の住所もしくは居所、就学する学校その他の場所において当該児童の身辺につきまとい、または当該児童の住所もしくは居所、就学する学校その他（通学路等で移動する経路を含む）通常所在する場所の付近を徘徊することが禁じられ、なおかつ「命令に違反した者は、一年以下の懲役又は百万円以下の罰金に処する」とされたのです（第17条）。

　もちろんこの命令を発するにはかなり厳格な要件が必要です。具体的には、①児童福祉法第28条によって入所措置が採られ、②当該児童虐待を行った保護者について、面会・通信の全部が制限されており、③児童虐待の防止及び児童虐待を受けた児童の保護のため特に必要がある、という条件すべてが満たされて初めて、6カ月を超えない期間を定めて実施されるわけです。

　ところで、これを命じるのは裁判所ではありません。「配偶者からの暴力の防止及び被害者の保護に関する法律」（以下、ＤＶ防止法）では、こうした保護命令は、被害者の申立てにより裁判所が判断するのですが、児童虐待防止法では、都道府県知事（権限が委任された場合は児童相談所長）が命じます。その意味でも児童相談所の権限は強

化されたと考えていいでしょう。

このような命令を発するために、都道府県知事は、「行政手続法第13条第1項の規定による意見陳述のための手続の区分にかかわらず、聴聞を行わなければな」りません（第12条の4第3項）。個人的な意見を差し挟むのは本誌の趣旨に反するかも知れませんが、厳しい罰則があり、違反の状況によっては現行犯逮捕もないとは言えないわけですから、こうした命令は、ＤＶ防止法と同様に裁判所で行うことのほうが自然であるように感じます。

安全確認の義務化

さて2006年10月には、京都府長岡京市で3歳の男児が餓死するという事件が発生しました。この事例では、児童相談所がその約半年前に、やはり虐待を受けていた姉を施設入所させており、男児についても「児童委員から何度も通報を受けていたにもかかわらず命を救えなかった」として、児童相談所は厳しい批判にさらされたのでした。実は当時、私も京都府内の児童相談所に勤務していたため、その批判の激しさは身をもって体験しています。

それはともかく、こうした事件の検証などもふまえ、児童の安全確認について、より強化する方向で法改正が図られました。すなわち、児童虐待防止法第8条において、市町村や児童相談所が児童虐待の通告を受けた場合、今までは、「当該児童の安全の確認を行うよう努める」とされていたものが、「当該児童の安全の確認を行うための措置を講ずる」と改められ、安全確認が義務化されました。つけ加えるなら、本年（2007年）1月に改定された「児童相談所運営指針」では、児童相談所が行う安全確認の時間ルールを設定し、「48時間以内が望ましい」と明記しています。これらは、毎年約50件あまり起こっている児童虐待による死亡をなくすという強い意思を示していると思われ、今回の法改正で「国及び地方公共団体は、児童虐待を受けた児童がその心身に著しく重大な被害を受けた事例の分析を行う」（第4条）ことを義務化した点と合わせて、記憶しておいてよいことでしょう。

機関連携の強化

ところで、先に述べた長岡京市の虐待死事件では、京都府が設置し

> 電話やFAX、メールでの非難、抗議等を合計すると1000件を超えたと思います。

> ここで安全確認を行う機関として市町村を加えているのは、2004年児童福祉法改正で、市町村も通告を受けることとされ、それにあわせて児童虐待防止法も同様の改正が行われたことによります。

> 児童虐待防止法、再び改正される

た検証委員会が、「児童相談所の情報と長岡京市が把握していた情報が相互に十分共有されていなかった」ことを、問題点の一つとして指摘していました。

　こうした事例もふまえ、今回の法改正における議論では、ネットワークの強化が引き続く重要な課題とされ、児童虐待防止法とあわせて児童福祉法の改正も行われています。

　具体的には、「要保護児童の適切な保護を図るため、関係機関、関係団体及び児童の福祉に関連する職務に従事する者その他の関係者により構成される要保護児童対策地域協議会」を「置くことができる」としていたのを、「置くよう努めなければならない」と改めたのです（児童福祉法第25条の２）。児童虐待への対応は関係機関が十分に連携して行うべきであることを、法律上からも推し進める内容であると考えられます。なお、関係機関相互の情報提供がスムーズに行われるよう、「地方公共団体の機関は、……児童虐待の防止等に係る当該児童、その保護者……に関する資料又は情報の提供を求められたときは、……これを提供することができる」（児童虐待防止法第13条の３）との規定も新たに盛り込まれ、情報共有の促進を図る方向での改正が行われています。

　加えて、市町村が受けつけた児童虐待等について、保護者等の出頭要請や立入調査、あるいは一時保護の実施などが適当であると認めたときは、その旨を児童相談所長に通知する仕組みも導入されました（児童福祉法第25条の７）。これも、連携強化の一環としての法改正ではないかと思われます。

保護者への支援について

　ここまでの改正内容を見ていきますと、児童虐待防止法の第１次改正後に起こったさまざまな事件も念頭において、子どもの安全を確保するための対策がさまざまな形で打ち出されていると言っていいと思います。

　ただ児童虐待というのは、先に引用した「児童虐待の防止等に関する専門委員会報告書」（2003年６月）が述べているように、「発生予防から虐待を受けた子どもの自立に至るまでの切れ目ない支援」が必要です。そこにはもちろん、虐待の加害者である保護者への支援も含ま

れるはずですが、今回の法改正では、その点についての新しい提案は少ないように感じます。

　むしろ保護者に対する指導措置がとられた場合において、保護者がその指導を受けず、指導を受けるよう行った勧告にも従わなければ、必要に応じ児童の一時保護を行い、施設へ入所させ、また家庭裁判所に対して28条の申立てを行い、さらに、「その監護する児童に対し親権を行わせることが著しく当該児童の福祉を害する場合には」児童相談所長に親権喪失の請求をするよう求めています。

　これらも、児童の安全を確保するうえでは重要な内容であると思いますが、保護者が指導に従わなければ子どもを分離する（取り上げる？）という手法であると言えなくもありません。保護者への指導のあり方については引き続き検討が重ねられる必要があると思いますし、保護者が児童虐待をしなくてもすむための手厚い援助、より積極的な支援の方策、法律的な枠組みづくりが強く求められていると、私は考えています。

　なお、今回の第2次改正でも附則が設けられ、「政府は、この法律の施行後三年以内に、児童虐待の防止等を図り、児童の権利利益を擁護する観点から親権に係る制度の見直しについて検討を行い、その結果に基づいて必要な措置を講ずるものとする」「政府は、児童虐待を受けた児童の社会的養護に関し、里親及び児童養護施設等の量的拡充に係る方策、児童養護施設等における虐待の防止を含む児童養護施設等の運営の質的向上に係る方策、児童養護施設等に入所した児童に対する教育及び自立の支援の更なる充実に係る方策その他必要な事項について速やかに検討を行い、その結果に基づいて必要な措置を講ずるものとする」とされました。

　児童虐待に関する法制度は、今回の改正を経ても決して完全とは言えません。私たちは、今後とも児童虐待への対応、子どもや保護者への支援活動を行いながら、実情にあった制度をつくり上げていく努力をしなければならないと思います。

（2007年10月）

全国各地で、親子の再統合に向けた実践が行われつつありますが、一方では2010年夏に起きた大阪市での2幼児放置死事件などもあって、安全確認、安全確保のための取り組みがさらに強く求められています。児童虐待問題は、なかなか難しいと思います。

児童虐待防止法の第2次改正は、2008年4月1日、施行されました。

児童福祉の貧困

児童福祉の貧困

児童相談所を訪ねる

「この前の日曜日、出勤されていたようですが、何か緊急的な用務でもあったんですか?」

「いえ、そうではないんですが、面接記録がたまっていたもので……」

児童福祉司をしている女性のこの話に、私は自らの経験も重ねてうなずきながら、他方では、ここでもそんな状態なのかと驚きを禁じ得なかった。いったいどういうわけなのか。

私が勤務している「子どもの虹情報研修センター」は、増加の一途にある児童虐待および非行・暴力などの思春期問題に対応するため、第一線の専門的援助者を養成し、また高度専門情報を集約・発信する拠点として2002年に設立されている。センター設立の背景を考えていくと、2000年に初めて成立した児童虐待防止法をどのように施行していくのか、さらには児童虐待という新しい課題、未知の分野への対応に試行錯誤する児童相談所や関係諸機関を、国としてどう援助していくのかといった課題があった。厚生労働省としても、児童虐待への適切な対応や児童虐待防止という大事業を成功裏に進めるためには、全国の情報と経験を集約し、また研修機会の提供や指導者養成を行う中心的な機関が不可欠だと考えたのであろう。

> センター設立の背景には、児童虐待防止法第4条第2項、すなわち「国及び地方公共団体は、児童虐待を受けた児童に対し専門的知識に基づく適切な保護を行うことができるよう、児童相談所等関係機関の職員の人材の確保及び資質の向上を図るため研修等必要な措置を講ずるものとする」があったと思われます。

さて私は、32年間の児童相談所勤務を経て、本年(2007年)4月からセンターの業務に就いているのだが、研究活動のスタートとして、あらためて各地の児童相談所を訪問し、現場の実情をなるべく具体的に把握することにしたのであった。各県に数日間滞在し、訪問した児童相談所で、所長やスーパーバイザーの職にある人、また第一線で日々奮闘している児童福祉司の人たちなど、なるべく多くの方々にインタビューさせてもらうのだが、冒頭のやりとりは、そんな児童相談所訪問のひとこまである。

全国トップクラスでも……

彼女は福祉専門職として採用され、近接領域では長年のキャリアも

あるのだが、児童相談所勤務を命じられ、児童福祉司として虐待対応に従事するようになってからは、常に緊張を強いられるという。しかも相談件数はうなぎのぼりで、今年度当初は70ケースを引き継いで出発したのに、3カ月あまりで早くも90ケースにまで膨れあがったとのこと。

「平日は面接や訪問に追われ、休日にでも出てこないと、記録の整理ができないんです」

そんな経験は私もたびたびしていたのだが、実はこの県は、つい最近も、児童福祉司の配置が全国トップクラスだとして報道されていたのである。いわば、児童福祉司の業務量に関しては、最も余裕があるはずなのだ。にもかかわらず職員は日曜日にまでも出勤して記録を書かないと、日常業務に支障が出るというのである。

「すべてのケースにきちんとした目配りができないので、虐待による死亡事件が発生しないか不安です」

「やはり児童福祉司を増やしてほしい。そうすれば、今は地域を一部持っているスーパーバイザーを身軽にできるし、一緒に動いてもらうなど、より相談しやすい体制ができる。それが願いです」

この発言は、ある意味では現在の児童相談所の状況を象徴していると言えよう。彼女がそのように述べるということは、とりもなおさず人員不足は全国どこでも深刻であると考えられるからである。

イギリスの児童福祉事情

ところで、センターに着任して早々、私はすぐにイギリスに旅立ち、当地の児童福祉事情を視察する機会を得た。そして彼の地で、日本の現状とはまったく対照的な光景を目にする。児童虐待をはじめとして、さまざまな家庭的な問題や行動上の問題を持つ子どもたちが生活する治療訓練施設を訪問したときのことである。

その前にひとこと。イギリスでも、不幸な児童虐待死事件は数多く発生している。特に2000年に発生したビクトリア・クリンビエ事件は、多数の機関が関与しながら、結果的に女児の虐待死を防げなかったとして、大きな問題を投げかけたのであった。そこでイギリスでは、こうした事件もきっかけとして大きな制度変革が行われる。

私が特に驚いたのは、2003年、関係機関の連携を強化することを一

ビクトリアは7人きょうだいの5番目の子としてアフリカで両親とともに暮らしていましたが、伯母に連れられてイギリスに渡り、8歳で伯母と同居男性に殺害されました。それまでにいくつもの社会福祉機関、警察、病院、虐待対応専門機関などがかかわっていたことから、大きな問題となりました。

児童福祉の貧困

つの狙いとして、今まで保健省（日本で言えば厚生労働省）にあった児童虐待防止関連の部局を、そっくり教育技術省（日本の文部科学省）に移してしまったことだ。詳しい経過はわからないのだが、日本ではとうてい考えられないようなドラスティックな動きではないだろうか。

さて、そのことが影響しているのかどうか、訪問した治療施設では、財政運営上も、福祉・教育・ヘルスからの予算が一本化されており、施設で必要な経費は、それらの出所を区分けすることなく、自由に使うことができるというのである。少なくとも予算上は、縦割り行政などという概念自体が消失していると言っていいだろう。

貧しい日本の体制

「今日は、春休み帰省が終わって、子どもたちが久しぶりに戻ってきた日です。ですから、少し落ち着かない場面があるかも知れませんが、その点はご承知ください」

私たちがその施設を訪問したのは、ちょうど新学期の始業式に当たるような日。もともと深刻な行動問題をかかえている子どもたちである。全校集会では、なるほど校長先生の話に集中できず、そわそわしたり立ち歩く子どもがいた。だが、スタッフ数は入所している子どもたちの約3倍。1人の子どもに対して複数のスタッフが丁寧に対応し、場合によっては一緒にその場を離れ、気分が静まるのをじっくり待つことができる。だから、1人が騒ぎ出すと集団全体に波及して収拾がつかなくなるといったことは起こりようがない。

残念ながら日本では、児童福祉施設入所の子どもとスタッフの人数が真反対で、1人の職員がたくさんの子どもたちに目を配らなければならないから、どんなベテランの職員であっても、状況によっては施設崩壊といった危機にも見舞われる。あるいは虐待家庭から分離されて安全を保障されるはずの児童相談所一時保護所も、その多くが慢性的な定員オーバーに悩まされ、かえって子どもにストレスを与えかねないし、非行の子どもと虐待された子どもが同一空間で起居をともにする環境では、ときとして保護所の中で再び暴力の危険にさらされることだってある。

ところがこの施設では、そうした子ども担当スタッフに加え、専属で家族を支援するチームがあり、毎週定期的に保護者や里親に電話し

私たちが訪問したのはイングランド南西部、オックスフォードシャー州にあるマルベリー・ブッシュ・スクール。情緒的な問題をかかえた子どもたちが入所し、心理治療や教育を受けています。日本で言えば、情緒障害児短期治療施設に近いと考えられます。

て子どもたちの様子を伝え、学期ごとに必ず一度は家庭訪問もしているというのである。

難しい課題をかかえる子どもたちには、確かにそこまでの手厚いサービスが必要で、そうした努力があってこそ治療の効果も現れるのであろう。

さまざまな努力

もちろん、日本でも児童虐待への対応に携わる機関やその職員は、与えられた条件の中でさまざまな工夫を凝らしながら、精一杯の努力を重ねている。事実、各地の児童相談所を訪問すると、不十分な体制にもめげず、徹夜もいとわず準備して中身の濃いケースカンファレンスを繰り返したり、新人職員のために所属長自ら音頭をとって所内で継続的な学習会を開催する、主任児童委員の力量アップを図る勉強会を続け、職員数の不足を逆手にとって具体的な事例で共同して取り組み、いい結果を生み出す、教育サイドから人材を得て相互理解と連携強化を図る、職員同士のつながりを大切にし、よいチームワークを築くことで、多忙、困難な業務によって燃え尽きるのを防ぐ、等々の実践がなされていることがわかってきた。

人間は決して受け身的な存在ではない。逆境に身を置いたからといって必ずしも不幸になるとは限らず、それをバネにして工夫し、努力し、自ら乗り越えていくことのできる能動的な存在でもある。現に、さまざまな家庭事情で児童福祉施設を利用している子どもたちが、自主的に会をつくって創造的な取り組みをしているし、児童福祉に携わる者が自ら研究会を立ち上げ、長年にわたって実践活動等を続け、研鑽を積み重ねる地道な努力もしてはいる。

これからの児童虐待対策

しかし、今日のような深刻な児童虐待の現実をふまえると、今はもはや、そうした自主的な努力にゆだねるだけですむ時代ではない。

イギリスでは、国の施策として政府が思い切って予算を組み、シュアスタートというプログラムを実施していた。これは、貧困地域を対象に、乳幼児に人生初期の「確かなスタート」を与えることを目的として総合的な育児環境の改善を図る取り組みだ。各地域の実情に合わ

> 活発な活動を続ける「日向ぼっこ」をはじめとして、大阪のCVV（Children's Views Voices）その他、最近では児童養護施設で生活していた人たちが結成した多くの団体が立ち上げられています。

> 児童福祉の貧困

せ、生後間もない赤ちゃんの全戸訪問、ベビーカフェを用意しての授乳等の相談、ＤＶを受けた母子への援助、父親グループの開設などなど、4歳以下の児童をかかえる家族に対してさまざまな支援策を行っている。

「私は、30年以上この分野で仕事を続けてきましたが、シュアスタートは一番の成功例ですね」

私たちが訪問したある地区では、担当の女性がこんなふうに述懐したのだが、我が国における児童虐待対策も、国として中長期的な展望のもとにしっかりした目標をかかげ、必要十分な予算を確保するとともに、各地方自治体では、地域の実情を深く把握した具体的な施策の展開をはかることが是非とも必要だと感じたのであった。

むろんそのためには、児童相談所や市町村などの相談機関、子どもを保護する児童福祉施設、里親、及び医療、司法など関係諸機関の抜本的な充実・強化が不可欠の前提だ。

(2007年10月)

虐待死した子どもが問いかけるもの

後を絶たない子どもの虐待死

> 死亡事例の検証をふまえて講師をしてほしいとか、原稿を書いてほしいという依頼が届くようになりました。ここではその中から、月刊誌『小児看護』に向けて執筆したものを載せています。

全国の児童相談所が対応した児童虐待件数は、2007年度、ついに4万件を突破しました。このこと一つとっても子どもの虐待をめぐる状況は、依然として深刻であることがわかるかと思います。2000年に成立した「児童虐待の防止等に関する法律」（児童虐待防止法）は、こうした点もふまえ、すでに2度の改正が行われていますが、その中には、児童虐待の通告を受けた児童相談所や市町村が児童の安全確認を行うこと義務化し、裁判所の許可状を得ることを条件として、都道府県知事（児童相談所）は、強制的な臨検・捜索を行うことも可能となりました。

これらは、児童虐待、わけても子どもが死亡してしまうような重篤な事例が後を絶たないことから、安全の確認や安全の確保をさらに強めなければならないという要請があったからだと思われます。

事実、児童虐待による死亡事件、あるいは死亡にまでは至らなくと

第2章
ソーシャルワークの行方
◆変貌する現場で考える

も重大な事態を招いた事件は、現在もなお繰り返し発生しています。ここでは、本年（2009年）1月に報道されたニュースから、いくつか紹介してみましょう（原文は実名）。

「2歳男児殴り死なせた疑い　同居男を逮捕。同居女性の長男（2）を殴り死なせたとして、××署は5日、傷害致死の疑いで無職A男容疑者（23）を逮捕した」（1月5日、共同通信）

「四女殺害容疑で再逮捕　母親、殺意を否認　点滴混入事件。入院中の五女（1）の点滴に腐った水を混入したとされる事件で、××署は14日、点滴に病院の水道水を混入し生後8カ月の四女を死亡させたとして、殺人容疑でB子容疑者（35）を再逮捕した。府警の調べに、次女、三女についても、同様の混入をしたことを認める供述をしているという」（1月14日、日本経済新聞）

「虐待で5カ月娘重体　18歳父逮捕。××署は22日、首の据わっていない生後5カ月の長女の体を激しく揺さぶり、脳に障害を負わせる虐待をしたとして、傷害の疑いで、父親の建設作業員（18）を逮捕した。長女は呼吸停止状態となり、意識不明の重体」（1月23日、東京新聞）

「虐待か？　死亡の乳児、体にあざ……両親から事情聞く。自宅で頭を打ち重体となった生後8か月の男児が病院に運ばれ、26日未明に死亡していたことがわかった。体にあざがあり、両親の説明にも不自然な点があることから、××署は虐待の可能性もあるとみて詳しい死因を調べるとともに、両親から事情を聞いている」（1月26日、読売新聞）

「自殺した女性の部屋から乳児4遺体。25日午後4時ごろ、アパート2階の無職女性（51）の部屋で、女性の妹が押し入れから体の一部のようなものを見つけ通報した。警察官がビニール袋に入れられた乳児4遺体を発見。女性は23日に同区内の公園で自殺しているのが見つかっており、××署は死体遺棄容疑で捜査するとともに女性との血縁関係を調べる」（1月26日、毎日新聞）

検証の義務化

こうした現実を反映してでしょう、先にも少し触れた児童虐待防止法の第2次改正においては、「児童虐待を受けた児童がその心身に著

本書発刊の準備を進めている2010年は、近年になく深刻な虐待死が報じられましたが、こうして原稿を読み返してみると、前年の2009年も、いろいろ大変な事件があったんだと、あらためてわかります。

虐待死した子どもが問いかけるもの

しく重大な被害を受けた事例の分析」を行うことを、国及び地方公共団体の責務として新たに規定しました。もちろん、こうした検証の義務化以前に、重大な事件に直面した自治体の多くは、その都度詳細な検証を行っていますし、国においても、児童虐待防止法が施行された2000年11月20日から2003年6月末までに厚生労働省が把握した125件の虐待死亡事例についていち早く検証を行い、それ以降は、「社会保障審議会児童部会」の下に設置された「児童虐待等要保護事例の検証に関する専門委員会」(以下、専門委員会)において、死亡事例の検証作業が続けられています。現在第4次報告までがまとめられ、2008年6月には、「第1次報告から第4次報告までの子ども虐待による死亡事例等の検証結果総括報告」(以下、「総括報告書」)も公表されました。

そこで本レポートでは、おもにこの「総括報告書」に基づいて、虐待による死亡事例について考えていきたいと思います。

死亡人数

まず最初に、子ども虐待によって死亡する人数を見てみましょう。表には、第1次から第4次までに、厚生労働省が把握した子ども虐待によって死亡した子どもの人数を示しました。なお、統計を行った期間については、第1次が2003年7月から12月までの半年間であったため、第4次までの合計期間は、2006年12月までの3年6カ月となります。この間に把握された虐待による子どもの死亡は、心中を除いて175例

*2012年1月現在、第7次まで出されています。実は私も、第6次報告から専門委員の一人になっていますので、本書では随時新しいデータも紹介していきます。

*表には、本稿執筆後に発表された第7次までのデータをつけ加えています。

表　子ども虐待による死亡事例等の検証結果について（第1次～第6次）

	心中以外		心中（未遂を含む）		合計	
	例数	人数	例数	人数	例数	人数
第1次	24	25	0	0	24	25
第2次	48	50	5	8	53	58
第3次	51	56	19	30	70	86
第4次	52	61	48	65	100	126
第5次	73	78	42	64	115	142
第6次	64	67	43	61	107	128
第7次	47	49	30	39	107	128
計	359	386	187	267	546	653

第1次(2003年7月～12月)、第2次(2004年1月～12月)、第3次(2005年1月～12月)、第4次(2006年1月～12月)、第5次(2007年1月～2008年3月)、第6次(2008年4月～2009年3月)、第7次(2009年4月～2010年3月)
出所：社会保障審議会児童部会児童虐待等要保護事例の検証に関する専門委員会

192人、心中事例を含めると247例295人でした。

　もちろん、これらの数値は、4万件を超えるという虐待対応件数の全体から言えば、ごくわずかです。しかしながら、子どもが死に至る事例は私たちにさまざまなことを問いかけてくるのであり、決しておろそかにすることはできません。以下では、もう少し具体的に、死亡事例の像に接近してみたいと思いますが、まずは心中以外の虐待死事例について見ていきたいと思います。特に断りがない限り、図はすべて心中以外の数値とお考えください。

多くは乳幼児が犠牲に

　さて、死亡事例で最も大きな特徴の一つは、おそらくは死亡した子どもの年齢ではないかと思います。

　図1を見てください。0歳がほぼ4割を占めており、5歳までを合計すると9割近くに達し、6歳までだと9割を超えています。つまり、虐待によって死亡する子どもの約9割は、就学前の子どもだということになります。これを、児童相談所が対応した虐待件数と比較してみましょう。参考として図2に掲げてみましたのでご覧ください。こちらは2007年度1年間の対応件数ですので対象期間が違いますが、例年

第6次報告では、0歳児の割合がさらに高くなって59.1%を占めました。

図1　虐待によって死亡した子どもの年齢別割合（第1次〜第4次までの合計）

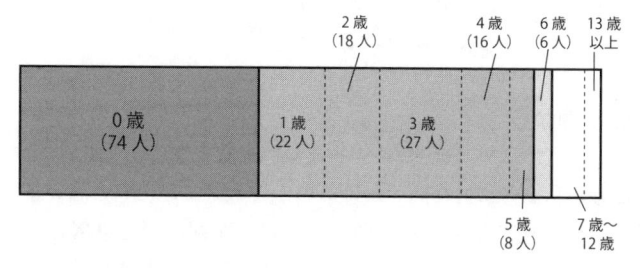

0歳（74人） / 1歳（22人） / 2歳（18人） / 3歳（27人） / 4歳（16人） / 5歳（8人） / 6歳（6人） / 7歳〜12歳 / 13歳以上

図2　児童相談所が対応した被虐対児の年齢別割合（2007年度）

0〜3歳未満 / 3歳〜学齢前 / 小学生 / 中学生 / 高校生・その他

ほぼ同じような割合で推移していますから、大雑把な比較検討は可能でしょう。児童相談所が対応した虐待件数のうち、乳幼児（学齢前児童）の割合は約43%と半数以下。したがって、乳幼児が虐待された場合、いかに重大な結果を招きやすいかがわかるかと思います。

加えて、もう一つ資料を示してみましょう。それは死亡事例の約4割を示すという0歳児の月齢別割合です。「第4次報告」の結果から作図したものを図3として示しました。

図3　虐待で死亡した0歳児の月齢別割合（第4次報告）

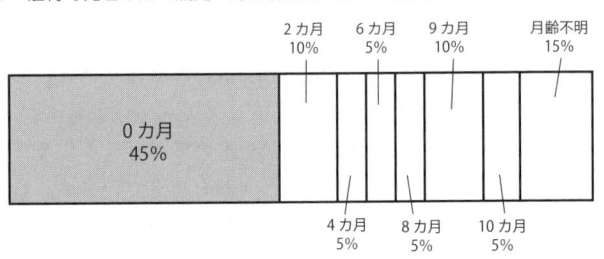

| 0カ月 45% | 2カ月 10% | 6カ月 5% | 9カ月 10% | 月齢不明 15% |
| 4カ月 5% | 8カ月 5% | 10カ月 5% |

ご覧のように、0歳児の中でも、月齢0カ月、つまり生後1カ月未満の新生児、出産直後の虐待死が最も多いことがわかります。

これらの数値をふまえると、虐待死を防ぐうえで、妊娠期からの対策や出産後の母子保健分野のかかわりが、極めて重要だということが浮かび上がってくるのではないでしょうか。

検証事例から

そこで今度は、いくつかの具体的な事例を紹介することで、亡くなった子どもが私たちに何を問いかけるのかを考えてみたいと思います。

死亡事例を検証している専門委員会は、全国の死亡事例に関するデータを集約して統計的な整理をするだけでなく、毎年いくつかの事例を選び、委員が現地を直接訪問してヒアリングを行っています。以下では、そうした事例の中から、おもに乳幼児の死亡事例、その中でも保健センターなど保健・医療機関も関与していた事例を中心に見ていきたいと思います。

まず最初は、「児童相談所、乳児院、保健センターが、施設入所や退所後の在宅指導を通じて長期的に関与していた事例」です（仮に事

例1とします)。死亡した子どもは、乳児院退所後に家庭に引き取られ、そこで虐待を受けて死亡したというもので、死亡当時は幼児年齢でした。本事例の場合、母親は妊娠中から子どもの養育に拒否的で、当初母子手帳の交付も受けておらず、出産についても、ケアをまったく受けない自宅分娩であったとのことです。医療機関が自宅分娩後にかかわったのですが、出産状況などから考え、"本事例は特に養育支援が求められているとの認識を持つ必要があった"と、専門委員会は指摘しています。経過を追うと、出産直後に乳児院への入所措置をとった後、保護者が当初の養育拒否的な態度を変えたことから引き取り方向となり、約6カ月の間に月に1～2回程度の面会と2回の一時帰宅を経て家庭引き取りとなっています。

乳児院退所後は、保健センターも一定の役割を担うこととされていたのですが、具体的なフォロー体制が十分できなかったこと、また児童相談所や保健センターなどの情報交換が不十分で、たとえば施設退所後の体重減少などに対して適切な連携が図られていないことが指摘されています。なお、本事例では、地方公共団体における検証を経て、施設、保健所、保健師のアフターケアのシステムが構築されるといった改善策が講じられたとのことです。

もう1事例紹介しておきましょう。「精神疾患があって過去には入院歴もある母親の状況から、子どもの養育が困難になることが予想されたため、医療機関及び保健師が中心となって、家庭訪問等により育児に関する助言、援助を継続して実施していた事例」です(事例2)。虐待防止ネットワークも関与して見守り支援を行っていたのですが、結果的に母が乳児を頸部絞扼により死なせてしまいました。

本事例の振り返りとして、次のような点が指摘されています。すなわち、精神障害を持つ母親など特に支援を必要とする者に対しては、妊娠期・分娩期からの支援や、養育能力のアセスメント、関係機関の連携体制の下での養育支援など十分な対応が必要となること、本件では退院時に病院助産師から保健所へリスクの高い事案であるとの情報提供がなされ、保健師による家庭訪問が開始されたものの、関係機関が共通の支援方針を持ち、組織をあげた支援体制を構築するところまで至らなかったこと、などです。

専門委員会は、医療機関が、妊娠期・分娩期におけるハイリスク者

> 虐待死した子どもが問いかけるもの

を発見したり、診療を通じて虐待が疑われる事例を発見しやすいこと、また親への養育支援を行う際にも極めて大きな役割を担っていることなどを強調したうえで、さまざまな診療科や多様な専門職種による子ども虐待防止と治療のための院内チームを構築し、協議とアセスメントの手順を定めて対応していくことが望ましい、と提言しています。

提言と対応

　専門委員会のヒアリングは、第1次から4次までを合わせると、合計16事例に及んでおり、今紹介したものはそのごく一部ですが、こうしたヒアリングと死亡事例全体の検証結果から、専門委員会は多くの提言をまとめています。それらの中には、「医療機関、教育機関の役割」「妊娠・出産期も含めた早期からの支援体制」「精神障害・産後うつ等への対応」といった項目も立てられており、提言は多岐にわたっています。ここでは、特に医療・保健分野に関するものの中から、いくつか抜粋して示してみましょう。

　「医療機関は虐待に関する認識をより一層高めると同時に、関係機関との連携も含めた対応を充実させていくことが必要」（第1次報告）

　「医療機関及び医師、助産師、看護師等は、虐待防止対策について常に最新の情報を収集し、医療専門職の役割を認識するとともに、虐待防止と治療のための院内チームを構築し、地域関係機関との連携を図る必要」（第2次報告）

　「妊娠期からの指導、支援を強化するとともに、医療機関と地域保健・福祉機関との連携を強化し、『切れ目のない支援』を実施することが必要」（第2次報告）

　「出生前後を問わず、ハイリスクであって特に支援が必要なケースについては、要保護児童対策地域協議会の場等において、個別ケース検討会議を開催し、対応を検討すること」（第3次報告）

　「精神障害のある保護者について適切な対応を図るため、児童相談所は医療機関等関係機関に必要な情報提供を求めることを徹底すべきである」（第4次報告）

　もちろん、これらは提言のごく一部ですが、度重なる検証報告とさまざまな提言を受けて、国は2008年にも児童福祉法の一部を改正し、出産後の養育に関して、出産前からの支援が特に必要と考えられる妊

婦等に対しては、要保護児童対策地域協議会において、支援を図るために必要な情報の交換を行ったり支援の内容を協議するよう定めました。

心中事例について

ところで、親子心中、無理心中と呼ばれている事案の現状はどうなっているでしょうか。

あらためて146頁の表を見てみましょう。これを見ると、事例数、死亡人数ともに年々増加していますが、では、心中事例による子どもの死亡は、実態として増えているのでしょうか。この点について、「第4次報告」は次のように述べています。

「心中事例は、平成17（2005）年は19例（30人）であったが、今回は48例（65人）と大幅に増加した。ただし、これは実際の事例数そのものが増加しているとは言い切れず、地方公共団体において検証対象事例として国に報告すべきものとの認識が徐々に高まり、国に報告されるようになったためとも考えられる」

心中事例が増加しているのか否かについて、「第4次報告」は慎重な見方をしているわけですが、これを傍証する資料があります。1974年に、当時の厚生省児童家庭局が企画した「児童の虐待、遺棄、殺害事件に関する調査」もその一つで、このときの調査対象は3歳未満に限られていたのですが、それでも心中によって死亡した子どもは65人と報告されているのです。こうした点も考え合わせると、心中事例が増加しているといった見方を単純にとることはできないように思います。

ただし、心中事例についての十分な検討は行われていません。専門委員会は、「子どもを巻き込んだ形で行われる心中を児童虐待の特殊な形として位置づけ、未遂事例を含めて把握を行うとともに、事例分析を行い、子どもの安全確保の観点から講じられるべき対策を中心に、対応の在り方を検討する」ことを提言し（第3次報告）、厚生労働省も、引き続き調査を実施することとしています。

ここでもう一度、専門委員会によるヒアリング事例を紹介してみましょう。「父母と5歳、4歳のきょうだい4人家族で、母親が、きょうだい2人の首を絞めて殺害し、自らも自殺未遂を図った」心中未遂

第5次、6次報告でも同様の提言がなされています。特に第6次では、0歳の死亡、なかでも出産後0日での死亡事例が目立ったことから、「望まない妊娠や計画しない妊娠を予防するための方策と、望まない妊娠について悩む者への相談体制の更なる充実」が強調されています。

厚生省の調査は、1970年前後からブームのようにして発生した、いわゆるコインロッカーベビー事件（コインロッカーに嬰児死体を遺棄する事件）が背景にあったと思われます。ちなみに1973年にはこうした事件が43件発覚しています。

の事例です（事例3）。この事例では、母が事件の直前に精神科を受診してパニック障害と診断されたというのですが、心中事例の場合、他の死亡事例と比べて、実母が加害者となることが多く（「第4次報告」では7割を超えている）、なおかつ、精神障害を持っていることも多いように思います。ここで注意を要するのは、事例2との共通点です。どちらも精神疾患を持つ母が子どもを絞殺しているもので、一方は心中（未遂）とされ、他方は心中以外の事例として区分されていますが、子どもが死に至る過程に共通のメカニズムが隠されている可能性はないでしょうか。子どもの虐待死を考えていくと、精神障害を持つ保護者への援助体制をどのようにつくっていくかが大きな課題として浮かび上がってくるように思います。

最後に

以上、おもに専門委員会のまとめた死亡事例の検証に関する「総括報告書」を中心に、子どもの虐待死について述べてきましたが、児童相談所などの対応についてはここでは言及していません。しかしながら、特に一時保護などの強力な権限を持つ児童相談所は、虐待対応においても中心的な役割を担っています。私自身は、長い間児童相談所で勤務していたので、最後に児童相談所と医療機関の連携について、簡単に触れておきたいと思います。

事例1を思い返してみましょう。この事例では、自宅分娩直後に乳児院に入所し、家庭引き取りになった後に子どもが虐待死しています。実は私にも似たような事例で苦い経験がありました。服役中に出産し、母は刑務所出所後に、1歳になっていた子どもを乳児院から引き取ったのですが、短時日のうちに死亡してしまいました。その事例では、結果的に死因が特定できず、したがって虐待か否かも明確にはならなかったのですが、乳児院退所後の児童相談所の対応を考えると、福祉事務所などとは連絡し合っていたものの、保健分野との協力、連携は不十分であったと言わざるを得ません。先に、出産前からの支援が特に必要と考えられる妊婦等に対しては、要保護児童対策地域協議会において、支援を図るために必要な情報の交換を行ったり支援の内容を協議することが定められたと述べましたが、あわせて、虐待か否かにかかわらず、要支援児童に対しても同様の取り組みを行うことが規定

されています。

　乳幼児期に児童福祉施設を利用するなどして親子分離を経験した後、家庭引き取りとなるような事例に対しては、援助活動において、従来以上に医療・保健分野の積極的な関与が求められているのではないかと思います。

　こうして考えてみると、子どもの虐待死は、さまざまな機関の隙を突いて、また連携のわずかなほころびを突いて発生しているように思います。そういう意味で、私たちにはより一層の丁寧さと、しっかりした機関連携、情報の共有等が求められているのではないでしょうか。

(2009年5月)

いよいよ始まった親権制度の見直し

児童虐待防止法制定から10年

　十年一昔という慣用句があるが、今年（2010年）は「児童虐待の防止等に関する法律」、いわゆる児童虐待防止法が制定されてちょうど10年という節目を迎えている。

　この間、我が国の児童虐待対策は、通告件数の急増や、死亡事例など後を絶たない重大事件の発生などを受けて大きく変化し、現時点で振り返ると、まさに十年一昔の感を禁じ得ない。たとえば、児童虐待への対応を含む児童家庭相談を市町村が第一義的に担うといった児童福祉法の改正が行われ、守秘義務も課せられた要保護児童対策地域協議会の制度化を受け、今では全市町村の9割を超える自治体で協議会が設置されるなどの取り組みが進んでいる。また、家庭内に強制的に立ち入ることのできる臨検・捜索制度の創設などは、10年前には考えられもしなかったと言っていいだろう。

　このようにして種々の改定が行われてきた我が国の児童福祉施策だが、実はこれまでの制度設計においては大きな制約、もしくは限界もあった。というのも、これらの法整備は、児童福祉法及びその特別法とも考えられる児童虐待防止法に限定されて議論され、改正されてきたに過ぎないからである。ところが、すでに国民的な課題とも言える児童虐待を抜本的に克服していくためには、法律的にもあらゆる分野

> 児童虐待防止法制定当時、臨検・捜索のような制度が、むしろ望ましくないという考え方であったことは、100頁でも触れています。

| いよいよ始まった親権制度の見直し |

での検討を排除せず、最善の体系を策定することが不可欠なのであった。

　その意味で、今回、法務省が主導して「児童虐待防止のための親権制度研究会」を発足させ、報告書をまとめたことは、大いに歓迎されるべきことであろう。ただし角度を変えれば、このような報告書が児童虐待防止法制定後10年目にしてやっとまとめられたということ自体が、我が国の児童虐待対策が、まだまだ緒に就いたばかりであることをも示唆しているのである。

　本稿では、この報告書をふまえ、施設や里親、また児童相談所等の今後のあり方、取り組みの留意点などを論じてみたい。

児童福祉法47条2項をめぐって

　報告書は、児童福祉法第47条第2項、すなわち、入所中もしくは委託中の児童に対して、施設長や里親が監護、教育及び懲戒権を行うことができるとする点に関し、現行では措置と親権との関係が必ずしも明確でないことを指摘したうえで、「親権者の主張に正当な理由がないにもかかわらず、親権者が異を唱えたからといって必要な措置をとらないこととするのは、児童の福祉の観点から妥当でない」「施設長等による措置が親権者の親権に優先することを明示する枠組みによって親権者の親権をその限度で部分的に制限するものとすることが考えられる」と述べている。この点は、子どもの権利を守るために「精神科医の受診を受ける必要がある」「予防接種を受けさせたい」「高校を受験させたい」「アルバイトを認めてやりたい」等々のことがあっても、保護者の理解が得られず苦慮することの多かった施設側にとっては、一歩前進と言えるだろう。

　では、こうした方向での制度改革が行われた場合、児童相談所にはどのような取り組みが求められ、施設ではどんな変化が生まれるだろうか。思うに、まずは児童相談所運営指針において現在も実施することが期待されている次の点を、より厳格に履行することが必要となるだろう。すなわち、

　「子どもを児童福祉施設等に措置する場合には、子どもや保護者に措置の理由等について十分な説明を行う」「子どもが有する権利や施設生活の規則等についても子どもの年齢や態様等に応じ懇切に説明す

現行条文は次のとおり。「児童福祉施設の長、その住居において養育を行う第6条の2第8項に規定する厚生労働省令で定める者又は里親は、入所中又は受託中の児童で親権を行う者又は未成年後見人のあるものについても、監護、教育及び懲戒に関し、その児童の福祉のため必要な措置をとることができる」

る」「これらの説明を行う場合には、当該施設等の写真やパンフレット等を活用するなど、わかり易い媒体手段を工夫するとともに、必要に応じ事前に子どもや保護者に当該施設等を見学させるなど、子ども、保護者の不安を軽減するための十全の配慮を行うこと」

といった点だ。なぜと言って、保護者が児童福祉施設入所に同意するということは、とりもなおさず自らの権利（親権）を自らの意思で制限し、それを施設長等に委ねることを是認することだからだ。それゆえ児童相談所は、こうした諸点をきちんと説明したうえで保護者の同意を得なければならないし、そのためには子どもを入所させる施設がどのようなところかについて、今以上に丁寧に説明する必要がある。

もちろん、これらは措置する児童相談所だけが問われる問題ではない。受け入れる施設等の側も、監護、教育及び懲戒に関して親権者に優先して権限を行使するわけだから、施設等の養育方針、日常生活での規則などを透明化させ、子どもを委ねる保護者が納得できる運営を心がける必要があろう。

重要性を増す施設と児童相談所の連携

このように考えていくと、報告書が示した方向は、社会的養護を担う者に対して優先的な権利を与えると同時に、より重い責任をも求めていると言えよう。

なお報告書は、「施設長等による措置に対し親権者が相応の理由を示して異を唱えたことなどにより施設長等においてその判断に悩むような場合に、児童相談所長、都道府県知事、児童福祉審議会等の意見を聴いてその当否を判断するための仕組みを設けることも考えられる」とも述べている。

施設長等に優先権を付与すればすべてが解決するわけではないことを、本報告書も認識しているわけだが、この点は現場にいれば自明のことだろう。したがって、施設等と児童相談所など関係諸機関との連携の必要性、重要性が増していくことは疑いない。いずれにしろ、報告書はこれからの児童相談所や施設等のあり方に大きな影響を及ぼすものであり、私たちは、今後の動向に大いに注目していかなければなるまい。

(2010年3月)

*親権の一時停止などを規定した改正民法や、里親、施設長等による監護措置を親権者等が不当に妨げてはならないとする改正児童福祉法は、2012年4月1日施行されることとなりました。

児童虐待防止法10年のパラドックス

児童虐待防止法10年のパラドックス

2000年5月、議員立法による「児童虐待の防止等に関する法律」が全会一致で可決・成立してから、ちょうど10年の月日が経った。ではこの10年、私たちの社会は、児童虐待をどこまで克服し得ただろうか。と考えて昨今の報道に目を転じると、暗澹たる気持ちにならざるを得ない。なぜと言って、深刻な児童虐待によって子どもが死亡する事件は、減少するどころか今なお多数発生し、報道されているからである。

今年（2010年）に入ってから目についたものだけでも、1月に東京都（江戸川区）で、「ご飯を食べるのが遅い」などとして小学1年の男児が暴行を受け死亡したのを皮切りに、福岡市で生後7カ月の乳児が、手かざしによる浄霊で治るとして医療機関を受診しないまま感染症で死亡した事件も発覚した。3月には奈良県で、「愛情がわかなかった」などという理由で食事もまともに与えられず5歳の男児が餓死、4月になると大阪府堺市で、1歳の男児が「泣きやまないので腹が立った」として内縁男性から暴行を受けて死亡、5月にも報道は続き、静岡県で1歳の女児が、やはり「泣きやまない」という理由で母親に床にたたきつけられ、死亡している。

そして極めつけは、本稿を書きあげた直後に起こった7月末の大阪市西区2幼児放置死事件でしょう。

もちろん、この10年間、私たちは決して無為に過ごしてきたわけではない。中学3年の男児が意識不明の重体となった大阪府岸和田市での事件（2004年1月報道）や、3歳の男児が餓死した京都府長岡京市での事件（2006年10月発生）などをも教訓としながら、児童虐待防止法は2次にわたって改正されたのだし、児童福祉法もたびたび改正され、児童相談所運営指針は、これらをふまえて毎年のように改正されている。また、児童虐待への対応で重視されるネットワーク体制にしても、2004年の児童福祉法改正で設置が可能となった要保護児童対策地域協議会は、すでに全市町村の9割以上で立ち上げられているのである。さらに、当学会（日本子ども虐待防止学会）をはじめとして多くの団体・個人が児童虐待防止のための調査や研究活動を続け、その成果をさまざまな形で生かすとともに、オレンジリボン運動など児童虐待防止の広報・啓発活動も積極的に推し進められている。言うなれば、私たちは児童虐待の急増や死亡事例を含む重大な事件に直面し、

第 2 章
ソーシャルワークの行方
◆変貌する現場で考える

これを国民的課題として受けとめて全身全霊を傾け、必死になって対策を立て、取り組んできたのである。

　こうした状況を念頭に、長らく児童相談所で働いてきた経験をふまえ、今思うことを述べてみたい。この10年間、児童相談所は虐待対応に特化したと言ってもいいほどに多くのエネルギーを費やして子ども虐待の問題に対処してきた。その中には、先駆的な試みや創意を凝らした取り組みも多くある。ところが、それでもなお児童相談所に対する批判がやむことはない。というより、その批判はよりいっそう厳しさを増している。いわく「アセスメントができていない」「適切な職権保護がなされなかった」「専門性が確保されていない」「児童相談所が関与していながら……」等々である。確かに児童相談所は、これらの指摘の多くを謙虚に受けとめねばなるまい。とはいえ、こう聞かされて心に引っ掛かるものなど何もないかと言うと、そうではない。というのは、この10年間というもの、種々の批判を真摯に受けとめ、昼夜を分かたず東奔西走すればするほど、児童相談所職員の疲弊はむしろ進み、あたかも不人気職場と化したかのように人材は定着せず、経験の蓄積もままならないからである。つけ加えれば、その結果、さらに批判が強まるという悪循環が生じている……。

　仮に一つ一つの指摘、一つ一つの批判がすべて正しいとしても、10年という期間を通してみると、それらが必ずしも児童相談所の質的向上に結びつかず、むしろよりいっそうの困難を引き寄せているとしたら、それは大いなるパラドックスであろう。かつてある人が、児童相談所を喩えて「気弱な学級委員長」と評したことがある。なるほど、体制も不十分で多忙を極める児童相談所は、気弱な学級委員長よろしく、一時保護の判断、立入調査や臨検・捜索の権限、面会・通信の制限や接近禁止等の措置、親子の再統合に向けた取り組み、市町村への後方支援、その他多くのことを委ねられている。何しろ学級委員長なのだから、能力を超える要求であっても断ることはできないし、責任の重さに押しつぶされそうになってもじっと耐え、非難されても呻吟する以外に解決策を持たない。

　では私たちは、このあと10年後にも同じような轍を踏み続けるので

児童虐待防止法10年のパラドックス

本稿を書いていたのは2010年5月のこと。

あろうか。すなわち2020年5月の近未来。世間に広がったツイッターに「児童相談所の責任は重い」という140字以内の呟きはやまず、地球温暖化で汗ばむ陽気に腕まくりしながら「専門性のかけらもない」と繰り返しつつ子どもの死と向き合っている、のかどうか。ともあれ"真っ当な批判が、実は当の児童相談所を痩せ細らせる"と言えば、不穏当きわまりないとの誹りは免れないが、それを承知であえて言えば、このパラドックスを克服することなくして、我が国における今後の虐待防止対策の成功はおぼつかないと私は考える。

ならば解決の道はどこにあるのか。むろん気弱な学級委員長であっても求めるべきは求めて当然だ。だがそのうえで言うなら、彼に背負わせている業務を所与の前提とするのではなく、今風の流行りで言えば、真の意味での「事業仕分け」を断行し、司法をはじめとするすべての機関が自ら果たすべき本来の役割を積極的に担うことだろう。実のある連携はそうしてこそ生まれる。「木を見て森を見ず」という慣用句があるけれど、私たちが今必要としているのは、おそらくは「木も見て森も見る」眼力、そして見たものから深く学ぼうとする謙虚さ、学びを具現化するもう一回り大きな知恵ではあるまいか。

私は問いたい。今本当に問われているのは誰か、今本当に問われているのは何かということを。

(2010年8月)

第**3**章

"よりよい実践"とは何か
◆ 事例報告にみる変遷 ◆

◆オリエンテーション

　1971年の沖縄返還協定に絡んで、毎日新聞の西山記者が密約をスクープしたら逆に機密情報漏洩の犯人として逮捕され、退職に追いやられるという事件がかつてあった。ところが、その約30年後、アメリカの公文書によって密約の存在とその全貌が明らかになる。そんな沖縄密約問題をテーマにした山崎豊子の小説が、『運命の人』だ。彼女にとって10年ぶりとなる新作は全4巻という長編。骨太のストーリーに、壮大な人間ドラマが展開していく。
　さて、この小説の第4巻に次のような箇所がある。沖縄返還交渉におけるアメリカの政策を研究している琉球大学助教授我楽が、ワシントンDCの国立公文書館(ナショナル・アーカイブス)を訪ねるシーンだ。
　「我楽はその一体の前へ歩み寄り、仰ぎ見た。レリーフを施した台座には"STUDY THE PAST"（過去から学べ）と記されている。その格言を口の中で呟き、反対側の像の傍へ歩を向けた。こちらの台座には"WHAT IS PAST IS PROLOGUE"（過去とは除幕である）と刻まれている」

　この一節を読んだとき、私は一瞬ストーリーを忘れ、思わず膝を叩いたのであった。
　「なるほど」
　ソーシャルワークの急激な変貌の渦中で、今をとらえる"言葉"、今をとらえる"ヒント"を探し求め、現在も続けている作業のことを、そのとき私は思い起こしたのである。つい先日、鈴木崇之氏との共同編著で発刊した、『日本の児童相談――先達に学ぶ援助の技』（明石書店）がそれだ。本作は、ある時期を児童相談所で働き、長く児童福祉の世界を生き抜いてきた先達を訪ねてインタビューし、思う存分いろんなことを訊かせてもらった内容をまとめたもので、7人のプロフェッショナルが登場する。詳しくはそちらを読んでもらうしかないのだが、その狙いを、私はまえがきで次のように説明した。
　「戦後直後に施行された児童福祉法は、すでに60有余年の歴史を刻んでおり、この間には有名無名、幾多のすばらしい援助者が輩出している。彼らを訪ねれば、過去と未来をつなぐヒントが必ずや見つかるのではあるまいか……」
　狙いはピタリはまったと言っていい。まさに、過去は学びの宝庫であり、過去の除幕から、私たちの未来は始まるのである。"STUDY THE PAST"とは、なるほど言い得て妙、"WHAT IS PAST IS PROLOGUE"とは、なんと含蓄(がんちく)のある言葉ではあるまいか。

さて、過去を訪ねる私の旅はまだ続く。子どもの虹情報研修センター図書室所蔵の文献を渉猟(しょうりょう)し、貴重な資料をいくつも見つけ、あるいは新たに入手して読みふけるのである。たとえば『児童福祉事業取扱事例集』。これは厚生省がかつて発行していた『児童のケースワーク事例集』の記念すべき第1集だ。この書について、私はセンター『紀要』No.7で次のように紹介した。
　「昭和24年（1949年）3月発行という点から考えて、具体的な援助活動の大部分は、児童福祉法が初めて施行された昭和23年（1948年）に行われていることは疑いない。戦後すぐに制定された児童福祉法は、その第1条から第3条にかけて児童福祉の理念を高らかに掲げたのだが、本冊子を読めば、当時の児童福祉司や児童相談所の職員、また民生児童委員が、まさにそうした理念を深く胸に刻み、熱意を傾けて業務を行っていたことがひしひしと伝わってくる」
　インタビューに応じてくれた先達の話に耳を傾け、あるいはこうして児童福祉法施行直後の草創期に活躍した多くの人たちの経験を知るにつれ、私はまさに彼らに支えられて、自身の相談援助活動を行っていたのだという思いを強くする。
　「待てよ、だとしたら……」

　彼らが築いてきた歴史は、確かに彼ら自身の実践ではあるが、少し広げて考えるならば、それは決して彼らだけのものではなく、実は私たちの歴史であり、実践ではないのか。
　本章のタイトルを、"よりよい実践とは何か"と定めたとき、実は私にはまだ、その自覚がなかった。自分がなした相談援助の実際を、またそれが時代とともにどのように変遷していったのかを、ただただ紹介するつもりだったのだ。けれど、考えてみればこれらの事例報告は決して私だけのものではない……。
　そこに思い至ってあらためて本章の全体を読み返してみると、未熟な実践、未完成のレポートに愕然とし、急に恥ずかしくもなったのだけれど、今さらもう遅い。ここは読者の忌憚(きたん)のない批判を真摯に受けとめる覚悟をして、その当時に書いた事例報告をまるごとそのまま提示することとする。

子どもが子どもであるための治療的アプローチ

【グループワーク１】
子どもが子どもであるための治療的アプローチ

Ⅰ　はじめに

　舞鶴児童相談所では、過去５年間にわたりさまざまな精神身体症状を呈する児童を対象にして、一時保護所を利用した「夏季集団指導」を実施してきた。

　今日、このような集団指導あるいは療育キャンプの取り組みが、全国各地の児童相談所で実施されていることは、東京都児童相談センター発行の「児童相談——研究と報告」第４集「情緒障害児治療キャンプ」などでも概括的に報告されているところである。この報告に目を通すと、当所における夏季集団指導がそれら多くの療育キャンプとの共通性を持つと同時に、いくつかの独自性もそなえているように思われる。

　今回のレポートでは、当所で実践してきた５年間の集団指導について、現在の段階で一定の総括をし、私たちの取り組みの持つ意味を明らかにしたいと考えているが、それに先だって、１、２の問題提起をしておきたい。

　その第一は、集団指導あるいは療育キャンプにおける「治療」という問題である。このような取り組みの対象としてあげられる子どもたちはさまざまな問題行動や症状を持っているのだが、従来から行われている療育キャンプ、集団指導の多くは、程度の差こそあれそのような諸症状の克服、解消、軽減等をめざしてきた。したがって、たとえば、「キャンプは治療に有効か」「この療育キャンプはどのような症状に効果的であるのか」とか「このような問題、症状にはどのようなキャンプのプログラムが適切であるか」といったことが常に問題とされてきたように思う。いわば、「症状に対する治療」という観点が大前提になっているわけである。

　しかし、当所の集団指導は、対象児をどのように定めていったのかということとも深くかかわるのであるが、そのような「症状」への取り組み、対症療法的なアプローチを後景にしりぞけたところで行われてきた。つまり、症状を「図」、その症状を持った子どもそのものを「地」とするなら、「図」ではなく「地」へのはたらきかけ自体を目的

[欄外注]

残念ながら今はもう舞鶴児童相談所はありません。1987年に福知山児童相談所に統合されたのですが、その詳細な（詳細すぎる）経過は、第５章の「誰のために闘うのか」をご覧ください。

心理判定員として働いていた1983年に厚生省『児童相談事例集』に発表した事例報告です。文章は全体に生硬かつかなりの気負いが感じられますが、30代になったばかりの頃の筆。あえて修正していませんので、そんな雰囲気も含んで読んでください。

第3章
"よりよい実践"とは何か
◆ 事例報告にみる変遷

にすえたのである。それは、とりもなおさず「児童相談所の夏季集団指導は『治療』なのか」という問題提起をしているようにも思うが、しかし同時に、私たちの集団指導実践そのものが、「治療とは何か」あるいは「症状とは何か」といったことについてあらためて問題提起をするものである。レポートはこうした点を念頭において書き進めたい。

　第二の点は、このような取り組みを児童相談所という機関が実施するということの意味についてである。従来からの療育キャンプ、集団指導についての報告では、キャンプの意味やその効果等、取り組み自体の総括はなされていても、それを児童相談所という機関が実施することの意味にまで言及したものは少なかったのではないだろうか。児童相談所は単なる相談機関ではないが、一方純粋の治療機関でもない。したがって、このような取り組みを実施する場合にも、児童相談所のこうした性格、さらには地域で果たしている役割や使命などが当然反映しているはずである。だから、逆に言えばこうした療育キャンプや集団指導を、児童相談所らしさを持った取り組みとして定式化し、理論化していく作業をも私たちは忘れてはならないであろう。このレポートでも、「児童相談所にふさわしい取り組みとは何か」という観点をできうる限り考慮に入れて書き進めていきたい。

Ⅱ　対象児の決定と集団指導の目的

　最初の集団指導は「昼間遺尿児」を対象として出発した。この昼間遺尿児を選んだのは、当時この種の相談がおもてだって持ち込まれるのでなく「相談のついでにちょっとおたずねしてみますが……」とか「実は姉のことなんですが……」「本題とは少しそれるんですけど……」という形でいくつか持ち込まれてきたことへのある種の不安があったからである。すなわち、常に下着が汚れ、臭っている状態のまま学級集団にいることが、対人関係にとって大きな弊害となることは十分予想されるわけであるが、もしそのことがいつまでも解決されず放置されるなら、子どもの人格形成にとってもさまざまな問題をかかえることは想像に難くない。したがって、仮に直接児童相談所までは届いてこなくても、私たちの側から掘り起こし、力を貸すべきニーズなのではないか、また、そこにより積極的な児童相談所の果たすべき

「治療とは何か」なんて、大上段にふりかざしていますが、今ならとても言い出せません。当時はやはり元気だったんでしょうね。

163

子どもが子どもであるための治療的アプローチ

役割があるのではないか。これがその時点で我々の得た結論であった。

そこで、夏季集団指導の対象児を決めるに際しては、まず「昼間遺尿児」と定めたうえで、管内全小学校にアンケート調査を実施し、回答のあった児童すべてについて心理検査と親面接を行い、その結果をもとに最終的な対象児を決定した。

このようにして、夏季集団指導の対象児は、例年、日常の相談活動を一歩踏みこえて、おもてにあらわれる相談だけからは、なかなか目に見えてこぬ部分に光をあて取り組むように努力してきた。またこうした経過の中で、ある年には逆に「今、学校では子どものどんな点が気がかりですか」という形のアンケートを実施し、各学校からの声も集団指導実践に生かせるよう工夫した。過去5年間の対象児は表1に示しているが、実はこのような対象児の変化の中で、集団指導の目的についての我々の考え方も、より明確になっていった。

こうして隠されたニードを掘り起こすなんて、今ではとうてい考えられません。まさに隔世の感があるわけですが、こういう活動が、子どもだけでなく職員をも大変元気にさせたのでした。

表1　舞鶴児童相談所の夏季集団指導

年	1978	1979	1980	1981	1982
期間	8/1～10 (9泊10日)	8/20～28 (8泊9日)	7/28～8/5 (8泊9日)	8/24～31 (7泊8日)	8/24～31 (7泊8日)
対象児	遺尿児	遺尿児	肥満児	精神身体症状のある子ども	精神身体症状のある子ども
参加数	10名 (男5女5)	9名 (男6女3)	10名 (男4女6)	14名 (男10女4)	14名 (男7女7)

たとえば「肥満児」を対象にしたときにも"肥満の軽減"については問題にしなかったし、食事にしても自分の好きなだけ食べたらよいという態度を貫いた。それでは何を問題にし何を目的にしたのかということになるのだが、たとえばそれは、食事療法、縄飛び、ジョギングと親子して必死でやせようと努力し、結局それが不成功に終わったとき、そのあとに残ったものに注意を払おうとしたのである。肥満児の集団指導をはじめると、小学生でも高学年になった女児の態度は極めて特徴的である。グループの中では「こんなに食べとったらまた太るわ」「まあよい、家に帰ってからやせたらええんやし」などとこそこそささやきながら、男子職員、特に若い男子職員に対しては、終始一貫激しい攻撃性をむきだしにした。蹴りつける、悪態をつく、徹底して排除し自分たちの居室には大声を出して一歩も入れない。思うに、

164

こうした行動全体を規定しているものは、ひとことで言えばこれらの女児が持つ特有の不安であろう。すなわち、自我確立の途上にあって本当の意味では内面の自己を持ちきれていない思春期前期の女児たちは、肥満の持つ社会的なマイナスイメージ、マイナスの価値感の渦の中で（人間全体から見れば、ごく一部の単なる体型の問題であるというふうに）問題を部分化して受けとめるだけの力量を未だ持ち得ていないがゆえに、不当に拡大解釈し、結果として自らを心理的過重負担の状態に追いやっていたように思われるのである。確かに肥満児対策として、さまざまな努力がさまざまな機関で行われていることを、私たちは調査段階で知ったが、同時にこうした肥満児の心理状態を問題にした取り組みは見当たらなかった。しかし、私たちはまさにその状態を問題にしたのである。

　ある症状が何らかの心理的要因によって生じている場合がある。また、一つの症状によって逆に乗り越えられないような心理的な負担が生じる場合もある。困果関係は問わないが、いずれの場合においても、その連鎖を少しでも断ちきっていく力を子ども自らがたくわえていく、あるいはそうした潜在的な力を子ども自身が発掘していく、そのことを願い、目的として集団指導を実施しようとしたのである。だから、この5年間の対象児の中には身体的要因によって生じると診断された遺尿児をも見い出すことができる。

　以上のねらいから考えて、対象児の決定には単なる症状の程度によるだけでなく心理検査の結果を重視した。たとえば、肥満であってもそのことを気にせず元気に過ごせている子どもは、集団指導の対象からはずしていった。また、症状としては軽いと見られているものでも、現実の家庭・学校生活に対応しきれていないと考えられるものは、対象児として参加させるようこころがけた。なお心理検査は、おもに鈴木ビネー式知能検査、PFスタディ、バウムテストを使用した。

　さて、ここでつけ加えておかねばならないことは、ここ2年間、対象児の症状を単一のものにしなかった点である。これは私たちの集団指導実践から言えば、ある意味で当然の帰結であった。確かに、遺尿にしろ肥満にしろ、それらの症状を持つ子どもには、それぞれ相対的に独自な特徴があるということは、実践の中で感じてはいたけれど、

同時に、私たちの意識は、そこからさらに一歩進んで、どのような症状や訴えであるにせよ、結局それらは心身ともに健康で健全な発育をしていこうとする子どもたちからの危機のサインであるという立場を重視するようになっていった。確かにあらわれている現象はちがう。しかし、その症状を呈するようになっていった子どもたちが、社会生活においても、内面の生活においても、（私たちに対して）何らかの危機を訴えている点では同じではないのか、であるなら、私たちは症状や訴えを超えて彼らにはたらきかけうるのではないか。また、当所の集団指導は、まさにそのような取り組みとしてふさわしい内容なのではないか。といった考察の中から、症状を単一のものに限定しないで、さまざまな精神身体症状を持つ子どもたちを対象とすることにしたのである。

Ⅲ 方法

夏季集団指導の具体的方法は、徹底してあそびきるということを目標に、おもに一時保護所を利用して集団生活を経験させ、その中で連日いろいろな行事を計画、参加させ、また行事の中に必ず1泊2日の親子キャンプを計画し、キャンプの夜は、子どもたちが寝静まったところで親グループの面接を実施するというものである。

Ⅳ 1982年の夏季集団指導

1982年の夏季集団指導対象児は表2で示した。例年そうであるが、この年の集団指導でも、実施期間中は、①知らず知らずのうちに子どもが受動的な生活にはまりこんでしまう事態を避けるため、ＴＶは居室から片づける。②同じように子どもが消極的になりがちで、しかも現実的には"がまんしながら"過ごすことにもなりかねない「学習時間」も一切設定しない。③子どもに接する職員は、できるだけのびのびと過ごさせるよう配慮し、規制や叱責は可能な限り避け受容的な態度をとる。といったことを基本点として確認し集団指導を開始した。また、スタッフは児童相談所の全職員とボランティア（女子学生）1名で構成し、子どもの生活指導にあたるメンバーと行事運営を中心にあたるメンバーに分けた。そして、前者中心に、行事終了後、毎日個々の子どもの状態、我々の接し方等についてミーティングを繰り返

表2　1982年の夏季集団指導対象児

名　前	学年・性別	主訴・行動特徴・その他
A男	小6男	夜尿。
B男	小4男	夜尿（毎日失敗）、頻尿（ＴＶ、勉強などに集中していると漏らす）。
C男	小3男	夜尿、昼間遺尿、最近ひんぱんに口のまわりを舌でなめまわし、皮膚炎を起こす。弟に重度発達障害児。
D男	小2男	遺便（回数は減ってきているが、旧友から「ウンコマン」などと言われている）。一時腹痛を訴えて不登校に。夜尿あり（不規則）。
E男	小2男	昼間遺尿（ほとんど毎日）。夜尿。
F男	小2男	肥満（食事指導を続けている）、遺便（完治していたものが再発）、夜尿。
G男	小1男	場面緘黙傾向。新しいことにたいへん臆病。学校では始業時自分の席にすわれず、突っ立っている。
H子	小6女	夜尿（母に隠れて着替えをする）、頻尿傾向。
I子	小5女	夜尿（毎日起こしていても週に1～2回失敗）、昼間遺尿（量は少ない）。
J子	小4女	チック（首を上下にふる）。性格几帳面。
K子	小4女	夜尿（毎日）。
L子	小3女	昼間遺尿（学校では失敗しない、家庭生活場面で漏らす）。
M子	小2女	昼間遺尿（1日何回も）、夜尿。
N子	小1女	夜尿（1日3回ということも）、指しゃぶり。

した。以下に、1982年の夏季集団指導の実践例を報告するが、便宜上、全体の動きに加えＧ男（小１）の行動を追う形で記述していきたい。

　第1日、開所式、親子ともども緊張感が強い。母親は伏目がちだが、しかし真剣そうに職員の説明を聞いている。期待より不安が先にたっているようだ。子どもたちもどことなく落ち着かない様子。Ｇ男はと見ると、学校での状況と同じで、職員・親子みんな椅子にすわっている中でただひとり部屋のスミにぼんやりつっ立っている。視線が定まらず、名前を呼ばれると顔を隠してしまう。

　親も帰り、昼からビデオカメラの前でひとりひとり自己紹介をはじめる。初めてカメラの前に立たされた子どもも多く、晴れがましさより緊張感が先にたつようで声の調子もかたい。Ｇ男は結局カメラのほうに顔を向けることもできず、一言も発することができない。しかし、男子班、女子班に分かれての班旗づくりの時間、健康診断のために児童相談所に隣接する病院に出かけたときの待合室などでは、職員との

> 子どもが子どもであるための治療的アプローチ

個別的なやりとりが少しずつできはじめる。

　夕食後、G男は居室の壁にへばりついてひとり泣いていた。そこで他児と離し、職員当直室で気持ちを落ち着けようとしたが泣きやまない。これといった原因は見当たらない。夜、花火をしたが、そのとき少しもちなおした。

　第2日　あさり堀り、いよいよ2日目からは本格的な行事の開始である。あさり堀りは子どもの背たけで胸ぐらいのところまで海に入り、スコップなどで海底の泥をすくっては貝を収穫するのである。泥の中に棲息するあさりは、その泥の色に合わせてか全体に黒っぽい。しかし、よくとれるので子どもたちは自然と大きな声を出す。職員も、今晩の夕食はあさりめし、と献立表に決められているので真剣である。しかし、G男はこのあさり堀りもパスした。浅瀬に立ってあたりをながめている。しばらくすると、バケツに3杯ものあさりがとれている。その収穫の多さに子どもたちは寄り添うようにして見入り、歓声をあげる。G男はそのうしろで立ったままバケツをのぞいている。

　あさり堀りが一段落すると、児童相談所から運ばれてきた弁当を食べ、場所を移して昼からは海水浴である。水は透明できれいだが、もう夏の終わりで波が高い。子どもたちはゴムボートで波のりだ。ザブーンと波が寄せるとからだごと吹っ飛ばされるようでスリルがある。この頃になると子どもらはもうあそびに夢中だ。何度もゴムボートを引っぱりだし、休憩の合図もあまり耳に入らない。G男はと見ると、どうであろう、やはり集団の動きからははずれているのだが、波打ち際でくるっと回転したり、四つん這いで波に向かう、走ってみるなど、ひとりで何かしてあそびはじめている。

　しばらく楽しんだあと、午前中にとったばかりのあさりを浜で焼いて食べる。海水の塩味がほどよいが、何にもまして子どもたちを喜ばせるのは、たった今自分で堀りあてた貝を食べているという満足感である。

　第3日　追跡ハイキング。追跡ハイキングとは、先導者（コース設定者）がその日の早朝、コースにあらかじめ目印やしかけをしておき、それを頼りに参加者が目的地に向かうというものである。このハイキングの所内での取り決めは、ハイキングの出発地点がどこで、そこまでバスでいくのか汽車でいくのか、コースを設定した者以外どの職員

にも知らされないし、もちろんコースもゴールもまったく知らされないということである。当日の朝手渡された通信文で、初めて出発地点とそこまでの交通手段が知らされる。だから、そのときのリーダーは、単に子どもに付き添って歩くというだけでなく、自分自身も「ここはまだ舞鶴市内だろうか」「それとも……」と頭を悩ませながら参加しなければならない。事実、過去には途中で目印を見失い何時間もさまよったあげく、あらかじめ手渡されている「ゴールもしくは緊急時のみ開封」の封筒（中にコース地図と緊急連絡用の十円玉が入っている）を開け、棄権するチームもあった。そうなってくると、これは単なる子どものあそびに終わらない。職員のほうが知らず知らずのうちに胸をわくわくさせ、むきになって目印を探しながら、子どもたち以上に熱中するのである。

　追跡ハイキングの醍醐味は、どこへゆくのか参加者の誰もが知らないという一体感、未知のところへ向かうという冒険心、さらに突然川の中にジュースを発見するといったハプニングの中にある。だから今年も10km近いというコースを疲れも忘れて全班全員が知らぬまに歩きぬくことができたのである。しかし、この年の圧巻は「じゃんけん大王」の登場であった。道中の山の奥に潜んで突然姿を現わし「道を知りたければワシとじゃんけんで勝負せよ」と大声で威圧する。もちろんこんな趣向もそのときまで同行する職員には知らされていなかったから、女子職員までが「絶対（うちの）職員じゃないわ、声が違うもの」「こわいわ」などと気味悪がる始末。子どもたちは「人間に決まっとるー！」「あたしじゃんけんイヤっ！！　男子行けえ！」「『じゃんけん大王』ばっかり言わんと本当の名前言えー！」とたいへんな騒ぎである。G男もこのときは不安そうに隣の子に何やら話しかけてはじっとじゃんけん大王を見つめている。もちろん最後はじゃんけん大王に勝って、どの班も道を教えてもらうのだが、以後子どもたちは、閉所式をすませ帰途につくまで「いったいじゃんけん大王は誰だったのだろう？」とこころあたりの職員をつかまえては問い詰めていくのであった。この日のG男は、他児のまねをして帽子を水につけて頭を冷やしたり、「ヘビ」「ムシ」などと、何かを発見しては小さな声で知らせたりしていた。

　第4日　川下り、子どもたちに集団指導の中で最も印象に残り、衝

子どもが子どもであるための治療的アプローチ

撃的でおもしろかったものは？　と問えば、ほとんどが川下りと答える。帰宅しても川下りのことでもちきりとなり、多くの子がそのときの興奮そのままに家族に語って聞かせたという。

　この日はあいにくの雨であった。出発地点の河原に整列し、ビニールの簡易カッパと救命胴衣を身につけた子どもたちに、職員が緊張した面持ちで指示を与える。現に前年の川下りではボートが転覆しているので、どうしても指示する声に力が入る。流れの急な一級河川由良川の上流を5つのゴムボートに分乗し、下ろうというのである。最初は快調にすべり出した。子どもたちは意外なスピード感とゴムボートの揺れに歓声をあげ、ビデオカメラを発見しては手を振り、声をかける。ところが事態は一挙に急転回した。流れが早すぎたため進路を定めきれなかったボートが、橋げたにぶつかり次々と転覆してしまったのである。職員も子どももそのまま急流に投げ出される。

「大丈夫、大丈夫！」

　待機し警戒していた職員が大声を出す。救命胴衣を身に着けていたため、子どもたちは溺れることなく全員ほどなく救助されはしたが、その瞬間の子どもたちは、誰もが必死の形相であった。G男も見事に転覆し、流され、そして救助された。

　結局川下りはここまでで中止した。ずぶ濡れの衣服を焚き火で乾かし、体を暖めながらみんなで弁当を食べて児童相談所へと引き上げていった。G男もタオルを頭に巻いたまましっかり食べていた。

　ここまでの取り組みを経て川下りの日の夜の子どもたちの行動記録を見ると、比較的目立たなかったような子どもがうんとリラックスしてきていることがわかる。また、G男も食事の後片づけを指示されると、他児が横から持っていこうとした皿を強引に取り返し、自分でやるんだといった態度を見せたりしている。

　第5、6日　1泊2日の親子キャンプである。この親子キャンプはいろんな意味で集団指導のクライマックスでありメインイベントである。親と子は児童相談所で再会しキャンプ地へ出発した。場所は、舞鶴市内の比較的整備されたキャンプ場である。

　すぐカッとなり男児の中でも割合トラブルの多かったF男がますますルールを守ることができにくくなったり、L子がちょっとしたことで泣いてしまう行動が増幅されたのは、いずれも母親との再会による

＊実はこの川下り、私たちもまってしまい、以後、夏休みを利用しては四万十川や長良川、さらには全国唯一の飛び地の村、和歌山県北山村の北山川などにゴムボートを浮かべ、毎年川下りを堪能したものでした（初版では遠慮して書きませんでした）。

影響であるように思われた。短い休憩時間にも母親に甘え、くっつき、またしゃべりあうといった光景が少なからず出現する。

　キャンプのあいだにもビデオカメラが何度かG男を追った。最初の頃は他児に無理矢理ポーズをとらされ無表情のままであったが、しばらくすると、自分からカメラの前に顔を出してピョンピョン飛んだりすることもあった。D男やE男らとは比較的自由にあそべるようになっている。またキャンプファイヤーでは、「自分の好きなことを何かする」という男子班の決定に従い、G男は絵を描くと言って、他の男児が「昼寝をします」「逆立ちします」「バナナを食べます」「屁をこきます」などと言いながら次々とやっているあいだ中、舞台の上で絵を描き続け、完成したものを披露した。もっとも、描いたところを手で隠しながらではあったが……。

　ところで、キャンプ中子どもたちを徹底的に喜ばせたのは、併設されているフィールドアスレチックのひとつの「いかだ渡し」であった。泥沼にいかだが浮かべてあり、ロープを伝って岸から岸へ移るというだけのことだが、皆がいっぺんに乗って引っ張るものだから、何度もやっているうちにひとりが泥沼にはまってしまったのである。ところが、これを契機に次々と男児みんながはまり出した。衣服はずぶ漏れで泥だらけ、はまるたびにワーワーキャーキャーの大騒ぎである。たまたまあそびに来ていた親子連れがしかめっ面をするが、はめをはずしたあそびはますますエスカレートし、果ては、職員もスタッフのカメラマンも、そしてついには女児たちも皆が泥をかぶり、悲鳴、叫声、怒声、喚声が飛びかい興奮は最高潮に達していた。しかし、G男だけはどんなに誘っても決していかだに乗ろうとはしないのであった。

　さてここで例年私たちが重視して取り組んでいる親のグループ面接についても報告しておきたい。グループ面接は、キャンプファイヤー終了後だいたい夜9時頃からスタートするが、終了時間については制限しない。この面接は児童相談所で行っている各種の親面接に比べても独特のものである。それはまずキャンプという場所で、日頃の家事から解放されて何の気がねもなく話し込めるという母親（参加者は圧倒的に母親である）の条件にもよるし、また、"夜を徹してでも"という条件、さらには大テントでランプの光を頼りに行うという設定が、話し出そうとする雰囲気をかもしだすことにもつながっているであろ

子どもが子どもであるための治療的アプローチ

う。次に、重要なことだが、集団指導の目的ともかかわって、職員の側が、ガイダンスや助言するという立場を離れ、むしろ一個の人間として、という意味を込めて参加した。すなわち、この親のグループ面接は、親が自分自身の言葉で子育てを語り、また自分自身を語る中で、自ら何かに気づいていくということを最大のねらいとしているのである。これはある意味で、我々があそびをとおして子どもに期待しているものと軌を一にしていると言ってもよい。この年のグループ面接は、14名ということを考慮して2班に分け、それぞれ3人のスタッフを配置した。面接の終了はいずれも午前2時頃であった。面接を終えて感じることであるが、人の話を、本当にその人の感情も含めて聞き取ることのできる人がいたし、反対にそうした力の弱い人もいた。しかし、約5時間という時間を共有する中で、それぞれの親が何かを感じ、何かを持ち帰ることができたのは事実であったように思う。

第7日　キャンプが終わると親は自宅に帰っていった。子どもたちは再び児童相談所の一時保護所で過ごす。7日目はカッター試乗と海洋博物館見学、それにフィールドアスレチックスである。再び親と別れた子どもたちには、"あすはいよいよ家に帰れる" ということが心の支えになっているような印象もうかがわれる。フィールドアスレチックスをまわるG男は、がんばってひとつずつこなしていこうとするのだが、おじけづいて他児よりかなり遅れをとる。臆病さと運動面での不器用さが行動にあらわれたようである。

第8日　最終日、子どもたちは午後からの閉所式に備え、午前中はケーキづくりに熱中する。できあがったケーキを親や職員にも食べてもらうのだ。G男も他児と一緒に職員の作業をのぞきこんだり、卵をかきまぜたり、一生懸命取り組んでいる。

そして閉所式。ひとりひとりに合わせて書いた修了証を受け取る子どもたち。開所式では椅子にすわることすらできなかったG男がきちんと着席し、所長の前に出て修了証を受け取ったときにはひときわ大きな拍手がわき起こった。

子どもたちは記念撮影をすませると、何度もあいさつしながら児童相談所を去っていった。

以上のような形で7泊8日の夏季集団指導は終了した。私たちは、集団指導を行う中で明確になった子どもの特徴や課題などを親と話し

いかがでしょう。今の児童相談所では、あり得ない取り組みだと、私自身つくづくそう思います。つまりは豊かだったんですね、まだこのときは。

合い、同時にその後の状況を知るために、また、学校に対しては集団指導の報告を行う目的で、編集ビデオを携え、参加した子どもすべての親について学校で面接を実施した。

その中では、「子どもの性格が明るくなった」（D男）、「友だちがふえ、どう表現していいかわからないが子どもが変わった」（I子）、「よく話すようになった」（J子）、「児童会役員に立候補して当選、はりきっている」（A男）など子ども全体の変化をあげるものや、症状についても、「家に帰ってから遺尿がピタッと止まった」（A男）という例をはじめ、かなりの例で軽減してきたという報告がなされている。また同時に「あまり変化がない」という報告もいくつかあった（E男、C男、N子）。

むろん私たちは短絡的な効果を主張してみたり、期待するものではない。しかしこのような報告を聞いてみると、この集団指導が子どもにとって何らかの意味を持っている、あるいは何らかの契機として役立っていると考えてもいいと思うのである。

ところでG男であるが、集団指導終了の翌日、すなわち2学期の始業式の日に母親から電話があった。G男が学校へ着いたとたん、担任教諭に集団指導のことをどんどん話しはじめて、これがあのG男か!?と目をまるくしたと聞いてお礼の電話をよこしたのであった。

その後約2カ月しての学校訪問でも、授業中席にすわれるようになった。声も少し大きくなり行動も活発化してきた。「（集団指導の）修了証を額に入れてくれ」とせがんだりする。ひとつ大きくなった感じである。といったことが母親や担任教諭から話された。

V　まとめにかえて

以上、舞鶴児童相談所の夏季集団指導について、過去5年間の実践を考慮しつつ具体的には1982年の例をあげて報告してきた。これらをふまえ、以下にいくつかの点について言及しておきたい。

1　集団指導実践で職員は何をしたのか

その意図をひとことで言えば、「本物のあそび」を子どもたちに存分に味わってもらうということである。まがいもの、あるいはどこかで安全に管理されたあそびではなく、「本物のあそび」ということであ

子どもが子どもであるための治療的アプローチ

る。
　だから、追跡ハイキングにしても川下りにしても、実は私たち自身が行事の遂行そのものに知らぬまに真剣になっていた。それでなければ本当に子どもたちに何かを引き起こすことはできなかったであろう。無我夢中になり、最高のスリルと興奮を経験し、行事を終えればうんとリラックスして「明日は何だろう」という期待に胸をふくらませながらぐっすり眠る。こうした毎日を、子どもたちは親から（初めて）離れて暮らす児童相談所の生活の中で体験したのである。
　それでは、この体験を重ねさせる中で私たちが期待したものは何であったろうか。すでに述べたように、それは確かに「症状に対する治療」というものではなかった。そうではなくて、子どもの本来持っているエネルギーに火をつけようとした、言い換えれば、さまざまな症状を持った子どもが自ら治癒していく力、すなわち自己解決力を高めるための援助をしようとしたのであり、子どもがその全体において自分自身を太らせていく、その契機をつくり出そうとしたのである。もちろんそこには、子どもは本来、自ら症状を克服していく力を備えているとする考え方があることは言うまでもない。
　ところで、子どものさまざまな精神身体症状を考えていくとき、果たして原因が明確になるものがどれくらいあるだろうか、遺尿や遺便、チックその他どのような症状にしろ、むしろそれらは子どもの生育史全体の問題として考えねばならないことが多い。そうであるなら、児童相談所の集団指導は、症状への治療ではないが、子どもを全体として、つまり存在そのものからとらえたときに、子どもそのものへはたらきかけようとする、ある意味で最もオーソドックスな治療的かかわりであると言ってもいいのではあるまいか。我々が集団指導実践に対して「子どもが子どもであるための治療的アプローチ」と定式化できると考えたのは、まさにそのような観点からであった。
　もちろん、それは別の角度から見れば、このような集団指導が意味を持つこと自体、逆に現代の子どもが、あそびという最も自由なものからさえ疎外されているのではないのか、という不安と問題提起を呼び起こすことにもなるのであるが……。

2. 一時保護所活用の意味

東京都児童相談センターのレポートにもあるように、児童相談所における集団指導には、療育キャンプ方式と一時保護所を利用したものとの2通りのやり方がある。ここではキャンプと比較した一時保護所活用の意味について考えてみたい。

キャンプと一時保護所の最も大きな違いは、キャンプの場合、テント設営から食事の準備に至るまで、生活上の多くの行為が子どもたち自身の主体的な努力に負わされるのに比して、一時保護所での生活だと、そうした部分をかなり省略することになり、子どもたちはただ行事に熱中しあそびきることになるという点であろう。したがって、キャンプでは生活の必要性から自主性、積極性、責任感といった力をキャンプという形式自体が子どもたちに求めることにもなる。我々は、実はそれはできる限り避けようと考えたのである。

外から求められる主体性ではなく、子どもたち自身が夢中になってあそぶ中で自ら何かを発見することを願った私たちにとっては、一時保護所を活用する取り組みのほうがよりふさわしいものであった。それはＴＶを片づけ、学習時間を設けないという方針とも共通するもので、生活時間の中で「……しなければならないこと」をできるだけ少なくするという方針とも一致する。このことは、期せずして行事終了後などにかなりゆったりした自由時間を生み出すことにもなり、子ども同士のかかわりを容易にすることにもなった。

3. 親子キャンプとグループ面接

この集団指導の中で、1泊2日の親子キャンプは特別の重要性を持っていた。それは、連日の行事をこなし興奮気味の子どもたちの気分をさらに一歩高める役割を果たす。たとえば、先に述べた肥満児女児グループの男子職員に対する攻撃性は、キャンプの取り組みを通じてかなり急激に緩和されることになった。つまり、子どもたちにとっては日常と非日常の中間に位置する一時保護所の生活から大きく非日常の体験へ踏み込むことで、日常生活の中で持っている彼女たちの一種の防衛機制としての攻撃性が失われていったのではあるまいか。また、「いかだ渡し」の際、あそこまで徹底してはめをはずしてあそびきったことも、キャンプという場の中で、子どもたちが一種独特の解

子どもが子どもであるための治療的アプローチ

放感を感じていたからではないだろうか。いずれにしても、私たちが目標としている「あそびきる体験」というのは、キャンプを組み込むことで完遂することが可能になっているように思う。

さて、キャンプの中で、というよりこの集団指導全体の中で不可欠の要素として私たちが取り組んでいるのが、親のグループ面接である。というのはこの集団指導は、子どもたちにとって自ら問題に立ち向かう力をたくわえるための契機にはなり得るが、多くの場合、一挙に子どもたちの問題を解決することは困難である以上、子どもたちがつかんだものをその後の生活の中で生かしていくためにも、どうしても親の問題を避けて通ることができないからである。

たとえば集団指導のフォローで出会ったM子のその後の様子は、「集団指導後、しばらくは症状が軽減したがあとはまた同じです」と報告されている。この集団指導が一時的なストレス解消に終わるのか、それとも本当に子どもが変わっていく契機となるのか、という点で親の持つ意味はかなり大きいと言えよう。そのために私たちは、親のグループ面接を重視し、実践しているのであるが、この間のことを振り返ってみると、親がこの取り組みを通じて何かを発見できるのか否かということが、その後の子どもの状態にも確かに影響しているように思われる。

以上いくつかの特徴について言及してきたが、最後にあらためて確認しておきたいことは、こうした集団指導の取り組みが、実は対症療法も含めてきちんと解決していかねばならない日常の無数の相談活動を経験してきた私たち児童相談所の職員が、あらためて子どもの症状の本質をどう見るのか、そしてそれらの症状に対して本来どのように取り組んでいかねばならないのか、ということを地域や社会に問題提起をするものであるということだ。

今日どのような問題や症状であっても本当に驚くほどの種類の対症療法が喧伝されている。そのような状況の中で、子どもたちが真に健全に育っていくための原点は何か、私たちの夏季集団指導はそのことを問うていると自負している。

（1983年11月）

【グループワーク２】
ユースホステル盗難事件

先行き不安なスタートだった

　走り始めてからたったの数分で早くもＹが転倒。いわゆるMBDとの診断で投薬も続けているという彼を参加させたのは軽率だったのだろうか。こんな思いが脳裏をかすめる。

　今年の"琵琶湖一周春のサイクリング"は、こんなふうにしてしょっぱなから不安なスタートをきった。事実このＹは琵琶湖を一周する間、転倒や自転車の破損などのトラブルを数え切れないぐらい起こしている。それに加えてこのＹとＫとの２人が、スタッフの繰り返しの注意や指示にもかかわらず、呼応しながら道路いっぱいを使って蛇行したり、曲乗りまがいの自転車の扱いをし、トラックや自動車の運転手から直接注意を受けるということも何度かあった。長く養護施設で育ったＫは、面接や心理判定の結果から、自分の内や外に楽しいこと、興味の持てることを見つけることが下手で、日々つまらない思いで過ごしていると考えられていた。だから彼が危ない自転車の乗り方をするというのは、そんなことの中にしか楽しみを見い出せないからだろうと私たちは話し合った。彼の気持ちは汲んでやらねばならないが、当然のこととして無事に琵琶湖を一周させてやることがすべての前提になる。無事を前提にしつつ、無事であれば、安全であればそれでいいんだという管理中心の考え方ともたたかいながら、私たちはサイクリングを続けていった。

　今回の参加者は５名。断続的な不登校を続けていた中２のＭ。同じく不登校のＯ（やはり中２）。多動で落ち着きがないＹと無気力で生活のけじめがないというＫは、２人とも中１である。そして最年少の小学４年のＧ。彼は、学校で気にいらないことがあると物を投げたり他児に暴力をふるい、教室に水を撒くといった内容の相談を受けていた子どもである。全員男子であった。

思わぬ事件が発生する

　スタートして２日目、琵琶湖をちょうど半周してどうにか宿舎のユースホステルに到着した後だった。事件が発生する。児童相談所の

第３章
"よりよい実践"とは何か
◆事例報告にみる変遷

MBDとは、微細脳障害のこと。注意欠陥・多動性障害（ADHD）の昔の呼び名といえば、当たらずとも遠からず？

琵琶湖一週サイクリングは、当時他府県からも結構注目されていました。不登校の子どもたちなどから希望を募り、春と夏、琵琶湖を自転車で一周するんです。

養護施設という名称も、今では児童養護施設へと変わりましたが、ここでは当時の呼称をそのまま使います。

ユースホステル盗難事件

　サイクリングではいつもお世話になっていてすでに顔馴染みのペアレントが、夕食前に「ちょっときてほしい」とスタッフに声をかける。4人のスタッフのうちあいにく2人までが翌日の準備等で外出中だったが、ともかく残った2人で事務室に出向くと、「実は宿泊している中学生の部屋から1万円余りのお金が失くなってしまったんですわ……」と穏やかでない話。中学生グループは4人で、彼らの話をしっかり聞いてみる限りどうも嘘とは思えないのだという。そう話したうえでペアレントは「だとすると、その部屋に入ることができたのは、時間的に考えてお宅のグループしかないことになる。断定しているわけではないが何とか調べてみてくれないか」と言う。
　私は瞬間耳を疑った。今度の参加者の中に万引きとか窃盗を主訴としている子どもはいない。だからそんなことは考えたこともないし、注意してみたこともなかった。"何かの間違いではないのか"これが私の偽らざる心境であった。しかし事実を丁寧に重ねて推論してくるペアレントの話には説得力がある。やはり子ども等に問い詰めなければならないのだろうか。困った作業だな……、私は憂鬱だった。
　ほどなくして外出していた他のスタッフも帰り着き、私たちはまず子どもたちを一室に集めて「しばらく部屋を出ぬように」と指示し、職員1人をその場に残してペアレントを含めた再度の協議を始めた。

いつまで話が続くんですか
「本当にうちの子どもたちなんだろうか」
「どうであれ相手が中学生なんだから、被害金額についてはとりあえずこっちで負担しよう」
「子どもたちには夜のミーティングのときにでもゆっくり聞いてみたらどうか」
　当初に出される我々の側の意見は、正直言って"事態を大げさにしたくない""できればサイクリングに影響させたくない"というところからのものが多かったと言っていい。しかし、どう否定しようとすでに事件は発生しているのである。ユースホステル全体を預かるペアレントは、曖昧な形での問題解決や単なる金銭的な決着では責任を果たすことにならないと強く主張する。
「じゃあ、夕食後子どもたちに聞いてみよう」

「それでは遅いと思う」
　こんなやりとりを繰り返しているところへ、子どもたちの部屋に待機していた職員が険しい顔をして飛び込んでくる。
「いつまで話が続くんですか？『部屋で待て』と言ったって、子ども等にも限度があります。もうこれ以上持ちません！　すでにYはトイレだと言って部屋から出ていきましたよ」
　状況は猶予を許さない、そんな空気が支配した。私たちは結局、今すぐやるだけのことをやるということにして協議を終えた。
「それにしてもこの中の誰が……」
　ふと気づくと、それまで考えたこともない疑いを子どもたちそれぞれに向けている自分を発見して恥じながら、私たちは苦渋した。いったいどうやってこの件と取り組んだらいいのか。事業はまだ半ばである。子どもたちの誰もが否定して、疑いを残したまま後半のサイクリングが成立するだろうか？　職員との信頼関係は？　また仮に誰かが事実を認めた場合にも、その子どもと他のメンバーとの関係はどうなるのか。いずれにしてもこれは相当大変な問題だぞ。今回のサイクリングの目的を損なわないようにしながら、可能な限り事実を明らかにする方法が果たしてあるのか？　しかも時間的余裕がなく、児童相談所の他のメンバーの助けも得られない状況の中で……。

突然Gが泣き出した
　あれこれ思案したうえで、私たちは事件の概要を最初からは告げず、「大切な話があるから面接をしたい」ということにして、別室で子どもたち１人ずつから事情を聞くという方針を決めた。
　ところがここでハプニング。私が「みんな聞いてほしいことがある。夕食が遅れてお腹がすいているとは思うが、どうしてもみんなと話し合いたいことができた。ついてはこれから１人ずつ隣の部屋で面接するから……」と告げたところでふと気づくと、「帰りたいよう……」Gが布団にうずくまって激しく泣きじゃくっているのだ。直接的には、他児からからかわれたということが原因だったようだが、小学生の参加が１人だけだったため、ともすれば職員のところにやってくることが目立ち、メンバーから外れがちだったGのホームシックである。自宅から最も遠い琵琶湖の最北端までやってきて、しかも何か緊張した

ユースホステル盗難事件

雰囲気が支配し続ける状況に耐えきれなくなったのであろう。Gのめんどうも見てやらねば……、だがこっちの件は……。不意を突かれたように私は混乱する。しかし、彼がいくら泣いても、またこの事件に関与していなくても（Gがこの件に関して何の関係もないだろうことはただちに判断できることだった）、彼を例外扱いすることはやめておこうと考えた。泣いているGに、むしろ厳しい口調で「辛くとも話だけはちゃんと聞くように！」と促したうえで、「誰からでもいいから隣の部屋に行ってほしい」こう指示して話し終えた。

最後まで面接を続けよう

個別の面接調査はスタッフ3人で行い、子どもたちの部屋には私が残った。まずKが行く。なかなか帰ってこない。スタッフの中に"もしかしたらKかも……"という疑いがあったのも事実であった。残された4人と私、所在なさが支配する。やっとKが帰ってきた。ついでOが出ていく。Kが思わず「警察が来るかもしれん」と漏らす。「黙ってなさい！」ぴりぴりしていた私がたしなめる。Kの発言に興味本意の気持ちを感じて許せなかったのだろう。妙な雰囲気が再び強まっていく。続いてY。Yが出ていった後、すでに面接を済ませたOが妙にそわそわし始める。「先生、そんなに恐い顔せんといてえな」「いつもと違うみたいや……」こんな形で話しかけていたOが、急に小さい声で「先生ちょっとこっちに来て」と他のメンバーには知られたくないような素振りで手招きする。「もっとこっち」「あのな、僕が言うたといわんといてよ。さっきYが『風呂場で拾うた』いうて千円くれたんや。けど気持ち悪うなって返したんや、ほんまやで」「僕が言うたとはいわんといてや」こんなことを告げるのである。あとで聞いたのだが、Oは隣室での面接の際、「何か知っていることはないか？」という問いに「何も知らん」と答えている。Oにしてみれば、仲間のことを話すのは告げ口するようでいやだっただろうし、一方重大なことを知っていて話さないのもうしろめたかったのではあるまいか。OはOで苦しんでいたのである。

さてこのOの耳打ちと相前後して、隣室の動きも慌ただしくなる。スタッフの1人が部屋を出たり入ったりし始めているのだ。Yが大方の事実を認めたという。"肩の荷がおりた"というのはこんなことを

言うのだろう、スタッフの緊張はどっとほぐれ一同の顔がゆるむ。が、気づくとまだ2人の子どもたちの面接が残されている。"もういいだろう"こんな気分が強まった、しかし……。私たちは再度、短時間の打ち合せをし、「事実はあらかたわかったけれど、ここで面接を打ち切るのはよくない。5人全員の面接を最後まで続けよう」と意思統一した。残ったM、そしてGがそれぞれ隣室に向かう。

こうして5人の面接が終わった。私たちは再度子どもたちに集まってもらい、次のように告げた。

「面接の中で話したように、実はこのユースホステルの中で盗難事件があった。みんなを疑うわけではなかったが、ペアレントの要請もありどうしても調査する必要があったので、多少いやな気持ちにさせたかも知れなかったが、1人ずつに面接させてもらった。そして話を聞いてみて、この中の5人ともちゃんと本当のことを言ってくれたと思っている。だからこの件についてはこれでおしまいにしたい」

皆で食べる遅い夕食。Yが自分で謝りたいと申し出たので、他のメンバーには気づかれないようにして、ペアレントのところへ行かせた。事件はともかくこれで一応の決着をみたのである。

サイクリングがMを変えた

翌日は走行予定なし。同じユースホステルに宿泊して近くの山に登り、また琵琶湖で釣りをすることになった。Yは一番に頂上に登り、釣りのときも、いつものような落ち着きのなさとは違ってじっくり糸を垂らしていたようである。Gも、前日は鼻をすすりながら面接調査に応じていたが、翌朝になるとどうやら元気を取り戻し、本来の陽気さ、甘えたぶりを発揮していた。

ところで、サイクリングの持つ意味、治療的側面について考えるのに絶好の例を示してくれたのはMであろう。この間の彼を知るものにとっては、サイクリング中の彼が示した行動はある意味で感動的ですらあった。

Mは「グループ通所」に参加していた児童である。しかし、せいぜい4、5人の小さなグループ内でも彼は孤立し、ゲームやケーキづくりなどにもなかなか加われないでいた。しかもそれだけでなく、好意で「食べてごらん」といって差し出されたケーキなどにも手をつけよ

> この当時、不登校の相談は児童相談所でもメイン業務の一つであり、個別面接に加え、グループ通所として何人かの子どもたちが交流できる場を用意し、対人関係を広げていくような取り組みをしていました。

181

> ユースホステル盗難事件

うとせず、メンバーの不評を買い、自分からグループを離脱するかのようであった。学校でも同様の調子で、断続的な不登校を症状として示し、担当の先生からも、集団嫌い、集団不適応についての心理治療を依頼されていた子どもである。

その彼が、サイクリングでは悪天候や身体の疲労などにも不平をこぼさず黙々と走り続け、最も安定した力を発揮したのである。そしておそらく、そのことをベースにして徐々に仲間の誘いにも応じ、ついにはすっかり仲間の中に入り込み、最後には何度も冗談を飛ばしてメンバーの人気者になっていったのであった。

我々は、新学年になってMが元気に登校していることを確認して児童相談所の指導を終結したのであるが、琵琶湖一周を成し遂げた後の閉会式で、身体障害を押してやってきた父や母の前で完走賞を受け取る彼の姿は、確かに心に残るものであった。

200キロという長さの中で

京都府の児童相談所が再編される前の中央児童相談所の時代から数えれば、琵琶湖一周サイクリングには多くの積み重ねがある。しかし、こうした盗難事件を引き起こしたのは、他の療育事業も含めて初めてのことであった。だから、この事態に直面して私たちは面喰らい、動揺した。犯人捜しは私たちの仕事ではないはずだし、逆に学校などで時々あることだが、事件そのものよりもそうした犯人捜しからくるトラブルを見聞きしていたために、調査と指導ということが二律背反のような気分に襲われ、困惑してしまったというのが率直なところであった。

時間に追われ、事態に否応なく要求されて私たちがとった方法はどんなものであっただろうか。私には未だによくわからないが、少なくとも、スタッフ面接の中でYが大まかな事実を話してくれたことが、私たちを、またY自身や他の子どもたちを助けたということも素直に認めてよいことであろう。あの夜の数時間は、今から思えば私たちにとってこそ貴重な体験であったのかも知れない。

サイクリングは、児童相談所にとってというより、一人一人の子どもたちにとって大変な事業である。児童相談所での1泊を含めて5泊6日という時間、外で暮らすということは、おそらく彼らにとっても

> 琵琶湖一周サイクリングは、子どもたちが大きく成長する機会になりました。その後、この取り組みで知り合った子どもたちが結婚するということもありました。でも、今は行われていないと思います。スタッフにとっても貴重な経験だったので、残念です。

初体験のはずである。だからいろんなことが起こる。いろんな出来事の中でただ一つ共通するのが、自転車を漕ぐという課題である。極めて単純だが、しかしその単純なことを200キロという長さにわたって続ける中で、何かが変わる。Mの中にあった劣等感やこだわりが（それを私たちはグループ通所の中で何度も見続けていたのだが……）サイクリングを通じて解消していく様をつぶさに見ることで、私はあらためてそのことを確信したのであった。

(1989年5月)

【家族療法実践1】
それを調べて来てよ

何でかわからへんけど

途中学校へ行きかけるということもあったが、結果的には約1年間の不登校状態を続けた後、A子は現在元気に登校している。もうすぐ中学校も卒業だ。彼女はいったいどうして登校するようになったのか。ケース会議でそのことを報告する担当児童福祉司も「何でかわからへんけど、ともかく主訴（不登校）が消滅していますので……」と言いながら児童相談所での指導終結を提案した。

彼女が登校するようになってしばらくしたところで、私は彼女にインタビューを試みている。
「何で学校に行くようになったの？」
「ウワッ、やっぱり……聞かれると思った！」
「それ秘密にしとくわ」

学校に関する話はこれでおしまいである。結局彼女の口からはなぜ登校するようになったのか聞かれずじまいに終わったし、それだけでなく母親からも、同じ時期に、
「特に変わったことはありません。相変わらずです」
との発言がなされただけである。

何がよかったのか、彼女の登校を促した真の動機は何であったのか？　当事者がそのことを語らず、しかもそれが人間の心の問題であるとしたら、はっきりしたことはおそらく誰にもわからないだろう。

第3章
"よりよい実践"とは何か
◆ 事例報告にみる変遷

本レポートと、次の「症状が家族を結びつける」の2本は、私の家族療法体験をまとめたものです。京都府ではこの当時、新しい取り組みとしての家族療法が盛んで、私も手を染めたのでした。本事例は、家族療法一歩手前ぐらいの事例でしょうか。

> それを調べて来てよ

　また、この１年間何らかのかかわりを持ち続けた我々児童相談所のスタッフが、どんな役割を果たしていたのかということも同様である。

家族では無理です
　だから、以下に記す私のたった一度の"介入"も登校と直接関係があるのかどうか定かではない。ただ、この時期私の事情から言えば、いわゆる"家族療法"についての研修に通い始め、チャンスがあればその手法を使ってみようと、てぐすねひいて待っているという状態にあった。"家族療法＝システムズアプローチ"ってほんまに有効やろか？　ちょっと試してみたいなあという衝動にかられていたというわけである。
　そんな事情だから、Ａ子の場合にも家族面接、家族療法を実施すべく、実は家族全員の来所を勧めた経過がある。ところが、Ａ子と父との関係がよくないことなどから"家族で行くのはちょっと無理です"と断られてしまい、家族面接は結果として一度も行われないままとなってしまった。
　しかし一方で私たちは、児童相談所の多くのケースと同じようにＡ子に対する心理検査の実施、その結果をふまえての母やＡ子本人への助言指導を行ったり、来所しない父と会うことも目的の一つにして児童福祉司が家庭訪問を繰り返すなど、従来からやってきた方法でのかかわりは続けていた。言ってみれば母子ともに相談の意欲はあり、児童相談所への来所もいとわないが、父子関係の改善などを中心にして、どんなことでもやってみるというわけにはいかなかったのかも知れない。

家の中は無茶苦茶
　そんなこんなの中でのある日のＡ子との面接である。Ａ子がしきりに"家庭内がたいへんだ""おもしろくない"と話す。中身はおもに父親とＡ子とのトラブルである。
「もう２、３日したら父が爆発するやろ、私にはよーくわかるんです」
「父は私が学校に行ってないから無茶苦茶怒る」
「もう父が言うこともすることもわかってるんです。同じことを毎回毎回繰り返しているし……」

事実このＡ子の話は、これまでの母との面接や学校調査等でも確認できていることだ。それによれば、父は腕利きの大工だが職人気質のところがあって、家では酒好き、すぐに手が出る人とのことである。
「学校行かへんならメシ食うな！　電灯つけるな!!」
　などと極端なことも言ってＡ子を怒鳴り散らし、場合によっては暴力もふるうという。そして母親もそういう父の理不尽な態度からＡ子をかばいきれず、Ａ子に言わせるなら、
「家の中はもう無茶苦茶！」
　ということになるのであろう。

＊

「毎日ケンカばっかり。おんなじこと繰り返してる」
「ホント？」
「ほんとです。父がどういうか私にはもうわかってますし」
「じゃあそのときあなたはどうするの？」
「そのときはですね！」
　Ａ子はまったくよどみなく、"父がこう言う、そしたら私はこう言い返す、そしたら父はたいてい×××となり、だから私も×××する……"と話し続ける。そんなＡ子を眺めていて、私にはひとつのアイデアが浮かぶ。そのアイデアのために、私はＡ子に"父とのケンカ"の様子をさらに詳しく聞くことにする。そして彼女の話が一段落したときだ。私は次の質問を彼女にしてみた。
「じゃ、そのケンカはどういう風にして終わるの？」
「えっ？　あれっ……？」
「どんなふうに終わるんかなあ……ちょっと待って」
「いいよ、ゆっくり考えてみて」
「うーんと……そう……わからへんわ、どうやって終わるんか」
　ケンカの様子が具体的で詳細であっただけに、そのケンカがどういう形で収束するのか記憶がないというＡ子の述懐は、私にとって実にいいタイミングでチャンスがめぐってきたように思えた。

それを調べて来てよ

「じゃ、お父さんとのケンカがどういう風に終わるのか、次の面接のときまでにそれを調べて来てよ」

それを調べて来てよ

「次のときもわからへんというようになったら困るし、お父さんとケンカが始まったらよく気をつけて、どんなふうになるか調べるという宿題を忘れんといてよ」

「わかりました」

ここまで話が進んだところで、私はこの面接を打ちきった。しかし最初はこんな形でＡ子に接しようなどとはまったく考えていなかったし、むしろケース指導の流れから言えば、不登校状態は続く、家族面接もできないという中で、Ａ子自身にきっかけをつかませようということで、児童相談所独自の機能である一時保護をしようということになっていた。そして実際に母子ともから一時保護の了解をとり、この日の面接以後もその線で準備を進めていたのである。

ところがＡ子とのこの面接の10日後、Ａ子は登校を始めてしまう。この報告を受けた私たちは、検討の結果一時保護はとりあえず延期とし、さらにその後の登校状態を見て最終的な中止を決める。そしてしばらく様子を見ることにしたのだが、Ａ子の登校状態は極めて順調で、以後欠席もほとんどなく、現在に至っているのである。

そればっかり考えてた

ところで前にも書いたように、私はＡ子が登校を始めて２カ月近く経ったところで、その後の様子を確かめるための面接を行っている。Ａ子が"登校はちゃんとできてるけど、まだ自分としては不安や。けどこれからもがんばるつもり。『学校へ行って父を見返してやる』なんて言ったこともあったけどまだまだそんな状態じゃない"などの話をひとしきりしたあと、私がきりだす。「お父さんとのケンカがどんな形で終わるのか調べといてほしいと言ったけど、それ覚えているかな？」

「それも聞かれると思った！」

「あのな、ケンカになったとき、もう"どうやって終わるんやろ""どうなって終わるんやろ"と、そればっかり考えてた」

「で、そのときは父が『ワシ寝るわ』言うてそれで終わったんです」

「それほんと？」

「ほんとです。『ワシ寝るわ』いうて２階に上がって行きましたから……」

「じゃあケンカはいつもそういう感じで終わるの？」
「……さあ、どやろ？」
「たまたまそのときがそうやったんかも知れんやろ？　それがいつものことなんか、もう1回調べて来てほしいねんけどなあ……」
「ええっ!?」
「やっぱりそれ、イヤやわー、第一学校行くようになってからはほとんどケンカもしてへんし、そんな宿題もろて学校行けへんようになったらかなん」
「両親のケンカもなくなって、うちは今平和なんです」
「そうかあ」
　こんなやりとりがあったのだが、私にはＡ子の登校もさることながら、彼女が非常に生真面目に宿題に取り組んでくれたことが心地よく感じられたのだった。

わかっちゃいるけど
　以上の経過をふまえて、今私の思うことを述べてみたい。先にも述べたように、Ａ子の登校の要因をいったいどこに求めればよいのか、いくつかの推測は成り立つが、最終的な確定は難しい。あるいは一時保護の提案とその準備自体が誘引になったとも考えられるし、実はこのときすでにＡ子の中で登校に向けての機が熟していたのかも知れない。一方私の介入が一定の意味を持ったといってもあながちそれを否定することもできぬであろう。そこで、以後はそうした登校の要因さがしをするのでなく、私自身がした介入だけを取り出して考えてみることにしたい。
　まず、この介入の意図と性格について。ひとことで言えば、これは"現状維持"を指示するパターンの一つだ。
　家庭内で揉めごとが多い。特に、不登校の話題を中心にＡ子と父との間のケンカが絶えないという。したがって、それを聞くセラピストとしては、何とかしてこのケンカを収めたい、あるいはケンカという形の父子のパターンを変化させたいと思うのだが、父の来所も望まず、単純にＡ子に"我慢せよ"とか"ケンカをよそう"などと言っても抵抗されることは十分に予想のつくアドバイスである。なぜなら、Ａ子の状態はまさに"わかっちゃいるけどやめられない"というものだっ

> それを調べて来てよ

たから（A子が説明する父とのやりとりは確かにリアルであった）。
　そこで、"やめよう"という指示とは違うアプローチが求められるのだが、私の場合、その方法の一つとして"現状維持"の指示という家族療法の研修で学んだ方法を採用したというわけである。

呼吸である
　ただ、現状維持といっても、その指示は実にさまざまであろう。たとえば、
　「ケンカには意味があるから毎日しなさい」
　というのもあるし、
　「一挙に何もかも変えてはかえって好ましくないからしばらくケンカを続けてください」
　「今はケンカをもっともっとすべき時期です」
　といったように、何らかの肯定的意味づけを示して指示することもあるだろうし、あるいは、
　「ともかくケンカをし続けてください」
　と何も言わずに従うよう指示する場合もあろう。さらに、
　「本当にケンカが起こるのかどうか、様子を見たいので、こちらがいうまで何も考えず、いつものようにやってみてください」
　「ケンカが何分ぐらい続くか知りたいからその時間を計ってみてください」といった形の、調査を口にしての現状維持を指示することも可能である。
　さて、私が今ここでいろんな言い方があると実際に例示してみたのは、決して原稿用紙のますめを暇つぶしに埋めてみたというものではない。何が言いたいかというと、同じ現状維持の指示をするにしても、問題はそれをどういう状況の中で言うか、またどういう意味を込めて説明するのか、あるいはしないのかということであって、それは"現状維持"という方針以上に重要であるとさえ言えると、最近とみに感じられてならないからである。
　つまり先ほどあげたいくつかの言い回しは、単なる言い回しなどではなく、それぞれが使い方次第でまったく違う意味を持って家族の前に出現するかも知れないし、さらに同じ言い回しですら、場合によっては違う意味づけがされるかも知れないと私は思うようになっている

ということである。
　事実、体験的に言っても家族面接の際の課題の内容、課題の与え方というのは、面接過程の中での家族とセラピストとの呼吸であるように思う。その呼吸がぴったりこないと、どんなにふさわしく思える指示でもうまくいかないということを、この１、２年だけでも私はいやというほど思い知らされているのである。

いつものパターンが
　"ケンカがどういう形で終わるのか、それを調べて来てよ"これがＡ子に出した宿題である。ただしねらいはその逆で、父とのトラブル状態を変えたいということであった。そしてＡ子からの報告は、正直言って私を密かに喜ばせた。思うに、Ａ子がケンカの最中にセラピストから出された宿題を忘れず、"どうして終わんのやろ、このケンカは？"とそればかり考えていたとすれば、少なくとも従来のように、父と言い合いをする、あるいはその渦中に完全に巻き込まれる状態とは確実に違っていたはずだ。つまり、"このケンカがどうやって終わるんかな？"と考え、そこに第一の関心を払い続けるＡ子が存在することで、Ａ子と父とのいつものパターンがほんのわずかかも知れないが変化した、言い方を換えれば、現状を維持し、なおかつ確認をするように求めたことが、逆に従来のようなケンカを起こさせなくした、と私には思われるのである。
　むろんこれは家族全員での面接でもないし、いわんやビデオやワンウェイミラーを利用した本格的な家族療法の面接でもなかった。しかし、私自身がＡ子に対して、あるいはＡ子を通じてＡ子の家族に仕掛けようとしたことは、確かに家族療法の中で学んだ手法のひとつであった。
　ところで私は、この論稿の中で何度も"このケースの不登校状態解消の真の動機は結局わからない"と書いてきた。しかし告白するなら、私の、ささやかだったがあのＡ子との面接はＡ子の登校にとってきっと何らかの影響を与えたはずだと信じ、こっそりほくそ笑んでいるのである。
　"家族療法は確かに実践してみる価値があるぞ………"
　まだまださまざまな疑問や躊躇を抱きながらも、こんな思いがふつふつ

> それを調べて来てよ

と私の中に湧き起こってきたのは、おそらくこのＡ子との出会いが重要な契機になっていると考えて間違いない。私はＡ子の登校に導かれるようにして家族療法に足を踏み入れることになった。

だが一方、こんなふうにして家族療法を始めたことが、その後思いもよらぬ失敗や苦労をも引き寄せてくることになるのだが、それはまた別の機会に報告することにして、今回はこのあたりで筆を置くことにしよう。

（1988年11月）

【家族療法実践２】
症状が家族を結びつける

Ⅰ　はじめに

　児童の相談の中で、家族関係に焦点をあてた指導や治療は従来からずいぶん強調もされ、また実践もされてきた。しかし実際の取り組みとしては母子の並行面接などが多く、治療に時間がかかったり、なかなか問題の解決に至らないことが多かった。私たち自身もこうした例にもれず、同じような経験を繰り返していたのだが、その後、家族全体のシステムを対象に情報収集し、介入してゆく方法を学ぶことになった。いわゆる合同家族面接、家族療法によるアプローチである。この実践を始めてみると、子どもの症状が家族システムの問題を示す象徴的なサインであったり、逆に家族を結びつけるために症状が役立っていることなども発見し、また子どもが来所しなくても十分問題解決に向けて取り組んでゆけることを体験した。そして、家族療法の取り組みが一部の関心のある職員の仕事にとどまらず、児童相談所のチームアプローチとして当所の児童処遇におけるひとつの重要な方法として確立してくると、ケースの総合的理解力や面接技術、ケース処遇力などが確実に向上してきたのである。

　ここで報告する事例は、セラピスト（川﨑）にとって実質的に初めて家族療法に取り組んだケースであるが、常にワンウェイミラーを隔てた観察室のスーパーバイザーや児童福祉司、その他のスタッフと共同して治療にあたることで問題を解決したという経過を持っている。

本稿は、厚生省『児童相談事例集第20集』に掲載したもの。団士郎（課長）、川嶋孝子（児童福祉司）、川畑隆（心理判定員）の方々と連名で報告しました。家族療法は、この事例のようにチームで取り組むことが基本です。セラピストは私ですが、共同執筆者の皆さんの了解を得て載せています。

本事例は複雑な家族関係を背景に持ち、ＩＰ（Identified Patient；患者とされている人）も兄から妹に変わり、かつ当初のＩＰであった兄が初回面接に出席しただけでその後の来所を拒否したことなど、さまざまな要素を含んでいた事例である。

今回の事例報告では、家族面接各回の様子をなるべく丁寧にたどりながら、児童相談所における家族療法についても一定の考察をしてみたい。

Ⅱ　ケースの概要

相談は最初母親から寄せられた。「高１の長男Ａ夫が母親に暴力をふるう」「家業としてやっている店から商品を勝手に持ちだす」「学校をさぼる」という主訴である。

家族構成は図１のような５人家族である。父が外国籍のためか夫婦は内縁関係のままであり、子ども２人は母の姓を名乗っている。父の国籍について、子どもらはある程度気づいているらしいが、きちんと伝えられたことはない。仕事は住宅地内の小さな商店で、夫婦による個人営業である。母親は前述したこと以外に「妹も兄の真似をするようで心配です」とか「家庭内でケンカが絶えず困ります」など次々に心配事を並べたて、さらに父親や祖母に対しても不満を漏らしていた。

図１　家族図

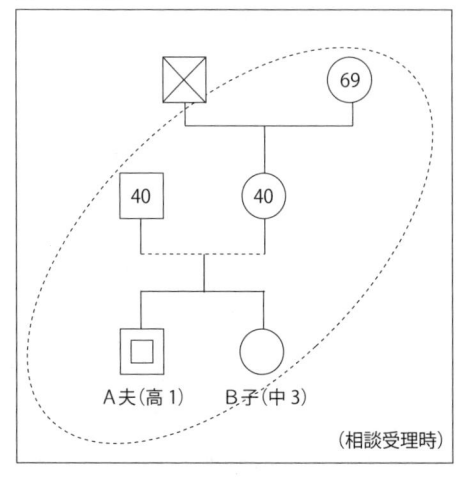

（相談受理時）

症状が家族を結びつける

Ⅲ　指導方法と経過

　母親からの訴えが単にA夫のことだけでなく、妹のB子のことや家庭内の雰囲気にかかわるようなことまで含まれていることなどから、家族全体のシステムにはたらきかけることが適当ではないかと考え、家族療法による面接を実施することにした。面接は約7カ月の間に12回実施し、終結している。以下に順を追って各回の面接の特徴を示したい。

［1］初回面接
第1回面接　8月9日
〈来所メンバー；父母、A夫、B子、祖母〉

　家族全員がそろった。初回面接である。ここまでの母親とのやりとりはすべて児童福祉司が行っており、セラピストは家族の誰に対しても初対面であった。まず家族の紹介をしてもらう。このとき自己紹介ではなく、それぞれ家族の他のメンバーを紹介するよう提案した。母が祖母の紹介をしたあと、祖母が「実の息子以上によくしてくれます」とやたらに父を誉める。次いで父はA夫を紹介。「忙しくて何もしてやれなかった。子どもの細かいことも知らない。したいことをさせてやろうと思っている」などしきりに反省口調で話す。このときA夫は「だるいねえ」と発言。少し間があったのでセラピストはA夫に

図2　家族の着席位置と家族の紹介順

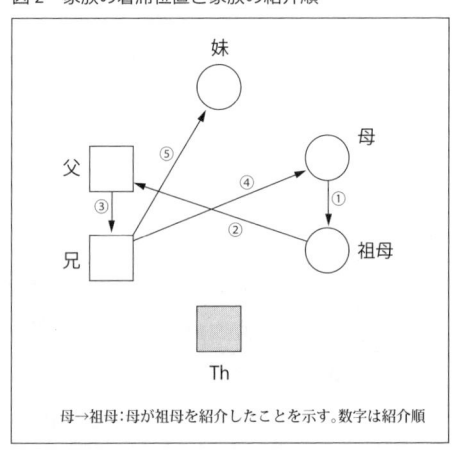

母→祖母：母が祖母を紹介したことを示す。数字は紹介順

向かって「誰か家族の紹介を」と促す。A夫「これが自分のことしか考えてへんアホ」と母親をさして一言だけ発言する。その結果B子が家族の紹介から取り残される。

セラピストはA夫にB子の紹介を依頼する。A夫は「別に言うことない」と言いながらも名前や日常生活についてごく簡単に説明する。単に家族の紹介を指示しただけだが、家族の特徴はこれだけでかなり浮きぼりにされたようである。

このあとセラピストは、初回面接の際必ず行う質問を家族に向けて発した。「家族にとって現在一番問題になっていることは何ですか？」

すると意外なことに、"沈黙"が場を支配する。家族の誰もが黙り込んで答えようとしない。しばらくしてやっと母親が口を開く。「考え方がバラバラというか……」しかしこの発言には他の誰も共感を示す様子がない。母親の話もとりとめがなく、B子は首をかしげているし、A夫は足を揺すっている。さらに「思うようにならないと、A夫がものに当たったり……」などと母が発言すると、即座に「おまえやろ！」とA夫が叫ぶ。

母「（子どもたちを見ながら）ふたりとも無気力というか……」
A夫「どこが無気力か言うてみい！」
B子「問題ない、被害妄想や」

母の発言はことごとく反発口調で否定されてしまう。

父は「とうさんが見てても態度悪いで」などと子どもたちをやんわり批判するようなことも言うが、セラピストの問いに「意味がはっきりわからん」などの反応でちゃんと答える様子はない。祖母も「ちょっと話してやったらええんです。きつすぎたんです。子どもを縛りつけて……」と抽象的な発言に終始する。また、父親が祖母の言葉に乗って母親への批判を述べる場面もしばしば出現する。こんな調子が続き、母親はだんだん口数が少なくなってくる。

「家族の問題は？」の問いに家族が答えられない。セラピストは「それではどうなったらよいのですか？」等々質問を変えながら解決すべきことが何かはっきりさせようとするが、同じことが繰り返されるばかりである。そこでセラピストは、再々度「問題が何なのかはっきりしません」と問題の確認を迫る。やっと祖母が「気に入らないとA夫が暴力をふるうんです。それさえなければ……」と初めて具体的

> 症状が家族を結びつける

な問題について語る。そこでセラピストは暴力にまつわるテーマについて家族とやりとりをし、初回面接を終了する。

次回面接日の設定について、A夫が「＊月＊日はあかん云々」の希望を述べていたのが印象的であった。

〈スタッフミーティング1〉

面接の中でも初回の持つ意味はかなり大きい。来談者の印象を決定づけるということもあるが、それよりも"ケース全体の特徴がすべて含まれているのが初回面接であった"という経験を多くしてきたからである。家族面接において、私たちはよく表1のような角度から家族の分析を試みている。このケースの初回面接についても、これを参考にいくつか検討を加えてみた。

まず母親が問題にすることが焦点化されないで、あれやこれやと拡散していく。原因のひとつに、そういった日常的な心配について夫と相談したり、話し合ったりできていないということが予想できる。問題が何であるかというよりも、解決のための協力者がいないことに母

表1 家族アセスメント（査定）シート

家族のライフサイクルの段階
　現在どの段階にいるのか？　これまでの各段階で、必要なことがなされてきたか。現在の家族の相互作用が次の段階への移行を妨げていないだろうか。
家族の生活の場
　職場。学校。自由時間を過ごす場。家族の営みを維持する、あるいは損なう環境。第三者の及ぼす影響。
家族構成
　家族システムの各部分をつなぐもの。サブシステム。境界。力関係。
家族の柔軟性
　システムの規則が必要に応じてどの程度情報交換ができるように開かれているか。
家族の共鳴度
　家族として、そのメンバーのニードに対する感受性。オープンであること。家族の流れ。感情の表現。
家族のコミュニケーションの過程
　コミュニケーションのパターン。言葉と行動が一致しているか、いないか。コミュニケーションの自由度。
夫婦としてのサブシステム
　結婚生活に対するバイタリティ。コミットしているか。満足しているか。
個々の諸問題（issues）
　家族の場における個人個人の難しさ（障害など）

by G.D. シメオン

シメオン氏は、京都国際社会福祉センターが1980年代にスイスから招聘した講師で、構造的家族療法や戦略的家族療法などについて、2年間にわたる実務を中心に据えた研修プログラムを企画、実施しました。本稿の共同執筆者の一人である団士郎氏は、その受講者の一人です。

は不満を抱いているようだ。ＩＰはそういう夫婦が話し合う材料を、結果的に提供していることになっている。

　次に両親という単位の独立性が感じられない。祖母は極めて不可解に娘の夫にエールを送り、それを家族の他のメンバーがどう見ているのか見当がつかない。兄妹の関係はよくわからないが、母親に対する無礼な態度という点では共通している。それに対して大人はなんらたしなめたり、注意したりしない。

　境界があいまいなために問題を起こす三世代家族の場合、まず一般的なサブシステムの確立（たとえば両親が両親として機能できるような状況・具体的に共有できる仕事をつくり出す）を図ってゆくためのかかわりがよいように思う。

［2］夫　婦
第2回面接　8月30日
〈来所メンバー；父母、Ｂ子、祖母〉

　Ａ夫は来所していない。その経過について話題にする中で、両親の感情的なズレが見えてくる。セラピストは両親の対話を提案し、まず両親が対面するよう椅子の位置を動かすよう指示するが、父親にはかなり抵抗があるようで、こころもち体の向きを変える程度である。両親の話し合いでは、母が強く父を責める。父も「ワシが言うても（おまえが）聞き入れたことがあるか！」「言っても仕方がないので何も言わない。そのほうがうまくいく」と激しく反発する。ついでセラピストに声をかけ「先へ進めてください」と両親の話し合いの中止を求めてくる。このとき、祖母が「子どもより夫婦の問題ですなあ」と口を出し、涙ぐむ。またＢ子は腕組みして退屈そうにしている。

　この面接でセラピストは"両親の考え方に違いがある"ことを確認すると同時に"どちらも正しい"と両方の立場を尊重する態度をとり、両者から等間隔の位置を保つ。最後にスーパーバイザーが入室して"両親で協力してＡ夫を来所させる"という課題を出し、面接を終了する。

第3回面接　9月21日
〈来所メンバー；父母、Ｂ子、祖母〉

症状が家族を結びつける

　A夫の来所は実現しなかった。父親が「強要せずごく自然に『今日行くぞ』と声をかけたら、A夫が『今回だけはやめとくわ、次に行く』と返事したのでそれを信頼して無理には……」と説明。来所の日程自体はそれまでに母親が伝えていたという。A夫がバイクを買いたがっているらしい。その話を聞きながらセラピストは、「バイクのことなどもあってお二人で話し合う機会があったようですね」と問いかけると、父「毎日両親で話をしています」母「前よりは少し（父が）話を聞いてくれるように思う」などの返答がかえってくる。
　セラピストは、インターバルでのスタッフミーティングをふまえ「今までと違って今日は和やかな雰囲気がありますね」と面接の様子を肯定的にかえす。後半で母が「おとうさんは『子どもにまかす』と言うのに『なんでや』とよく言うのはおかしい」と軽く父親の養育態度の矛盾を突く。父は「『なんでや』という言葉があるからや」と反論しながら笑っている。

〈スタッフミーティング2〉
　夫婦にそれぞれ言い分があって、対立やあげ足取りが繰り返されるとき、それはこれまでも繰り返されてきた、彼らには慣れ親しんだ事態だと思ってよい。ということは同時に、何の役にも立ちそうにない繰り返しであるということでもある。
　そこで、両親として共同で当たる具体的な仕事を提案した。息子に面接に来てもらいたいと思っている点では一致しているのだから、それを2人で実現すべく協力してくださいという課題を出したわけである。また、そのために相手にはどうしてもらいたいかということを話し合ってもらっておくと、仮に実行できていなくても、その点について次回セラピストが話題にすることができる。
　またIPの欠席している家族面接でよく起こるのは、面接がそこにいない子どもの過去の話で占められるということである。過去の事実ではなく、そのことを今どう扱うかという話にしていかないと、話している人はただの情報提供者、データバンクになってしまう。

[3] 祖　母
第4回面接　10月5日

〈来所メンバー；父母、B子、祖母〉

　事前ミーティングで「祖母が保護者役にまわって両親が祖母に心配される『子ども』になってはいけない」と討議し、両親を全面に出す一つの方法として"祖母に観察室から見てもらう形で面接場面から出てもらう"ことにする。

　A夫の来所に関して再々度話題にする。父は「1回言えばわかる。子どもにまかせる」と前回とほぼ同じ内容の返答をし、母は「（A夫が）『日を変えられへんのか』とアルバイトの都合のことを言ってました」と報告する。

　この時点で、主訴に関して状況が変化してきている。A夫の暴力があまり聞こえてこない。学校の問題に関しては、A夫が退学を決意して学校教師と話し合い、届を提出する段階になっている。一方B子からは、自分の不登校と夜寝られないという内容が話された。ここであらためて"変化の目標"について3人に問いかける。

　母「家族で和気あいあいとしたい。2人が元気で学校に行ってほしい」

　B子「朝7時に起こしてほしい。1回だけ声をかけてほしい」（B子は面接の前半、母に関して「『知らん』『わからん』『あかん』しか言わない。それに無知や」「『自分でしろ』というからものを言う必要がない。少しは意見を言うてほしい」などの発言をしていた）。

　父「（母に向かって）あんたがしゃべり過ぎ。静かな家庭がほしい。各自が自分のことをちゃんとしてほしい」

　など口々に話す。各人の発言はやはりバラバラであるが、ここではあえて一致させたりはしないで「次回面接はA夫の都合のつく日で設定する。その日を連絡してくること」という課題を出す。また次回から祖母の来所は不要であると伝える。

〈スタッフミーティング3〉

　父と母がなかなかうまく噛み合わず、そこに祖母が時々からんでくるという三角関係は整理したほうがよいと考えた。祖母というのは多くの場合、「私は孫のことに口出しするつもりはありません。親がいるのですから」と言うものである。これを肯定的に支持することで、境界を明確にしようとした。その具体策として、一段高いポジション

症状が家族を結びつける

とも言える観察室に招き、「今起こっている問題は、おばあちゃんもおっしゃっているように、夫婦二人で力を合わせて解決していくのが妥当ですね」と話した。

これと前後して祖母は、長兄（母の兄）の家で頼まれた役割があるということでそちらに行き、そのまま戻らなくなった。

[4] ポジティブリフレーミング
第5回面接　10月14日
〈来所メンバー；父母、B子〉

　A夫の様子を問う。スーパー及び新聞配達の2つのアルバイトを本格的に始め出した。父親に対して「鮭の甘口、辛口はどうやって見分けるのか？」などと、アルバイトをしていくうえでのアドバイスを求めたりしている。父親はこうしたA夫に対して「聞かれたことはちゃんと教えてやるけど、黙って見守る方針です」と話す。

　この回の面接では〝B子についての話題を出す〟という方針で、セラピストとB子との会話を増やした。B子は「私のことを心配している人はいない」「その日の気分で登校している」「今日はテストだから学校に行った。先生と話をした」「（友だちが）化けもんを見るような目で見るからイヤ」などと話す。

第6回面接　11月8日
〈来所メンバー；父母〉

　B子が欠席。父親は少し落ち込んでいる様子。「来ると思ってたんですが……」。

　この回の面接では、A夫のバイク購入の希望について話される。A夫はアルバイトを続けており、自分の稼いだお金でバイクを買いたいと漏らしている。父親は〝本人にまかせる〟という方針でやってきているので表向きこれを認めなければならないと考えているが、一方事故等が心配で、内心は反対なのである。また母親も「ちゃんと話したほうがよいのでは……」と思っている。セラピストは、「両親の心配はもっともだ。仮に父親の『まかせる』という方針を貫くとしても、バイクを買うことを承認する・しない両方のやり方がある。一番いけないのはA夫が勝手に買ってしまうことだ」と説明、「ポイントはど

ちらの方向で進むのか2人が一致することである」と両親の話し合いを指示する。このときは比較的スムーズに話もなされ結論を導き出せた。"バイクを買うことには反対する"。

セラピストはこの結論をふまえてロールプレイを提案した。"セラピストがA夫の役になって両親がA夫にきちんと話をする"という場面を設定する。

最初父親はロールプレイ自体に抵抗していたが、観念して母に「A夫を呼んでこい」と声をかけることでプレイが始まった。

父「あのなー、バイクを買いたいらしいけど……」

A夫役のセラピスト「もう買ったで。自分がためたお金やし、文句ないやろ！」

父「………」

両親、特に父親はセラピストのこの発言で一挙に行き詰まり、バイクの危険性等いろいろ説明を繰り返すが結局ギブアップしてしまう。父が「また考えておきます」と発言し、ロールプレイを終了する。セラピストは「次回については、両親おふたりで来てください」と指示する。

第7回面接　11月29日
〈来所メンバー；母〉

父親が来所しない。母は「この前から（父は）行きたくないと言ってました」と報告する。バイクの件についてその後の状況を問う。「お父さんが『おまえの金やし好きなようにすればいい』とA夫に言いました」「私が『無責任なことを言うたらあかん』と言うと、お父さんは『芝居の台詞のようにいくか！』と言って、『もう児相には行かん』と言いました」などなどの報告をし、同時に父親への非難を口にする。

セラピストは「親が許可したわけですね。それを受けてバイクを買ったのだから結果的にとてもよかったと思います」とバイクをめぐる動きを肯定的に評価する。そして父親の落胆及び母親の気持ち（父に対する批判的な感情）を考慮し、「バイクの件はうまくやれています」とメモを書き、母親に手渡す。「ここに書いてあることをちゃんとお父さんに伝えてください」セラピストのメッセージが確実に父に

症状が家族を結びつける

伝わる方法としてメモを用いたのである。

〈スタッフミーティング4〉
　自分の金でバイクを買って、免許をとって乗るという子どもの意思を阻止できる両親ではない。しかし親としては心配でもあり、できればやめてもらいたい。こういう事態はほとんど両者が平行線のまま、ゴリ押しが通ってしまう。押し切られた側にはマイナス感情が尾を引き、押し切った側も素直に喜べない。
　両親がいつも押し切られていると感じるパターンを変えようと考えた。ロールプレイだけでなく、現実の場面でもうまく対応できなかったと思っている父に、「父がOKを出し、息子が自分の稼ぎでバイクを手に入れたのだから、まったく問題はない」とメッセージを送ることは、結果に対する意味づけを変えることで家族のパターンに挑戦することになる。来所している母には違和感を、欠席の父には意外な肯定を。

[5] IPの交代
第8回　12月17日
〈来所メンバー；父母〉
　A夫の状況が話される。バイクの件については「無茶な乗り方もしていないようだし、夜間乗りまわしたりすることもない」と父母がともに認める。また「アルバイトも自分の力でやっている」「この頃は1日も休んでいない。新聞配達もちゃんとしている」日常生活も落ち着いてきているようだ。
　一方父は、B子について「兄のことはだいたいわかってきた。親も勉強させられたと思う。しかし妹のこととなるとわからない」と話し、母も「毎日学校へ行けないことが心配」と訴える。この日は、A夫についての相談をひとまず終結し、B子の不登校及び進路について相談を進めることを確認する。IPが交代したわけである。
　面接の中では、依然として夫婦の葛藤が顔を出す。セラピストは"妹の登校をめぐって互いに相手にしてもらいたいことを具体的に書いて次回面接のときに持ってくる。"という宿題を出す。そして"その紙は互いに見せないこと"という条件をつけ加える。

第9回面接　1月5日
〈来所メンバー；父母〉

　前回出した宿題を両親ともにやってきていない。セラピストは、「この場でやりましょう」と提案し、紙と鉛筆を用意する。母は"一つだけ"という指示を無視するかのようにどんどん書いていく。父は課題自体に強い抵抗を示し結局何も書かない。そしてセラピストの指示を待たず、母への要望を口頭でポロリと漏らしてしまう。

　母が書き終えた段階で、父にその内容を予測してもらう。父は「いつも怒られてんのは酒のことやな。酒飲むと子どもにもくどくなるし……」「酒ぐらいやと思うけどな……」「（母には）もうちょっと楽させてやりたい。結婚してずっとそう思ってきた。忙しいから『（母が）あれやりたい』と思ってもできないのでいらいらするんやろ。まあそれにすぐ腹立てるぼくもぼくやけど……」セラピストはここで母親に「何を書いているのか言ってください」と指示する。母は「お店から帰るとムッとしているのでもっと和やかにしてほしい」と話す。これを受けて父は「結局そのことやろね。怒ってしもたらしまいや」母「大人やねんから譲りあわんとね」。

　セラピストはここまでのやりとりをふまえて「夫婦それぞれ同じことを思っているようですね」「会話がないというけれどよく話せてるじゃないですか」とメッセージを送る。

　この日の面接はここまでを第一段階とし、次にもっと具体的なこと、B子のことで何をすることができるのか、何をしたらいいのか両親で相談してもらう。"進路をめぐって、両親そろって学校の先生のところへ相談に行く"ということで最終的に一致する。この課題を確実に実行してもらうために、児童相談所からも学校へ連絡しておくことにする。その点は両親も了解する。

第10回面接　1月17日
〈来所メンバー；父母〉

　前回面接の翌々日、両親はちゃんと学校を訪問している。そこでの話し合いをもとに、「B子も同意して私立S女子高校受験が決まった」との報告がなされる。セラピストは「お話を伺っていてお二人がともにB子さんのことを心配されている様子がよく伝わってきます」と

症状が家族を結びつける

フィードバックし、"B子がきちんと受験するように両親で最後まで支えること"を課題とする。

〈スタッフミーティング5〉
　主訴が解消したら相談は終結する。問題のまったくない人間をつくり出すことは誰にもできないから。しかしこの家族にとって子どもの症状は、実は両親間のコミュニケーションを回復するため、もしくは育てるための練習問題なのかも知れない。兄の問題で一歩踏み出しはしたけれども、まだ十分とは言えないところで、次に妹が登場してきたのではないか。兄がズルズルと問題を引きずるという形にならなかったのは、2人ともがこの夫婦の子どもだという主張なのかもしれない。

[6] 終　結
第11回面接　2月14日
〈来所メンバー；父母〉
　受験のエピソードが語られる。受験会場で、よりによってB子の椅子がこわれていて腰掛けた途端にころんでしまい、周りの者に笑われた。B子は教室を出て廊下で泣いてしまう。かなり興奮したようで、中学校に連絡が入り父が会場へ出かけた。高校側も「時間をずらしても構わないし、受験できるようにします」と配慮してくれたのだが、B子は「帰りたい」と意思表示し、父が一緒に連れて帰った。B子は父に対して「ごめんね」と言ったという。
　結局進路については、B子が「T文化学院を受けてもいいか」と尋ね、両親はむしろほっとして賛成し、現在その方向で進んでいるという報告があった。B子は自分でT文化学院へ出向いて願書を取り寄せ、自分で手続きをしているという。
　セラピストは、S女子高校受験の際父親がすぐに会場まで足を運んだことを積極的に評価し、またB子も努力していると発言。ただT文化学院受験に関して父親が「B子にまかせている。その手続きもB子が一番よく知っている」と報告するので、「まかせるという方針はそれでよいが、手続きなどについては両親もちゃんと知っておいてください」と話す。父親も「そうですね」とうなずく。

第12回面接　3月16日
〈来所メンバー；父母〉
　最後の面接。B子がT文化学院に合格、進路が内定したとの報告がある。また卒業式にも登校したとのことであった。
　セラピストはB子の進路決定を喜び、同時に長い間両親がA夫、B子のことについて真剣に取り組んできたことを評価する。
　この面接では、A夫の最近の状況についても話されたが、当初あった暴力暴言等はない、店の商品や金銭の持ち出しもなくなり、アルバイトも続いている。バイクの代金はその中から全額自分で支払った。小遣いはまったく渡していないが、自分のアルバイト料の中から工面している等々であった。以上のことを確認し、児童相談所での指導を終結した。

Ⅳ　考　察

　以上が事例の概要である。これから若干の考察をしたいが、個々の面接場面における家族の特徴や介入のポイントについてはその都度指摘もしてきたので、ここではそれ以外のいくつかの点について述べてみたい。
　（1）このケースの場合、父親が外国籍で夫婦は内縁関係、しかもそのことを子どもたちにちゃんと伝えていないという状況があり、家庭環境は複雑であったと言えよう。こうしたことがどの程度影響しているのかはわからないが、初回面接でも明らかになったように、家族がまとまりを保持できず、夫婦の間もしっくりいっていなかった。こんな状態とあわせてA夫は母親に暴力をふるい、家業の店の品物を勝手にもちだすなどの問題を起こし、B子は不登校状態を呈していたのである。
　しかし治療上重要なポイントになったことは、この家族の持っている根本的な問題と思われることや歴史的経過に属することについて、治療の中でまったく扱わなかったことである。従来の指導方針に基づいてこのケースにかかわるとすれば、おそらくこのあたりのことが大きな比重を占め、家族の分析や症状を出している子どもたちの理解といったことに相当のエネルギーを費やしたことであろう。
　（2）それでは具体的な治療、指導方針はどうであったのか。この

> 症状が家族を結びつける

ケースの場合、複雑な家庭事情に加え、症状を示しているＩＰの来所も困難であった。これは見方によっては、子どもが家族の問題に目を向けさせるために症状を出していると考えられるかも知れない。だから私たちはこのような相談に対して、最初から"家族の問題"に焦点をあてたアプローチをすることにした。事実、面接を続けていく中では父親の立場の微妙さ、夫婦間の不信などもたびたび出現し、この方針が妥当なものであることは疑いのないものであった。ただ、私たちのとった方針は、子どもの出す症状を手がかりとして、言葉を換えれば、子どもの出す症状をうまく利用することによって夫婦の共同目標を明確にし、夫婦が具体的な問題で同じ立場にたつことをねらったのである。そして結果的には、夫婦が当初の対立状態から脱して何らか

表2　家族面接の概観

回	月日	来談者	ob	面接の特徴的なエピソード、主な介入
1回	X年 8/9	父母　A男 B子　祖母	4名	「家族の問題」（主訴）を家族がなかなか表明できない。
2回	8/30	父母　B子 祖母	2名	夫婦の激しい葛藤をふまえ「両親でA夫を連れてくる」という課題を設定。s.vが面接に介入。
3回	9/21	父母　B子 祖母	4名	A夫が来所できなかったことについて父親が説明（従来と違い全体に和やかな印象）。
4回	10/5	父母　B子 祖母	3名	祖母を観察室へ導入。A夫の症状に変化が見られるという報告がある。
5回	10/14	父母　B子	4名	A夫はアルバイトを本格的に始める。B子についての話題。B子とセラピストとの対話。
6回	11/8	父母	3名	A夫のバイク購入をめぐって両親は「反対」で一致。ロールプレイ実施、父ギブアップ。
7回	11/29	母	2名	父に対する母の不満。バイク問題で父は失敗感。母にメモを渡し父に肯定的メッセージを送る。
8回	12/17	父母	2名	A夫の当初の問題はこの時点で改善。IPがB子に交代する。不登校と進路についての相談開始。
9回	X+1年 1/5	父母	3名	夫婦の話し合い。「夫婦二人で学校に行き、進路問題で先生と相談する」ということで一致する。
10回	1/17	父母	2名	前回の課題を両親がちゃんと実行し、進路について一歩前進する。
11回	2/14	父母	3名	受験会場でのハプニングの報告がある。B子の進路方向が明確になる。
12回	3/16	父母	3名	B子の進路確定。A夫も落ち着いているとのことで家族面接終了。児童相談所の指導も終結。

ob：観察室スタッフ

の一致をつくり出すことができるようになると、子どもたちもその症状を軽減させ、新しい道を歩むようになっていったのである。

こうした方針で面接を計画したため、ＩＰが来所できなくとも、また家族の根深いと思われる問題を扱わなくとも、治療にはさしたる支障がなかったのであろう。

（３）次に治療スタッフのことについて少し触れておきたい。最初に述べたように、セラピストにとってこの事例は家族療法第１号と言ってもいいケースであった。しかし、表２を見てもわかるように、毎回の面接に必ず複数以上の観察室スタッフを配置し、面接の前後、さらにはインターホンを通して面接の最中にも適宜スーパーバイズを実施したこと、それに加えて毎月実施しているグループスーパービジョン（ビデオカンファレンス）にもケースを提出して必要な検討をしてきたことなどが、治療過程の中で大きな意味を持っていたことは明白であろう。このような形で面接全体へバックアップするというチームアプローチの方法は、従来の取り組みにはなかった特徴である。

（４）以上見てきたように、家族療法は児童相談所においてもかなり有力なアプローチになり得ると考えられる。もちろん児童相談所のすべてのケースが家族療法で解決するものでないことは言うまでもないが、今後、オーソドックスなカウンセリングや一時保護所の積極的な活用、療育事業の取り組みなどに加えてこうした家族療法を取り入れることで、児童相談所はより一層多様なニーズに応えることができると考えられる。

（1988年9月）

> 家族療法初心者でも、バックスタッフに支えられて何とか終結を迎えることができた面接でした。ただし、児童虐待通告が急増する状況の中で、こうして毎回の面接に多くのスタッフが揃う面接スタイルを確保することが難しくなっていきました。

【ソーシャルワーク事例】
夜逃げの家族

はじめに

南氷洋のミンククジラの生息数から考えて捕鯨問題は……、アフガニスタンのゲリラは今……、日本にはアイヌとはまた違った北方少数民族がいて彼らは……、ニカラグァのサンディニスタが選挙で敗北した後……、私が喋りはじめるといつも、聞いている人たちはうんざり

夜逃げの家族

して、
「わかった、わかった。その話はもういいから、今君のまわりで起こっている具体的な問題について、もう少し取り組んでもらえないかな」
「もっと足元をみて行動してほしいものだよ、まったく……」
などと言って耳を傾ける者は誰もいない。けれども、ただ自分の身辺についてだけを語るのでなく、世界の果ての出来事に関心を払い、一見何の関係もなさそうな事件をめぐってああでもないこうでもないと論評することは抑えがたい私の欲求だ。
ところが、児童福祉司の仕事をするようになってから事情が一変した。日々の相談に追われて新聞もろくに読めなくなり、世界の情勢はおろか、子どもをめぐって繰り広げられる毎日の出来事にも疎くなってしまう。
「えっ、あの事件のことを知らないの？ 児童福祉司なら当然関心を持たねばならないことだぜ。忙しいのはわかるけど、たまには新聞にも目を通したほうがいいんじゃないのかい」
「君もいつのまにそんな無知になってしまったのかなあ」
こんなことを言われるようになっては私もおしまいだが、そんなわけで、世間でバブル経済がもてはやされ、それがあっというまに崩壊したということも、聞くには聞いてもただ横をすりぬけていくだけで、その原因は何か、なぜこのようなことになったのか、そんなことはさっぱりわからない。
ところがバブル経済崩壊の背景やその後の見通しには無知であっても、結果だけはちゃんと私たちのもとに飛び込んでくる。経済破綻は、やはり最も弱い部分、すなわち子どもたちに襲いかかってくるのである。

藁をもつかむ思いで

バブル経済が、まだ私たちに何がしかの幻想を抱かせてくれていたX年。
その10月13日（金）のことだ。S県の中央児童相談所から、急ぎの用という電話が入った。この時期にS県との協議案件はなく"急用と言われる覚えもないが……"と、幾分いぶかしく思いながらも受話機

第3章 "よりよい実践"とは何か
◆事例報告にみる変遷

を握る。

「Ｓ県に住所のある人ですが、借金に追われて一家で夜逃げをし、車でさまよっているらしいのです。何とか相談に乗ってほしいというので児童相談所まで来てほしいと伝えたんですが、暴力団がらみの借金のためＳ県には恐くて戻れないと言います。今どこから電話してるのかと尋ねたら、宇治市内だというんです。最寄りの児童相談所はそちらになるので紹介したいのですが、構いませんでしょうか？」

暴力団に追われて夜逃げとはまったくの災難である。だが、たまたま宇治市内の公衆電話を使ったという理由だけで相談に乗らねばならないというのなら、こちらも多忙な身、何となく災いが振りかかってきたような気分である。しかし冗談を言っても始まらない。課長とも簡単に打ち合わせたうえで、宇治児相で受けるのもやむを得ないと判断し、相談者から直接連絡してもらうよう段取りを立てた。

「Ｓ県の児童相談所から紹介されました。そちらで相談に乗ってもらえると聞いたのですが……。あの、そこへはどうやって行けばよいのでしょうか？」

早速父親が電話してきた。当てもなく車を走らせているので、現在自分がいる場所もあまり正確にはわからないらしく、まして宇治児童相談所がどこにあるのか知ろうはずもない。逆に私のほうから現在地を確かめると、何と今度は京都市の○○区にいるではないか。"今なら京都市児童相談所のほうがよっぽど近いのだがなあ"と思わずため息がもれるが、今さらあちらこちらに振るのもお役所仕事に過ぎる。宇治児童相談所の場所を案内した。

午後１時半過ぎ、積めるだけの家財道具を詰め込み、親子５人が身を寄せ合うようにして乗る軽のライトバンが到着した。まさに藁をもつかむ思いでやって来たのである。この日私は終日会議だったが、途中抜け出して面接室に入る。

父　：梨田栄次郎　39歳
母　：ケイ子　36歳
長女：優子　中学１年
次女：和子　小学３年
長男：太郎　小学１年

子どもたちは無表情であまり話さない。私もまずは両親から話を聞

ここに載せているのはもちろん全員仮名。かつプライバシーに配慮して、ソーシャルワークの流れを歪めないことを前提に、大幅に事実を変えています。本書の他の事例もすべて同様です。念のため。

夜逃げの家族

かねばならず、とりあえず親と離してプレイルームで待たせることにした。面接室に残された両親にあらためて事情を問う。いったいどうして夜逃げしなければならなかったのか、いつ頃からどこをさまよっていたのか、現在の生活費はどうしているのか、頼れる人は本当に誰もいないのか、この後の行動で何か考えていることはあるのか、聞きたいことはいっぱいあった。しかし母親はかなり疲労しているようで、終始うつむき加減で黙っている。反対に父は、この期に及んで隠し立てをする理由もなかろうと考えているのか、洗いざらい説明してくれる。

破　綻

「そもそもの発端は、2年半程前にさかのぼります。私、○○商事で20年ほど働いていたのですが、退職させられてしまったんです。あの頃は景気もよくて、何でもできるような気がしていたんですね。会社の伝票を不正に操作してお金を、まあ言えばちょろまかしていたんです。それがばれて全額清算しました。自力では払えなかったので都合1,000万円ほどは、親父と兄貴が自宅を担保に用立ててくれました。ええ、肉親といってもお金のことですから毎月12万円の返済計画を立てて、先月まで何とか返してきました」

「退職後、職安の紹介で△△電気（株）に就職できたんです。通信機材の下請け会社でした。しばらくは頑張ってやってたんですが、前の会社の頃と比べたら当然収入は少ないですよね。借金はある、収入は少ない、子どもたちにも食べさせないといけない、苦しい時期です。そんなとき、以前少し顔見知りだったAという人物が"いい仕事があるから"と声をかけてくれたんです。

△△電気にはそのまま勤めながら、それとは別個にテレクラに電話機を卸す仕事を始めました。リベートをA氏に渡す約束です。半年ぐらいは順調だったんですが、だんだんとおかしくなってしまいました。金が回らなくなって取り立てがある、嘘を吐くの繰り返し。それでいつのまにか借金が膨れ上がってしまったんです。結局今年の7月頃ですから3カ月程前になりますか、A氏に対して1,000万円の借用書を作成し、妻にも裏バンを押してもらいました。連帯保証人です。

実はこのとき、私の兄や父にも嘘を言って保証人になってもらおう

としたんですが、うまくいかず、逆にトラブルになって関係が悪化してしまいました」

　不正を働いて会社を辞めたときに迷惑をかけた父や兄に、嘘を吐いてもう一度甘えようというのは、少し虫がよすぎるような気がしたが、それはさておき、話の続きを聞くことにしよう。

「A氏が『借金を返せないなら、ここで借りたらどうか』と紹介してくれた人がありました。B氏やC氏です。しかしそんなものは一時凌ぎにしかなりませんし、むしろ借金は増えるばかりです。後でわかったことですが、A氏は暴力団がらみの人物だったんです。私も組事務所に直接行ったことがあるので間違いありません。最後は、『どうしてくれる！』と責め立てられて、最終的に"10月9日までには必ず240万を返済する"と約束したんです」

「A氏に240万、B氏にも月末に157万返す約束をしました。C氏には最低でも100万円と言いました。約束だけはいっぱいしたんですが、実行するメドは何もありません」

「それで、借金の総額というのは、現在いくらになるんですか」

　私は、経過のあらましがつかめてきたので、話の腰を折るようではあったが、尋ねてみた。

「兄への借金がまだ900万は残ってますでしょう。A氏に1,000万、B氏には800万ぐらいかなあ、他にサラ金にも200万は借りています。それにA氏の借金の利息が1,000万近くになるかも知れませんし……」

　このとき突然、母親が顔を上げた。

「えっ、まだそんなに？　いつまで私を騙したら気が済むの！　いい加減にしてよ!!」

　疲れ切った顔付きの中に怒りの色が表れるが、母はすぐまた机に突っぷしてしまう。借金の総額は5,000万とも6,000万とも言うのだが、話を聞いている限りでは、母親ばかりか父親も正確な金額を把握していないような印象であった。ともかく自分たちには支払う能力のない借金があり、毎月厳しい取り立てがある。そして返済の約束だけはいっぱいしたが、すべては空手形で実行の保証はまったくない。そうこうしているうちに、いったいどこにどれだけの借金が残っているのかわからなくなってしまい、またきちんと調べる気力すら失われていったという次第である。

夜逃げの家族

以下は余談です。返済できない借金を抱えたがゆえに家庭問題を起こした方の相談をたくさん受けましたが、その方々は、総じて自分の背負っている負債総額がわからない。これって法則的です。

　10月8日、A氏に返済すると約束した日が翌日に迫っていた。返す当てもなく追い詰められた父は、ビデオデッキを質屋に持っていく。4万円が手に入った。もちろんこれでは焼け石に水である。彼はその4万円を懐にして琵琶湖に向かった。
「一時は28万円までいったんです。"これが10倍になればA氏との約束も果たせるじゃあないか！"そんな思いで一発勝負に出たんですが、お察しのとおり。全額すってしまいました」
　競艇。"28万"というところで、父の言葉にわずかに力がこもった。無念さ、未練がよく伝わってくる。だが借金で首が回らなくなった人の捨て身の行動がギャンブルというのだから、不謹慎とは知りながらも、私は哀れさと同時にいささかの滑稽さを禁じ得なかった。
「すっからかんになって家に電話しました。『死んでお詫びをするから』と言ったんです。そしたら家内に『何アホなこと言ってんの！早う帰ってきなさい！』と叱られました」
　妻に諫められ、すごすごと引き返す夫。元はと言えばすべて自分の不始末から始まったことである。"悪い人物ではないが、やはりどこか甘さを捨て切れない人なんだろうなあ"と私はあらためて考える。
「10月9日、早朝4時半です。背広や下着類、それに身の回りのものを積めるだけ積み込んで、家族全員が車に乗って出発しました」

軽自動車での放浪

　とは言うものの、いったい彼らはどこに向かって出発したのであろうか。
　父は元々S県出身であり、2人兄弟である。すでに述べたように、父と兄の両方に合計1,000万の借金をしていて、これ以上は頼ることができない。一方母もS県出身だがひとりっ子。幼くして父を亡くし母子家庭で育てられたのだが、その母もすでに他界した。身寄りがないのである。
「山陰に向かいました。○○商事のときの先輩が、退職して米子で酒屋の跡を継いだと聞いていたので、そこを頼って行ってみたんです。いえ、まっすぐそちらに走ったわけではなくて、あれこれ迷った末のことです。9日は米子まで行き着かず、途中城崎あたりで泊まりました。泊まるといっても宿をとるわけじゃあありません。24時間営業の

自動販売機のそばに車を停めて寝るという状態です」

「10日に何とか米子の先輩の家に着いて、その晩は1泊させてもらいました。子どものことなど相談したわけですが、いい知恵もなく翌日は出ていきました。漠然と自分の家の方向に向かったのですが、S県に戻るわけにはいきません。同じように24時間営業の自販機の脇に車を停めて寝ながら、12日には宇治市の天ケ瀬ダムのあたりにたどり着いたわけです」

着の身着のままで突然飛び込んできた5人の家族を、父の先輩という人がどんな気持ちで迎えたのかはだいたい想像できる。1泊させてもらっただけでも感謝しなければなるまい。それにしても自販機のそばで寝る以外に方法がないというのだから、黙過できるような状況ではない。私は次に、どのようにして児童相談所の存在を知ったのかを問うてみた。

「そのことですか。ええ、家出をして学校を休ませることになるので中1の優子の担任の先生に連絡したんです。11日の朝5時半頃だったと思いますが、理由は言わないで『休みます』とだけ伝えました。ところが家出するまでのごたごたの最中、すでに優子が『転校するかも知れない』と友だちに話していたらしく、学校では大騒ぎになっていたんです。それで隠すこともできず、正直に『逃げています』と説明したところ、『学校のほうで児童相談所に連絡を取るから』と言ってくれました」

「12日になって、私も直接S県の中央児童相談所に電話したのですが、あいにく担当者が不在でした。『もう1日頑張ってくれ、明日の朝一番に連絡してもらえたら対応できる』と言われました」

学校を通じて児童相談所を紹介され、最終的に私たちの元にやってきたということがこれでわかった。もちろん児童相談所はあくまでも子どものことについての相談機関だから、梨田一家のすべての問題を解決することはできないし、借金の件についても無力である。しかし、児童相談所という機関そのものを知らなかったこの家族が、巡り巡ってやっと私たちの元にたどり着いたのであれば、児童福祉という立場から何とかこの家族に援助の手を差し伸べなければならない。

「何度も『死のうか』と言いました。その度に、一番上の優子が『いやだ』と拒否したんです。ところが最近になって『もう死んでも

夜逃げの家族

いいよ』と言い出して……。疲れてしまいました」
　現在の所持金は約10万円だという。
「何とか1カ所に落ち着いて仕事をし、借金も返済したい。子どもはできるならしばらく預かってほしいと思います」
　父が希望を述べ、母も同意した。私は両親を待たせたまま、臨時の受理会議を開いてもらった。
　＊まず何よりも、児童相談所としては子どもの安全を確保してやる必要がある。場合によっては施設を利用しなければならないかも知れない。
　＊それはよくわかるのだけれど、宇治児童相談所はたまたま通りかかった地点にあっただけのことでしょう。ここに両親の生活の根拠があるわけでもないし、今後の生活のことなども考えるとやはりS県で対応してもらったほうがいいのではないかなあ。
　＊ちょっと待ってよ。S県に戻れないというのがこの人たちの事情だとしたら、うちでまず一時保護をしてあげないと、この先の見通しが持てないでしょ。S県との協議はその後からでもできるじゃないですか。
　児童相談所は行政機関であって、各所が担当する地域は明確に線引きされている。だからこうして府県をまたがるような例では、どこが担当するのかが常に議論となる。今回、宇治児童相談所で出した結論は、"通りすがりの児童相談所とはいえ、このような状況を見過ごすことはできない。しかし最終的な処遇の決定機関については、再度S県と協議すること"というものであった。3人の子どもの一時保護を決定した。
　だが、梨田一家にとってはこれで問題が解決したわけではもちろんない。家族として立ち直るには、まださまざまな課題を克服しなければならないはずである。しかし児童相談所は子どもの相談機関だから、両親のことまでは面倒みきれない。一時保護を決定した瞬間に、私は両親に関する2つの可能性を検討した。一つは、子どもの身柄の安全を確保した安心感から両親が心中でもしないかということ、もう一つは、このまま責任を放棄して行方不明になってしまわないかという点である。荒唐無稽と思えても、こうした場合には常にその可能性を考えてみるのが、養護相談の場合の私の習性になっていた。"まあ大丈

「（一時保護は）保護者の居住地にかかわらずその子どもの現在地において行うことができる。しかし、一時保護を行った後にその子どもの居住地が当該児童相談所の管轄区域外であることが判明した場合には、速やかにその子どもの居住地を管轄する児童相談所に移管する」（児童相談所運営指針からの抜粋です）

夫だろう"とは踏んだものの、一時保護の決定はなるべく注意深く伝えた。

「ここは児童相談所ですので両親の面倒まではみられません。しかし子どもたちに関しては、とりあえず今日から一時保護させてもらいます。ただし元々の住所がS県ですので、施設へ入所させてほしいとの希望については、まだ最終的な決定をしておりません。今後どうしていくのか、もう一度S県の中央児童相談所と協議いたします。そのために多少時間がほしいのです。そこで来週の月曜日、16日ですが、午前9時から9時半の間に必ず連絡してください。どうでしょうか」

子どもを残してあてもなく去っていく両親には、あまりはっきりした結論や処遇の方向性を示さないほうがよいのではないかと考えた。何度も足を運んでもらうことはできなくても、子どもたちの処遇については両親と協議を続けなければ前進しないと伝えることで、彼らにもまだ"仕事"が残っていると感じてもらいたかったのだ。

「子どもたちさえ預かってもらえるなら、私たちは何とでもします。しかしS県には戻れないので、自分としては阪神方面にでも向かおうかと思います」

父は相変わらずあまり展望の持てない話をするが、こちらの説明については了承してくれた。連絡も必ずさせてもらうと約束する。ただ行方知れずになる可能性をすべて否定することもできないので、私は通常の相談では求めない"一時保護所入所申請書"の提出を求めた。もちろん両親と連絡が取れなくなれば、実質的には何の役にも立たないかも知れないが、父親直筆の書類を残しておきたかったのだ。

律義な電話

こうして子どもたちは一時保護所に、両親はどこという当てもないまま児童相談所から姿を消した。出ていかれてみると、さすがに何とも心もとない感じが残ってしまう。しかしそんなことをいう暇もなく、私にはたくさんの仕事が待っていた。

まずS県中央児童相談所への連絡。

「とりあえず一時保護しました。ただ今後のことを考えると、そちらで処遇していただくほうが妥当ではないでしょうか」

「上司と協議したうえで、再度連絡させてもらいます」

第3章 "よりよい実践"とは何か
◆事例報告にみる変遷

児童相談所長が必要と認めれば一時保護は実施できるので、こうした申請書は不要です。ですから、これはケースワーク上の工夫としてお願いしたということになります。

この当時、携帯電話などという便利なものはありませんから、自宅を失った人との連絡は、こちらがひたすら待つしかないわけです。

夜逃げの家族

　この回答はやむを得ない。間を置かず長女優子が通っていた中学校の担任から問い合わせがあった。心配した学校の先生が、S県中央児童相談所と連絡して、当方で相談していることを聞いたのであろう。現在までの経過を簡単に説明する。
　「そうですか、だいたいのことはわかりました。実は優子さんは少し気になるお子さんでした。というのも、以前一度無断で外泊したことがあり、万引したこともわかっています。それに遅刻が一時目立つこともあって……。もっとも両親が自分たちのことで大変でしたから、指導が入らなかったのだと思います。ただ夏休み以降はクラブ活動も熱心で、がんばりも見せてくれていたんです」
　「あの、仮に施設に行く場合、同行させてもらって構わないでしょうか」
　優子のことを案ずる気持ちが、電話の向こうからもはっきり伝わってくる。積極的な先生だった。私からは、施設入所に際して一緒に行ってもらえるのはとてもありがたいことだが、処遇をどこの児童相談所が行うのかまだ決まっていないと伝えた。次いで和子、太郎の通う小学校にも一報を入れたが、すでに中学校から聞いているとの返事であった。

　　　　　　　　　　　＊

　「それで、家の中はどんな感じだった？」
　一時保護を開始して3日目、私は優子に尋ねてみた。
　この頃になると子どもたちは徐々に元気を回復し、一時保護開始当初の緊張や落ち着きのなさも消えて、ときには3人で冗談を言い合ったりケンカをするようになっていた。軽自動車で夜露をしのぐ毎日から、きれいに洗濯したシーツを使った布団でゆっくり寝ることができ、三度三度の食事もきちんと用意される生活への変化が彼らをリラックスさせたのだろう。本当は私は、両親とは別にすぐにでも子どもたちから事情を聞きたかったのだが、彼らに必要なことは事情聴取ではなくゆっくり休養することであった。
　この日私は夜間の当直を引き受けていた。京都府の児童相談所では、一時保護の日宿直を職員の輪番で行うことにしている。このシステムは労働条件の点など矛盾も多いが、一方、担当の児童福祉司や心理判定員が直接じっくり子どもと触れ合えるなど得難い利点もある。子ど

もたちの様子を見ていて、ずいぶん余裕が出てきたなと感じた私は、夕食後、優子を呼んで話を聞くことにしたのである。

「前から家の中はごたごたしていたけど、"家出"とか"一家心中"みたいな話がしょっちゅう出始めたのは２学期になってからだと思います」

「家出したときのことですか？　晩にお父さんが帰ってきてから、急に決まったんです。『荷物をまとめとけ』と言われて……。私は『そんなら先にお風呂済ませておく』と、友だちを誘って銭湯に行きました。『私、転校するかもしれん』とそのとき言ったんです。他にも何人かの友だちに会って話したけど、泣いてしまいました」

父親が担任に電話した時点ですでに学校は大騒ぎになっており、間髪を入れず児童相談所を紹介した背景には、彼女のこの行動が布石となっていたのであろう。友だちと"別れ"をしたいという何気ない行動、自然な感情が梨田一家を児童相談所に運んだのである。

「米子に行ったけれど、とても広くて大きな家だった。親は『施設みたいなところはないか？』という相談をしてたようだけど、『知らない』と言われてそこを出ました。"施設"と聞いて、悲しくなって思わず泣いたのを覚えてます」

事実を淡々と話す優子。だが時折り笑顔も見せてくれたので、私はほっとして、次のように伝えて面接を締めくくった。

「これからのことについてはまだ決まっていないけど、今一生懸命考えている最中だから、もう少し待ってほしい。はっきりしたらきちんと話すからね」

優子と話しているところへ弟や妹が来て、こっそり覗いたりしていたが、やはり自分たちの処遇のことが気になっていたのであろう。

＊

約束の16日（月）。朝９時きっかりに父から電話があった。

「Ｎ市にいます。神戸あたりまで行こうとも思ったけれど、そこまで行っても同じことですから。２、３日のうちには住む場所を決めたいと思います」

「しばらくは隠れて過ごし、貯えができたら出るべきところへ出るつもりです。あのう、その際、住民票を移しても大丈夫でしょうか。運転免許証の切り換えのとき必要なんですよ。そこのところを聞きた

> 児童福祉司や心理判定員が通常業務とは別個に、日常業務として一時保護の当直を行うというのは、ある意味では牧歌的なシステムです。小さな児童相談所では決して珍しくなかったこういうこともその後の虐待通告の急増などで不可能になっていきました。

夜逃げの家族

くて……」
　当座の金は服を質入れするなどして工面しているとのこと、子どもは自分たちが落ち着いてから引き取りたいと話す。それにしてもまだ生活の糧を得る手段もなく、住む場所すら確保できていない段階で"免許証の切り換えのことが心配"と言い出すので、私はまたまたびっくりしてしまう。
　「住民票のことについてはちょっと待ってください。落ち着き先が決まってから考えましょう」
　「子どもたちは元気に過ごしています。小学校にも中学校にも連絡しておきましたから安心してください。ただし処遇に関してはまだ決まっていません。そこで、とりあえず18日、あさっての朝もう一度電話してくれませんか。それと住所が定まればすぐにでも連絡してください」
　「わかりました。それとあのう、子どもと電話で話したいんですが……」
　父からこんな要望が出されたので了解した。一方この間、S県中央児童相談所と調整したが、結局、両親が地元に戻って相談できない現状では、当所で処遇するしかあるまいということになった。
　18日、指示したとおり、父は律儀に電話してくる。
　「まだ住所は決まらないけれど、N市をうろうろしています。車中で寝ているとき警察の不審尋問を2～3度受けました。知人が職探しの紹介をしてくれそうです。いずれにせよ子どもたちはしばらく施設でお世話になるしかないと考えています」
　現状から考えて子どもたちの施設入所はやむを得まいと判断した私は、
　「明日朝9時に再度両親で児童相談所まで来てほしい」
　と伝えた。翌日は定例のケース会議の日だったので、入所の正式な決定もできるだろうと考えたからである。養護施設に事情を説明して受け入れについて内諾を得、入所の際の同行を希望していた中学校の担任教諭にも連絡し、来所を案内した。

保証人を求めて

　「住居が決まりました」

午前9時の来所案内に対して、両親が到着したのはそれよりずっと早くて8時頃。例の軽自動車を駐車場に停めて約束の時間までじっと待っていたようである。住まいが定まり、子どもにも会えるということで、一刻も早くという気持ちになったのかも知れない。しかし、次の言葉に私は大いに戸惑ってしまう。

「先生、もう礼金、敷金、1カ月分の家賃合計18万7,000円を払ってきました。荷物も降ろしています。これがその契約書です」

「ただ、そのう、ひとつお願いがあります。実はまだ連帯保証人のなり手がいないんです。知人もこれまでのことがあって引き受けてくれません。それで先生、先生に保証人になっていただくわけにはいきませんでしょうか」

住まいは1DK、4畳半の台所と6畳1室のごく小さなアパート。N市の外れにあって家賃は2万7,000円となっていた。どうやって工面したのかは知らないが、軽自動車で親子5人さまよいながら、24時間営業の自販機からスナック類を買って一日一日をしのいでいた境遇から察すれば、20万近い額は相当の大金であろう。保証人のサインがなければ入居もできず、その金も戻ってこないというのが父の訴えであった。

「ここで契約できないと、私らはいよいよ浮かび上がることができません」

この件に関して課長に報告したところ、すぐに所長から"それだけはやめてほしい"と厳命された。相談業務に就いていると、得てしてこうした要望を受けることがあるが、それに応じたため非常に大きな負担をかかえ込んだ人が過去にあったという。ところがことの性格上、これらはすべて個人の資格で対応するため、機関としては何らの援助もできなかった苦い経験があるのだと説明があった。

「仕事として相談援助の活動をしているのだから、そのルールに則って最大限の努力をしてほしい。確かに冷たいようにも思えるが、あくまでも"できること""すべきこと"に力を注ぐべきであり、児童福祉法に基づかないことを引き受けてもらっても、所属長としては責任の取りようがない。理解してほしい」

これは所長としてある意味で当然の判断であろう。だが、保証人の件にかかわらず、相談活動を続けていると、いったいどこまでが公務

夜逃げの家族

でどこからが違うのか、必ずしも明確にならないことが多い。"良いことなら何でもするよ"と割り切ってケースの奥深くまで入り込み、そこまでやったからこそいい結果が得られたという例もやはりある。一概にこうすべきだと言いにくいのである。

　だが、私は父親の要望を断った。私の立場はこのときの所長の考え方に近いのである。何の躊躇もないというのではないし、仕事の範囲を超えて取り組むことをすべて否定しているわけでもないが、私の一貫した問題意識は"児童福祉司に任用された人なら誰もが可能であり、しかもその人のユニークさも出せるような福祉司活動とは？"というところにある。ここから出発すると、やはり"個人の善意に頼る"というレベルのことは避けたいし、保証人の件は、私が定式化を目指している福祉司の仕事の範ちゅうからは外れることにならざるを得ない。

　しかし父親にしてみれば、ここは何としても保証人が必要である。結果的に父が頼んだのは、この日相談所にやってきた優子の担任教師であった。児童相談所の職員がノーと言い、教師がサインした。私の気持ちには穏やかならざるものが残った。

＊

　さて、ともかく住居はこれで一応確定した。しかし4畳半の台所と6畳一間というのは親子5人が暮らしていく広さではない。しかも現在のところまだ仕事も見つかってはいない。

「今の状況では子どもたちを引き取って生活するのは難しいと思うので、当分の間施設に預かってください」

　父から希望が出され、母も同意見だった。引き続いて行われた所内会議でも異論はなく、3人の養護施設入所が決まった。両親は何度も児童相談所に足を運ぶわけにいかないので、施設への入所は即日実行とする。子どもたちにそのことを伝えた。一時保護所で1週間生活している間に少しずつ覚悟ができていたのか、大きな動揺も見せずにうなずいてくれた。優子の担任へ経過を報告し、両親からあらためて、子どもたちの日常生活や健康面などについて聴取した。そして慌ただしい出発と到着。養護施設職員へあいさつし、経過を説明、今後のことを託した。子どもたちの住所はS県に残したまま、当面は"区域外通学"という形にした。住所を正式に移した場合、それを手がかりにサラ金業者などが追いかけてきてトラブルが発生することは多いので

＊こんな時、全国の児童福祉司はどんな対応をされているんでしょうか。こういうことを調査した人はいないと思いますが、知りたくはありますね。

＊1997年児童福祉法改正で、「児童養護施設」と改称されましたが、ここでは、当時のまま「養護施設」と記述します。

ある。

再起を目指して
施設に入所して約1週間後、父から電話があった。
「アパートへの入居手続きがすべて完了しました。今は職探しのため奔走しています」
11月初旬の母からの電話。入所後約2週間が過ぎていた。
「臨時雇用ですが、主人が仕事を見つけることができました。1年頑張れば正式に雇用してもらえると言っています」
11月下旬、再び母から連絡が入った。
「主人は弁当持ちで毎日休まず仕事に出ています。子どもを預けて1カ月になりますが、面会に行ってもいいでしょうか」
両親が施設を訪問した。子どもたちと外出して一緒に昼食をとったという。そして正月には約10日間の一時帰省が実現した。施設入所後も両親はきちんと連絡を寄越し、徐々に生活を立て直していく様子が伝わってくる。相談所に父からの年賀状が届いた。
「昨年は非常にご迷惑をおかけ致しまして、誠に申し訳ございません。今年は昨年以上に頑張って、早急に子どもを引き取るよう頑張りたいと思います」
昨秋、どん底の状態で児童相談所までたどり着いた人たちが、何とか急場を凌ぎ、力を貯えながら再起を目指そうとする姿が目に浮かんでくる。しかし賀状のデザインが文面と不釣り合いだ。真っ赤な絵の具を使ったいかにも派手な図案。"おいおい気持ちはわかるけど、今度はもう少し地道にやってくれよ"と直接声をかけるわけにはいかないが、思わず賀状に向かってつぶやいてしまう。
そして4月。養護施設からの電話で、両親が5月のゴールデンウィークに子どもたちを引き取りたいという希望を持っていることがわかった。引き取りとなれば、一度直接出会って状況を把握しなければならない。両親で来てもらえないかと連絡した。
この人たちは児童相談所の指示にはきちんと従ってくれる。約束した日にも時間どおり夫婦が揃って来所した。考えてみるとあれからすでに半年、疲れ切って面接室の机に突っぷしていた母親の姿は今はなく、ネクタイをしめた父、小奇麗な感じのワンピースに身を包んだ母

夜逃げの家族

が私の前にすわっていた。

「本当は新学期の段階で引き取りたかったんです。子どもたちも希望しています。正月に帰省したとき、『お父さんたちは普通の生活をしているじゃないか』『もう一緒に住めるやろ』と訴えられました。ええ、『5月には引き取るつもりや』と子どもたちにも言いました。実は一緒に暮らすために、今のアパートを出てもう少し広いところに移ろうと思ってるんです。目星は付いているんですが、前の人が住んでいるので引っ越しは連休中になりそうです。子どもたちが帰ってくれば引っ越しの手伝いもしてもらえますしね」

「仕事も真面目にやっています。朝は7時過ぎに家を出て、帰宅はだいたい午後8時頃でしょうか。先月は皆勤賞ももらったんですよ。手取りで30万円近くにはなります」

父はポケットから先月の給料明細を取り出し、私に見ろという。そこまでしてもらわなくてもいいのだが、あちこちで信用を失った父は、証拠物を示さないと不安なのだろうか。

「先生、そろそろ私らの住民票もこっちに持ってこようかと思うんです。この前の参議院選挙のとき、同僚が"一緒に行こう"と誘うんですよ。でも私は住民票がないから行けません。保険証の住所欄も空欄にしていますし、源泉徴収票の関係書類を出すにも苦労してます。やっぱり住民票がないといろいろ不便なんですよ」

当然のことながらS県にある住民票は、子どもだけでなく両親も動かしていない。父はそのことの不自由さをしきりに訴えてくる。私は借金のことが心配になって、そっちのことを聞いてみた。

「放ったらかしです。ある程度貯金ができれば公的なところを通じて返す気持ちは今でもあります」

返済の意思はあっても具体的なメドや方法についての話がないので、むしろ不安が増してくる。住民票を移し、子どもを引き取ったとして、本当にトラブルは起こらないのだろうか。

「一般的に言って、ご両親が引き取りを希望され、家族が一緒に住めるようになるということは望ましいことですし、私たちも基本的には賛成です」

引き取りを希望する親には最初にだいたいこんなふうに話しかける。もう何人の母に、また父にこう話しかけただろうか。両親が大きくう

なずいたのを確認してから、私は言葉を続けた。

「ただ今回心配な点は、引き取って一緒に暮らし始めた途端に借金のことで再びトラブルが発生しないかということなんです。サラ金業者は、住民票を動かすと、なぜか嗅ぎつけて必ず督促に来ると聞いていますのでねえ」

「もしもそんなことになったら、子どもたちはまた施設にUターンということにもなりかねません。そんなことで子どもにさらに深い傷を負わせては申し訳ないですから」

こう話したとき、母が父の方を向いて、

「やっぱりそうでしょ！ 私は心配よ」

と言い始める。暮らしが何とか成り立つようになって、父は１日も早くすべてを元の状態に戻したいのだが、母は夜逃げの経験に懲りて慎重になっている。住民票の件も含め、父母の間で気持ちが一致していなかったのであろう。

「借金については、具体的な金額や返済方法などが私にはわかりません。今後の可能性や具体的な計画などを、一度信頼できるところで相談してもらえませんか。ある程度はっきりしてくれば引き取りの見通しも立つと思うんです。もちろん児童相談所では、お父さんの引き取りの申し出は所内で検討させてもらいます」

この日の面接のまとめを、私はこんなふうにしてみた。母はむしろ安心した様子を見せたが、父はやや残念そうな表情だった。しかし児童相談所の提案にはいつも従う人である。素直に了解してくれたので、最後に私は次のようにつけ加えた。

「それと、もうすでにお子さんに引き取りの話をされたということなんですが、確定していないことを勝手に伝えるのは余り好ましいことではないんです。場合によっては空約束になってしまうこともありますし、そういうときに子どもはよく揺れますから」

子どもを施設に預けている親は、どうしても"不憫をさせている""子どもにすまない"という思いにさいなまれるため、ついついいろんな約束をしたくなる。ところが往々にしてそれが逆に、子どものさまざまな症状を生み出す原因にもなる。借金返済のために打たれた空手形は私の論ずるところではないが、子どもたちへの勝手な提案や言い逃れのような約束を放置することはできない。優子が、つい最近衣

類や菓子を万引きしたという報告が耳に入っていた。
＊
　＊アパートを移って一緒に住めるような環境を用意する、というところはよくわかったけれど……。
　＊この人たちは子どものことが支えになって再起を図ってるんだろうね。
　＊いや、ちょっと待ってよ。連休中に引き取って引っ越しの手伝いをさせるというけれど、それはまずいんじゃない？　言うなれば親の不始末で子どもに苦労をかけているんでしょう、だったら親がちゃんと住まいも整えたうえで、子どもたちを迎えるべきですよ。
　＊やはり借金のことが心配だ。本当に大丈夫なの？
　＊父親は、確かに住む家の準備はしたようだけど、借金にまつわることで何か取り組んだの？　返済というところまでいかなくても、それなりの対策を立てるとか、せめてどこかで相談して見通しを聞くとかしてくれないと不安は拭えないなあ。
　所内会議でも、なかなかＯＫは出てこない。

引き取りの準備
　念のため私はＮ市の教育委員会で区域外通学の可否を確かめた後、父に電話した。
　「住民票はなくとも通学は可能と思います。ただ引き取りに関しては"一定の条件が整わないと心配"という意見が強かったので……」
　「今引き取れないと姉の万引きのせいになってしまい、弟や妹から不満が出るかも知れないんです」
　これにはびっくりした。そんな話になっているのであれば誤解を解いておかねばならない。
　「連休中に会社が主催の家族行事があるんですが、それに子どもたちを連れて来いと言われているんです」
　子どもたちが施設で生活していることは会社に内緒である。ところが日常の会話にも子どもの話がまったく出てこないので、何となくいぶかしがられているような口ぶりであった。
　「ともかく私のほうは、施設を訪問して子どもさんたちと出会います。その後家庭訪問しますので、そこでもう一度お話しましょう」

引き取りに際してはやはり、今住んでいる場所まで出向いて実際の様子や生活の匂いを嗅いでみる必要があろう。連休前の訪問を約束した。

*

「お父さんから引き取りの希望があったんだけど、今日はみんなの気持ちも聞きたいと思ってね。お父さんやお母さんと一緒に暮らしたいかい？」

「うん」

「帰りたい」

小4の和子、小2の太郎は引き取りを待ち望んでいるという口ぶりであったが、中2になった優子は、

「帰りたくない、お父さん嫌いやから」

などと言う。本心は別にして、ちょっと意地を張っているような印象だ。

「おじさんも、できれば家族みんなが一緒に生活できればいいなあと思っているんだ。でもすぐまた夜逃げすることになっては困るだろう。だからお父さんやお母さんに、その辺をきちんとしてほしいと、今頼んでいるんだよ」

話を聞いている間、3人が目と手、膝などを使ってしきりにサインを交わしているが、それが何であるかはわからなかった。

父親の仕事が終わってからというので、家庭訪問したのは午後7時。確かに狭いスペースではあったが、箪笥や水屋などの家具もいくつか並んでいて、生活も少しずつ落ち着いてきていることが感じられた。ちょうど仕事から帰ったばかりの父は、まだ会社の作業服を着ている。母はなぜか少し厚めの化粧。

「仕事のほうは順調です。会社からも少しずつ信用してもらって、今では関西一円に出張させてもらうようになりました。家内もパートに出かけていますので、経済的には何とかやっていけると思います」

「借金の件は、一応N県とS県の市民相談室に電話してみたんです。『具体的なことを聞かないとわからない』『直接来てほしい』と言われたんですが、休みもとりにくいのでまだ動けていません」

市民相談室で無料の法律相談をしていると伝えていたのを実行したのであろう。

夜逃げの家族

「住民票をそのままにしておくとどうなるんですか?」
「私は今でもS県の住民となっていますが、現実には住んでいません。市民税などどうなるんでしょうか?」

税金がどうなるのかまでは私も知らないし、住民票のない生活がどの場面でどのように影響するのかすべてを伝えることも、できる相談ではない。

「もうご存じのように児童相談所は子どもの相談機関です。住民票と通学の関係については、私も一応N市教育委員会で確認しています。けれど税金のこととか、住民票に関してご両親の生活がどうなるかまでは知りません。それでねえお父さん、私が思うに、税金にしても住民票にしてもそうですが、自分たちの暮らしの見通しをどのように立てたのか、借金の件ではどう対策を立てたのかっていうことは、むしろ私のほうがお尋ねしたいことなんです。自分たちのすべき仕事を専門外の私に聞くというところに、正直申し上げて甘さを感じてしまいますし、今引き取って本当に大丈夫なのかなあと心配になります」

相談の中で相手を批判するようなことを私はあまり口にしないのだが、何もかも頼ってくる姿勢の父親に、穏やかな口調を努めながらも、一言だけ言わせてもらった。

「子どもたちを受け入れる準備として、まず転居をきちんと済ませてください。次に借金の件やそれに付随する問題については、必ずどこか適当なところで相談して、見通しを立ててください。そのうえで児童相談所に連絡してほしいのです。引き取りはいずれにしてもその後になると思いますので、連休というのはちょっと無理ではないでしょうか」

がっかりした父の様子。しかし母は私の説明に力を得たのか、
「いくら可愛いと言っても、同じことをさせては子どもが可哀そう。親の都合ばかりで動いてもだめよ」

と父を非難する。話が一段落し、アパートを辞したのは午後9時近かったが、遅くなるにつれて母親が次第にそわそわするのがわかった。"パートの仕事は何ですか?"と尋ねたとき、慌てて新聞のチラシを捜してきて"このスーパーです。偽名で出ています"と教えてくれたのだが、たぶんそうではなくて、夜の商売についているのだろうと推測した。

スミマセン。ソーシャルワークというのであれば、通学のことも税金のことも借金のことも住民票のこともその他のこともきちんと調べていくべきでしょう。このときの私は、自覚が足りませんでした。

再出発

　両親が予定どおり転居したことは、養護施設からの情報でわかっていたが、父からの連絡が入らない。5月末、こちらから電話してみた。
　「5月5日に無事引っ越しました。今度は会社の人が保証人も引き受けてくれたのでスムーズにことが運びました。住民票は当分S県に置いておくことにしたのですが、車庫証明なんかどうなるのかと心配です」
　これで、S県で在学時の優子の担任教師がサインしてくれた保証人の一件は終わったのだと、私は密かに安堵した。それにしても父は相変わらずで、まず何を優先すべきかの選択が理解できていないと感じられて仕方がない。ともかく肝心の借金の件のことを聞いてみる。
　「なにぶん会社には内緒でして、平日は動きにくいんですよ。電話での相談は受けつけないと言いますし、あれから何もできていないんです」
　「この前は"一緒に暮らしたい"という思いだけで走ろうとしましたが、考えてみると家内の言うことにも一理ありますし、基本的にはきちんと生活の見通しをつけてから引き取ろうと思っています」
　夜逃げの原因となった借金について、公的な機関とか弁護士などがどのような判断をするのか、当面は返済の見通しが立たなくても、具体的な対処の方法さえはっきりすれば引き取りの方向で考えねばなるまいというのが、この間の両親の意向を受けての私の内心の気持ちだった。ところが家庭訪問から1カ月以上過ぎているのに父は何らの具体的行動も起こしていない。子どもには連休の引き取りを約束しておきながら、結果はまったくの放置ではないか。私は少し苛立った。
　「お父さん、子どもさんには引き取ると約束したのですから、この間何の努力もしていないというのはちょっと問題ではありませんか？ 一緒に暮らしたいというお気持ちに変わりがないのでしたら、早急に然るべきところで相談してみてください。そしてその結果を連絡してください」
　受話器を切った後、やり過ぎだとは感じながら、私はN市の弁護士会に問い合わせをした。サラ金関係の法律相談の実施状況を教えてもらうためである。N市の市民相談室、県民相談室、N県弁護士会などがそれぞれ週1〜2回、1件につき約30分程度の有料・無料の相談を

夜逃げの家族

受けつけているとのこと。ただし6月の予約はすでに一杯で、相談したいのならあらかじめ電話で日時を約束してほしいという。
　以上の概略を父に説明し、今度は私自身がK法律事務所を訪問した。京都府の児童家庭専門員を引き受けているK弁護士から、借金返済問題に関する示唆を得ようとの考えである。
「住民票を移せば、そこから債権者が足取りをつかむことは覚悟しなければならないでしょうね。こういう場合、多くの人はだいたい3つの方法を取っています。一つは夜逃げを貫くのです。ええ、借金というのは、裁判を提起されないかぎり10年間で時効になってしまうので、それまで隠れ続けるわけです。次は破産宣告という方法です。破産宣告のうえ、免責宣言を出してもらえれば、借金はなくなってしまいます。資本主義社会は本質的に競争社会ですから、競争に負ける人が出てくるのは必然ですよね。この場合、社会が長期間に渡って落伍者の面倒を見るより、リターンマッチのチャンスを与えるほうが社会的損失は少ないという考え方です。それから3番目の方法としては、弁護士を入れての和解です。具体的な中身が明確でないのでどの方法が一番妥当なのかはわかりませんが……」
　父から電話が入った。
「8月初旬にN県の県民相談室で弁護士との約束ができました。借金関係の資料も整理して相談しようと考えています。仕事のほうはお盆をはさんで休みが続くので、子どもたちもしばらく帰省させるつもりです」
　"やっと動いてくれたのか"電話で相談の予約を取るだけのことに、どうしてこんなにもほっとさせられるのか不思議な気さえしたが、一方父が弁護士と相談をし借金の件でメドを立てれば、ちょうど夏休みである。2学期から一緒に暮らすなら区切りもいい。そんな気持ちになって、私は夏休み中に一定の線が出せるような準備をしようと思った。
　1　母親の仕事の確認をすること。
　2　優子がいくつか問題を起こしているが、今後の指導についてしっかり話すこと（優子は万引きの他にも、登校時間にルーズであったり、施設内の他児に暴言を吐くなどの行動が見られることがあった）。
　所内の判定会議でのこんな注文を念頭に、父と面接した。

「予定どおり相談に行きました。○○弁護士が担当してくれて（と資料を見せてくれる）、結論的には調停しかないだろうと言われました。ただし調停の場合は弁護士費用がかかるため、家内と意見が分かれています。最終的な結論はまだです。住民票はやはり今は動かさないほうがよいと言われました。税金だけは支払うようにとのことです」

「夏休み帰省で今子どもたちは帰ってきています。私としては一刻も早く一緒の生活をしたいという気持ちです。子どもも『このままずっと居たいわ』と言うんです」

「妻は約4カ月まえからスナックで働いています。夜の仕事で、午後8時からです。帰宅はだいたい午前1時ぐらいでしょうか。はい、8時までには私が帰って、親のいない空白時間はつくらないようにしています」

「先生、どうでしょうか。引き取らせてもらえるでしょうか」
真剣に問うてくる。

「借金について相談に行かれた点は評価できます。後はご夫婦で話し合って進めてください。ただ前にも言いましたように、優子さんのことでは学校生活、施設での生活両面でいくつか心配な点が出てきています。お母さんも夜が不在になりますし、大丈夫でしょうか」

「ともかく所内でも再度検討したうえで、今度は私のほうから家庭訪問いたします。お父さんのお気持ちはよくわかりましたが、お母さんにもお会いしたいですから」

施設を訪問して園長と協議し、再々度所内会議で議論してもらった。母親の気持ちを確認したうえで、引き取りについて夫婦が一致するなら認めようということになった。

8月下旬に家庭訪問した。確かに転居前のアパートよりは広くて部屋数も多い。父は仕事だが、母親と子どもたちが待ってくれていた。太郎は遊びに出ていたが、私が訪問するとすぐに優子が呼びに行って連れ帰ってきた。

「主人は慎重さが足りません。S県の元住んでいた借家の付近まで、優子を連れて出かけたり……。気になるのはわかりますけど見つかったら元も子もないんですから」

「車の免許の切り換えのため、主人はS県の警察署にも行ったんで

夜逃げの家族

す。そしたら警察で『待て』と言われて……。一瞬冷やっとしたんですが、主人の兄から捜索願いが出ていたためでした。義兄が警察署まで来てくれて話し合ったんですが、何でもＳ県での家賃の滞納分は義兄が支払ってくれたらしく、今後は週１回は連絡を寄越せと叱られました。現在の住居を知らせようとしたら『聞きたくないし、聞かないほうがよい』と言われたもので、伝えていません」

「借金をかかえていると、水商売しか方法がないんです。夜逃げする前に１〜２カ月働いたこともあります。子どもにはあまりよくないとは思いますが、主人が帰宅してくれていますので何とかなっています」

Ｓ県に出かけたことや父の兄に会った話は初耳であった。父にしてみれば、児童相談所には"慎重さの足りぬ行動"を報告しにくかったのであろう。

「２学期から引き取って、みてやりたい」

"それで、お母さんのお気持ちはどうですか？"最後にこう尋ねたときの母の返事は、少し思案するような態度だったが、割とはっきりした意思表示であった。

「その方向で進めましょう」

私は所内会議の確認を思い起こしながら返答する。こうして約10カ月間に及ぶ３人の子どもの施設生活は終わった。

「昨年はいろいろとお世話になり、ありがとうございました。家族全員元気で頑張っております。今後ともよろしくご指導くださいますようお願い申し上げます」

年が変わり、梨田家から再び賀状が届いた。

ふりかえって

児童相談所と梨田家とのかかわりはここまでである。そこで、いつものように彼らとつきあいながら考えていたことを少し述べてみよう。

まず、子どもたち３人の施設入所について。

これが単に経済的な貧困状態に陥ったというのであれば、児童相談所ではなくて、おそらく福祉事務所などからの援助が考えられたであろう。だが経済的な破綻が、そのまま生活の根本を破壊し、住む場所もなければその日の食もままならないようなところに家族を追い込ん

でしまった。だから子どもたちにとっては、まさに生存の権利を守り、教育や医療などを保障するものとして児童福祉施設があったはずである。バブル経済がもてはやされ、豊かさがあふれ返るような空気の中でも、児童福祉施設はこうした最も基本的な役割をまだまだ果たさねばならないのである。

　一方、両親にとってはどうだったろうか。親には子を扶養する義務がある。もちろんそれができない事情が生まれたために、彼らは児童相談所の門を叩いたのであるが、子どもと離れて暮らす寂しさと同時に、施設の利用は両親を身軽にした。彼らが再起を図るための条件を生み出したということもできる。その意味では、施設は親が経済的に再生するまでの一時的な避難場所であった。施設の役割としてこのような形の援助があってもよいと私は考えている。

　次に、この家族に対するケースワークの進め方についてである。極めて大ざっぱで、あえて不正確の誹りを甘受しつつ言えば、今回は"私には珍しい上からのケースワーク"であった。相談を受けての一時保護の決定から施設入所まで、さらに入所後の面会希望は言うに及ばず、本来私が言うべき筋合いではない借金にからむ弁護士との相談に関してまで、あれこれを指示し、判断を提示するような形の進め方は、何となくいつもの雰囲気や手順と違っているような印象があった。

　だがそもそもケースワークに"上から"とか"下から"というものがあるのだろうか。F・P・バイステック著『ケースワークの原則』（田代不二男・村越芳男訳、誠心書房）には、"受容""非審判的態度""クライエントの自己決定"などの原則が示されているが、これを読む限り、どうも上だとか下だとかの話は出てこない。というよりはむしろ、ケースワークは上述した原則のように、相手の気持ちを"受容"し、ワーカーは"審判的な態度"を取らず、あくまでも相手の"自己決定"を尊重していくべきなのであろう。しかし児童相談所で相談活動を続けていると、たとえば不登校児の親面接でのカウンセリング的なかかわりとか、虐待ケースのようにまず子どもの安全確保を第一にしなければならないような場合など、状況によってずいぶん違った対応を求められる。梨田家の場合、両親が自分たちの陥った状況を自ら整理し、自力で脱出する力を失ったところから出発したのであるが、そのために私は、事態の混乱を整理し、解決の方向について

夜逃げの家族

示唆する役割を担うことになった。そのためかかわりは指示的になり、ともすれば"上から"話すような印象につながったのかも知れない。こういう行き方がケースワークのバリエーションの一つとして許されるものなのか、それとも原則から外れた例外的なものなのか、今後の検討課題としておきたい。

さて、最後に子どもたちの家庭復帰、施設からの引き取りに関しても考えておきたい。児童相談所にいていつも揺れ動くのは、家庭引き取りの希望にどう対応すればよいかということだ。

「施設の人がノーと言って、私たちがあくまでも返してほしいと主張したらどうなるのですか？」

親の希望が強くて施設や児童相談所と対立した場合、よくこういう質問を受ける。これと関連して思い出すのは、以前に見たインド映画「サラーム・ボンベイ」の１シーンである。夜道で警察に補導された娘を訪ねた母親が、係官の女性に問う。

「いつ家へ帰れます？」

「貴方のような女性の場合……、やめましょう。母親が売春婦だという事実に基づいて、政府は決定しました。"児童福祉の立場からこの子の成人まで政府の保護下におくものとする"」

「……」

「異議の申し立てはできます。でも理由は？」

「私の娘なんですよ。ただ一人の子どもです。政府が母親になれます？」

売春を事としているのは間違いないが、この当時のインドで生きていくためにはやむを得ない。愛情豊かな母親。だが政府は決定する。"ノー"。映画を見ていて理不尽さが胸を打つ。

ところが我が国では"親権"が比較的強いため、このような場合、得てして親の意向が勝つことになる。では問題はないのか？　難しい。というのも強引な引き取り要求は、親の主観的な希望が強いだけで、往々にして子どもを養育する条件が十分成熟していないことが多いから。親からの引き取り希望は無視できないが、子どもの福祉にとって果たして本当にそれでよいのか、いつも迷わされる所以である。

梨田家の場合、そこまでの強引さはなかったものの、引き取りの条件が熟しているのか否かについては常に議論があった。その後元気に

「サラーム・ボンベイ」はインドの女性監督ミーラー・ナーイルがボンベイの路上に生きるストリート・チルドレンの実態を描いたもの。映画に登場する子役は全員が実際のストリート・チルドレンだったといいます。1990年公開。

しているという賀状が届き、一方N県からもS県からも問い合わせ等がないことを考えると、何とか暮らしているのであろうと信じるしかないが、引き取りの条件やタイミング、そこに至るケースワークの方法などは、親権にからむ日本の法制度も念頭に置いて、今後もケースに即した検討が必要であろう。

(1999年12月)

【介入的ソーシャルワーク事例】
2度の立入調査と28条申立て

はじめに

　2000年の法律制定時から数えて2回目となる児童虐待防止法改正案が全会一致で可決・成立し、2008年4月から施行されることとなった。この改正で児童虐待への対応は新たな段階に入るが、最前線で対応する児童相談所は依然として多くの、また重い課題をかかえている。

　本誌（『子どもの虐待とネグレクト』）には、これまでから連続して児童相談所に関する問題提起がなされているが、私は今回の法改正も念頭に置きながら、実際の事例——2度の立入調査を経て28条申立てによる施設入所となったケース——を通して、児童相談所が置かれている状況や、今後の課題について言及したい。なお紹介する事例は、児童虐待防止法が初めて施行された直後のものである。少し古い事例を取り上げるのは、そこで明らかとなった課題が、その後どのように改善され、あるいは残されているかを適宜述べることで、我が国における虐待対応の変化も示し得ると考えたからだ。事例については、プライバシー保護のため、本質的な点は残しつつも大幅に変更していることをお断りしておきたい。

経過その一　通告

　虐待通告されたのはC子、当時まだ0歳であった。市の保健師が家庭訪問し、頬の痣に気づいたのである。母は最初「あやまってベッドに打ちつけた」と説明したが、さらに訊いていくと、内縁関係にあるC子の実父が叩いたことを認め、実は母親自身もその男性からかなり

2度の立入調査と28条申立て

C子の家族図

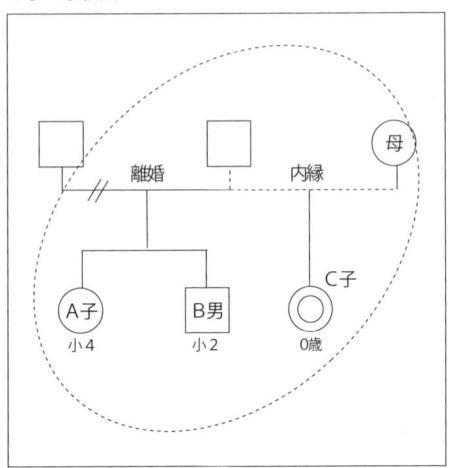

ひどい暴力を受けていることを告白する。通告を受けた児童相談所は、このままではリスクが高いと考え、当面の方策として、子どもの安全をはかると同時に日常的な見守りを強めるため、市に対して保育の実施等が適当である旨の通知を出した。

家族は図に示したとおりで、A子・B男は前夫との間に生まれた子である。母はパート就労しながら生活保護を受給しており、交際していた男性が、C子の妊娠・出産などを機に家庭に入り込んだのであった。

さて保育所に入所したC子は、乳児健診で頭囲が大きいと指摘され、保健師の勧めでX病院に検査入院する。結果は慢性硬膜下血腫という診断であった。医師に事情を訊かれた母は、「車に寝かせていて急ブレーキで落ちた」と説明する一方、同じ日、保健師に対しては、"内密に"と言いながら、実父がしばしばC子を叩いていると打ち明ける。よく見ると、そういう母自身も全身に傷を負っており、学校からの連絡によれば、その日登校してきたA子・B男は、いつになく動揺した様子であったという。

入院したC子の付き添い期間中、母がA子・B男の一時保護を希望した。児童相談所はすぐに2人を保護したが、B男の右頬に痣が見つかり、訊くとB男は、男性に怒られたと話す。A子に外傷等はなかった。

経過その二　援助方針

　児童相談所、市保健センター、学校、福祉事務所等々による関係者協議では、「母の言動をふまえると、硬膜下血腫は実父の暴力が原因だと強く推測される」という意見が大勢を占め、これでは退院後Ｃ子を家庭へ戻すのは危険だという結論に至る。他方、病院側に虐待を疑われたと感じた父母は転院の希望をちらつかせ、緊迫した状況となった。ただし検査結果で手術が必要と判断されたため、Ｃ子はＸ病院からＹ総合病院へ転院する。そのため、手術を終えて退院となった時点での対応方針が焦点となった。ポイントは概ね以下のとおりである。
①慢性硬膜下血腫は、虐待による、もしくはその疑いがあると客観的に言えるのか。
②退院後、すみやかにＣ子を保護することは妥当か、また可能か。
③仮にＣ子を職権で保護した場合、Ａ子・Ｂ男についての援助方針はどうするのか。

　①について児童相談所は、虐待はほぼ間違いないとの心証を持ったが、検査したＸ病院は「虐待が疑われるとか不自然だという診断書までは書けない」とのことで、手術を受け持ったＹ病院も「症状発生から時間経過しており、原因について断定的なことは言えない」との見解であった。十分な医学的裏づけが得られないまま今後の対応方針を決めることを余儀なくされた児童相談所は、困難な立場に立つことになった。

　②については、医師の所見がない状況で児童福祉法第28条の適用が可能かどうかなどを、弁護士に相談した。2名の弁護士が、まったくのボランティアで児童相談所のケース会議に参加し、詳しい経過やそれまでの家庭状況もふまえ、申し立てれば承認される見通しはあるとの意見を述べる。

　一方、Ｙ病院とも頻繁に協議を繰り返した。幸い担当の医師は、児童相談所が子どもの保護を行うというのであれば協力は惜しまないという姿勢で、症状について、手術および術後の見通しなどについて、丁寧に説明をしてくれた。

　ただしＣ子を保護するとしても、具体的にどうするかについては暗中模索だった。安全および確実性を第一にするのであれば、病院で職権保護するしかあるまいと結論づけたが、具体的な手順を検討してい

> 2度の立入調査と28条申立て

くと、多くの障害が浮かび上がってきた。

③についても議論が噴出した。B男の怪我は軽くA子には外傷もない。しかも彼らは、保護者の依頼により、C子の入院期間中という約束で一時保護をしているのである。所内討議では、「まずは深刻なC子の保護を先行させ、いったん帰すしかないのではないか」「経過からして職権保護は信義に反する」という意見が出された。しかし彼らが同居男性を怖がっているうえ、仮にC子を保護してA子やB男を帰した場合、その後の安全についての確証がなかった。

これらをふまえ、C子の手術が無事終了し退院可能となった時点で、警察の援助も得て病院への立入調査を行い、C子を乳児院へ一時保護委託する。A子・B男については、安全を確保するため、以後は職権による一時保護と位置づけ、C子を保護した時点で児童養護施設に一時保護委託することとした。

当日は、所員全員がすべての面接・訪問等の予定を取りやめ、病院でC子の保護に当たる者、遠方となる乳児院への移送を担当する者、保護者対応を行う者、現場での連絡係、A子・B男それぞれと面接する者、彼らを児童養護施設へ移送する者、所内において連絡調整に当たる者等々に役割を分け、文字どおり総出で取り組んだのであった。当時課長として現場対応の中心にいた私は、困難さに比べて手薄な児童相談所体制等々、能力をはるかに超えたことが要求されていると感じたことをつけ加えておきたい。

経過その三　立入調査

立入調査および子どもの保護は、女性警察官に同行してもらい、母が付き添いを離れて不在となった時間帯に行った。看護師資格のある職員を含む複数のスタッフでC子を乳児院へ移送する。一方、時間を見計らってA子・B男を説得し、児童養護施設に連れて行った。次いで病院に戻ってきた母に、C子を一時保護したこと、A子・B男も一時保護所から身柄を移したこと、子どもの安全を考えると、今は居場所も教えられないことなどを説明し、詳細は児童相談所で面接する旨を伝えた。話を聞いた途端、母は号泣した。

児童相談所での面接にはC子の実父（内縁男性）も来所し、想像を超える大爆発をした。彼と相対するのは初めてだったが、「誘拐だ！」

と声を荒げ、机を叩きつけ、「いったい誰が通報したんだ」と問い詰め、激怒して職員へ暴行をはたらく一幕もあった。私たちがこうした事態に不慣れだったこともあり、面接は延々と9時間余りにも及んだ。

経過その四　再入院、再手術

翌日はさまざまな動きがあった。まず、前日あれほど激しい抗議を繰り返した実父が、なぜか一転して低姿勢となり、「昨日は言い過ぎた」と電話してきた。他方で、Ｙ病院の管理責任者が所長に電話してきた。「病院であんな強硬なことをしてもらっては困る。Ｃ子の私物が残っているが、病院は今後一切かかわらないのですべてそちらで善処してほしい」と言うのである。これまで現場の医師や看護師とは繰り返し協議を続け、事務部門にも説明をし、了解してもらっていたつもりだったが、病院の管理者は、地域住民とのトラブルだけは何としても避けたかったのであろう。

一方Ｃ子は、乳児院に到着してすぐに発熱し、受診した近くのＺ総合病院で、「再度の入院の必要がある」と申し渡される。これを受けて乳児院は、「こんな状態でＣ子を委託するとはどういうことか」と、児童相談所を手厳しく批判した。

ここまでＹ病院と繰り返し協議し、退院可能と念を押しての職権保護だったため、再入院という事態に私たちは驚愕した。加えて、入院となった場合の付き添いも大きな問題だった。保護者には居場所すら伝えておらず、かといって児童相談所から100キロ以上の距離がある病院に職員を張りつけることなど不可能である。1日わずか1,560円という一時保護委託費のみで、乳児院スタッフが24時間交代で付き添うことを承知してくれた。

2005年度からは、被虐待児の一時保護委託に対して、1日860円の加算が付けられるようになったが、困難な委託一時保護の条件整備、委託費の大幅な増額は、現時点でも重要な課題といえよう。

さてＣ子は、術後にウィルス感染した可能性もあり、その場合は再度の手術もあり得るという。そして1週間後、医師から電話が入った。「明日にも再手術が必要。ついては保護者の同意が必要なので、至急連れてきてほしい」。

すぐさま母に電話し、来所を求めて話し合った。同席した実父は、

> 2度の立入調査と28条申立て

ここぞとばかりに激しい非難を繰り返す。

「勝手に連れて行った責任をどうとるのか」「明らかに児童相談所のミス」「手術はこちらの希望する病院でやってもらう」「お前らは手を出すな」

最後は、手術に同意する条件として職権での一時保護を解除するよう強く要求する。児童相談所は結果的にこの要求を飲むしかなく、私は内心で次のように呟いた。

「C子の今日の命を救うため、明日の命を犠牲にしたのだぞ、おまえは」

実父の暴力による可能性が高い硬膜下血腫だというのに、こと手術となると生殺与奪が彼らに握られるというのは、なんとも腑に落ちない。この点に関しては今回の第2次法改正でも触れられておらず、今後、突っ込んだ検討が加えられるべきであろう。

実父はZ病院でも一時激昂したが、手術はそのまま行われた。児童相談所は約束どおり職権での一時保護を解除する。しかし母に遠方の病院での付き添いなど不可能で、あらためて保護者同意による乳児院への一時保護委託とし、Z病院入院中は引き続き乳児院スタッフが付き添ってくれることとなった。乳児院の献身的な姿勢に、私たちはまたしても助けられたのである。

そうして退院の時期を迎え、児童相談所はC子を父母に引き渡した。なお、A子・B男については、これらの動きと並行しながら母と話し合いを続け、児童養護施設入所についての同意を得る。

経過その五　2度目の立入調査

不安も大きかったため、家庭引き取り直後に保育所入所を実現させ、保健師も頻繁に母と連絡をとるなど、可能な限りC子の安全を見守る体制をつくった。案の定、登園してしばらくすると、C子に小さい傷が発見され、内縁男性による母への暴力も再び顕在化する。そして事態が大きく動く。母が男性の暴力にたまりかねて保護を求めてきたのである。母子は婦人相談所で保護された。

しかし母の気持ちは揺れ動く。婦人相談所はDV防止法に基づく保護命令の申立てを勧めるが、母は頑として応じず、母子生活支援施設への入所だけが決まる。どうやらなし崩し的に男性と連絡し合ってい

> ただし、第2次改正の附則第2条は、「政府は、この法律の施行後3年以内に、児童虐待の防止等を図り、児童の権利利益を擁護する観点から親権に係る制度の見直しについて検討を行い、その結果に基づいて必要な措置を講ずるものとする」とされていました。

たらしい。そこで児童相談所は母に対し、C子の安全を守り、実父とC子を同居させないこと、今後も手術後の検診を定期的に受けさせることなどを求め、仮にこうした約束が守られない場合は法的対応も辞さないと言明した。だが母は、1カ月もしないうちに実父とよりを戻して親子3人での同居を再開する。折しもクリスマスのことであった。このまま放置すると虐待のリスクが高いうえ、年末年始の期間中は関係機関の誰もがC子の安否を確認できない。児童相談所は緊急の会議を開き、家庭への立入調査を決定した。そうなると実施には大変な準備が必要だ。年末の慌ただしい中、関係機関との打ち合わせと意思統一、警察への援助要請、万が一に備えて大家へ解錠の協力が可能かを打診、保護した場合の受け入れ先となる乳児院への委託の打診、速やかに28条申立てを行うための弁護士との事前協議、家庭裁判所への連絡などを行った。加えて、児童相談所挙げての取り組みとなることから、全職員が他の予定をすべてキャンセルし、立入調査に備えた。

　立入調査実施は御用納めの日となった。これを逃すと後がないため、失敗は許されない。ところが、いったんは部屋の鍵を開けると約束してくれていた大家が当日になって尻込みし、協力が得られなくなる。そこで立入調査では、警察官も来ていることを強く示唆して玄関を開けさせ、何とかC子を保護したのであった。

　さて、今回の法改正を見ると、家庭へ立ち入る際、従来は解錠まではできなかったところ、2度の出頭要求を経ても応じない場合に、裁判官の許可によって可能となる改正が行われた。強制的に解錠できる権限が与えられたこと、そこに司法の判断が加わったことは、確かに一歩前進と言えよう。ただ、この事例のように急を要すると判断される場合の対応はどうなるのか。今後さらに検討が必要であろう。

　なお本事例では、家庭裁判所への28条申立てが承認され、乳児院への入所措置が決まった。納得したか否かは別として、保護者も淡々とこの決定を受け入れた。以下では、事例を振り返りながら、そこで浮かび上がった課題を示すこととしたい。

いくつかの改善

　振り返ってみると、当時と今（2007年）とでは、法的にも施策上でも改善された点は多い。たとえば保育所入所について。当時は、児童

> 2度の立入調査と28条申立て

福祉法に基づいて児童相談所から市に対して保育の実施が適当と通知したが、母がパート就労していたことが入所を可能にしたのである。この点については、児童虐待防止法の第1次改正で、「保育所に入所する児童を選考する場合には、児童虐待の防止に寄与するため、特別の支援を要する家庭の福祉に配慮をしなければならない」との条文がつけ加えられ、就労は条件とされなくなった。虐待されている児童にとって保育所の果たす役割は大きく、重要な改善と言えよう。

　また、弁護士の援助についても前進があった。当時はまったくのボランティアで協力してもらっていたが、厚生労働省の「法的対応機能強化事業」もあり、私が勤務していた京都府でも、現在は法律上の助言や申立書の作成その他、弁護士の協力体制は強化され、不十分ながら費用弁償もなされている。虐待問題では法的対応の備えが不可欠であり、今後さらなる充実が必要であろう。

　被虐待児の一時保護委託に対し、国の施策として、わずかながら加算措置がとられたことも一つの改善点である。本事例では、委託一時保護していた1カ月あまり、何らの経済的保証がないまま24時間ずっと、乳児院職員が交代で病院付き添いを行ってくれた。さまざまな場合を想定すれば、率直に言って加算額の不十分さは否めず、今後さらなる充実が求められていると言えよう。なお加算措置は、児童福祉施設等への入所の場合も行われるようになったことをつけ加えておきたい。

医療機関との連携

　今回紹介した事例では、医療機関との関係でさまざまな課題が浮かび上がった。まず問題となったのは、慢性硬膜下血腫をめぐる診断である。実父は最初の面接で「お前らが勝手に思い込んでいるだけだ」「俺は何もやってない」と強固に主張したが、医学的な所見を得られなかった私たちが、そのために苦慮したのは事実である。

　また、病院への立入調査とC子の保護にも課題が残った。児童相談所としては、病院が攻撃の矢面に立たないよう、「これはあくまでも児童相談所が主体的に決定し、実行した」ということを明確にするため、あえて罰金の規定もある立入調査という形をとり、病院管理部門にも事前に説明していたのだが、実父はわずかな矛盾も見逃さず、暴

力的・威圧的な態度でさまざまな機関を攻撃した。そのため病院側も、予想以上の大変さを実感したのであろう。病院管理部門からの児童相談所に対する抗議は、虐待対応についての共通認識をさらに深めること、密接な連携のためによりいっそうの努力が求められていることを示唆したのであった。

なお、立入調査は実際に虐待が行われている家庭等で行うべきで、保育所や学校、病院などでは行い得ないのではないかという意見がある。法律的な解釈はともかく、子どもの保護を最優先するのであれば、現状ではこのような形もやむを得ないのではないか、と私は考えている。

ところで、この事例の全体を通じて最大の危機は、職権による一時保護中に再手術が求められた局面であった。児童相談所と保護者の対立の渦中で、まさにC子の命そのものが揺れ動いたのである。一般的に言って、必要不可欠な手術に対して当の加害者もしくはその疑いが濃厚な者の同意が必要とされるのは理不尽というほかなく、親権のあり方を含め、今後の検討が求められていると言えよう。

一時保護制度のあり方について

ところで今回の事例を振り返ると、一時保護制度のあり方について、あらためての検討が必要ではないかと感じさせられる。Y病院退院後の方針について、「C子を家庭引き取りさせるのは危険」「一時保護が必要だ」との意見で関係機関は一致した。しかし現在の法制度における一時保護の決定は、最終的に行政機関である児童相談所長にすべて任されている。それゆえ児童相談所と保護者の激烈な対立が、おもにこの局面で発生する。現に本事例でも、一時保護した当日、延々9時間に及ぶ"面接"が行われ、そこでは保護者側が児童相談所に対して怒りを爆発させ、暴力的な事態も生じ、極度の緊張状態が続いたのであった。この点につき一時保護の判断を司法が行うのであれば、こうした対立はおそらく無用となり、虐待する保護者への援助と介入の両方を求められる児童相談所の矛盾は、多少とも緩和されるのではないだろうか。

なお本年（2007年）1月には、児童相談所運営指針や市町村児童家庭相談援助指針が改正され、市町村から児童相談所に対して、立入調

法律上、立入調査ができる場所は「児童の住所又は居所」となっています。では現に入院している病院だとか、子どもが現に登校している学校などは居所にあたるのか、ということが議論になるかと思います。

＊2011年に改正された民法では、「親権の一時停止」が設けられたため、医療を拒否する場合には、この制度を利用することが可能となりました。少しずつ改善されてきてはいるんですね。

> 2度の立入調査と28条申立て

査や一時保護の実施に関し、通知できる仕組みが導入され、今般の児童虐待防止法第2次改正にも反映された。現行制度からすれば理解できなくもない臨検・捜索制度に司法の判断が導入されたこともふまえるならば、そもそも全責任を児童相談所長にゆだねる一時保護決定の仕組みそのものについて、根本的に検討すべき時期が到来しているのではないかと、私は考える。

児童相談所や児童福祉施設の体制整備

さて、児童相談所における児童虐待への対応件数は10年で10倍、児童虐待防止法が施行された2000年と比較しても2005年には早くも倍加しており、現在の児童相談所は、本事例を扱った頃と比べて量質ともにますます大きな困難をかかえるようになっている。現に「全国の児童相談所の約4割で、児童虐待への対応にともなうストレスなどで職員が精神的不調・不安を訴えている」といった調査結果も出されているのである。今回の法改正に見られるように、児童相談所に対してさらに強い権限が賦与され、責任もよりいっそう重くなったことを考えると、改正法を適正に施行するためにも、児童相談所の体制整備は一刻の猶予もないと言わざるを得ない。

他方、児童福祉施設の充実も極めて切実な課題である。本事例では、当該乳児院が経費の大幅な持ち出しを覚悟のうえで献身的な対応をしてくれたが、こうした場合に限らず、児童自身がさまざまな症状を出す例や、加害者である保護者との対応に非常な労力を要することも稀ではない。家族への支援も視野に、虐待を受けた児童が安全かつ安心して生活できる施設運営がなされるよう、児童福祉施設最低基準を抜本的に改善することも緊急の課題であると言えよう。

以上、事例を通して考えられるいくつかの問題点や課題を挙げてみた。もちろん一事例だけですべてを語ることはできないし、児童虐待対応の課題はもっと多くの観点から総合的に深めていくべきものである。その点を最後に述べて本稿を閉じることとしたい。

（2007年8月）

＊児相研は「一時保護決定に司法の関与を」と求めていましたが、2011年児童福祉法改正では実現せず、その代わり、保護者の意に反して2カ月を超える一時保護を行う場合には児童福祉審議会の意見を聴かねばならないとされました。しかしこれでは根本的解決にならないと思われます。

「児童相談所職員心に疲れ　重圧、4割の職場で配転・休職」（2007年5月6日付産経新聞）

第4章

専門性と相談体制の ジレンマ

◆ 児童相談所の日々 ◆

◆ オリエンテーション

「しかし、最近、抜け毛が増えてねえ。しみじみ秋を感じたんや」
「そういえば、わしはこの頃白髪(しらが)が増えたんですわ」
「うーん、かなり目立ちますねえ」
「どうも、児童福祉司になってから増えた感じやなあ」
「かれこれ十数年、児童相談所の職員を見てきたが、確かに福祉司には白髪が多い。一種の職業病かな」
「ところが、心理判定員は禿(は)げるんですよ」
「だったら、福祉司と判定員を両方やった人はどうなるんでしょう」
「そりゃ、最悪や」

というような笑劇が、たった一度だけ上演されたことがある。1990年秋の京都、嵯峨嵐山で開かれた第16回全国児相研セミナー初日のことだ。「児童相談所物語——ともに生きる」と題されたこの台本の作者は、当時京都府北部にある福知山児童相談所の児童福祉司だった小巻要さん。ただし、井上ひさしも驚くような遅筆のため、貴重な休日、何人かが電車を乗り継いで福知山まで出かけ、強面(こわもて)の編集者よろしく、終日小巻さんを喫茶店に囲い込んで原稿執筆を促したりもした。対するキャストは全員が京都府や京都市の職員。かく言う私も禿と白髪を兼ね備えた所長役で出演したのだが、多忙な児童福祉司時代のこと、業務の合間を縫って出かける稽古が、楽しくも苦痛だったことが忘れられない。

さて芝居には、ある非行少年の一時保護をめぐって苦心するあまり、我が子の非行問題を忘れて妻に叱責される児童福祉司が登場する。まったくの素人芝居だったけれど、参加者はあらん限りの拍手喝采。なかなか得難い体験であった。

などと書いたのは、本章の最後に、かなり分量のある「児童相談所 Weekly」を置いたためだ。これが何かというと、読んで字の如し。私が相談判定課長を務めていた時代の児童相談所で起こった出来事を、毎週欠かさず記録したものだ。期間は児童虐待防止法が施行される直前の2000年10月から2002年11月までの約2年間。途中で休載した時期もあるけれど、これを当時開設したばかりの「児相研メーリングリスト」に投稿し、好評だった……と自分では思うので、本書に収録することにしたのである。

これさえ読めば、当時の児童相談所の日々の様子は手に取るようにわかる。はずだ。というのも、その週に起こったことを、事例のプライバシーには配慮しつつ、週末にはもう書き記して投稿するのだから、何しろ新鮮で、かつ生々しい。

「児童相談所って、どんなところですか？」
　と訊かれて、その雰囲気を伝えたいなら、質の高さは別として、たぶんこのWeeklyを紹介すればよい。今につながる児童相談所の姿が、おそらく鮮明な画像を見るようにして発見できるであろう。また10年前と今の児童相談所を比較してみたい方々にとっても、これは大いに参考になるというものだ。
　が、ここで困った。それがすなわち先のお芝居。児童相談所のことに限って書いているつもりでも、毎週毎週の出来事を書いていくとなると、ところどころに、どうしても我が家の瑣末な話が紛れ込んでしまうのだ。家族の中では他愛なくても他人には隠したいような出来事は枚挙に暇がないから、児童相談所での業務と絡まって、Weeklyにはそれらの一部が流出せざるを得ないのである。
　本書編纂に際し、それらすべてを削除したいという衝動に駆られはしたのだけれど、考えてみれば、現代社会に生きる私のそれらは欠かせぬ一部。
「皆様、どうぞお笑いください」
　と心で呟きながら、今回は基本的にすべてノーカットで載せることにした。

　さて、忘れてはならないのが本章の大きなテーマ「専門性と相談体制のジレンマ」である。冒頭に載せたのは、「専門性と処遇力、その２」。執筆のいきさつは本文中に述べているのでここでは繰り返さないが、本論稿を書き上げるとき、私はかなり熱中した。思いもかけず長文になってしまったのは、そのせいであろう。ただし、読者は逆に、この原稿に種々の異論を差し挟みたくなるかも知れない。人は熱中することで何かを成し遂げもするけれど、ときとして視野狭窄にも陥るから。
　ということで、第４章は専門性と相談体制について考える章となる。そこで最後に、私たちが演じた芝居の台詞をもう一つ紹介しておこう。

「さっきから、疑問に思っとるんやけど、福祉司と判定員では、なぜ頭髪に違いが出るんでしょう」
「それはね、君。ストレスの性質が違うんや。福祉司が考えてるのは、『子どもの今日をどないしようか』ということやし、判定員は、『明日をどないしよう』と考える。その差やな」
「さすが先輩、説得力がある！」
「しょうもないことばかりゆうて、単に歳とっただけやないの」
　　＊ここで引用した芝居の台本は、「第16回児相研セミナー報告書」から引用し、一部を修正しています。

専門性と処遇力、その2

Ⅰ　心理職

「こんなことを書いていいんですか？」

「私たちのような後輩が、これを読んでもいいんですか？」

昨年（1997年）の2月、神戸で開かれた「児童相談所における家族療法・家族援助の実際、第6回研修会」の報告集に、私が「専門性と処遇力、その1」と題して執筆した10ページを超える"感想文"への数少ないコメントはこんなものだったと思う。この小論、しかし決して物議をかもしたのではない。もともと読者がごく限られている（研修会参加者のみ）という事情もあったろうが、むしろ反応はまったくなかった。というよりたとえ読んだ人があっても、胃の中に異物をかかえ込んだようで処理に困ったのかも知れない。たとえば『児相の心理臨床』誌第14号を見ると、「……その人柄の関連で『児童相談所における家族療法・家族援助の実際』の報告集の最後はおもしろく読めました」という記述があって、これはあの感想文への数少ない言及の一つなのだけれど、執筆した私の名前もタイトルも伏せられている。要するに堂々と表立っては評論しようのない代物が、この"感想文"なのである。

ではここに私はいったい何を書いたのか。同じ報告集にMさんが記したものを引用してみよう。

「……その原稿には、京都府の心理職の姿が歯に衣着せぬ物言いで描かれている。そこには、所々"心理職としての私"も映し出されているように思い、よく磨き上げられた鏡をプレゼントされたようで……」

97年2月、神戸

とここまでを読まれても、読者のみなさんには何のことかさっぱりわからないと思うので、あらためて1997年2月、冬の神戸に話を戻すことにしよう。

［欄外注記］

「処遇」という言葉は、2005年の児童相談所運営指針で基本的にすべて「援助」等に変更されていますが、ここでは当時の状況を表す言葉としてそのまま使います。

ということで、本書に「専門性と処遇力、その1」は収録していません。是非とも読みたいという方は、「児童相談所における家族療法・家族援助の実際、第6回研修会」報告集をどこかで探してください。

第4章
専門性と相談体制の
ジレンマ
●児童相談所の日々

　「家族療法・家族援助の実際、研修会」は、おそらく全国に先駆けて家族療法の技法や考え方を児童相談所に取り入れ、実践していた団士郎さんが、当時広島市児相の所長をしていた精神科医の岡田隆介さんと話し合って始めた勉強会である。京都をスタートに広島、千葉と続いて第6回が神戸。真向かいにはまだ震災で被災された方の住む仮設住宅が残っている"神戸しあわせの村"に、この年も100人余りが集まった。児童相談所関係の研修会はいろいろあるけれど、全国の児童相談所職員が、自ら具体的な相談援助の例を持ち寄り、これだけの規模で検討しあう場というのはほかにない。ただ児童相談所は全国まちまちであり、先のMさんがいみじくも表現したように、ここはいわば"多国籍料理"のレストランであり、"かなり長い時間をかけて、各々のお国自慢が披露されて"いくような場でもあった。

　その分科会でのひとこまである。Mさんが事例報告をした。彼女は心理判定員である。ケースに対する見立ても取り組みも彼女流の考え方がきちんと定まっており、児童福祉司たる私が口を差し挟むような余地は何もなかった。おそらく彼女にすれば、そんな自分のケース展開に対して、仮に家族療法の視点ならばどんなコメントがなされるのか、幾分他流試合のような気持ちも持っていただろうし、それだけに多少の緊張と、それ以上にちょっとわくわくするような期待感もあったはずである。ところが、事態は予想もしなかった方向に動いてしまう。彼女の見立てが深く、またケースの運び方も心理スタッフ主導という面があったせいだろうか、少し表情を曇らせながらこんなことを漏らしたのである。

　「担当の児童福祉司は経験も浅く、……実はそんな事情もあって、今日この事例を報告をするということも、伝えきれないでいるんです」

　この発言に私は、誘われるようにして反応した。児相はチームでやっているはずなのに、福祉司を置いてきぼりにしていいのかという思いだったのだろう、自分のことは棚に上げ、前後のことも深く考えず、やや乱暴で冷静さに欠けた批評をしたのである。彼女にすれば、自分が一番聞きたかったコメントは中途半端のまま、思わぬ方向からの批判が飛び出したことになる。不意をつかれて言葉を失った。そして私も、彼女のその態度に狼狽して何も考えられなくなってしまった。

阪神・淡路大震災は、1995年1月17日に発生、6,000名以上の死者を出しましたが、その中には現役の児童相談所職員も含まれていました。この研修会は、被災後2年という時期に、地元の神戸市や兵庫県の方々が、まだまだ大変な状況の中で準備をしてくださったものです。

専門性と処遇力、その2

　神戸から帰っても、私の心は晴れなかった。覆水盆に返らず。不用意に彼女を傷つけたのではないかという思いが消えないけれど、一方では自分の発言を取り消すわけにはいかないというジレンマがあった。そのときの出来事を、だから私は否応なく反芻し、反芻した。そしてようやくピンときたことがある。
　「待てよ、あのとき起こったことは確かに突発的、偶発的な出来事だったけれど、それは決して瓢箪から駒が出たようなものではなくて、むしろ彼女が漏らしたひとことの中に、現在の児童相談所における心理職と児童福祉司の関係、児童相談所のかかえている専門性の課題が埋め込まれているかも知れないぞ」
　「怪我した足をかばおうとするあまり、反対側の足を酷使して痛めてしまうことがある。専門家を自認する心理判定員が、たとえば異動してきて何もわからない児童福祉司をチームのメンバーとして受け入れたとき、ことによったら似たようなことが起こるのではないか……」
　あれこれの思いが駆けめぐる中、単なる理想論ではない、"あくまでも今生起している事実から出発した児童相談所の専門性論"こそが語られねばならない、と私は考えるようになった。同時に"分科会で波風を立てたおまえがまず発言せよ"という強迫的な感情に支配されて書き上げたのが、すでに紹介した「専門性と処遇力、その1」なのである。
　その論考で私は、おもに心理職の問題を扱った。しかもその扱い方は、現に今私の隣で仕事をしている京都府のベテラン心理判定員5名に登場していただき、彼ら個々の心理職としての専門性や特性を、人間性であるとか、時にはプライベートな部分にまで踏み込んで書き著すというものであった。
　これは確かに型破りだし、いささか礼儀にも反していたとは思う。だが私はゴシップをねらったわけではない。当たり前のことだ。ではなぜこのような方法を採ったのか。うまく説明できないかも知れないが、あらためて振り返ってみよう。まず第一に、彼ら5人はみな京都府心理職の代表選手のような存在で、かつそれぞれにユニークな存在であることが関係している。早く言えば批評するに値する心理判定員だったわけだ。第二に、しかし率直に言って誰も完成された判定員で

はない。それぞれが皆、なし得たものと同時に何らかの課題をも背負っているのである。そしてここが私にとっては重要なのだが、彼らの特徴、彼らの才能、彼らがかかえている課題には、もしかしたら全国各地で活躍している心理判定員に共通する部分がありはしないかという思いである。ちょうどMさんが「そこには、所々"心理職としての私"も映し出されているように思い……」と書いてくれたのは、だから私にすれば、仮に社交辞令が混じっていたとしても、我が意を得たりということになる。

98年3月、京都

　第三。しかし、だからといって心理職の専門性を論じるだけなのに、何もそこまで個人を俎上に乗せる必要はないはずである。にもかかわらずこのような形で彼らに登場願ったについては、やはり心理判定員の専門性の持つ意味が、児童福祉司のそれとはまた違っているということを明示しなければならない、と私が感じていたからである。

　話は少しそれるが、1998年3月7日、京都府児相研の集いで行った柏女霊峰氏（淑徳大学教授）、柴田長生氏（京都児相、相談判定課長）、それに私の3人によるミニ鼎談について触れることをお許しいただきたい。この鼎談は、改正された児童福祉法の施行を目前に、今後の児童福祉や児童相談所について考えるための会であったが、フロアからこんな質問が出た。

　「ちょっと聞いてみたい。先ほど柏女さんは"行政の相談"という言葉を使ったけれど、他の2人はそれをどのように聴いたのか、そこが知りたい」

　この日私は風邪気味で、あまり頭が回らなかったのだが、とっさに次のような発言をした。

　「私は以前に心理判定員をしていたのですが、そのとき感じたことは、仮に私が優秀な判定員であったとしたら（幸か不幸かそうでなかったのですが）、別に行政機関である児童相談所を飛び出しても、心理職としてこの仕事を続けていけるだろうということでした。けれど今やっている児童福祉司となると、たとえどんなに優秀であったとしても児童相談所を離れては何もできません。つまり児童福祉司になって、児童相談所の公的な性格をより強く意識するようになったわけです。

第4章
専門性と相談体制の
ジレンマ
◆児童相談所の日々

本論考では、何人かの方に実名で登場していただきますがお許しください。柏女霊峰氏は千葉県の児童相談所で心理判定員などされた後、厚生省で専門官をされ、現在も淑徳大学でご活躍です。この集会では鼎談の前に講演もお願いしています。なお、本文中の肩書きはすべて当時のものです。

柴田長生さんは、京都府の3つの児童相談所すべてで相談判定課長を務めた唯一の人。私が福祉司のとき、心理職の彼とチームを組んで数々の相談に対応しましたが、私にとっては当時最強のパートナーでした。現在（2010年）は京都府家庭支援総合センター副所長。

専門性と処遇力、その2

日本の児童福祉を支えていくうえで、公的なものの持つ役割、公的責任をないがしろにしてはいけないという思いを強くしています」

"行政の相談"という議論はともかくとして、私がここで言いたいのは、同じチームの一員であっても、やはり心理判定員と児童福祉司とでは求められている専門性の性格、あるいはその専門性が持っている意味や立場が微妙に違うのではないかということである。やや極端に述べるのだが、心理判定員が行うテストであるとか個別面接、あるいは家族面接などの治療的場面を考えた場合、そこが児童相談所であろうと病院であろうと、はたまた民間のクリニック機関であったとしても、もしかしたらやっていることは本質的には変わらないかも知れない。しかし児童福祉司となるとそうはいかないはずである。

同じ児童相談所の中にあってなぜこのような相違が生じるのか、もう一度先の鼎談に立ち返って、今度は柏女氏の発言に耳を傾けてみよう。

「児童相談所は、『行政機関としての児童相談所でしかできないもの』をやらなければならないと思います。例えば虐待の際の親権喪失宣告の申し立てなど、これまで児童相談所はそんなに積極的には取り組んできませんでした。しかしながらこれらの法的措置は、行政機関でないとできないわけですし、療育手帳の判定等も公的機関が判断しなければなりません。そうしたものを児童相談所は大切にすべきだと思います。そして『これが行政サービスである』ということを、広く住民に説明するなど、見える形にしてゆくべきでないでしょうか。

それをきちんとやるためにも、実は臨床相談サービスを大切にしなければならないと思います。"なぜ行政機関である児童相談所が臨床の専門性を身につける必要があるのか"とよく言われますが、適切な行政サービス決定を行うために臨床の専門性が必要不可欠なんだと考えています。しかしだからと言って、児相の本来業務は臨床機能ではないと考えています」

"児相の本来業務は臨床機能ではない"とは、考えようによってはなかなか刺激的な発言である。ここはもっと突っ込んで議論してみたいところだが、今その余裕はない。ともかくこのように考えていくと、心理判定員と児童福祉司の専門性の性格の違いは、児童相談所のこのような性格から必然的にもたらされるのかも知れない。つまり心理職

第4章
専門性と相談体制の
ジレンマ
◆児童相談所の日々

の場合は、臨床家として、その専門性において個としての存在がより強く問われるのに対し、児童福祉司は、行政機関である児童相談所の一員としての立場により大きく拘束され、また守られもするのではないだろうか。ところで忙しい現場にいると、そんな心理職の相対的な独自性や児童福祉司の立場、また両者の共通性など、あまり議論されることがない。だからこそ私は、心理職の専門性を検討するのに、あえて個々の心理判定員に登場いただき、彼らの個性に焦点を合わせたのである。

　そして論考を次のように結んだ。

　「このような専門家を含む児童相談所チームの処遇は、専門性を保っているのかどうか。私が言いたいのは、おそらく彼らが個人プレーをするだけでも確かに専門性の高い仕事はできると思うのだけれど、公的な機関である児童相談所の処遇力がそのままレベルアップするとは言えないだろうということだ。彼らの力を児童相談所の中に適切に位置づけてこそ（位置づけるシステムが機能してこそ）、真の意味でレベルの高い処遇がなされるのだと思うし、そうでなければ児童相談所の未来もない、と私は思う」

＊

　ところで、心理職を扱ったこの原稿のタイトルを「専門性と処遇力、その1」と題したように、児童相談所における専門性の問題について、書き残されたものがあるのは自明であった。むろんその一つは児童福祉司の問題である。そこで私は、稿を閉じるにあたって次のように予告した。

　「児童福祉司の問題は、心理部門とはまた違った意味での専門性論議がなされなければならないし、より深刻な課題を背負っていることも事実であろう。つけ足し的に、現在私が感じていることを少し書くと、福祉司の場合は、個々人の持つべき専門性（児童相談所運営指針を見よ！）に加えて、その集団が全体として蓄積している経験であるとか知恵がより重要になってくるのではないかと思う。そして個々の福祉司は、それらの一部を所有している集団構成要素の不可分の一であることが要求されているのであろう。そうすると福祉司の場合は心理判定員と少し違って、生活保護のワーカー出身であるとか、母子相談員、施設の指導員や保母、一時保護所職員や判定員の経験者など、

専門性と処遇力、その2

バラエティに富んだ経歴の持ち主が集まることが望ましいのかも知れない。というのも、個々の福祉司に要求されるのは、必要な知識や知恵を直接知っているということよりもむしろ、"知らない事柄であっても、そこに辿りつくことを可能にする知恵や能力"だと思うから。とすると、……あらゆる取り組みが、その集団の中で受け継がれてゆくシステムが必要不可欠となってくるはずである。私が"処遇システム"を問題にする所以である。ともかくそれらは、いずれ別の場所で、本格的に語ることもあろうかと思います。許されよ」

Ⅱ　児童福祉司発見の旅

だがこの段階で、私に「専門性と処遇力、その2」を論じるだけの準備ができていたわけではない。成算もないままこう書いたのは、言うなれば"はったり"である。はったりではあるが、このフレーズを挿入したおかげで私は、"児童福祉司の専門性とは？"というテーマから逃れられなくなった。

さて神戸からまる1年。この間、児童福祉法は改正され、「家族療法・家族援助の実際、第7回研修会」も神奈川県の方々の尽力で無事終了した。さらに私にとってエポックをなしたとも言える「児童福祉司研修ワークショップ」も、ホームグランド宇治児相を舞台にほぼ大成功のうちに幕を閉じ、『児相の心理臨床』誌も予定通り終刊となって、そこに連載していた私の「実践的ケースワーク論のための児童相談所ケースワーク」も必然的に完結を迎えたのである。となると、こんなさまざまなことを通して気づかされ、考えてきた児童福祉司の問題について、この辺で何かを語らなければならないという気がしてくる。そこで無謀とは知りながらも、「専門性と処遇力、その2」と題し、思い切って児童福祉司をテーマに取り上げ、挑むことにしたい。

90年12月、京都

「1990年、第16回児相研セミナーの最終日、野本三吉さんに対するディープインタビューの最後のインタビュアーとして登場した私は、その最後の場面でインタビュアーとしての責務を忘れ、舞台上で涙を流す以外に何もできなくなってしまった。あのときのあの瞬間のこと

このワークショップのことは、278頁以降で詳しく報告します。

ここで連載した「ケースワークレポート」が、その後に明石書店から出される「子どものためのソーシャルワーク」シリーズ『①虐待』『②非行』『③家族危機』『④障害』の4冊になるわけです。

第4章
専門性と相談体制のジレンマ
◆児童相談所の日々

は、決して忘れることなどできるものではないし、また、時間と空間そのものが自己完結的に存在したと思われることを考えれば、今さらそこに何かをつけ加えたり、書きつけたりすることは不要であるとさえ言える。だが、……」

　これは、京都・嵯峨野を会場に開かれた第16回全国児相研セミナー報告集からの抜粋である。このときのセミナーは京都府の児相職員が中心となって準備したのだが、出来合いの記念講演などにいささか食傷気味だった私たちは、「リレー・ディープインタビュー」なるものを試みることにした。もともとはこのセミナーの実行委員長であった団さんが言い出したことだけれども、一人の人間全体に焦点を合わせ、インタビュアーが代わる代わる、じっくりその人の話を聴くという企画である。といっても登場願う人は現場で実際にこの仕事をしている人、インタビュアーも私たち自身ということで、手慣れた者はひとりもいない、かなり危なっかしい企画であった。そしてターゲットは当時横浜で児童福祉司をしていた、作家・野本三吉でもある加藤彰彦さん。

　約2時間にも及ぶこのインタビューはしかし、会場全体が水を打ったような静けさと、またピーンと張りつめた空気に支配され、その渦中ずっと壇上にいた私は、自分の出番が来る頃にはすっかりその雰囲気に飲み込まれていたのである。報告集から続きを引用する。

　「さて、あのインタビューを振り返るとき、まず書き起こしておく必要があるのは、前夜の事前打ち合わせである。野本さんと我々3人のインタビュアー、それに司会の団さんの5人がセミナー事務局に集まり、会計責任者の山﨑くんがその日の収支を計算しているのを尻目に、ワイワイと話し合った。そのとき私には野本さんの、というより児童相談所の福祉司がするケースワークとは？　という問題意識があった。インタビューの中でも取り上げたが、私は野本さんの著書『子どものいる風景』（国土社）に書かれている彼の児童相談活動にまったく驚かされ、感動すると同時に、ある種の疑問も持っていた。そしてそのことのいくつかは、すでに夜の打ち合わせで議論された。たとえばそれは、児童相談所の仕事としてやっているケースワークと野本さん個人の生活とがどのように区別されているのかということであったが、この話になったとき、野本さんは、『それが全然区別され

団さんについては、本論考の275頁あたりから登場しますので、お楽しみに。

野本さんは、10年間の児童福祉司経験を最後に横浜市を退職。横浜市立大学に転出した後、現在は沖縄大学の学長をされています。

「山﨑くん」などと書いてスミマセン。現在、宇治児童相談所判定指導係長を務めている山﨑芳樹さんと私は、舞鶴、京都、宇治の各児童相談所で一緒に勤務したものですから……。

専門性と処遇力、その2

ていないんです』と、これまた私にとってはびっくりするようなことを話される。相談で出会った子どもと自分の子どもが仲良くなって家族同様のつきあいをしているとか、深夜の呼び出しなどにも家族の全面的な協力を得て応じているとか、ともかく全身全霊を傾けて体当たりしている姿が浮かび上がってきた。だが私にすれば、だからこその疑問が残されたのである。インタビューで私は、もう一度そのことを尋ねた（つもりである）。だが、このときの野本さんの応答は、私が予測していたものとまったく違っていた。彼は突然、非行相談で出会った女の子が書いてゴミ箱に捨ててしまった紙切れを拾い出し"素敵な詩だから"とワープロに打ち直してきれいな詩集に仕上げたんだと、その中のいくつかを紹介し始めたのである。"私の訊いていることに、野本さんは答えてくれていない"と最初私は感じていた。だがそのような感情は、それがいつの時点でかは思い出せないのだが、ある瞬間で劇的に変化してしまう。"そんなことはもうどうだっていい"という気持ち、さらに"そうか！　この中にもっと大きな意味での回答があるのか！"という気づき、ケースワークという言葉に含ませていた私の狭い了見を凌駕する境地がそこには示されていた。"論"も重要だが、その"論"を越える確かな存在としての"人間、野本三吉"を目の当たりにして、私は言いようのない感動を覚えたわけである。

　論としてのケースワークのあり方という問題は、だから現在も私の大きな関心事である。だがあのときのインタビューは、論へのアプローチの際に、忘れてはならない重要なことを鮮やかに示してくれたという意味でも、かけがえのない時間であった」

　この原稿に、私は"ケースワークを越えて"というタイトルをつけた。

＊

　と、ここまでワープロのキーを叩いてから実は3日経ち、5日が過ぎ、1週間を経過してもなお、私はこの先を書き綴ることができなかった。なぜと言って、福祉司の先輩である加藤さんは、私にとって依然として大きな峰であるからだ。そんな加藤さんのことを、果たして過不足なく表現できるのか、机の前にすわるたびに逡巡し、心は乱れ、ため息を漏らしてはすごすごと引き下がる、そんな毎日を繰り返すばかりだったのである。

第4章
専門性と相談体制の
ジレンマ
◆児童相談所の日々

　だがそうとばかりも言っておれない。ともかく私が児童福祉司としての加藤さんを初めて意識するきっかけとなった本、『子どものいる風景』から話し始めることにしよう。そこにはたとえばこんなことが書いてあった。

　「今夜は、夜十時すぎならいるというので、夜の十時すぎに家を訪ねた。玄関は閉めてあったが、庭に面した雨戸が空けてあったので、中をのぞくと、重男君はパンツ一つで電話線をつないでいた。

　『オヤジのやろう、俺が長電話するからって電話線切っちゃいやがんのョ。アッタマくるョ』と言いながら、ペンチで器用につないでいる。父親は、体をくの字に曲げながら寝ていた。

　部屋の中は、食器や即席食品の袋、それに下着やパンツ、雑誌などが乱雑に放り出してあって、足の踏み場もない。重男君は、放っとけョといったが、どうも落ち着かないので片づける。持っていった菓子を出し、お茶を入れて、二人して話す。重男君は、学生服のポケットからイギリスのタバコだといって赤くて細いタバコを出して、スパスパと吸った。

　……このままでは、父親もダメになってしまうし、もう夏休みだし、しばらく父親とも離れて、これからのことや自分のこと考えてみたらどうか、そして、できることなら児童相談所の一時保護所に入ってみないか、とすすめる。すると、意外や重男君は、素直にうなずくのであった。

　『俺もかったりいよ。夜も寝られねーし。家じゃオヤジがこんなだし。学校行ったって面白くねーし。ちょっと休みてえな。でも、俺、施設は絶対やだからね。二週間ぐらい、そこでいられるんなら、俺行くョ』」

　これは加藤さんが福祉司になって初めて出会った"本格的な"非行少年との交流を書いたものだという。まず驚かされるのは、"今夜は、夜十時すぎならいるというので、夜の十時すぎに家を訪ねた"という下りではあるまいか。私も福祉司としてやむなく夜の9時、10時まで職場に残って仕事をせざるを得ないことはあるが、正直言ってここまではできないな、と思いながら次に目を移すと……、

　「翌日、朝七時には、重男君の家に行った。まだ二人とも寝ていたが、台所や部屋を片づけ、用意していったオカズをテーブルに並べ、

専門性と処遇力、その2

ソバを煮ていると、重男君はスッと起きてくる。
『オッス！』彼は照れたように手をあげて、着替えると一緒に手伝ってくれる。
『俺のはじめのカアチャンいた時よ、よくカッポウ着っていうの、あの白いの着テョ、台所でメシつくってんの。あれ思い出しちゃったョ。味？　汁の臭いとかしてくんじゃん。あれ、いいんだヨナァ』
笑いながら、重男君は話す」

"ちょっと待ってくれ、朝7時なら我が家の息子だってぐっすり寝込んでる！"という感嘆はともかくとして、著書を読む限り加藤さんはこんな福祉司活動をいつでもどこでも誰に対しても続けているのである。全身全霊を賭けて打ち込んでいるその姿は、本当に驚異的で、感動的だし、一方なるほどこれではプライベートな時間など持ちようがないと思ってしまう。

では加藤さんは、なぜそこまで身を尽くして力を注ぐことができるのか、むろん小学校教師をやめて日本国中を放浪の旅に出た話、横浜のドヤ街・寿町での生活相談員10年の経験など、加藤さんが話してくれた自分史は並ではない。おそらくそんな歴史の中で生まれた福祉司活動だろうとは想像するものの、では私に彼への批判がなかったかというと、そうではない。

このディープインタビューを終えたあと発行した「宇治児相レポート '92」の編集後記に、私は次のように書いた。

「児童相談所の一つの理想は、誰が相談の担当者になってもうまく解決できるようなセオリーが蓄積されていくことでしょう。しかし一方の理想を言えば、人間が人間に相談するのですから、来談者とその担当者との間に常にユニークな関係が結ばれること、言葉を換えれば、"この担当者だからこそ"という解決方法が生み出されていくことです。事実、児童相談所に寄せられる相談はそれぞれが本当に独自で、個別的ですから、解決までの道筋も個別的であって当然でしょう。しかしながら、だからこそ私たちはセオリーを捜し求めもするのです。この二つの相反する理想の中で、揺れ動き、考え、実践を重ねているのが、現在の私たちの率直な姿といっていいでしょう。

宇治児相レポートも、1987年に宇治児童相談所が発足してからこれで第4集目を発行することになりましたが、多忙な中、各自が自らに

第4章
専門性と相談体制の
ジレンマ
◆児童相談所の日々

書く作業を課しているのも、実はこの二つの理想の中で模索する自己の姿を確認しようとしているからかも知れません」

　私は加藤さんの児童福祉司活動に強くあこがれると同時に、他方ではこの任に当たった人であれば誰でもしなければならない、またすることのできるケースワークのあり方とは何かということを探したいという気持ちがあった。だから自分の持てる時間とエネルギーのすべてを捧げ尽くすような加藤さんに対して、"これをすべての児童福祉司に求めることはできないではないか"という思いを否定できなかったのである。

*

　だがこんな思いも、いざ加藤さんを前にすると弱々しい。どうしたって圧倒的な彼のこの活動、この熱意には頭が下がるからである。

　「けれども野本さんのことを、その昼夜を分かたぬ献身的な活動だけで評価するとしたら、それは大きな間違いである。不覚にも私は、そのことにも長く気づいていなかった」

　これは、加藤さんが新宿書房から「野本三吉選集」を出版するときに、請われて月報に書いたものの一部である。ここに書き表したように、私は実は、加藤さんの児童福祉司活動を、その旺盛な行動力にばかり目を奪われてもう一歩深く考える努力を怠っていた。そこで選集第2巻『風になれ！　子どもたち』の最後に、加藤さんが自ら児童福祉司活動を総括した発言を引用する。

　「児童相談所といえども、それは一つの行政の機関であり、……そのために、誰が担当になっても同じような対応をする必要が生じてくる。つまり、同じレベルの対応をするというルールが自然に出来上がってくるのである。

　けれども、人と人との出会いには、別の側面から見ると『縁』という考え方もある。その人と出会ったことによって、新たな展開が始まることも多い。ぼくは、行政の一機関である児童相談所であっても、出会いの中にある相互変革、自己変革の可能性に賭けてみたいと考えたのであった。

　それをひとことで言えば、出会った子ども達と、同じ時代を生きるひとりの人間として、喜びや悲しみや悩みを出来る限り共有して生きてみたいという希望である。出会った『縁』を大事にして、並んで歩

専門性と処遇力、その2

いてみようという一つの決意であった。
　ところが、こうした思いで仕事を始めると、自分自身の生活もまた開いていかなければ関係が展開しないという事実にも気づかされることになった。ぼくがどんな人間であるかがわからない中で、子どもが自分を開ききることはないという単純なことが、ぼくにも徐々に見えてきたのであった。つまり、ケースワークとは、相手を受容することではあるが、さらにその先に、相手から受容されなければ何ごともはじまっていかないということであった」
　加藤さんは、児童福祉司であると同時に、いやそれ以上に「同じ時代を生きるひとりの人間として」、目の前の子どもたちと「喜びや悲しみや悩みを出来る限り共有して生きてみたい」と考え、子どもたちに「自分を開ききる」日々を送っていたのである。それはもはや児童福祉司であって児童福祉司をはるかに超えていたと言わざるを得ないのではないだろうか。
　「野本さんという人は、私のスケールに入りきらない大きな存在である。野本さんに接していつもすごいと感じることは、人間に対する底知れぬほどの深い共感性である。そしてその深い共感をいつも周りの人に示す行動力、暖かさ、包容力を持っているのが野本さんである。児童福祉司というのは困難な仕事だと常々思いながらも、こうして野本さんの仕事ぶりに触れると、及ばずながら私も、もう一度福祉司として全力を尽くしてみようと考えることができるのである」
　月報への原稿を、私はこのように結んだのだけれど、「来談者とその担当者との間に常にユニークな関係が結ばれること、言葉を換えれば、"この担当者だからこそ"という解決方法が生み出されていく」という児童福祉司の一つの理想を極めたがゆえに、私流に言えば加藤さんは"すでに児童福祉司ではなかった"のであり、だからこそ私は加藤さんにあこがれ、反発し、目標とし、ある時には居直りながらも、悶々として自問自答を繰り返さざるを得なかったのである。
　以下に、そんな私の独り言を紹介してみる。

97年9月、奈良

　「私にとって児童相談所のケースワークは、あくまで"仕事"である。児童福祉法に定められた役割を、でき得るならその最もよい形で

＊2010年の春、沖縄に出向いて久しぶりに野本さんとお話をさせてもらったのですが、そのすごさ、大きさは変わらないですね。

第4章
専門性と相談体制の
ジレンマ
◆児童相談所の日々

実現したい、そのためにどうすればよいのかというのが切実な問題意識なのだ」

「これまで私の一連のケースワークレポートを読み続けてくれているＫさんから、次のような批評をいただいた。『わからんことはないで。でも君のケースワークには何かが足らんのや』『あと一歩の迫力がないんと違うか』。このコメント、よくわかるのである。まさにそのとおり。見抜かれてしまった……」

「少し考えてほしいのだが、もしも仮に"どうだ、こんなケースワークは決して誰にもできないだろ！"というようなものが続いたら、読者はどう思うだろうか。たぶん"恐れ入谷の鬼子母神"、どうぞご勝手にということになってしまうはずだ。しかし私が求めているのはそんなものではない。今、全国の児童相談所に配置されている児童福祉司の現実を見据えたとき、そんな確信的な人はごく少数で、恐らく圧倒的多数の人は、私と同様、迷い、ためらい、躊躇し、失敗もし、後悔し、反省し、投げ出したくなったり、とんでもない職場に配属されたものだと嘆き、それでもどこかこの仕事にはまりこんで熱中し、考え、悩み、ムキになって走り回っている……、そんな状況ではないだろうか。私はそんなあたりまえの、平凡なケースワークの中から何かを摑みたいのである。理想論ではない実践的なケースワーク論とは、そういうものとして……」

「考えてみれば、一人の子どもの人生を大きく左右しさえするのが児童相談所というところである。個々の職員がその人固有のユニークさ、その人自身の人間性をもかけてかかわらずしてどうして子どもの福祉が守られるであろうか。それに法律が現実生活の後追いとしての宿命を免れない以上、人生の一大事に直面している子どもとその家族の前に立つ私たちは、時として"法を超える"ことさえ要求されているのではあるまいか。ゆえにこの時、二つの道がある。すなわち法の制約から飛び出すのか、法に逃げ込むのか……」

「加藤さんの残したものは大きく、一方私の実践に、何かを"超越"したもの、独自性といっては何もない。ただ翻弄され、右往左往しているだけである。だがそんな自分を意識するからこそ、法の限界に逃げ込まず、また法を無視するのでもない、現実に立脚した実践的ケースワーク論を……」

専門性と処遇力、その2

これらは、『児相の心理臨床』誌へ連載したケースワークレポートに対する児童相談所内外からのコメントに、私自身が反応したものである。レポートは稚拙でもいただいたコメントは貴重で、いつもなにがしか触発されるものがある。だから私は、いつもこんなふうにして堂々巡りしながらも思案を繰り返していた。そんなときである。奈良県の家庭相談員等研修会で、ケースワークについて話してほしいと頼まれたのは。

ケースワーク論なら私の頭から片時も離れない関心事である。だから研修会の講師は引き受けることにしたのだが、ではいざ話すとなるといったいどんなことが言えるのか、考えれば考えるほど、とても人前で語れるような"論"など持ち合わせていないことがわかってくる。不用意を悔いながら、挙げ句の果てに決めた演題は"児童福祉ケースワーク論、熟成前"。当初は"熟成中"としていたのだが、そこまでも至ってないと気づいて変更した。

ただこの時点で、ケースワークというならすぐさま思いつく2人の大きな存在が私にはあった。一人はすでに述べた加藤さんで、もう一人は大阪市児相の副所長、津崎哲郎さんである。津崎さんならどんな話をするだろうかと考えていて、ふと思い出した。すでに1992年、京都府児童福祉司会議の場で、「児童相談所ケースワークの実践」と題した講演をお願いしたことがあったのだ。

"きっと、メモだっていい加減にしか残してないだろうなあ……"。私はいつもの自分の無精を恨みながら、奈良県に出かける日の前夜、古い資料を引っぱり出してみて驚愕する。津崎さんの話をメモした次の箇所を発見したからだ。

「ケースワークで何が大切か」
「"相手を知り、己を知る"に尽きる」
「自分、社会資源、etc」

講演の最初で津崎さんは、"駆け出しの頃には本を読み、スーパーバイズも受け（いわばオーソドックスなケースワーク実践を試み）たが、実践となると、（変則的な事態も多いし）型にこだわらないことが一番大切だ"といったことを話されたように思う。そして今引用したメモに続くのである。私が衝撃を受けたのは、"己とは自分自身だけでなくて社会資源なども含んで考えるべきである"という指摘であ

津崎さんについてはコメントする必要ないでしょうね。大阪市中央児相の所長を務めた後、現在は花園大学教授。本稿でこの後、たっぷり出てきます。

第4章
専門性と相談体制の
ジレンマ
◆児童相談所の日々

り、かつ自分自身がその講演内容をすっかり忘れ去っていたことに対してである。

"そうか、思案投げ首で考えあぐねていたが、ここに心理判定員とは違った児童福祉司の専門性を解く鍵があるじゃないか"

"心理判定員の場合、究極的にはクライエントと1対1の関係の中で、心理職としての個人そのものが問われることが多いのだろうけれど、児童福祉司は個としての存在もさることながら、それ以上に、たとえば児童相談所の持っている権限や限界、さらには利用できる他機関の現状などのすべてを〈己〉として踏まえておくべきなんだ"

"昨年来、私が悩み続け、あれこれ思いを巡らせ、右往左往してきたことを、津崎さんはすでに何年も前にあっさりと指摘していたのだ"

こんな気持ちだったと思う。奈良県の研修会に用意していたレジメは、だからこれで吹っ飛んでしまった。それはともかく、津崎さんに私は、こんなふうにして教えられることばかりである。もう一つ例を挙げてみよう。先ほどから引用している『児相の心理臨床』誌第13号に掲載した虐待事例「雪解けぬ春」には、津崎さんがコメントを寄せてくれたのだが、ここでも私はいちいち納得させられた。たとえば、

「さしせまった状況での一時保護の要請である。"(警察からの)通告があれば一時保護は了承する"という臨時会議の結論はいわばこの手のケースの最も妥当な結論である。しかしもし警察が介入していなければどうしたのかという疑問もおこる。いじわるに考えれば、通告がなければ一時保護はできなかった?」

「子どもが暴力をうけ帰宅を拒否、しかも親族が守れなければ、本来児相として警察通告のあるなしにかかわらず一時保護をしなければならない。ただ後の親との摩擦を考えれば警察通告はあるにこしたことはない。それを楯に親の引き取り要求に対して対抗することもしやすい。したがって警察に通告の協力を求めることは、場合によっては事後に行うことがあってもよい。しかしあえていえば、緊急事態にはとりあえず一時保護を優先させた上で次のとるべき対策を講じることが重要に思う。親がもし強引にひきとりを要求したとすれば、説得、一時保護権限の説明、家庭裁判所への申立て説明、パトカーの要請などを状況に応じて駆使しなければならないだろう」

このコメントを受けて、私は次の号で以下のように記した。

「雪解けぬ春」は、「子どものためのソーシャルワーク」①『虐待』に、津崎さんのコメントとあわせて収録しました。

津崎さんのこの指摘が、その後の日本のソーシャルワークにおけるスタンダードになっていったことが、今になればよくわかります。

259

専門性と処遇力、その2

「そうしてあらためて前号のレポートに対する津崎氏のコメントを読み返して見ると、何かとても重要な指摘がなされているような気がしてきた。例えば"通告があれば一時保護する"という私たちの決定について。氏は何故この部分を取り上げたのであろうかと考えてみると、法改正にまで踏み込むか否かは別として、児童相談所が虐待に対して（あるいは他の相談においても）もっと積極的な姿勢を持つべきではないのか、という問題提起のように思われてくるのである。そしてコメント全体は、少なくとも現在の法体系で対応が可能なものは、それらを熟知した上で活用すべきなのに、それが必ずしも十分わきまえられていない現実を、あるいは示唆しているのかも知れない」

＊

今にして思うのだけれど、いかに鈍感な私でも、こう書いた瞬間にもっとはっきり自覚すべきだったのである。"法律が現実生活の後追いとしての宿命を免れない以上、……2つの道がある。すなわち法の制約から飛び出すのか、法に逃げ込むのか"と先に述べた二分法の誤りに。しっかり目を見開けば、"法の限界に逃げ込まず、また法を無視するのでもない、現実に立脚した実践的ケースワーク"は目の前にあったのだ。

この津崎さんの方法論を私流に表現すれば"法を熟知したケースワーク"ということになるだろうか。たとえば先の一時保護にまつわるコメント。むろん私だって児童福祉法第33条に、「児童相談所長は、必要があると認めるときは、……児童に一時保護を加え……ることができる」と書かれており、保護者の承諾がなくても所長の判断で一時保護が可能であることぐらいは知っている。しかしそれなら、この条項を具体的場面に即してどのように運用すればいいのかとなると、実はそんな簡単なことではない。そのためには状況を的確に判断する能力と同時に法を隅々まで熟知していることが必要となる。私が津崎さんをすごいと思うのは、あくまでも実務者の立場で児童福祉法とその関連領域の知識を深く、かつ広く押さえ、子どもの利益のために法制度を徹底的に活用する姿勢を堅持していることである。何も法を無視しなくてもよい。いわんや一知半解の知識を振り回して、法の限界などと中途半端な理屈をこねくり回す必要はないのである。しかもそのうえで津崎さんは、実務者の立場で、法の今後あるべき姿も探求する。

第4章
専門性と相談体制の
ジレンマ
◆児童相談所の日々

　恐縮だがもう一つ例示させていただきたい。『児相の心理臨床』誌最終第15号では、編集委員会の計らいで、私のケースワークレポート「子どもの意見」をめぐって座談会を催してもらったのだが、そこに津崎さんも参加してくれた。そこでの彼の発言である。
　「ケースワーク実務のなかでは、当然、権利条約が批准される前からも子どもの権利を大事にしてきたわけです。そして条約があらためてそれを指摘したときに、従来のスタンスのままでいいのか、これまでのスタンスを超えて何かをしなくてはならないのかが問われたのですが、……福祉上よくないときは、家庭と施設のどちらの生活がいいのかを、子どもの意向で判断できるシステムがなければなりません。現状では法律が不備です。親の監護権が優先されすぎています。それに対抗するために子どもの意見表明権を整備するとすれば、制度として保障していく必要があるでしょう」
　自身が体験した例をも引きながらのコメントに、私はまたまたうなずいていたのだが、では津崎さんはどのようにして今日の到達点に達したのか？　そこは是非とも知りたいところだが、残念なことに私は津崎さん個人を詳しく知らない。そこで少し別の角度から考えてみることにする。
　『子どもの虐待』というのは朱鷺書房から出版されている津崎さんの著書だけれども、その内容の説得力はもちろんのこと、私が舌を巻いたのは巻末に掲載された参考文献である。これが学者・研究者の著書であれば、文献チェックは彼らの本業だから特段驚くこともない。だが津崎さんはあくまでも現役の児童相談所職員なのだ。それを念頭に約60にも及ぶ文献を見ると、たとえば各種の単行本に加えて児童相談所から出された研究紀要等があった。私も児童相談所勤めは長いから、全国から送られてくる紀要は一応目にしているはずだが、正直言って"忙しいのにそんなものいちいち読んでられない"というのが実際のところだ。そこを津崎さんは丁寧に拾っている。当たり前のようで実は決して簡単には真似のできない作業である。次に家裁や施設・医療等の関係機関、また自主的な研究会等が発行する雑誌や機関誌等。おそらくそうした機関の人たちとさまざまな形で協議し、研究会などを積み重ねていく中で手に入れたものも多いのだろうと推測すると、これは単なる参考文献ではない、豊富な実践と検証の証として

「子どもの意見」は『子どものためのソーシャルワーク』『③家族危機』に座談会記録とともに収録しています。

＊2011年民法改正で、820条は「親権を行う者は、子の利益のために子の監護および教育をする権利を有し、義務を負うものとする」（下線部追加）とされました。これはやはり前進ですね。

念願かない、津崎さんの生育史を含めて介入的ソーシャルワーク誕生までの秘話を、私は詳しく聞く機会を得ました。インタビューの詳細は、明石書店刊『日本の児童相談――先達に学ぶ援助の技』に掲載していますので、是非ご覧になってください。納得するはずです。

専門性と処遇力、その2

の文献と言えよう。これも一朝一夕にはなし得ないものである。さらにはいくつかの海外の文献までもが紹介されているが、こうなってくると私にはとうていお手上げである。

こうして津崎さんのことを考えてみると、ケースワークの方法論は、加藤さんのそれとは違っておそらくずっと組織的で、かつ行政的でもあると想像できるし、公務員としての私たちが目指すべき方向なのだろうとは思う。だが、彼が到達した地点に誰でも近づけるのかというと、そうは問屋が卸さない。特に数年で異動、転勤という事態が普通となっている昨今の事情も加味すれば、その困難はいや増しに増すばかりであろう。

96年12月、京都

このように見ていくと、加藤さんと津崎さん、究極の目的は同じであってもそのプロセスにおいては正反対に位置しているところの、私にとっての2つの大きな峰である。だから97年9月の奈良家庭相談員等研修会ではこの2人のことをまず紹介した。ところがそのときまでは心づもりもしていなかったのに、話し始めて自然に口をついて出たもうひとりの人物がいたのである。いわば第三の峰で、その人こそ正津房子さん。神戸市児相で長年にわたって児童福祉司をしていた人である。

正津さんと知り合いになったのも児相研の場であった。神戸や大阪、京都で全国セミナーを開催するときに行われる現地実行委員会に、正津さんは神戸の代表のような雰囲気でいつも顔を出していた。ただし正直に告白すると、私自身はこの人を特別すごい人だとは思っていなかった。というより、その話し口調や気さくな感じは、失礼ながら"ごく普通のおばさん"というイメージで、実は今でもその印象は変わらないのである。誰彼なくすうっと親しくなって、他愛もない冗談やありふれた日常のこと、何でもお喋りできる人というのが正津さんなのだ。

ところが、少しずつつきあいが深まっていくにつれ、我々京都府の児相職員の中では、"とんでもないおばさんやで、正津さんは……"といった風評が強まっていた。学生時代には京都府の、当時で言えば教護院、今なら児童自立支援施設と呼ばれる淇陽学校で実習してい

第4章
専門性と相談体制の
ジレンマ
◆児童相談所の日々

て、男子寮の生徒から女子寮の生徒にラブレターを届け、職員から大目玉を喰らったという思い出、福井の田舎の高校生のとき、あの寺山修司と文通をしていたんだというエピソード、かの高畑勲も"完璧な映像詩"作家と絶賛し、私もアニメ「話の話」で驚嘆させられたロシアの映画監督ノルシュテイン、この監督が神戸に来たときは、彼を眼鏡屋に案内したんだといった話などなどが、いつでもごくさらりと会話に登場するのである。"不思議なおばさん""ただ者ではないぞ""でも普通の人"こんな感じである。

さて正津さんの略歴を見ると、神戸市に就職して当初は福祉事務所の生活保護ケースワーカーを務め、不当配転と抗議しながら児童相談所に転勤させられて以後は児童福祉司一筋の道を歩んで、つい最近退職したということになるだろうか。退職後もあれこれ忙しそうではあるが、今は、在職当時からずっとボランティアで取り組んでいた阪神・淡路大震災の仮設住宅訪問の活動などを続けているようである。生活保護ワーカーの時代には、洪水被害に遭った世帯のために、上司の許可も得ぬまま当座必要となった布団を独断で大量注文、後でひどく叱られたとか誉められたとかしたといった話を聞かされたが、どうも正津さんという人は、自分でこうと信じたことには決して妥協がなく、どこまでも貫き通す人のようである。

さて児童相談所では教育相談をずっと担当し、不登校の子どもたちにかかわり続けていたのだが、あるときこんな体験をする。

「私がかつて担当していたK君宅を訪ねたのは、福祉事務所の若い女性ワーカーの要請によるものでした。私の誘いにK君は、ジャズの渦まく部屋から、戦闘帽を真深かにかむり、気嫌よく喫茶店に同行してくれました。しばらくは和やかなやりとりが続きましたが、『生活保護を適用する場合、就労能力のあるK君には働いて欲しい』と言い出すや否や、『この不況に働く所がありますか？』『中学は画一的な奴隷教育の場であり、日教組が跳梁する場になり下っている』と精いっぱいの自己弁護。……遂に声高に『小役人に話すことばはない』と席をけって去っていった後姿に、右翼結社に属しているらしい気配を感じて慄然としました。同時に、多忙を口実にK君をじっくりフォローできず、通所指導を中断していた自らの不甲斐なさに、後々までホゾを噛む思いを消し去る事ができなかったのです。

1935年生まれの寺山修司は、詩人、歌人、俳人、エッセイスト、小説家、評論家、映画監督、俳優、作詞家、写真家、劇作家、演出家等々と言われていますが、私は本当はよく知りません。ただしその名前は何度も耳にしました。要するに別世界の人物なんです。その彼と正津さんが文通!?

専門性と処遇力、その2

このK君との苦い出会いがあって、私はかつて"登校拒否"していた彼等が、その後どう生きているか確かめたいという思いがより切実になりました。これを抜きには何も始まらないと思い始めていたのです」（第8回児相研セミナー報告書）

こうして正津さんは、自分がかつて担当していた子どもたち60人をピックアップし、仕事が終わった夜間と日曜・祝日を使って1軒1軒家庭訪問する。この報告は1982年、愛知で行われた児相研全国セミナーで報告されているのだけれど、苦労して転居先を探し当てる、この訪問が契機となって子どもが再び一時保護所を訪ねて来る、訪問してみたら精神的に錯乱状態に陥っていて、慌てて知り合いの精神科医に連れて行った、5年かけて夜間高校を卒業し大学で音楽サークルをやっているというのでコンサートを聴きに行った、やっと訪ねたというのに父親から玄関先で追い払われた、といったさまざまなドラマを生み出しながら、文字通りセミナーの前夜まで続けられ、60人中58人までのフォローをしたというのである。しかし正津さんのすごいところは、多忙な中で、この活動をその後も続けていることだ。1992年、93年に相談を受けた子どもたちの追跡調査では、"高校に入ってからウソのように1日も休まず登校しています"とか"仕事も学校もクラブ活動もがんばって、我が子ながらあっぱれです"といった報告の一方で、2人の自殺を確認し、愕然とするのである。

＊

話を少し変える。結婚や3人の子どもの子育てにまつわる話もめっぽう面白いのだが（いつ聞いても飽きることがない）、ここでは割愛し、映画のことを少し書いてみたい。正津さんが不定期で出している便りに"魚通信"がある。1990年の8月に第1号が出て、すでに21号を数えるのだが、どうも届いたものは大きさも不揃いだし、正直言って、ものすごくセンスがよいとは言えない代物である。のだがともかく、正津さんはここに毎号欠かさず映画のことを書いている。それによると、20代から30代にかけては、年間で軽く100本を越える映画を見続け、1日6本見たこともあるという。そんな正津さんが初めて見た映画の話がすこぶるよい。

「どうでした？」
「決して二度とは見まいと思いました」

第4章
専門性と相談体制のジレンマ
◆児童相談所の日々

「……？」
　こんなふうに語ったのが、高校生のときに見た「蟹工船」である。この映画について正津さんは、魚通信で次のように書いている。
　「映画を見終わった私は、暗い道を選んで歩きました。涙が流れ落ち、部屋にこもっても、それは続きました。怒りに身体が震えました。この映画は、その後の私の生き方を大きく左右するものとなりました。今も原作を読むのをためらっています」（魚通信 No.2）
　その昔「魚の唄」と題した詩集を出したこともあるという正津さんの、人一倍感受性も鋭く、かつ正義感にあふれていたことを示すエピソードである。
　さて、ではそんな正津さんは、いったいどのような児童福祉司であり、どのようなケースワークを行っていたのであろうか。魚通信には、本当に忙しく立ち働き、我が身を削ってまで相談に応じる姿が映し出されているが、確かに毎年60〜70人あまりにのぼる不登校児の新規相談を受け付けながら、他方では継続中の多数の家族と子どもとをかかえているのだから、これが児童福祉司の現実とはいえ、なかなか大変なことである。ところが退職してすぐの魚通信には、次のような一節があった。
　「在職期間中、多くの方々に支えられ、仕事を投げ出そうと思った事は一度もない、幸福な38年間でした」
　"仕事を投げ出そうと思った事は一度もない" なんて台詞が、とても簡単に口にできるものでないことは、おそらく児童福祉司の道に踏み込んだ方なら誰でもわかるのではないだろうか。ただ私が別の意味で驚いたのは、現役の児童福祉司であったとき、なかなか眠れないといって必ず眠剤を持ち歩いていたというエピソードである。私たちの前では決して弱音を吐くこともなく、いつも元気なおばさん然としていた正津さんのもう一つの側面を見せられたような気がしたのだが、それでも正津さんは "幸福な38年間" と断言する。そんな姿を見ていて、私はある将棋指しにつけられたニックネームを思い出した。"鋼鉄のマシュマロ"。固い信念もあり、決してくじけぬ強さを持ち合わせていながら、心はいつもマシュマロのように柔らかで、暖か。だからこそ、相談にやってくる子どもたちの様子にいつも人一倍心を痛めていたのが正津さんではなかったかと思う。

> 蟹工船はプロレタリア作家小林多喜二が1929年（昭和4年）に発表した小説。最近もブームになって書店でベストセラーになり、2009年には映画化もされていますが、正津さんが見たのは山村聰の主演・初監督作品（1953年公開）でしょう。

専門性と処遇力、その2

　正津さんについては、ともかくこんな調子で何度も仰天させられてばかりなのだが、ある面接場面の話を聞いたときには本当にひっくり返ってしまった。相談にやってきたお母さんが、"先生、肩が凝ってるんでしょ。大変やねえ"と、正津さんの肩を揉んでくれたというのである。これは私の面接ではどう考えたってあり得ない、想像を絶することである。

　かつて私が舞鶴児童相談所に勤務していた頃、小牧邦和さんという児童福祉司がいた。一時保護の宿直中に脳発作で急死、多くの人が悔やんでも悔やみきれない悲痛な死だったが、元心理判定員、お酒が大好きな組合の戦闘的活動家、親睦会の温泉旅行ではお湯につかりもしないで帰ってくるというわけで、職場で仕事せず、温泉では風呂に入らない、確かに思想は一貫している、なんて軽口も叩かれていたのだが、この人の面接がすごい。当時私は心理判定員として同席させてもらうことも多かったのだが、初めてやってきた母親と、本当にものの5分も経たないうちに、まるで旧知の間柄のように話しているのである。ジョイニングの巧みさと言えばそれまでだが、その見事さは技術というより天賦の才という感じであった。正津さんの肩もみの話を聞いてふと思い出したのは、この小牧さんの面接である。

＊

　数え上げればきりがないような不思議なエピソードに囲まれている正津さんである。私は加藤さんで企画した児相研ディープインタビューの舞台を、だから是非とも正津さんにも踏んでほしいと密かに考えていたのだが、その機会はこれ以上ない形でやってきた。1996年12月、京都で行った第22回全国児相研セミナーは、不肖私が現地実行委員長となり、正津さんは翌年3月に退職を控えていた。現役最後の年に、正津さんが歩んできた道を後輩の私たちに自由に語ってもらうというコンセプトで、この企画はすぐに決まったのである。インタビュアーは団さん、野口陽子さん、二宮直樹さん。

　だがこれは、インタビューというよりも正津独演会だったと思う。その模様を当日司会をした高橋正記くんのレポートによって再現してみよう。

　「まずは団さんが緻密な計算の上でリラックスを図りながらテンションを上げていく。話が走り始め、風が起こり、その風は場内をと

> 「高橋正記くん」とは失礼な言い方をしてしまいました。同い年です。私が就職したときからの長いおつきあいで、現在（2010年）は福知山児童相談所の所長をされています。

ころ狭しと吹きまくる。……破天荒な原家族の想い出、思春期・青年期の発達心理学の教科書のような時代が聴衆に息もつかせず語られる……。

　二宮艇長はシートをゆるめ、人生の第2ステージである職業人としての正津さんにぴったり速度を合わせる。そこからがまた大変。啞然とする聴衆を尻目に艇のピッチが上がっていく。前人未到のジャングルを、ヨットからホバークラフトに変身した正津号が突き進む。当時の社会情勢、日本における社会福祉の黎明期の様子が実感として伝わってくる。なんたるパワー！　もう誰にも止められない……。

　野口さんは戸惑いながらも女性の強みを活かして女性、妻、母親としての正津さんに迫っていく。これまた場内は啞然、騒然、爆笑の渦。『こんなのあり？』とのスタッフの驚愕の叫びもお構いなく、猛スピードで疾走する正津号。波しぶきがあがる。転覆か？　いやセーフ。場内は最高潮。ここで旗が振られてレースは終了した。観客はいっぱいのおみやげを持って帰路についたのであった」

　読者には何のことかよくわからなかったかも知れないが、当日の雰囲気だけは多少とも伝わったのではないだろうか。ともかく正津さんの、あきれかえるほどの存在感を示して終わったのが第22回児相研セミナーだったのである。参加者の感想を当日のアンケートから紹介してみよう。

　「正津さんの生きざま、まさに"人"が福祉を支えていると実感した話でした」

　「このセミナーの中で一番感動を受けました。素晴らしかったです。正津さんから元気を一杯もらったような気がします」

　「正津さんの生き方、桁はずれの器の大きさに励まされました。すごい人ですね。児相研は"もぐり"ですので、正津さんって方も知らなかったのですが、よかったですねー。私もこの先30年！　力つきないようにやっていこうと思いました」

　「正津さんの生きざまを聞かせて頂き、大きな感動を得ることができました。これから自分が児童相談所で仕事をする上で、非常に勇気づけられた思いです」

　　　　　　　　　　　＊

　私自身、このときほど"福祉は人"ということを納得させられたこ

第4章
専門性と相談体制の
ジレンマ
◆児童相談所の日々

二宮さんは愛知県の超ベテラン児童相談所職員。私と同世代、今も児相代表委員会等で議論を交わしています。

野口さんは、京都府の児童相談所で受付相談員の仕事を長くされた後、児童福祉司となって活躍されました。私もいろいろと助けてもらいました。

とはなかった。まさに正津さんの人柄は、相談にやってくる人々ばかりでなく、同じ仕事をしている児童相談所の職員、さらには正津さんに接するすべての人を支え、励まし続けてきたのである。

意にそわぬ形で福祉事務所から児童相談所に転勤したとき、正津さんが担当していた地域の人が、この異動に対し涙ながらに抗議したという話を聞いたけれど、今回もこれまでかかわりのあった子どもたち、またそのお母さんたちが退職の話を聞きつけ、抗議するわけにもいかないので手紙や花束を届け、わざわざ駆けつけ、贈り物を用意してくれたという。まさに"人"が語り、"人"で仕事をし、"人"として人とふれあったのが正津さんであった。

Ⅲ　凡人の道

このようにして、私は3人の児童福祉司を発見したのであるが、さて、この3人が作る偉大なトライアングルの中に立ってあらためて自分自身のことを省みると、当然とはいえ、身のすくむ思いを禁じ得ない。加藤さんのケースワーク活動や彼が切り開いた世界を考えると、とてもその足下にも及ばないことを自覚しなければならないし、津崎さんが示しているような知恵と知識を獲得するには日暮れて道遠し、途方に暮れる以外にない。かといって人格未熟な身にとっては正津さんが醸し出す人間空間に匹敵するようなものを用意することなど夢のまた夢でしかないのである。

1997年11月、横浜

ところで、私がこのようにして児童福祉司のあり方、児童福祉司ケースワーク論にこだわり、行き詰まり、思案を続けているまさにそのとき、世の中では児童福祉法改正の波が押し寄せ、児童相談所や児童福祉司の専門性がいろいろと取りざたされていた。それゆえ児童福祉司としてのアイデンティティ確立を目指した私の道のり、言うなれば児童福祉司発見の旅は、一挙に世上の専門性論議の波に洗われ、翻弄されることになったのである。そこでひとまずこの旅から離れ、話題を法改正にからんだ専門性の問題に移すことをお許しいただきたい。

といっても、法改正の問題では多くの団体や個人が意見を表明し、

第4章
専門性と相談体制の
ジレンマ
◆児童相談所の日々

さらには具体的な改正プランまでも出していたのに、児童福祉法の実施においてある意味では一方の中心的な存在とも言えた児童相談所からの提起は少なかった。そんな事情もあってのことだろう、法案の審議がかなり進んだ段階、確か1997年1月頃の児相研三役会議の場だったと思うけれど、この問題で児童相談所現場の意見をまとめ、全国児相研の要望書として厚生省に送ろうということになった。そのため、行きがかりで児相研の事務局長を引き受けていた私は、短時間の間に各地の児童相談所の方々の意見を聞かせてもらい、また必要に迫られて宇治児相に送られてきた各種の紀要やレポートをぱらぱらとめくるはめに陥った。そして一瞬ではあるが日々の相談業務を離れ、これからの児童福祉や子ども家庭サービスのあり方、これからの児童相談所の進むべき方向などについて考える時間を持ったのであった。児相研の要望書は法改正成立直前の5月と施行を前にした11月、2次にわたって厚生省に提出したのだけれど、そのための議論を通じて私は、あらためて児童相談所や児童福祉司の専門性について考えさせられてしまった。そしてこの検討プロセスは、すでに述べた3人の児童福祉司への私の思いと融合し、重なり合って、専門性ということについての私自身の考え方を少しずつ変化させ、多少とも深めてくれたように思う。以下にそこのところを述べてみたいのだが、まずは昨年4月段階で私が考えていたことを、『日本の児童福祉』第12号に掲載した拙文「世の中が逆立ちしている」から引用する。

＊

　今回の法改正の議論の中で、一つのポイントになったと思われるのが、児童相談所の専門性に関することだ。以下、そこに触れてみる。なるほど中児審の中間報告は「児童相談所の仕事については、問題が多様化・複雑化している中で、高度の専門性が求められる」「施設、子ども家庭支援センター、児童委員等との連携を図り、これらを指導する役割を積極的に果たすべき」などと表現されている。だが、本当にそのように評価しているのか。これが大いに疑問なのである。言っておくが、これは何も私一人の感想ではない。例えば東京都児童相談センターの所長で、全国児童相談所長会の会長でもある甘楽昌子氏は次のように述べている。
「さらに児童相談所の処遇決定に、客観性や児童の権利擁護を

『日本の児童福祉』も今では装いを変え、タイトルも『子どもと福祉』となって明石書店から発行されるようになりました。私が寄稿したこの当時と比べると、発展したものだと思います。やはり世の中は変化していきます。

専門性と処遇力、その2

確保するために、バックアップ機能を持つ第三者機関を設置することも唱えられている。児童相談所の活性化を称するこうした提言は、児童相談所の専門性の向上が期待されていると、素直に受けとめる反面、児童相談所に対する信頼性が奈辺にあるのか疑念を持たざるを得ない」（97年3月10日付け福祉新聞）

　全国所長会の会長という立場であるだけに表現は押さえているが、内容をよく読めば、中児審が児童相談所を正しく評価せず、信頼もおいていないと苦言を呈していることは一目瞭然であろう。確かに現在の児童相談所が、専門性において必ずしも全幅の信頼を勝ち得ているわけでないことは私も知っている。それは例えば、昨年（96年）の秋に東京都児童相談センターが主催した虐待をめぐるシンポジウムでの椎名篤子氏の発言などにも典型的に表れている。少し紹介してみよう。

　「児童相談所において、現在、大阪府と横浜市では専門職採用が行われていますが（香川県も始めたはず）、専門職採用になっていないある県での虐待ケースにまつわる話です。小児科医が虐待を発見し、地域と連携して見守っていたが、残念なことに殺害に至ってしまった。小児科医は初めての虐待ケースで大変ショックを受けながらも、この経験は生かさなければならないと、保健婦や児童相談所の人たちと反省会の試みをしようとしたところ、児童相談所の担当職員はすでに水道課に異動してしまい、所長も交代していたというのです。大阪・横浜の話と、この小児科医の話から言えることは、児童相談所に来て虐待問題等で研修を積み、対応できるようになった方たちの異動は、関係部署に限ってのみ行われるべきであり、その蓄積は地域に還元されていかなければならないということです。専門職採用で100％よくなるということではないかもしれないが、児童相談所の職員は、できれば専門職採用で行われるか、それができないなら、せめて関係部署、専門領域だけの異動という形になっていってほしいと思います」（東京都児童相談センター発行の専門相談室だよりNO.26から要約）

　これはいわば住民側からの声であると言っていい。いろんな意味で児童相談所に期待しながらも、それに対して必ずしも十分には応えてもらえないというもどかしさの表現である。こうした意

『凍りついた瞳』の原作者として有名になった作家の椎名篤子さんは、その後も子ども虐待にかかわり続け、今は日本子ども虐待防止学会（JaSPCAN）の副会長として活躍されています。

第4章
専門性と相談体制の
ジレンマ
◆児童相談所の日々

見に根拠があることは、児童相談所内部から出された見解によっても裏付けられる。例えば大阪市中央児童相談所の副所長津崎氏は、次のように述べている。少し長くなるが、引用してみよう。

「児童相談所の業務内容の質と量を高め、多様で複雑化した住民ニーズや各種機関の期待に応えるためには、日々の児童福祉業務を担う職員の専門性の強化が必須の条件になる。しかし、高い専門性の確保は口で言うほどたやすいことではない。厚生省もかなり以前から折りにふれて専門性の強化を訴え続けてきているが、それによって全国レベルの児童相談所の強化が図られてきたかというとそうともいえない。むしろ、3～4年のローテーションによる頻繁な異動、一般の行政事務からの突然の異動など専門性の確保とは相矛盾する事態の方が一般的といって過言ではない。否むしろ、自治体の児童福祉主管課長会議などでは国に対して児童福祉法に規定された専門職条項を更に緩和するように要望が出ているのである」

「これは、住民や各種機関が児童相談所職員によせる期待と自治体内部の行政当局者の考え方に大きくズレが生じている結果と見なすことができる。ではなぜそうなのか。一般に行政職員の人事のあり方は、職員が多くの行政分野を経験することによって幅広い知識と視野を養うことが重視されている。言葉をかえれば特定の部署に長くいることによって視野が狭まり、他の部署への適応を低下させ、かつ職場がマンネリ化して全体の士気をそこなってしまうことを防がなければならないという意識が強い。確かにこの点は重要であり、説得力を持っている。そしてそれを一概に否定することはできないが、一方で児童相談所のケースワーク業務を一般の行政事務の仕事と同じように位置づけ、均等の人事政策で対処するなら、児童相談所の提供できるサービスは、単なる事務的サービスと何ら変わらないということになりかねない」

「住民が我が子の問題に困り果て、わらにもすがる思いで児童相談所の門をたたくとき、実は何らの専門性をもたない職員が相談に応じているとするならそれは詐欺にも等しい行為と言わねばならない」（大阪市中央児童相談所　紀要第8号から）

実はこの箇所は『福祉のひろば』の原稿でも一部を引用させて

> これは何も津崎さん一人が言ってるわけではありません。すでに1972年には、当時厚生省の技官だった網野武博氏が「業務の中で措置権なり一時保護なり親権喪失の請求が、……単に行政事務所が行なうような形でやられるとするならば、だれもがこれに反対するのではないか」と述べています。

専門性と処遇力、その2

もらったのだが、私は最後の"詐欺"という言葉だけはどうしても取り上げることができなかった。津崎氏の論には私も大いに共感するものだけれど、自分で望んで児童相談所に来たわけでもない人たちが、突然相談の渦中に放り込まれ、日々悪戦苦闘している姿を見るにつけ、そこまで言うのは忍びなかったのである。はっきり言って、彼ら個人に問題があるのではないのだ。椎名氏や津崎氏が指摘しているように、問題はこのような人事異動を発令し、容認している都道府県市の当局にあるのであって、それをさらに突き詰めるならば、児童福祉司等の任用についての児童福祉法そのものの規定の曖昧さに行き着くのである。多くの人が問題にしているように、法改正というなら、まずは児童福祉法第11条の2に規定されている児童福祉司の資格要件から"準ずる者"という項を削除し、児童相談所に責任をもって専門家を配置しなければならないのではないか。虐待問題が深刻化し、一方で子どもの権利条約も批准されるという状況の中では、これまで以上に緻密でしかも丁寧な相談活動が求められており、無関係の部署からひょこっとやってきた人が、ただ公務員であるというだけでやっていけるような仕事ではないと、私も思うのである。専門性を組織として保証すること。それが現場で働いている我々の、また相談にやってくる住民や関係機関の人たちの切実な要求といっていい。

「準ずる」規定は1951年の児童福祉法第5次改正で設けられましたが、それが「同等以上」へと改められたのは、2000年児童虐待防止法制定時の児童福祉法改正によってです。ということは、改定に約50年の歳月がかかったということですね。専門性確保の道は、やはり険しいようです。

＊

どうも今回の小論は、やたら引用が多くてだらだら長いだけ。読みにくいこと甚だしいと、自分でも思うのだけれど、これは私自身の思考の発展過程、というのはややおこがましいが思考のプロセスをも示そうとしているので、どうにもしょうがない。ともかく以上で長すぎる引用はおしまいにするが、この頃の私は、"専門性→人事政策の問題→児童相談所にきちんと専門家を配置せよ"という論理構造で考えていたのだと思う。もちろんこの基本は今でも変わってはいない。だが一方で、このように主張すればするほど気になることがあった。しきりに"その論理ではおさまりきらない現実もありますよ"という囁きが聞こえてくるのである。けれど当初、私はその声を無視していた。耳をふさいでいたのである。なぜと言って、一方では心理職の国家資

第4章
専門性と相談体制の
ジレンマ
◆児童相談所の日々

格問題が取りざたされ、他方では今述べたように児童相談所の専門性に疑義が差し挟まれる世上にあって、この囁き声は何となく不都合、正面から取り上げにくいように思えたから。ではその声とは何か。以下に述べると、それは、今実際に児童相談所のことを真剣に考え、語り、実践し、リーダーシップをとっている人たちがどんな経過でそこにいるのかを見たとき、必ずしも彼らのすべてがオーソドックスな形で福祉の勉強をし、専門職として採用されたわけではないという事実だ。たとえば全国児相研の運営委員の顔ぶれを見ても、そのような専門職出身組に混じって、大学ではロシア文学を専攻していたとか法学部で発展途上国の問題を考えていたという人がいるし、一般行政職として採用され、それこそ税務などに携わっていたという人もいる。先に登場願った正津さんでさえ、"児相への異動は不当配転だ"と抗議の末にやって来たわけだし、かく言う私も、名ばかりは一応心理学を専攻していたことになっているが、学生時代、何の勉強もしなかったからと、わざわざ行政職試験を受けて公務員になったのである。にもかかわらず京都府の事情で心理判定員を引き受ける羽目になり、いつの間にかこの仕事にのめり込んでそのまま現在に至っているという次第。

　これはいったい何を意味するのか。そこのところは是非とも究明しなければなるまいが、その前にもう一つ別の事実に目を向けておきたい。1997年11月、横浜で開かれた第23回児相研セミナー全体会の場で私が行った法改正に関する報告を引用する。

＊

　「児童福祉法は、もともと敗戦によりもたらされた社会の混乱と窮乏の中で生まれましたが、制定当時から全ての児童の幸せを願って、児童の福祉を保障するための原理、すなわち"児童福祉の理念""児童育成の責任"および"原理の尊重"を総則の冒頭に掲げています。また児童福祉法の各条文にも国民の願いを体現している部分が少なくありません。私たち児童相談所の職員は、この児童福祉法に導かれながら、ある時にはパイオニアの役割も担いつつ、児童の福祉を守り、充実・発展させるために多大な努力を払ってきたと自負しています」

　これは、5月に厚生省に提出した法改正に関する児相研要望書

専門性と処遇力、その2

の一節です。いろんなところで法改正の話を聞く機会のあった私の心に残った言葉のひとつが、"児童相談所はパイオニア的役割を担わされてきた"という発言でした。"そうだよな、不登校だって、虐待だって、オウムの問題だって、震災のことだって、別に児童相談所に解決策があったから持ちかけられた相談じゃないんだ。児童相談所ってところは来る者拒まず、応じなければならないから必死になって取り組んできたんだ" "思えば児童相談所は、他では決してできない数々のことをやり遂げてきたはずだ"……。

※

一方ではパイオニアの役割を担わされ、他方では偶然その場に居合わせたような人たちが必死になって児童福祉のために全力を傾けてきた、というのがつまり児童相談所の実際の歴史なのである。換言すれば、全国的に見て児童福祉・児童相談のための十分な組織的保証、人事政策、研修システム、その他あらゆるものが確立しない状態でこの仕事に出会った多くの人たちが、直面した業務の重大性に気づき、やりがいを感じたりはまりこんでしまって、悪条件や困難も顧みずに苦闘し続けた結果として、何とか日本の児童福祉は守られ、児童相談における財産も築かれてきたのである。むろんこの事実が専門職の配置等を否定する理由になり得ないことは明白ではあっても、これは記憶にとどめておいていい、と私は思う。

だとすると、児童相談所の専門性に疑義が持たれたり批判される根拠は何もない、とまでは言えなくとも、この批判がいったいどこに向けられているかによって、その受けとめ方はずいぶん変わるはずである。すなわち、児童相談所に専門性がないという批判が現場の人間に向けられ、現場の人間に責任があるとされるのであれば、児童相談所で長い間働いてきた私のような者に限らず、多くの児童相談所職員は浮かばれまい。そこのところを児相研の要望書では、次のように表現した。

「今、専門機関としての児童相談所への期待は非常に大きなものがあります。ところが一方では、人員の不足や頻繁な人事異動、一般行政事務からの突然の異動など、現場の職員の意向にも背き、専門性の確保とも相矛盾する事態の方が一般的とさえ言える状況が生じていま

> 「児童相談所の現場から見た児童福祉法改正に関する要望書」（2007年5月）のことです。

す。これらは住民の期待に応えていく上で深刻かつ重大な阻害要因になっていると言わねばならず、抜本的な改善をはかることが急務であると考えます」

「児童相談所職員の専門性を重視し、慢性的な人員不足を解消して人員増をはかり、頻繁な人事異動などは制限することを要望します。これらのことと関わって、児童福祉司をはじめとする各職種の資格要件を真に業務にふさわしいものに整え、尊重し、専門性を確保することができるような任用制度に改善することを要望します」

要望書のこの部分には、児童相談所の"我こそは専門家"という人だけの思いではなく、場合によっては意に反するような形で児童相談所の職場にやってきて、それこそ人一倍の苦労を重ねているたくさんの人たちの気持ちをも込めたかった、というのが児相研事務局長としての私の率直な気持ちであった。

ともかくここに至って、私の児童福祉司発見の旅は一つの区切りを画すことになる。最大の発見、それはつまるところ、あるいは孤立し、あるいは悪条件にもめげず、悩み、迷いながらも奮闘努力している児童福祉司が全国には無数に存在し、彼らこそが日本の児童福祉・児童相談を下支えしているという事実であった。ここから必然的に出てくる結論は、彼らを批判するのでなく、あくまでも励ます取り組みの必要性であろう。セミナー初日の夜に開かれた児相研総会における事務局報告に、"新人児童福祉司のための研修ワークショップを開催したい"という一節を書き込んだのは、まさにこの発見に由来しているのである。

98年3月、湘南

さて、話が少し横道にそれてしまったが、ここで再び私自身の児童福祉司としてのアイデンティティ確立を目指した道程に立ち返りたい。

"3人の偉大な児童福祉司トライアングル"を前にして、否応なくたじろいでしまうということはすでに述べたとおりであるが、実はそんな私を襲った新たな"事件"がつい最近あった。精神薄弱者更生相談所で5年間、所長補佐の仕事をしてきた団士郎さんの退職である。団さんは、私が京都府に就職して以来、さまざまなことを教えてくれた人であり、触発され、議論し、またずいぶん遊びもした先輩の心理

第4章
専門性と相談体制のジレンマ
◆児童相談所の日々

本稿を著してから12年後の2010年に書き上げたのが、第2章の最後に掲載した「児童虐待防止法10年のパラドックス」。こうしてみると、世の中は大きく変化しているのに児童相談所の充実は十年一日のごとく達成されていない、ような気もしてくるんですが、どうなんでしょう。

「精更相」と略すこともありますが、現在は「知的障害者更生相談所」。

専門性と処遇力、その2

判定員で、つきあいは深く長い。その団さんが退職するまでにはいろんな経過があったことは私も知っているし、退職を決意したことも昨年の秋頃には聞いていた。だから3月末で本当にやめたときの驚きはそれほど大きくはなかった。しかしこの事実は、ボディブローのようにじわじわと衝撃を与えてくるのである。

話は少しさかのぼるが、5年前、団さんが京都児相の相談判定課長から精更相に異動したときのことだ。まったく予想だにしなかった内示だったし、まだまだ児童相談所でやるべき仕事があると自他ともに認めていただけに、ある意味では今回の退職以上にショッキングな出来事だった。団さん自身の憤懣も激しく、内示の後、所長は言うに及ばず、主管課長や福祉部次長、さらには福祉部長とまで直接話し合うような事態になった。もちろんそれで異動が取り消されるわけでもなく、かといって団さんが納得するはずもない。いわば平行線である。そんな状況を見ていて私たちは、もしや団さんは辞めてしまうのではないかと心配になった。今でも思い出すのだが、休みの日、私は柴田くんと2人して、団さんもメンバーの一人である漫画家集団"ぽむ"が開いている大阪・梅田の展覧会会場まで押しかけて行った。近くの喫茶店でいろんな話をし、"辞めへん"と言われて安心したのだけれど、それから数えて5年目の決断である。

"あのときやめてたら、たぶん怒って飛び出したってことになったやろけど、今回のはそうじゃないから"と、団さんは言う。まさにそのとおりで、もしも5年前に退職していたら、団さんばかりか残された私たちも癒しがたい"トラウマ"をかかえ込んだだろうと思う。けれども、そうであるがゆえに今回の退職は、考えさせられるのである。

退職した団さんが、挨拶状を送ってきた。それには「ごあいさつ－独立宣言」と銘打たれており、次のようなフレーズがあった。

「しばらくは充電のつもりでゆっくり　平日の昼間や季節も味わって　などとも考えておりますが……　なにを始めるのか、なにが始まるのか　自分でも楽しみです……」

ここでは失礼ながら、これ以上団さんのことについてはふれない。50歳にして京都府を退職し、こんな挨拶状を送った団さんを前にして、では私はどのような道を歩むべきなのかについて考えねばならないからである。そして今回非常にはっきりしたのは、私は決して団さんの

第4章
専門性と相談体制の
ジレンマ
◆児童相談所の日々

ようには行動できないということだ。別に大学教員に転出するのでもない、かといって自分で民間相談機関を開始するわけでもなく、漫画家として自立する道を選んだというのでもない。まさにあらゆる意味で"独立"したのが団さんであり、どう逆立ちしたって私にこの道はないのである。

　1998年3月、湘南で開かれた「家族療法・家族援助の実際、第7回研修会」は、だから例年のようにとり行われたのだけれど、この会のそもそもの出発点を準備した団さんの退職直前という時期とも重なって、2日目の最後、彼に時間を与え、話してもらう場が設けられていた。しかしながら私にとってより重要な意味を担ったのは、むしろ前夜の狂騒、高談である。静かな夜のためにシングルを予約したという滋賀県の菅野道英さんの部屋に、たぶん10名以上の者が押しかけ、酒も入っていつ果てるとも知れないお喋りが続いたのだけれど、このときは私もいささか酔いがまわっており、誰彼なしに、団さんとは違う自分の進むべき道を力説したのである。

　ではその道とは何か。答えて曰く"凡人の道"である。考えてもみよう、私はこれまで"偉大な児童福祉司トライアングル"を形づくる3人の先輩たちの影を追いかけ、追い求め、何とか彼らに一歩でも近づきたいと願い続けてきた。だがその結果はどうだったか。結局はいつも未熟な自分の姿を見せつけられ、思い知らされては気落ちし、惑い、前後に暮れるしかなかったのである。そんなときの団さんの独立宣言だったから、これは考えようによっては決定的なパンチであった。自分には決して真似のできないことだと自覚させられたし、半ば冗談半分に"私はやっぱり小役人がお似合いよ"なんて自嘲的な発言も口をついて出た。のだけれど、実はこれが転機であった。なぜと言って、団さんの退職・独立宣言は、否応なく団さんとは別の道をとることを私自身に強いたし、それはひるがえって、加藤さんや津崎さん、はたまた正津さんとも違った、自分自身の道を歩むことを強く求めてきたからである。この瞬間に発想が変わった。私は私の道を歩むしかないのだ。何をとっても彼らに及ばないことは致し方ないとしても、私だって紛れもない児童福祉司である。私ができることを少しずつ、地道に続けてゆく以外、いったいどんな方法があるというのか。凡人は凡人の道を一歩一歩進むしかないし、それだって大いに意味があるは

菅野さんは、いつも元気な滋賀県の心理職の方です。子どもの虹情報研修センターの研修講師を度々お願いしたり、私が取り組んだ研究に協力してもらったりと、大変お世話になっています。

277

ずだ。

　酔いの勢いも手伝って"凡人の道"を説き続けるこの夜の私は、いつにも増して興奮気味だったという。菅野さんにははなはだ迷惑だったろうし、それから研修会を準備していただいた神奈川県の方々にはまことに失礼な言いぐさになってしまうけれど、私にとってこの研修会の最大の意義は他でもない、あの夜の放逸な歓談なのであった。

98年3月、宇治

　さて、"凡人の道"を発見してうれしくなった私は、直後に郷里岡山県の児童相談所関係職員研修会に招かれていたのをいいことに、調子づいてちょっとだけそのことに触れてみた。けれどこの話はあまり受けなかったと思う。家族療法研修会ということで、参加者も心理職の方が多かったせいもあったろうが、根本的には"凡人の道"発見の真の意味を、私自身がまだ正しく把握していなかったからだと、今は考えている。そこで次のステップ。同じ1998年3月、湘南研修会のちょうど1週間後、児相研企画・主催、宇治児童相談所を会場にして行われた「児童福祉司研修ワークショップ」へと話を進めたい。

　このワークショップ、人によっては、11月に思いついて3月にはもう終わったのだから手際よいなどと言うけれど、企画・実行した私にとってはとてもそんな生易しいものではなかった。

　確かにワークショップのアイデアを思いついたときは心が躍った。これこそ全国の経験短い児童福祉司が求めているものに違いないという確信があったのだ、具体的な日程を公表するまでは。ところがプランが公約となって以後、私はすっかり沈んでしまう。

　"年度末の日曜・祝日に、いったい誰が宇治のような田舎に出て来るものか！"

　"そうだ、忘れていた！　児童福祉司ってのは悲しい人種なんだ。日々苦労していて、何とか少しでも力量を高めたいと思っていても、いざ休みの日が来ると、もうそんなことはどうだっていい、家に帰って寝てるのが一番ってわけだ。彼らは疲れすぎている！"

　"だいたい、どうしてこんなストレスを自分は好んで引き受けたんだ？　こんな企画を思いつきさえしなければ、今頃はゆっくり芝居でも観ているんだがなあ"

第4章
専門性と相談体制の
ジレンマ
◆児童相談所の日々

　こんな気持ちでいたために、全国の児童相談所への案内も遅れに遅れ、結局はタイムリミットぎりぎりの２月初旬になってやっと案内のリーフができあがるという有り様だったし、この間私は好きな映画もほとんどご無沙汰、何より最も肝心な担当地域の相談活動に集中できず、いわば自分が預かっている児童福祉のフィールドを、幾分なりとはいえ傷つけるはめに陥ったのである。

　スタッフのこともあった。この企画を実施するに当たって決めたスタッフの条件は、まず現役の児童相談所職員であること、次に児童福祉司経験があること、というものであったが、これはごく当たり前のようで実は結構苦しかったと言っていい。というのも児童相談所の中でワークショップやスキルトレーニングを実施する場合、これまではスタッフを心理職に負うことが多かったからである。それは京都府においても例外ではない。確かにプログラムを考えていくと、経験豊富な心理職のあの人、この人に頼めば心配することは何もないと、ともすれば気持ちはそちらに傾くのだけれど、今度ばかりはそこを封じ込めたのである。その理由の第一は、児童相談所における心理判定員と児童福祉司の関係である。すべてがそうとは言えないにしても、全国的に見て、児童相談所の専門家は心理職で、異動も激しい児童福祉司は彼らにいろいろ教えてもらう存在という構図が見え隠れする中で、仮に児童福祉司のワークショップまで彼らの手助けを借りたならば、いつまでたっても児童福祉司の自立も、専門性の確立もできないではないかという思いが強かったのだ。第二は、どうであれ児童福祉司のことがわかるのはやはり児童福祉司であり、現在のように研修システムも未確立で、かつ児童福祉法ができてすでに50年にもなるというのに相変わらず各府県まちまちの状況が続く中では、せめて先人の児童福祉司がこれまでの経験を次の人たちに引き継いでいく取り組みをしなければ、児童福祉司、ひいては児童相談所そのものの力量も、組織的な意味では向上しないと考えたからである。それも現役の児童相談所職員として、過去の、ではなく今現在の課題に取り組んでいる人に、私はスタッフを引き受けてほしかった。

　今まで活動してきた多くの児童福祉司の問題点は、私自身も含めて、自分たちのしてきた具体的な活動を全国的な場で交流し、比較し、検討・検証する活動を十分には行ってこなかったことではないだろうか。

専門性と処遇力、その2

考えてみれば、児童福祉司には全判協（全国心理判定員協議会）のような組織もないし、その活動も標準化されているとは言い難い。そのためどんなにいい仕事をし、経験を積んだとしても、実のところ誰もそのことを正しく評価できないのである。結果、妙に自信がなかったり変に自信過剰になる、あるいは必要以上に謙遜し、また自分こそが正しいと思ったりもする。要するに、必然的に気分の変動が激しくなるのである。

"そうではないのだ、各自が自分の持ち場でやってきたこと、結局はそれがそのまま日本の児童福祉なのだ、まずは自らの体験をオープンにしよう。その当否を判断するのはこれからの人に任せればよいではないか"

"参加者より少し経験を積んだだけかも知れないが、私たちが語らなくて他に誰がするというのか、私たち児童福祉司の経験者以外の誰にもスタッフは務まらないのだ"

こんな気持ちで頼み込んでみたのだが、確かにやや尻込みされる方も、率直に言ってあった。また途中ではスタッフの一人が弱気になって、プログラムの一部を心理職に援助してもらおうと考えた形跡もある。だが結局は自分たちでやり遂げることによってこの方針は、参加者だけでなくスタッフ自身が思いもかけぬ大きなものを得ることにもつながった。私自身にしても、このプログラムの企画・実行が実は、先に紹介した団さんほどではないにしても、ささやかな独立宣言の意味をも運び込んできたのだから。

さて、参加申し込みが果たしてあるのかという心配は杞憂に終わり、案内を発送した翌日から早くも電話が鳴り始めた。結局18名の定員を24名まで広げ、それでもお断りしなければならない方が何人もあった。こうしてワークショップは始まり、自画自賛かも知れないが、望外の成功を収めて終了したのである。

「笑えた。泣けた」

「他の府県の状況がわかり、驚きと感心と……。自分の仕事をふりかえることができた」

「それぞれのプログラムのやり方、内容とも新鮮なものが多く、参加させていただいて本当によかったと思います」

「面白かった。わくわくしました」

第4章
専門性と相談体制の
ジレンマ
◆児童相談所の日々

「人の考えは色々あり、当たり前なのにすごく不思議に思った」
「もうじき児相に来て1年になります。こんなふうでいいのか、他に方法はないのか、今後の見立てをどうするのか、悩みは尽きません。ときに"早く楽になりたい""もうやめたい"と思いつつここに来て、全国に同じように若くて経験なくて、迷いながらも懸命に働いている人が多くいることを知り、少し気持ちが楽になりました」
「文句一つありません。これであと10年は持ちます」
　全国からやってきた参加者がめいめい帰路についた後の宇治児相は、再び日曜日の顔に戻り、それまでの熱気も活気も失われ、閑散とした雰囲気に逆戻りした。一緒に事務局を引き受けてくれた野口さんがコーヒーを沸かし、他のスタッフがアンケートを読みながら喋っているのを、私はいつも以上に深々と椅子にもたれ、なんだか真っ白な気分で聞いていたのであった。

＊

　さてこのワークショップで、私は30分のミニ講座を受け持った。通常の講演依頼だと、だいたいが依頼者側からあれこれ注文が出されるものだが、今回は自分たちで企画し、テーマも時間設定もすべて自分たちで決めるのだから言いたいことを好きな形で話せばよい。自ら楽しめるプログラムだとは言える。では今このワークショップで一番伝えたいことは何かと考えてみて、私は「児童福祉司トライアングル」について喋ることにした。これは1月末のスタッフミーティングですでに確認していたことだけれど、今まで児童福祉司発見の旅を続けてきてわかったことを、是非とも新人の児童福祉司に伝えたかったのである。
　そして当日。私の講座の順番が回ってきた。今回のワークショップに関してまったく驚かされたのは、たった24名の参加者とはいえ、スタッフも含めて開始時間には出席者全員がきちんと会場にそろって待っていることである。裏方の仕事もあって事務室でうろうろしていた私は、はや定刻30秒前になっていることに気づき、慌てて2階会議室に駆け上がった。司会者もいない会だから、前置きも何も省略して私はすぐに話し始めた。加藤さんのこと、津崎さんのこと、そして正津さんのこと……。すべてこれまで考え続けてきたことばかりである。
「このトライアングルの中に立って誰かを目標にして追い求めるの

ではない第四の道を、私は歩みたいと考えています」
「その道を、実は先週、偶然にも湘南の海を見ながら発見したんです。ではその道とはいったい何でしょうか？」
こう話したとき、皆の関心がぐっと高まるのを感じ、私も張りつめた気持ちでホワイトボードに向かった。そして"凡人の道"と書き記した瞬間だ。話を聴いてくれている人たちの空気は確実に動いた、と感じた私には再び閃くものがあった。"凡人の道"は私が発見した私の道ではない、これこそまさに全国で苦労し、懸命に働いている多くの児童福祉司の道なんだ、と。

"児童福祉司の専門性とは？"というテーマから、いつの間にか大きく逸れてしまったようである。だが長い道のりの末、こうして真の意味（？）での"凡人の道"を発見した今となっては、あまりにも冗長になりすぎたこの原稿は一刻も早く閉じねばならない。そこで最後に、蛇足とは重々承知のうえで以下のことを覚えに記しておく。
児童相談所の相談は、私に言わせればどれもみな"応用問題"である。だから、たとえ新人福祉司であっても、往々にして基本から応用へといった悠長なことが許されない状況があり、辞令をもらったその瞬間から直ちに最前線、最難関の現場へと向かわねばならない。とするとどうしても、"何か特効薬はないのか""理想的なケースワークって何だ？""正しい次の一手を教えてくれ"といった気分になってしまうし、高じて"私にはやっぱり無理なんだ""自分はこの仕事に向いていない"といった自己嫌悪さえ生じかねないこともある。しかしながら我々、少なくとも私は"凡人"である。そう自覚すると、今まで見えてこなかった児童福祉司の道も、目の前にちゃんと通じていたことがわかるのである。
では"凡人の道"とは何か？
これはたとえて言えば、大相撲の力士が、他に言うことを知らないのか語彙が不足しているのか、それともやはり、そこにこそ真実があるのか、口をそろえて同じことを言う、あれに多少似ているような気もする。曰く"自分の相撲を取る"と。
これまでたくさんの偉大な先達がいて、私たちはいつも彼らに教えられてきた。むろん今でも学ぶべきことは手に余るほどにあるのは事

実だけれども、結局私たちはそうして学びつつ、遅々とした歩みであっても自分自身にできること、自分自身のケースワークを探求するしかないように思うのである。

しかし凡人の道を歩むといっても、怠惰に過ごしてよいということではもちろんない。凡人であって、なおかつ要請されている児童福祉の業務を遂行するには、依然として困難が待っているのだし、むしろ凡人であるがゆえにいっそうその困難も大きいはずである。

そこで私が思うに、凡人たる児童福祉司には、是非とも2つの指針が必要となる。その一つは、これまでから私自身、喉から手が出るほどにほしがっている（のだが、もしかしたら単なる幻想かも知れない）"児童相談所における実践的なケースワーク論"であり、もう一つは、そのような児童福祉司を支える処遇システムの整備、すなわち"機関としての処遇論"であろう。

だから私も、非力とは知りながら、引き続きそれらの確立に向けて努力することを誓って、この稿を終えることとしたい。

＊

とここまで書いて一息ついたまさにそのとき、はっと思い出したことがある。例のケースワークレポート「子どもの意見」を受けての座談会で、津崎さんがこんな発言をしていたのである。

「児相の専門性をどう高めるかを考えると、内部の人材だけでは無理なんですよね。児相ごとに医者や弁護士などの知恵を借りてやっていくしかない。バックアップ機能です。……わからないときに外からでも導入できる柔軟さが必要です。自己完結的にやっているのは外からみたらおかしい。そのことが処遇の難しい虐待問題ではっきりしました。弁護士など他職種との研究会で、自分たちが正しいと思ってきたことが、実はそうではないとわかってきたんです」

児童福祉司の問題や児童相談所内での処遇論、処遇システムのあり方ばかりに関心を奪われて、まとまりもしない想念をあれこれ張り巡らせていた私の、すでに何歩も先を進んでいる津崎さんを見て、やはり自分はつくづく凡人なのだと思い知らされた次第である。

追記：ここに登場してくださった皆様には（と言っても「専門性と処遇力、その1」と同様、私が勝手に登場させただけなのですが）、あ

第4章
専門性と相談体制の
ジレンマ
◆児童相談所の日々

今の時点で強く思い浮かぶ言葉は、「凡人と言って済まされないよ」というようなものでしょうか。この10年余を経て、児童福祉司に求められるレベルは、量質ともに非常に高くなったように感じます。

らためて非礼の数々をお詫びするとともに、まことに身勝手な言いぐさながら、これも児童相談所及び児童福祉司の専門性の向上に資するものと信じての行為であるとご理解していただき、平にご容赦くださいますようお願いいたします。

(1998年5月)

多忙の海に溺れる児童福祉司

人事課長にきいてくれ

京都府の職員となって以来25年近く、私はずっと児童相談所一筋に歩んできた。地方公務員という面から考えると、また児童相談所職員という点からしてもこれはかなり例外的な経歴である。通常なら数年おきに異動があり、公務員としてあれこれの違った仕事を経験し、ジェネラルなものの見方を学び、広く行政に通ずることが大切とされているからである。

ところが、最近かまびすしくなってきたのが、"児童相談所の専門性""児童福祉司の専門性"に関する論議である。専門の相談を受け付けるはずの児童相談所において、特に経験もないような一般行政職の職員が配置され、しかもやっとその職について何がしかの理解ができるようになった途端にはや転勤となる。こんなことで果たして住民に対するまともなサービスができるのか、という正論である。

この正論を、私は否定するものではない。ただし、最近急に大きな声でこの点を問題にし、取材活動を活発化させているマスコミからの取材を受けたりすると、私はいつも歯切れの悪い返答しかできずに立ち往生してしまう。言いたいことはたくさんあるのだけれど、だんだん苦しくなってきて、「そんなことは現場に聞くのじゃなくて、むしろ人事課長にでも質問してくれ」と言いたくなるのである。現場。児童相談所というところにいる多くの職員が、そのような批判を甘んじて受けていることを、私は理不尽な思いで見つめ続けている。だが、では、そんな一般職として配置された人たちはどんな思いで仕事をしているのであろうか。

「全国の児童相談所に配置された多くの人は、迷い、ためらい、躊

専門性と処遇力、その2

本文にも出てきますが、「児童福祉司の専門性について」の原稿を依頼されているのに、「その前に考えることがあるんじゃないの？」というような、内容ですので、これはちょっと天邪鬼の原稿です。

踏し、反省もし、ときには投げ出したくもなりながら、たいへんな業務を任されたものだと身震いし、それでもどこかこの仕事にはまりこんで熱中し、考え、悩み、ムキになって走り回っている……、言葉を換えれば献身的に奮闘努力しているのではないかと思います。特に児童福祉司の中には、配属されたその日から、右も左もわからぬまま相談の渦中に投げ込まれるような体験を味わわされた方も数多く……」

彼らを責めても何も始まらない、彼らに対してすべきことは、批判ではなく学びの機会を保障し、ともに考え、その労苦を分かち合うことではないのか、ということから出発したものの一つが、児相研（全国児童相談研究会）主催の「児童福祉司研修ワークショップ」である。

さて、そのワークショップに参加する人に宛てて、私は手紙を書いたことがある。長すぎる描写で恐縮だが、児童福祉司の日々を綴った部分を以下に引用してみたい。

＊

福祉司の日々

　　午後8時、例によって山積みの仕事を片づけるべく残業していたところへ警察署からの電話。

　　「覚せい剤取締法違反容疑で母と内縁の夫を逮捕したけれど、子どもたちの行き場がないんですわ……」

　　要するに一時保護の打診です。悲しいことに私の担当地域での出来事。

　　（当時の）私が勤める児童相談所は、管内人口50万人あまり、職員18名、児童福祉司は6名という規模です。一時保護所を併設しているのですが、保護所職員は保母と指導員、それに調理士の3名だけ。したがって休日・夜間は全職員が交代で当直に当たります。ということはつまり、この体制で365日ずっと一時保護を続けるわけにはいきません。この時も、予想を超えて長引いた家出少年の一時保護を終えて一息ついたばかり。すぐに課長等に連絡はするけれど、方針に議論の余地はない。夜遅く小4と小1の兄弟がやってきました。すでに帰宅していた職員を呼び出してこの夜の当直は何とか都合をつけ、私は警察からの書類を受け取るとすぐ、翌朝の臨時ケース会議資料の作成に取りかかります。

　　私たちのところでは、受理した相談全てを基本的に全職員で議

多忙の海に溺れる児童福祉司

「人口50万人に最低1か所程度必要」という一節が、2009年3月の児童相談所運営指針の改正で削除さたことは、すでに68頁で述べました。

論し、処遇の決定をすることにしています。このような形が取れるのは、おそらく管内人口50万人程度（すなわち児童相談所運営指針が最低1カ所は必要と指摘する人口規模）が限度ではないかと思いますが、毎週のケース会議（受理判定処遇会議）では、ややこしい虐待通告からごく簡単な事例まで、時間のかけ方は別として持ち込まれた全ての相談が全職員の目に触れられる形で受理され、処遇が決まるわけです。児童福祉司にすると、自分の考えた方針が会議で受け入れられるのかどうか、結構緊張しながら会議に臨まなければなりませんが、実はそれがフィールドに出たときソーシャルワーク上の支えにもなるわけです。

さて、そのようなシステムをとっていますので、一時保護となると当然会議において決定しなければなりません。しかしすでに子どもが来ている以上、定例の会議を待っているわけにはいかない。真夜中に児童相談所で何が起こったのか、翌朝、臨時の会議を開催、一時保護の（事後）承認を得ることになります。

さてこの子どもたち、不思議なことに住居は私の担当地域であるのに通学する学校は隣町でした。しかも聞けばもう2年前から電車通学しているというのです。逮捕された母の拘留がどの程度続くのか、警察に聞いてもはっきりとはわからないし、子どもの通学に関する事情もよくわかりません。一時保護は決まったけど、この後のソーシャルワークをどうすればいいのか、そこが問題です。留置されている母との面接をまず試みるのか、それとも学校情報を優先させるのか。ケース運びの展望、ソーシャルワークデザインが必要なのです。ところが翌日の私は、保健所で午前2名・午後2名の発達相談をし、それが終わって児童相談所に戻り、午後4時半からは家のお金を持ち出すという小6女児のインテーク（初回面接）をする予定でした。時間が全くないのです。しかも保健所で予定していた午前中の相談の一つが、これまたやっかいな家族。母は精神科の治療が必要とされていて、離婚した夫、つまり実父が同居しています。ところがこの両親がひどい虐待を繰り返し、子どもは保育園で落ち着かず、すぐに暴力をふるう、最近は登園もままならず、家の中でさらにひどい体罰を受けているというのです。考えた末、私は午前中の相談は自分で引

第4章
専門性と相談体制の
ジレンマ
◆児童相談所の日々

き受けることにして、午後からは同僚の福祉司に何とか都合をつけてもらい、ピンチヒッターで保健所に出向いてもらうことにしました。こうして空いた時間を一時保護の子どもたちのために割くわけです。

さて保健所に着くと、まさにこれから面接という段になって職場から電話。午後は小学校を訪問しようと決め、事前に打診していたことへの返事が入ったという連絡です。

「校長の都合で、何とか午前中に来てもらえないかとのことでしたよ。返事をしてあげてください。それと講演依頼の電話が入ってます。無理は承知だが何とか引き受けてほしい。早急に返事がほしいとのことです。電話番号言いましょうか？」

"やめてくれ！ こっちはそれどころじゃないんだ！"講演依頼はうっちゃって、学校には保健所の相談が終わり次第かけつけることにしました。おまけに慌てた自分が悪いのか、突然カバンの鍵が壊れてしまい、引っ張っても叩いても決して開いてくれません。ええい、はさみで切り裂いて中身を取り出しました。

さて、空いた時間を使ってまず学校へ行こうと決めたのは、校区外通学が長く、おそらくこの家族については学校が詳しい情報を持っているだろうと踏んだからです。逆に言うと、まだどんな人物かよくわからない母と、留置場のような制限された場所で面会するのは不安が大きすぎる、まずは情報がほしいという福祉司側の心理的事情が支配していたのでしょう。昼食をとる時間がないのでパンを買い、公用車を運転しながら急いで腹におさめ小学校に向かいます。ところがこの訪問は失敗。学校は子どもたちの通学状況どころか、校区外の住所も正確に把握していなかったのです。一時保護の事実を伝え、一時保護とはどのような形で行われるのか、今後の見通しとして考えられる可能性はどのようなものか、私が説明するばかりの訪問となりました。

「思うに、どんな相談であれ一個のケースワーク全体を見渡したとき、他の人はいざ知らず私個人においては、凡そ何の失敗もなかったということは皆無であると言わざるを得ない。ただそうして失敗を重ねていて感じることは、一つのミスが取り返しのつかぬ事態を生むことは意外に少ないということだ。というより逆

多忙の海に溺れる児童福祉司

に、間違いに気づき、その間違いを克服する道を探り当てようとする中から新たな事実を発見したり、思わぬ力が発揮されたという経験も多いのである。ソーシャルワークの個々の局面においては失敗を恐れてはならず、失敗に気づかぬことをこそ恐れねばならない……」

　どこかでこんなことを書いた記憶がありますが、ともかく気を取り直して児童相談所に戻ると、今度は子どもたち二人を順番に呼んでの個別面接です。ここで私が困ったのは、子どもたちに母の逮捕が隠されていること。児童相談所としてこの一時保護をどのように説明してやればいいのかを考えねばなりません。それにしても小1の弟に、「昨日ここに泊まってどうだった？」と聞いたときの第一声が「嬉しかった。オモチャもあったし」というのには複雑な思いになってしまいます。

　ともかく二人の面接が終わった時にはすでに相談室に来客が待っています。先にも触れた小6女児、お金の持ち出しの相談です。ところが、これがまた予定外の事態。親御さんもかなり焦っておいでなのでしょう、私は保護者の面接を案内したはずなのに、両親に連れられて本人まで一緒に来ているのです。面接の方針を変えなくてはなりません。こんなときは、相談室にお茶を運んだ後、小声を出して自分に言い聞かせます。

　「よし、3分考えて面接の方針を立てろ！」

　この独り言に周りはいつもはた迷惑。ところがここで別件の電話。「えっ、はいそうです。ええ、ええ……」ということで3分間は瞬く間に消えてゆき、かけ声もむなしく面接室に入ってみると、案の定、子どもの様子は緊張して表情も難い。そこで私はまず彼女とだけ面接をすることにして……。

＊

今、求められるもの

　これが児童福祉司の日々である。おそらくこの日もまた夜遅くまで残って業務をこなさねばならなかっただろうが、10年近い児童福祉司の時代を、私はずっとこのようにして過ごしてきた。そして全国の児童相談所の児童福祉司はたった今も、多かれ少なかれ日々こんな生活

第4章
専門性と相談体制の
ジレンマ
◆児童相談所の日々

を強いられているはずである。ある研修会で発言を求められたとき、私は「児童福祉司に向いている性格、性向があるとしたら、それはマゾです」などと思わず軽口を叩いてしまったことがあるのだが、専門性とか面接の技術などという前に、現場の児童福祉司が一番困っていることは、ともかく相談を希望している人にどうやって面接時間をつくるのかということなのである。ところが虐待など深刻な相談・通告が増え続けている現在、児童相談所に求められるのは即応性、迅速な対応と的確な判断である。ある児童相談所では虐待通告があった場合、48時間以内に安否の確認を行うと取り決めたというのだが、先に示したような日々を送っている現場の児童福祉司が、相当な過重負担を強いられるであろうことは容易に想像できる。

　しかも過日の報道（1999/6/6付毎日新聞）によれば、全国の児童相談所の6割で昨年よりも予算が削減されているとのこと。この記事に接したある精神科医は、「……孤立した家族の中の親子関係に介入するには、現状の3倍の人材と彼らへの教育・訓練、それに見合った事業費・運営費が必要である。……こんな具合だから、私たちは行政などに頼れないと思ったほうがいい」とコメントした。

　一方で児童相談所の対応に批判が集まり、他方では慢性的な人員不足と業務の特性や困難性に配慮されたとはとても言い難い人事異動がいっこうに改められない中で、今回本誌（『福祉労働』）の編集部から〈児童福祉司の専門性について〉何かを書いてほしいとの依頼があった。

　実は私は「専門性と処遇力、その2」というタイトルですでにこの問題についてはかなり長い論考を起こしていたのであるが、依頼を受けて思案すればするほど、今児童相談所に必要なことは、専門性論議もさることながら、児童相談所の体制の抜本的な充実ではないかという気がしてくるのである。

　ここで誤解を招いてはいけないので多少は書き加えておくが、私が児童福祉司をやってみてつくづく思ったことは、児童相談所において、特に児童福祉司の仕事という分野に関しては、是非とも地に足のついた専門性論議が必要であるということだ。一からこの仕事を始める人間にとって、長い歴史があるはずの児童相談所に、また児童福祉司という仕事に、あまりにも"実践的な論"がないというのが私の偽らざ

> 多忙の海に溺れる児童福祉司

る感想であった。そのことを考え続け、児童相談所や児童福祉を支えてきたたくさんの先達たちのことを考えて、私は一つの結論に至る。ここで詳しく論ずることはできないが、私が発見した児童福祉司の道は"凡人の道"である。さまざまな経緯でこの業務に就き、児童相談所に配置されて困難にたじろぎながらも、必死になって努力している全国無数の児童福祉司たちの、その努力こそがこれまでの児童相談所、児童福祉を下支えしてきたということに気づかされた私は、彼らを何とかして励ましたいと考え、かつ彼らに実質的に役に立つ"ソーシャルワークの論"を探し求め、児童福祉司の専門性についても日々考え続けている。のだがしかし、今言わなくてはならないことは、そんな専門性論議もさることながら（繰り返すが、それはとても大切なことだ）、仮にそのような専門性が存在するとしたら、それを具体的に生かすことのできる児童福祉の実施体制を確立すること、職員がその専門性をいかんなく発揮できるような児童相談所の充実でしかないと思うのである。

(1999年8月)

現場で生まれ、現場を支える児相研

鈴木政夫さんからの手紙

「ファイルを整理してたら、川﨑さん宛ての手紙が偶然見つかったの。もうずいぶん古いけど、渡すね」

第30回全国児相研セミナーの実行委員長だった田中島晃子（あきこ）さんから、セミナー会場の国立オリンピック記念青少年総合センターで1通の手紙を渡されました。

「いったい誰からの手紙？」

「鈴木政夫さんよ」

「ええっ!?」

ご存じの方も多いと思いますが、鈴木さんは児相研の創設を中心になって準備し、第1回セミナーの実行委員会事務局長を務め、鷲谷善教先生の後を継いで2代目の児相研運営委員長となった方です。早速手紙の封を切ってみると、それは1996年7月に認（したた）められたものでし

> 本稿は、児相研事務局長としての10年を振り返って書いたもので、もともとは児相研会員の方々にお伝えするつもりの、いわば児相研裏話のようなものです。そんなつもりでご笑覧ください。

第4章
専門性と相談体制の
ジレンマ
◆児童相談所の日々

た。鈴木さんは翌年の１月に逝去されているので、この手紙はちょうど亡くなる半年前のものということになります。

＊

「川﨑様。お忙しい中、事務局のお仕事大変御苦労様です。申し訳ありませんが、８月10日（児相研三役会議）は出席できません。肺に放射線をかけた後遺症が出てしゃべると咳き込むことが多く（あまりしゃべるなということでしょうが）、また新たに腸の組織検査の結果を病院に聞きにいく当日なので（正に全般的危機の状態です）、自分でもとても残念で、皆さんには本当に申し訳ないと思いますが欠席させて戴きます。

そこでお送り戴いた『たたき台』について、また児相研について、意見を書きます。上記の状況なので、運営委員長は今期限りで辞めたいと思っていますし、今度のセミナーにも参加できるかどうかわかりません。恐らく児相研について意見をいう機会は今後ないかもしれないので、率直に書きます」

＊

思い出せば、鈴木さんが鷲谷先生から運営委員長を引き継ぐと同時に、私が山田陽三さんから児相研事務局長をバトンタッチされたのは、今から10年ほども前の1994年12月。こんな手紙が突然出てきたのも何かの縁なのでしょう、あらためてこの10年間の児相研活動を振り返り、今後の糧としたくなりました。

さて、手紙の内容そのものについては、FAXか何かで伝えられていたため、記憶に残っていましたが、こうして手紙を読むと、あらためて深い感慨に浸ってしまいます。

実はこの時期の児相研は、組織問題等でさまざまな議論を続けていました。そして、右も左もわからない新米事務局長の私が行った、今思い出せば冷や汗が出るような乱暴な問題提起に対して、鈴木さんは病の中で大変な危機感を抱いたのだと思います。自ら培ってきた児相研20年の歴史をふまえ、会員の資格について、総会のあり方について、セミナーや小セミナーのあり方、会費徴収の方法その他、換言すれば、そもそも児相研とは何か、児相研の組織運営において民主主義を貫くとはどういうことか、といった問題意識をベースに、私の出した「たたき台」を手厳しく批判されたのでした。

田中島晃子さん。東京で長く児童福祉司を務め、児相研の副委員長などを歴任。私は田中島さんにロングインタビューをしましたが、めっぽう面白いこの方のお話は『日本の児童相談――先達に学ぶ援助の技』（明石書店）でどうぞ。

鈴木政夫さんも東京都の児童福祉司で、児相研の生みの親。児童相談所だけでなく広く福祉分野での実践活動をリードしてきた方です。

山田陽三さんは、横浜市の心理職。全国児童相談所心理判定員協議会の会長もされました。山田さんに頼まれれば断れないということで、私が後任の児相研事務局長になったという次第。

> 現場で生まれ、現場を支える児相研

本稿では、そうした組織問題をはじめ、この10年間で児相研にとってエポックになったと思われる出来事について順次報告することとします。

まずは規約改正問題から。

規約改正

児相研規約の改正は、もともと私が事務局を担当する以前からの課題となっていました。その議論の中で、会の名称については、「児童相談所問題研究全国連絡会」であったものを、1994年12月に、いったんは「全国児童相談所問題研究会」に変更し、組織のあり方についても、1996年12月の改正で「常任運営委員」制度を廃止するなどの一部変更を決めたのでした。

ところが、このときの総会（1996年12月）における役員改選は、手紙にもあるとおり鈴木さんが運営委員長を勇退したものの、後任となる新しい委員長を選出することができず、4名の副委員長を選出するにとどまったのでした。

> このとき選出された副委員長は、竹中哲夫さん（日本福祉大）、田中島晃子さん（東京都）、二宮直樹さん（愛知県）、鉄川重利さん（京都府）の4人。

こうして児相研組織の整備が、運営委員長の選任問題などと重なって、ますます大きな課題となっていきました。同時に、児相研セミナー発足のときに掲げられていた「児童相談所の問題を突っ込んで話しあえる自主的なセミナー」（セミナー参加のよびかけ）というねらい、あるいは「本会は、児童相談所の問題について、子どもとその養育者と児童相談所に働く者の権利を統一的に実現することをめざす立場から、すべての職種にわたり自主的な研究活動を行なうことを目的とする」（設立時規約）という研究会自体の目的などが、あらためて問われる状況になってきていたのです。

> 児相研は1975年の設立。当時あまりにも課題が多かった児童相談所の問題を、変革の方向で話し合うということが出発点にあったため、その名称も「児童相談所問題研究全国連絡会」とされたのでした。

この点は、鈴木さんからの手紙にもすでに次のように記されていました。

「児相研の将来像について。近い将来『子どもの相談セミナー』へ（子どもの相談を行っている他の機関、施設等と一緒にセミナーを開く～すでに実質的にそれに近くなっている、これから子どもの相談についての機関、施設は多くなる～児童相談所問題研究会ではなく）」

こうした諸点をふまえて現行の規約へと改正が行われたのは1998年12月、名古屋市東別院会館で開かれた1999年度総会です。

第4章
専門性と相談体制の
ジレンマ
◆児童相談所の日々

　まず名称について。経過の途中では、「全国児童問題研究会」「全国児童福祉臨床研究会」「全国児童福祉問題研究会」といった提案がさまざまになされたのですが、最終的には、会の活動を「児童相談所の問題」に限定しないことを一つの大きなポイントとして、現在の「全国児童相談研究会」（略称は引き続き「児相研」）と定めたのでした。
　次に、組織のあり方として運営委員長を置かないこととしたのも、重要な変更であったと思います。この点について、規約改正した99年度総会の議案書は次のように述べています。
　「改正のポイントは、……運営委員長を廃止し、複数の代表委員制としたことです。前回の改選時、運営委員長を引き受ける方がなくてやむを得ず空席でスタートしたのですが、この間の三役会議の議論では、確かに不都合もあったけれど（厚生省への要望書提出など）、他方では一人が代表するのでなく複数で合議する形の代表委員会制度が、会の性格に合っているのではないかという意見になりました」
　こうして1999年度総会は、初代の代表委員として4名の方を選出、以後、2003年度総会及び2005年度総会で各1名を加え、現在は6名の代表委員が選任され、「本会の日常の運営に務める」という規約で示された活動を担っています。
　こうしてみると、全国児童相談研究会という名称が次第に定着、浸透してきていることも含めて、1999年度総会での規約改正は、その後の児相研の発展にとって、重要な意味を持っていたことがわかります。

選出された最初の代表委員は、竹中哲夫さん、二宮直樹さん、春日勉さん（川崎市）、伊東美恵子さん（大阪府）の4人でした。

全国セミナーの開催
　ところでその当時、児相研は、今述べたような組織のあり方について議論を続けると同時に、児相研最大の事業である全国セミナーの開催についても大きな困難をかかえ、苦しい選択を迫られていました。
　1997年2月1日には運営副委員長及び事務局のメンバーによる児相研三役会議を開催しましたが、その結果について運営委員に宛てた事務局便りは次のように述べています。
　「（第23回セミナーは、神奈川・横浜・川崎を中心に実行委員会を作ってもらい準備を進めることになったものの）24回以降のセミナーはどうしたらよいのか、……なかなかすっきりした結論はでません。セミナーに期待している人が例年コンスタントにいる中で、セミナー開催

> 現場で生まれ、現場を支える児相研

は児相研の大きな仕事だとは思うのですが、実行委員会の引き受け手がなければ、その責務が果たせない。現段階では、来年の開催に関しては白紙の状態です。……セミナーをどんな形で開催するのかということについて、参加者や会員、また運営委員の方々の総意、合意を得る中から、方向性を見いだしていきたいと願っています」

こうした困難の背景として、次のような事情がありました。

「全国セミナーへの参加者は年々増加し、例えば児童相談所の庶務担当者などから早くも来年の開催地の問い合わせがあるなど、今では300名規模のセミナーに成長しています。しかし自主的な運営、手作りの準備の良さを誇ってきたセミナーであったがために、かえって大規模になったセミナーの引き受け手がなかなか見つからず、セミナーの開催そのものが危ぶまれる状態も生まれてきました。しかも児童相談所は年毎に異動のサイクルが早まっており、客観的に見ても、もはや誰かが手を挙げるのを待っているような状況ではありません」
（1999年度総会議案）

このような中で、神奈川（23回）名古屋（24回）京都（25回）とセミナーは開催されていったのですが、運営の困難さは変わらず、事務局の方針も紆余曲折します。

「全国セミナーを分割します。これは大きな変更になるかも知れませんが、一つは、研究会本来のあり方として、原則的に会員クローズドで自由な研究討議を行い、問題を深め、実践を検証するための研究セミナー（例会）を実施し、他方では純粋な研修セミナーも企画する、いわば2本立てで新たなスタートを切るという方針です」

「児相研は、名称が研究会となっているように、本来は児童相談所という現場での実践と研究の場として生まれました。そして次第に多くの人々の支持を得て発展してきたわけですが、研究会として問題を深め、児童相談所・児童福祉への提言も行いたいという志向性がある一方、職員研修の場としてセミナーを活用する府県も増えてきました。したがってセミナーを引き受けた各地の実行委員会は、自主的な研究セミナーとして参加を希望する方には誰に対しても門戸を開け、かつそれらの人々の多様なニーズに応え、しかもその時々に児童相談所や児童福祉が抱えている諸問題を過不足なく取り上げ、さらに研修的な要素も盛り込むといった、不可能に近いようなことを全て満たすべく

努力してきました。それがセミナーの魅力を生み出してきたことは大きく評価すべきですが、もはやこのような形では続けていくのは困難だというのが、この間の経過を検討した事務局および三役の認識であり、そのため思い切ってこれまでのセミナーの形を変えることを提案したわけです」

ただし、いったんはこのような方針を定めたものの、会員クローズドという方式の「研究セミナー」は続かず、今では各地で開催されるオープン参加のブロックセミナーに引き継がれて運営されているのが現状です。

では、研修セミナー企画はどうだったでしょうか。

「研修セミナーはオープンで、誰でも参加できることとします。ただし開催地の受け入れ能力を越えてまでは対応できないことを明確にします。地域によっては100名までというところもあるでしょうし、150名あるいは200名までなら受け入れ可というところもあるかも知れません。無理をすると続けられなくなることを自覚しながら、研修に対する全国的な要望に児相研の能力の範囲で応えていくというものです。1泊2日程度で年1回の開催を目指します」

「プログラムですが、引き受けていただく地域で全て企画するという形もあるかと思いますが、会場などは準備するが企画については全国運営委員会で考えてほしいといった要望もあるかも知れません。またその中間で、"ある部分は開催地で、と思うけれど他の部分は全国運営委員会で" といったことになるかも知れません。児相研25年の歴史の中で、研修スタッフとして協力できる会員も多数いると思います……」

何とか開催を引き受ける地域の負担を減らしたいという願いがこもった方針であったと思います。

秋田セミナー

こうした中で一つの転機となったのが、2000年秋に開催された秋田県での第26回セミナーです。それまで全国セミナーは、関東・中部・関西の各地域でのみ開催され、それ以外では開かれたことがありませんでした。「東北や九州で開催できたらいいなあ」という声は何度も挙がっていたものの、実現に向けた動きはほとんどありませんでした。

第4章
専門性と相談体制の
ジレンマ
◆児童相談所の日々

児相研セミナー
開催の歴史

回	開催年	開催地
第1回	1975	東京
第2回	1976	東京
第3回	1977	東京
第4回	1978	京都
第5回	1979	東京
第6回	1980	神戸
第7回	1981	埼玉
第8回	1982	名古屋
第9回	1983	大阪
第10回	1984	神奈川
第11回	1985	京都
第12回	1986	東京
第13回	1987	愛知
第14回	1988	大阪
第15回	1989	東京
第16回	1990	京都
第17回	1991	名古屋
第18回	1992	千葉
第19回	1993	大阪
第20回	1994	東京
第21回	1995	名古屋
第22回	1996	京都
第23回	1997	神奈川
第24回	1998	名古屋
第25回	1999	京都
第26回	2000	秋田
第27回	2001	三重
第28回	2002	山口
第29回	2003	静岡
第30回	2004	東京
第31回	2005	長野
第32回	2006	大阪
第33回	2007	岐阜
第34回	2008	福岡
第35回	2009	群馬
第36回	2010	青森
第37回	2011	京都
第38回	2012	名古屋
第39回	2013	新潟
第40回	2014	東京
第41回	2015	北海道

第38回以降は今後の予定です。

> 現場で生まれ、現場を支える児相研

> 藤原さんは秋田県で児童相談や女性相談をリードされてこられた方ですが、県を退職されたときの挨拶状には驚きました。そこに「秋田県由利本荘市副市長に就任しました」と書いていたので。今後のますますのご活躍をお祈りしています。

しかもこのとき、秋田県には児相研の会員がほとんどいませんでした。ではその秋田県でなぜ開催することとなったのか。

当時、秋田県で唯一存じあげていた藤原由美子さんに宛てて、私が書き送ったメールを拾い出してみましょう。

「今（午前1時です）ちょっと気持ちが高ぶってこのメールを作成しています。……これは、藤原さんにこの1年半ほどの予定を少し変えてほしいという便りです」

最初に秋田でのセミナー開催を依頼したのは、1999年8月17日のことでした。むろん簡単には結論が出ません。何度もメールのやりとりを続けました。

「『秋田でセミナー』と私が希望している理由をあらためて書いてみます。……その一つは『子育て支援を考える会』の存在です。前にも申しましたが、こんな形で会を継続しているところは全国的にも少ないのではないでしょうか。しかも今度が33回目、以前に見せていただいたこれまでの例会案内で知ったのですが、報告者は多岐に渡っていて、その面でもすごいと感じています。このような取り組みを何とか全国に広め、各地の参考にさせてもらえないか、と正直にそう思っています。ここに登場していただいた方々のお力を借りることが出来るなら、セミナーはきっとうまくいくはずだと思わずにはいられません」

この「秋田子育て支援を考える会」は、1996年に起きた児童虐待死事件をきっかけに、二度と悲惨な事件を起こさないためにも関係者が集まって勉強しよう、と児童相談所の有志が中心となり設けたとのことで、1997年1月の発足時から毎月例会を開いていました。実はその取り組みと児相研小セミナーとを合体させる形で、1999年2月、「児童相談研究秋田セミナー・第26回子育て支援を考える会」が開催されていたのです。

さて、1999年9月14日のこと。

「決めました。秋田でセミナーをやります。川﨑さんの説得に負けました」

藤原さんから待望のメールが返ってきて、いよいよ秋田の地での全国セミナーが動き出しました。ただしこれは、単に東北初開催というだけにとどまるものではありませんでした。地域での継続的な実践と

児相研とが結びつくという新しい展開も見せたのが「子ども相談全国セミナー・第26回児相研セミナー」だったと言えます。

秋田での成功は、研究会の全体を大いに勇気づけ、その後の三重、山口、静岡での初開催へとつながっていきます。

もちろん、全国セミナー開催にかなりの労力が必要とされることは、今でも変わりありません。しかし各地で、そうした苦労を引き受け、その地域の実情にそった形で創意工夫しながら取り組みが続けられていることは、貴重なことだと思います。

児童福祉司研修ワークショップ

こうして、一時期の懸案であった児相研組織の整備と全国セミナー開催については一定の方向性を打ち出すことができたのですが、児童福祉法改正の動向や児童虐待問題をはじめとして、全国の児童相談所や関係機関で働く職員は、依然としてさまざまな課題や矛盾をかかえつつ、必死になって日常業務を続けていました。では児相研は、こうした現実に対して、またそこで働く職員の声に対して、どのように応えていけばいいのか。組織内部の課題を議論しつつも、他方では、常にこうした問題意識を忘れず、併行していくつかの新しい試みが模索されていきました。以下に紹介してみましょう。

＊

最初に報告するのは、「新人児童福祉司のための1泊2日ワークショップの開催」です。これは、1997年11月、かながわ県民活動サポートセンターで開催された1998年度総会議案で初めて提案されています。

「……この間、児童福祉法改正の議論の中で"児相の専門性"がずいぶん取りざたされましたが、実際問題として異動も激しく、児童相談所としての知識の蓄積すら思うに任せないという現状も見られます。そうしたことも反映してか、全国各ブロックの多くの所長会などでも職員研修の問題が取り上げられています。児相研の要望書でも、児童相談所の専門性を維持し、高めるために努力してほしいと求めているのですが、考えてみれば、あなたまかせで問題は解決しません。座して待つのでなく、児相研としても具体的な取り組みを起こすべきではないでしょうか」

> 現場で生まれ、現場を支える児相研

「……当面児童福祉司にポイントを置き、たとえば経験3年未満ぐらいの児童福祉司を対象にケースワークの方法、技術などについてのワークショップを開催するというのはどうでしょうか。児相研のメンバーには経験豊富な方がたくさんいると思いますし、それらの何人かが協力しあって、新人福祉司向けの実践的な研修ワークショップを開いてみてはどうかという提案です」

第1回ワークショップは1998年3月21〜22日の土日とし、会場には私が勤務していた宇治児童相談所を借りることにしました。ワークショップ準備の苦労などは「専門性と処遇力、その2」の中で述べたのでここでは繰り返しませんが、参加者の圧倒的な支持を得て、即決でワークショップの継続開催が決まりました。その後は名古屋開催などを経て、今では横浜での開催が定着しています。しかも開催案内を発送した瞬間に申し込みが殺到、いつもうれしい悲鳴をあげなければならない状況となっています。

児童福祉司研修ワークショップは、なぜこのように成功したのでしょうか。もちろん現地実行委員の労をいとわない努力によるところが大きいのですが、それだけではありません。2005年度総会議案は次のように述べています。

「このワークショップは、児相研会員の手作りで、現場で働く児童相談所の職員が、参加者と同じ目線に立って共に学び合うという姿勢を貫いています。まさに現場から生まれた現場の児童福祉司のための実践研修、ワークショップであり、児相研の基本的な姿勢と一致する、児相研ならではの企画といっていいかと思います」

児相研カナダ研修旅行

さて、児相研の新しい取り組みとして忘れられないのは、カナダ研修旅行です。この企画が実現したのは2000年9月のこと。カナダ研修は、私たちの視野を大きく広げることになりましたが、それはどのようにして実現したのでしょうか。2000年度総会議案を見てみましょう。

「(1999年) 6月に開かれた全国運営委員会の集まりの中で、雑談のようにして出た話題が児相研による海外視察です。ここ数年で社会福祉や児童福祉をめぐる動向はめまぐるしく変化してきています。児童相談所においても虐待への対応などが新しい段階を迎え、社会福祉の

第4章
専門性と相談体制の
ジレンマ
◆児童相談所の日々

基礎構造改革もいよいよ具体化する情勢にあります。このような中で私たちは、21世紀の児童福祉の進む方向を見定め、築き上げていかねばなりませんが、そのためにも現場の課題をきちんと把握しておくと同時に、グローバルな視点で物ごとを見つめることも大切ではないかと思います。現場を熟知した目で海外の事情を見聞きすることは、その意味でも意義のあることではないでしょうか」

「こうしたことを踏まえ、瓢箪から駒が出るような話ではありますが、児相研海外視察を模索してみたいと思います。といっても現時点では雲を摑むような話と言わざるを得ません。そこで会員の中から希望者を募って企画委員会のようなものを設置し、見聞きしたいこと等を煮詰め、準備を進めたいと考えています。また現状や条件等を総合的に考え、候補地として当面はカナダを視野に入れて検討してはどうかと考えていますが、果たしてこのような企画の必要性があるのかどうか、また参加のご希望があるのかどうか、皆さんの忌憚のないご意見をお寄せいただければと思います」

このように提起したのですが、実際にはなかなか準備が進みませんでした。当時の記録を調べてみると、2000年2月11日、田中島晃子さんから私宛ての、次のようなメールが見つかりました。

「社会事業大学の高橋重宏教授がいろいろ手配してくださるとのことです。トロントにいる方で、菊池さんという方がプログラム等つくり見学の手筈もととのえてくれるので、希望をだしてほしいと言われました。時期的には、これから決めるということで、私は8月から9月と言いましたら、夏休みは休んでしまうし、観光で混むからチケットも高いし、多分9月の2週目あたりがいいのではないかということでした。先生は、3月24日にあちらに行く予定があるようなので、それまでに希望をまとめたいと思います」

このあたりが具体化の第一歩だったと思いますが、最終的には会員、非会員あわせて参加者は合計13名。短期間ではありましたが、カナダの8つの児童福祉関係の機関、大学を精力的に訪問し、大変多くの学びを得ました。

ところで、現地で見学先の選定から具体的な手筈を整え、全行程にわたって通訳も務めてくださった菊池幸工さんは、鋭く次のように問いかけてきました。

菊池さんには、本当にお世話になりました。児相研は2006年にも再びカナダ研修旅行を実施したのですが、そのときにも通訳・コーディネートをお願いし夜には大いに議論したものです。この方がいなかったら、カナダ研修はできなかったと思います。

> 現場で生まれ、現場を支える児相研

「日本からたくさんの人たちがカナダの児童福祉を学びに来た。しかし実際にそれが日本でどのように役立っているのか、日本では何がどう変わったのかよくわからない。あなた達は一体何を目的に、また何をしに来るのか」

これには一瞬ひるんでしまったのですが、そして、その後も確かにドラスティックな変革は実現していないと言わざるを得ないのですが、しかしこのカナダ研修旅行は、その後の児相研活動の幅を広げ、種々の見解を表明する際にも、さまざまな形で生かされることとなったのでした。

その意味でも、あくまで現場で働く者の立場を維持しつつ、今後とも海外研修を企画していく意味は大きいのではないかと思います。

児相研メーリングリスト

次に、児相研メーリングリストについて述べてみます。

児相研メーリングリストの開設も、カナダ研修旅行と同じく2000年度児相研総会で提案しています。ただし今振り返ると、提案した側が、まだ十分には理解していなかったことがわかります。「新しい活動の模索」として記された内容の最後には、こんなことが書いてありました。

「何しろ提案している事務局がこのツールに十分通じていません。メンバー登録の実務や管理等についても暗中模索の状態ですし、果たして実現するのか否かも判然とはしないのですが、この件で詳しい方がおいででしたら、是非とも事務局までご意見等をお寄せ下さい」

なんと頼りない提案でしょうか。しかしながらメーリングリストが、今後の児相研活動にとって大きな意味を持つ、という予感はありました。

「事務局のイメージとしては、『電子メールのアドレスを持っている会員の方々の意見交換と相互交流の場』という感じです。メーリングリストは児相研会員の中で希望する人が登録することとします。『実は私の県でこんな施策が打ち出されたのだけれど、他の都道府県で似たような試みはあったでしょうか』『転勤して問題意識が鮮明になりました。少し述べてみますと……』『今日の新聞記事を読みましたか？　私はこんなことを考えました』『近況を報告しますと……』『マ

スコミから取材を受けたのですが、どのようなスタンスで対応したらいいのか、経験があれば教えて下さい』『今、こんなケースを抱えていますが、どなたかアドバイスをいただけませんか？』

　メーリングリストの特徴は、リストに載っている人全員に瞬時にしてメッセージが届くところです。これまでだと、編集部が原稿を受け取り、それをニュースとしてまとめ、印刷・郵送していたわけですが、少なくともメーリングリスト登録者の間では、それらの手間が一切省けることになるはずです」

　「ただしこのような媒体であることを承知して、メーリングリストのルールはきちんと定めておく必要があります。……所属や名前は明記する、メッセージは勝手にコピーして使わない等でしょうか。その上で会員全体に伝えていった方がいいメッセージは、その人の了解を得てニュースに載せるなどのことも考えられます。そうすることで児相研全体としても、これまで以上の濃密なコミュニケーションが行われるように思えるのですが、いかがでしょうか」

　このような提起をしながら、開設の具体的な手だてがわかりませんでした。ところが、あるとき手にした雑誌（『Asahiパソコン』2000年3月15日号）に、「2年ほど前からアメリカで話題を呼んでいる〈eGroup.com〉が昨年8月末に日本でもサービスを開始」「メーリングリストをアッという間に新規開設できる」と書いてあったのです。早速私の自宅パソコンを使って試みたところ、見事にメーリングリストの開設ができてしまったのでした、しかも一切無料で！　これが2000年3月4日のこと。あっけない児相研メーリングリストの開設でした（その後、e GroupはYahoo! グループに吸収されて続いています）。

　ともかくメーリングリストは次第に成長をとげ、開設4年半にして児相研会員の過半数が参加し、投稿もコンスタントに続き、投稿総数は、単純な事務連絡や間違い投稿などもごく一部含まれていますが、すでに2,000通を超えています（2005年1月末現在）。メーリングリストのおかげで会員相互の交流や情報交換が大きく進んだことは間違いありませんし、おそらく児童相談所関係のメーリングリストとしては、最大規模のものではないでしょうか。

　ただ、メンバーが多くなっていくに従い、当初のような素朴な質問や気軽な投稿ができにくくなってきていることも考えられ、規模の変

現場で生まれ、現場を支える児相研

児相研メーリングリスト〈月別投稿数〉(2011年12月31日現在)

年	1月	2月	3月	4月	5月	6月	7月	8月	9月	10月	11月	12月	計
2011	65	57	116	80	48	29	32	43	37	18	64	56	645
2010	60	47	66	65	56	57	44	93	62	39	71	63	723
2009	81	53	44	72	70	74	70	73	81	70	65	61	814
2008	61	61	56	61	80	73	48	60	55	74	74	74	777
2007	47	57	40	38	53	32	36	39	42	45	60	60	549
2006	102	78	66	62	68	75	52	53	31	89	83	55	814
2005	42	27	34	39	47	27	41	45	70	88	80	101	641
2004	59	72	55	31	54	78	32	42	40	37	46	57	603
2003	63	33	57	38	30	38	56	38	63	33	67	81	597
2002	14	16	19	22	7	16	19	13	29	58	56	77	346
2001	19	47	20	18	11	9	25	24	25	48	30	39	315
2000	—	—	33	13	11	12	5	0	9	10	14	14	121
計	613	548	606	539	535	520	460	523	544	609	710	738	6,945

化に合わせた運営の工夫が、今後の課題となってきています。

　しかし今では、児相研活動にとってメーリングリストが不可欠なツールとなっていることは疑いありません。なお児相研は、この活動の経験をふまえ、代表委員の相互連絡を円滑に行うことを目的とした代表委員会メーリングリストも開設し、日常の運営に役立てています。

児相研の「見解」

　「児童相談および児童福祉分野の相談機関等のあり方及び現代の子どもの問題などについて、自主的な研究活動を行う」

　「『子どもの権利条約』などに示される子どもの権利の実現に努力する」

　以上は、児相研がその目的として1999年に改正した規約に掲げたものですが、私が事務局長を引き継いでからの10年間というもの、子どもの置かれている環境の変化は激しく、児童福祉そのもののあり方も大きな変貌を遂げてきました。その中で児童相談所自体が激震に見舞われ、大きな波に飲み込まれるように変化を余儀なくされてきたということも間違いありません。

　このような情勢を前にして児相研は、否応なく節目節目で意見表明する必要に迫られ、その都度、会員に対するアンケート活動などを行い、運営委員会や代表委員会で議論を重ねて、見解を発表し要望書を出してきたのでした。

その第一は、1998年に施行された児童福祉法改正問題です。改正のおもな内容は、児童福祉施設の呼称を、たとえば教護院を児童自立支援施設に、養護施設は児童養護施設へと変え、児童自立支援施設には公教育を導入、また児童家庭支援センターを創設し、児童相談所は一定の場合に児童福祉審議会の意見を聴かなければならないこととする、といったものでした。

これらの改正の動きに対して児相研は、1997年5月に「児童相談所の現場から見た児童福祉法改正に関する要望書」を、同年11月には「『改正』児童福祉法施行に関する児童相談所現場からの要望書」を発表しました。

第二は児童虐待の問題です。2000年5月に議員立法で提案された「児童虐待の防止等に関する法律」が全会一致で可決・成立し、その年11月に施行されると、児童虐待に最前線で取り組む児童相談所の実情をふまえ、「『児童虐待の防止等に関する法律』成立にあたっての見解」（2000年5月）、「児童虐待防止法施行1年にあたっての見解」（2001年11月）を発表しました。

さらに法律改正作業の動向を睨んで「児童虐待防止法見直しに関する私たちの見解」（2003年11月）、「児童虐待対策にかかる法改正作業に関する緊急声明」（2004年3月）を発表し、少しでも現場の声が反映するよう努力しつつ、改正された児童虐待防止法の施行時には「改正『児童虐待の防止等に関する法律』施行にあたって」（2004年10月）を発表するなど、次々と見解を表明してきました。

最近では、虐待死事件などが起こるたびに児童相談所がマスコミに登場するものの、児童相談所で働く職員の声が届くことは意外に少なく、児相研の見解は貴重な役割を果たしていると自負しています。

その後も、2005年には少年法改正案の慎重審議を求める見解、2006年には障害者自立支援法の根本的な見直しを求める見解、そして2009年および2010年には親権制度の見直しに関する意見書を発表しています。

組織活動

さて、このような活動をしてきた児相研ですが、私が事務局を引き受けた時期は、組織運営で一定の困難をかかえていたのも事実でした。

冒頭でも出てきた1996年8月10日開催の児相研三役会議に、もう一度話を戻してみましょう。この会議に向けて、新しく事務局長となった私は、次のような現状認識を述べています。

「近年とみに人事異動が激しくて、児相研の会員になってもらって

も、翌年にはもう転勤ということも多いかと思います。会員名簿で数えて児相所属の人は（132／217）、実際にはあらためて児童相談所に戻った人・出ていった人の双方があると思いますが、おそらく児相職員の比率はもっと低下しているのではないでしょうか（会費納入状況は例年ほぼ100名）」

「たとえば退会規定を使って過去3年間の会費未納者を数えると7月時点で約50数名……」

こうした状況をふまえ、私はたたき台として、「毎年のセミナー参加者を、会員となることを希望しない人を除き全員会員と見なす」ことにしてはどうか、とかなり乱暴な改革案を出したのでした。これに対して、運営委員長の鈴木さんが厳しく批判をされました。あらためて手紙を引用してみます。

「セミナー参加費の中に会費を組み込み、会員を希望しない者を除き全員会員とする、というのは賛成できません。これは会費ではなく、次回のセミナー立ち上がり資金と機関誌代の強制的徴収という性格をもちます。実際参加費を払う時、『わたしは会員にならない』と主張できる人がどれ位いるでしょうか。雰囲気による強制が作用します。もしわたしが始めて参加してこういう扱いを受けたら、腹が立ち『二度とくるもんか』と思うでしょう」

「なぜこのやり方にわたしが引っ掛かってきたかをずっと考えてきました。会費を集めることの困難さは十分承知しているつもりですが、どうも運営に当たる者の都合が前面に出すぎている感じがするからです。会の運営のために会員を手段とするような運営に感じるからです。児相研が子どもの権利の実現を目指した実践を主張してきたとしても、『このような運営をする会では、会員の実践が子どもに対して、その主体性を尊重するのではなく、実践者の操作対象になる危険は大きい』と感じる人がいても致し方ないと思うからです。『口ではいいことはいったって所詮はお役人なんだ』という評価が聞こえてきそうです」

「会員は児相研の趣旨に賛同することを前提にするという一人一人の主体性をどうしても尊重したい（それが形式的になっているように思えても、どんなメリットがあるのか？　機関誌はどれくらい送って貰えるのか？　という質問で象徴される会の活動への期待や希望とともに、

第4章
専門性と相談体制の
ジレンマ
◆児童相談所の日々

会員に申し込むという行為を会が受けることになる）、会費は手数がかかっても会員として納めて貰う、という原則は貫くべきだとわたしは考えます」

「そういう原則を貫くために、もっとやることはあるのではないか。会員になって下さいといった時、特典その他を聞かれるのは当然です。それに応えられる活動が必要です。応えられなければそれを改善するのが当然です」

鈴木さんの意見は、まさに正論でした。児相研三役会議の検討結果を、当日欠席された鈴木さんに宛てて、後日送った私からの手紙を引用する形で紹介してみましょう。

「前略、その後お身体の具合はいかがでしょうか。ご病気のことを承知で、児相研のことを報告させていただいたり、またご意見をいただくようなことになって大変申し訳なく思っていますが、ともかく以下のようにご報告させていただきます」

「先日、予定通り名古屋にて児相研連絡会の三役会議を開きました。鈴木さんから受け取った意見は、事前に他の人にもお伝えした上で話し合いをしました。……概略をお伝えいたします」

「……児相研の運営及び規約のことですが、私の試案と鈴木さんの見解を踏まえて話し合いをしたのですが、田中島さんからも、今、（児相研）ニュース発行の努力を続けているところでもあるし、もう少しこのまま様子を見た上で、現行の運営が問題なのかどうか見極めたらどうかとの発言もあり、また鉄川さんからも、鈴木さんの見解は正論との意見も出され、全体の意向として、規約については基本的に現状を維持するという方向で進めようということになりました」
（注：田中島・鉄川さんは当時いずれも運営副委員長）

ところで鈴木さんからは、同じ手紙の中で児相研の総会についても意見をいただいていました。

「総会が形骸化していることについては同感です。しかし、第一に、総会開催の通知を会員に一定の余裕を置いてちゃんと出しているか、第二に、総会議案を通知とともに会員に配付しているか、第三に、出席しない時の意見の反映について考慮されているか、第四に、総会通知とともに会費納入について通知しているか、などの問題があります。形骸化を改善しようというのなら、まずやるべきことをやることが、

鉄川さんは、京都府での私の大先輩。仕事も遊びも共にしながら、いろいろ教えてもらいました。心理判定員を経て児童福祉司となり福知山児童相談所長を最後に退職。その後は写真に惹かれ、カメラ片手に出かけては、あちこちで受賞しているようです。

> 現場で生まれ、現場を支える児相研

ここでも必要ではないかと思います」

　鈴木さんは、すでに述べたように、この手紙を書き上げてから半年もしないうちに逝去されました。病魔がそこまで進行していたとは露ほども知らず、鈴木さんに頼りきって勝手な発言を続けていた私にとっては、予想外の大きな痛手でした。が、他方ではこの手紙に示された指摘は、いわば児相研の生みの親としての鈴木さんの遺言だったのではないか。そんな気がして、身を引き締めながら、以後の事務局活動を行うこととなったのも、いつわりなき事実でした。

　そして、確かに児相研規約は改正されましたが、この手紙で鈴木さんが指摘した基本点は、運営委員会や代表委員会の定例的な開催を含めて尊重されることとなりました。私自身も、事務局を担当する者として、以後、運営総会の案内、議案だけは何とか事前に配布したいと思い、努力しています。

＊

　こうしたさまざまな取り組みの中で、新たに児相研会員になってくださる方も年々増加し、退会規定による事務手続きを行ったうえでも、現在（2005年1月末）の会員数は約270名余となっています。

> 2010年9月末現在の児相研会員数は、約390人となっています。
>
> ＊2011年12月末現在では410名を超えました。徐々にではありますが、児相研の会員は着実に増加しています。

　児相研はまだまだ小さな組織ですが、会員は例外なくお一人お一人が自らの意思で参加することを決め、会費を払って会員になってくださっています。まさに鈴木さんが指摘した「会員は児相研の趣旨に賛同することを前提にするという一人一人の主体性をどうしても尊重したい」という形を維持する中での会員数の増加であり、多くの方々の意思によって続いているのが児相研だと言っていいのではないでしょうか。

これからの児相研

　以上、思いつくままに、10年間の事務局活動で気づいた点やおもな取り組みについて述べてきました。そこで、これらの諸活動をふまえ、今後の児相研を展望したいと思います。

　ここで規約に掲げられた児相研（全国児童相談研究会）の目的を、もう一度掲載しておきましょう。

「児童相談および児童福祉分野の相談機関等のあり方及び現代の子どもの問題などについて、自主的な研究活動を行う」

第4章
専門性と相談体制の
ジレンマ
◆児童相談所の日々

「『子どもの権利条約』などに示される子どもの権利の実現に努力する」

　研究会の諸活動は、これらの目的を実現していくことが基本となるのであり、さまざまな課題に取り組む際に、またさまざまな困難が生じた場合にも、常にこの目的に立ち返って活動していくことが求められています。

　では、そのためには何を大切にし、どのようなことに注意していけばいいでしょうか。事務局を担当していつも考えてきたことは、現場で起こっているさまざまな出来事をまっすぐ見つめ、常に現場で働く職員の声から出発するということでした。まだまだ小さいながらも、児相研が社会的に意味のある存在たり得た理由は、おそらくこうした現場の声を世に届け、そこから見えてきた矛盾や改善点を見解や要望としてまとめ、発信し、さまざまな企画を実行に移してきたからではないでしょうか。児相研は単なる学術的な研究会にとどまらず、「子どもの生活を守り働きがいのある職場にする」こと（全国セミナーの基本テーマ）を目指しているのであり、今後とも、こうした点を忘れてはならないと思います。

　そのうえで、今日の児童福祉をめぐる現状を見据え、情勢に見合った活動を行っていかなければなりません。特に、半世紀にわたって児童相談所が行ってきた児童相談が、今回の児童福祉法改正で市町村の業務と位置づけられた点は、大きな変化と言っていいでしょう。この点に関しては、2004年10月に児相研代表委員会名で発表した「重ねて訴えます、児童虐待対策の抜本的な充実――改正『児童虐待の防止等に関する法律』施行にあたって」の中でも、次のような一節が挿入されています。

　「住民にとって、相談できる機関が身近にあることの利点は言うまでもなく、その意味では改正案の理念については理解できなくもありません。しかしながら、この改正案を成立させることとあわせ、市町村に対して一体どれだけの人員配置を行い、財政的な支援や技術的援助等々を行うことが計画されているでしょうか」

　現実問題として、職員の確保どころか、相談室すら整備できないような実情があるとの声もあちこちから聞かれますが、市町村のリアルな実態から出発して問題点や課題を明確にし、児童相談所だけでなく

> 現場で生まれ、現場を支える児相研

市町村の相談体制の充実を図るよう、児相研として積極的に取り組む必要があるのではないかと思います。

こうした活動を充実させるため、児相研は、児童相談所職員を中核としつつも、市町村の担当職員や児童福祉施設、児童家庭支援センターなどで働く職員の方々にも積極的に参加を呼びかけ、文字どおり「全国児童相談研究会」という名称にふさわしい組織として発展するよう努力することが重要となってくると思われます。

そして、全国の児童相談所や市町村の職員、児童福祉施設その他で働く人々の声を広く集め、全国セミナーその他の活動をより充実させ、さらには時代にマッチした新しい企画・実践を生み出していく必要があります。事務局としても、児相研30年の歴史をふまえ、引き続きこのような諸課題に真剣に取り組むことを誓って、本稿を閉じたいと思います。

なお、児童相談所や児童福祉施設、その他の関係機関の皆さんの中で、「この機会に児相研に参加しよう」とお考えの方がありましたら、是非とも会員となっていただきますよう呼びかけたいと思います。

(2005年2月)

子どもの虹情報研修センターで勤務を始めることが決まっていた2006年11月に、私は12年間務めた事務局長を神奈川県の佐藤隆司さんに引き継ぎ、今は代表委員として微力を尽くしています。

児童相談所 Weekly

I
(2000年10月～2001年4月)

2000/10/22　準備号

皆さんこんばんは。京都児相の川﨑です。

児相研メーリングリスト投稿の新企画として、京都児相のローカル情報を週報で発信しようと思いつきました。どうなるかはわかりませんが、試みに準備号を送ります。

まずは京都児相の概略。

管内人口30万、職員は13名で、児童福祉司3名、心理判定員2名、受付相談員1名、一時保護所を併設しており、指導員と保育士、調理師各1名という陣容で私は相談判定課長という役回り。

では1週間のトピックス。

先週の日曜日（15日）夜、それまで続いていたラオス国籍の姉弟の一時保護が終わりました。父母ともに難民としてタイへ。そこで結婚して姉が生まれ、日本入国後に弟出生。離婚して父子家庭となったのですが、父の失職で会社の寮を追い出され、行き場を失って野宿生活、一時保護。父が何とか仕事と住居を見つけて10日間の一時保護が終わったのでした。

17日（火）は早めに退庁、映画「ミュージック・オブ・ハート」を見て帰宅すると……、

「児相から相次いで3回も電話が入っていたのに、どこに行っていたの!?」

いきなり妻から叱責され、慌てて職場に連絡。

「バイク盗の疑いで任意同行を求めた中学生は、1カ月近くも家出中。話を聞くと父からひどい暴行を受けるので帰りたくないと泣いて訴える。このまま保護者には引き渡せない」

という警察からの身柄付・虐待通告でした。この日の一時保護所の当直は次長に頼み、私は翌日の当直をすることで一段落。

小さい児相なので、所長を含む職員13人で土・日・夜間の当直をまわさねばならず、しかも今年の一時保護はすでに昨年実績を上回っています。労基法違反（週1回を越えて当直してはいけないらしい）は日常茶飯事の我が職場なのでした。

この続きはまた来週。

2000/10/29　No.1

産褥期に発症したうつ病で母が入院、生まれたばかりの乳児を預かってほしいという相談。特に珍しいわけではないが、それでも業務多忙症候群に侵された我が国の現状が浮かび上がってくる。父は「出産後に何日か休んだ。会社にはもう1日とて迷惑はかけられない」のだし、祖父母は無理がたたって限界と訴える。しかし担当の福祉司だってすでに面接や訪問で手一杯。かつ乳児院は満杯で、唯一入所可能なのは京都北端の施設のみ。

父の仕事にもう少し余裕があれば、児相にもっと職員が配置されていれば、と泣き言を並べても始まらず、やむなくケースを持たぬ私が予定を変え、ピンチヒッターで……。

というのがこの１週間の出来事の一つであった。さて往復５時間以上も列車に揺られながら読み終えたのは、JaSPCAN発行の学術誌『子どもの虐待とネグレクト』第２号。この雑誌、確かに現下の児童虐待問題を網羅して興味深いが、それはともかく驚いたのは、Shaken Baby Syndrome の事例。すでに昨年の栃木大会抄録集でおらましは知っていたが、「２歳の兄が手を出して……」といった主張はうちの事例と瓜二つで参考になった。

　ところでつい最近わかったことは、京都府の三児相ともがこうしたケースをかかえていたこと。少し前まではこんな症候群そのものを私はよく知らなかったのに、なぜなのでしょう。

2000/11/05　No.2

　１日（水）は先に報告した身柄付通告で一時保護した中学生の３回目の父母面接が予定され、一つの山場を迎えていたはずだが、すべて担当者に託して私は秋田の地に向かった。東北初の児相研セミナーは、現地の人たちの多大な努力で成功裏に終わった、感謝である。また新たに仙台市児相の方が運営委員を引き受けてよいと返事してくれ、児相研の新たな出発の芽も感じられたのであった。

　さて秋田への道中、新刊の『現代児童相談所論』を読み終えた。著者の竹中さんはこの中で、柏女霊峰氏と才村純氏の"児相のあり方論"を俎上に乗せている。柏女氏は「児相はウェルビーイング保障ではなくウェルフェア保障の分野を担うべき」と述べ、才村氏は児相のスリム化を主張、「保護者の側に相談の動機づけがあるケースは市町村で、ないケース（要保護児童）を児相で」と論じているが、「行政が直接的なサービスから一歩身を引く」方向への疑問、「住民に浸透した機関」として児相のあり方からの後退というのが竹中さんの見解であろう。

　ところで児相研カナダ研修で感じたのは、柏女・才村両氏の示す形はカナダの形態と似ているということだ。CAS（Children's Aid Society）はまさに要保護部門だけを扱う機関で、触法ケースでも保護者が対応に消極的な場合に初めて通告対象となる。

　では日本も先進国カナダに倣えばいいのか。私見では、柏女・才村論を単なる「あるべき論」で論じてはならない。２人の主張はほぼ同じなのかも知れないが、日本の貧困な現状では、「ウェルビーイング保障」「保護者の側に相談の動機づけがあるケース」を児童相談所から切り離せば、イコールその部分の切り捨てにつながりかねない。焦点は形でなく、児童福祉の貧困そのものを撃つことであろう。

2000/11/12　No.3

　秋田から戻ってすぐ一時保護の当直、火曜の朝から水曜夜まで連続の勤務である。この日新しい入所児があった。

　「母子家庭。マンション立ち退きを言われ遠い親戚のところに身を寄せたが、そこにも病人がいて昼間は知人宅で過ごしている。ところが私も体調が悪く、病院で診てもらったら検査入院を言われた。その間子どもを預かってほしい……」

　ただしこの訴えはまるで嘘。なぜといって母の本当の病名は「虚偽性精神障害」だというのだから。「重症ですよ」とが精神科医の見立てらしく、住居不明、生活実態曖昧模糊、来春就学の子どもは未就園、等々から、「ここはむしろ騙されて子どもを保護する」という道を選んだのだけれど、

一時保護を希望した母の真意がわからない。ではこの後はどうするのか。母が求めれば黙って引き渡せばいいのか、施設を考えるべきなのか。そもそも母は引き取りに来るのか。逆に母の精神症状だけで28条適用は可能なのか。あれこれ思案するが今のところ決め手はない。

それにしても母にはどう接したものだろう。嘘を追求すれば「ＣＡ連絡情報」が必要になりそうだし、気持ちよく騙されるだけでは解決になるまいし……。何かいい知恵はありませんか？

ＰＳ：「Weekly準備号」で報告した身柄付・虐待通告のバイク盗中学生は、紆余曲折の末、家庭引き取り・2号措置となりました。彼についても思うことはいっぱいあるのですが……。

2000/11/19 No.4

月曜に当直してそのまま火曜夜8時まで仕事。この土・日、頼まれ仕事をこなせば日曜夜の当直が待っている……。職員の輪番による一時保護の当直は、やはり大変です。

さて先日読み終えたのが森達也著、デーブ・スペクター監修『放送禁止歌』。99年5月某日午前3時過ぎ、関東方面で放映された同名の番組を演出したのが本書の著者である。彼の調査でわかったことは、放送禁止歌なるものは存在しないということ。ひょっとするとクレームがあるかも知れない、という横並びの自主規制で、オンエアを自粛したというのが真相らしい。

お風呂に入った子どもは満足そうでも、育児書が記す高温との違いに不安な親。これって、マニュアルに「不適切な表現だ」とあれば判断を停止して納得してしまうマスコミ界と、主体性の放棄ならば同じではないかしらん、と思った次第。

2000/11/23 No.5

「もう2時前だよ。いくら何でも長すぎるぜ」
「確か11時に来所したんだったよね」
「昼食抜きでしょ。それとなく様子を見に行ったほうがいいんじゃないの？」
と事務室が騒ぎ出した。おそらく相手に巻き込まれてしまって、うまく切り上げることができないのだろう。これではお世辞にもうまい面接とは言いにくい。ところがケースの全経過をたどってみると、そんなふうにして巻き込まれ、どぶ浸かりになったからこそ何とかなったというケースが彼には多い。結果、真似のできない私は脱帽する。

さて例の虚偽性障害の母。実はこれに対するのが実直・誠実・正直を絵に描いたような児童福祉司。結果は火を見るよりも明らかな連戦連敗。虚構の上に虚構を重ね、連絡を断ったかと思うと突然出現、虚実混ざって意図不明。激しい非難、攻撃にたじたじしていると豹変落涙。こんな母の言動の一つ一つにまごつき、慌てふためき、疲労困憊、翻弄される児童福祉司の日々。

「もっとしたたかにいきましょう」
と私はつい言いたくなるのだが、こうして徹底的に欺かれるからこそ拓ける道があるかも知れぬ、とも思ってしまうのである。

連休は亡父の13回忌で郷里の岡山へ、これから出発です。早めの週報でした。

2000/12/03 No.6

〇月〇日
田舎での法事、読経に耳を傾けつつ横目で睨んでいたのは基礎構造改革分科会資料。連休明けすぐ、「施設の評価」をテーマに

した重度心身障害児施設の職員研修会に呼ばれていたからである。虐待に追われて関心も薄れがちだが、情報公開、施設の評価基準、自己評価や第三者評価、苦情解決など、改正「社会福祉法」施行後の動きは早い。京都府でも、この6月に公表された「障害者・児施設のサービス共通評価基準」に基づいて、すべての対象施設が自己評価を行い、11月末には結果を報告したはずである。ただし、お仕着せの取り組みは無意味。勉強してみてそれだけはわかった。皆さんのところでは、どんな様子でしょうか？

○月○日

「敗戦は日本人に加害者としてのトラウマと同時に戦争の被害者としてのトラウマをもたらした。……戦後五十数年後の今日にいたるまでわたしたちは、そのどちらのトラウマをもいやす（向き合う）努力をしてはこなかった。まるで日本全体が感情を押し殺し、あたかもなにごとも起きなかったかのように平静にふるまう機能不全家族のようである」

秋田の児相研セミナーで講演は聴けなかったが、本は買った。森田ゆり著『子どもと暴力』の、これはあとがきの一節。戦争加担の法案が成立するのを無気力に、また無関心を装って国民は見ていた、という彼女の指摘をかみしめながら私は、「改正」されてしまった少年法について、児童福祉の立場からの発言は弱かった、と反省せざるを得ない。ともかく本書は、説得力のある好著と言っていい。

2000/12/10 No.7

○月○日

夜中、父の暴力で警察から虐待通告、連絡を受けた私が急きょ出向いて一時保護し、半年ほど前に施設入所させた中学生のその後である。この事例、DV被害を訴える母も同時期に家出、離婚を希望していた。

「親権は母に譲って離婚する。こうなった責任の一端は児相にもある」

この日、父が担当福祉司に語ったのはこんな台詞だった。消極的ながら施設入所にも同意した父である。これ以外の結論はなかったのか、またここに至るまでに、児相は父にどんな援助をしたのか、と考えると不十分さは否めない。今、児相は虐待環境から子どもを分離することに四苦八苦しているが、本当は再統合のプランも念頭に置いた保護でなければ、真の意味で子どもの権利を擁護していることにはなるまい。そんなことを強く感じさせられた事例であった。

○月○日

虚偽性精神障害と診断された母のことは前にも書いた。その母が一時保護委託をめぐって大爆発、受話器の罵声が事務室中に響くのだ。四半世紀を児童相談所にいて、これほど見事に怒鳴りつけられたことはない。事態の収拾に12時間を使い、帰宅したのは午前2時。こんな得難い経験も児相にいてこそである。

○月○日

京都第二赤十字病院・院長室。急に呼ばれて出かけたその席で、神戸・東京に次ぐ2003年のJaSPCAN大会京都開催が決まった。週末のあいち大会では3,000人とも4,000人とも言われた参加者数である。そろそろこの虐待フィーバーに警戒すべきでは、と危惧するのが○○さんだけではないということを、あいち大会では確認したところだったが……。

◆児童相談所 Weekly ◆

2000/12/17　No.8

○月○日

「仮に保護者宛ての入所決定通知が大幅に遅れてしまった場合、児童相談所にはどんな責任が発生しますか？」

「この事例での28条適用の可能性を伺いたいんです」

「施設の子どもの住民票を、おじいちゃんが勝手に異動させてしまったんですが……」

これは京都府三児相合同・月例法律相談での質問である。K弁護士がてきぱき回答し、議論は盛り上がる。この取り組み、考えるともう10年以上続けているのだが、出席し続けた私は、ずいぶん力を蓄えさせてもらったのであった。

「そこまで丁寧だったら怒るほうが問題でしょう。児童相談所に瑕疵はないよ」

この日は、先週報告した大爆発の母への児相の対応も取り上げたが、いささか落ち込んでいた担当福祉司も、弁護士のこの発言で少し救われたのであった。

○月○日

国立京都病院附属助産学校で授業をしたあと、夜は「まいんど・きょうと」主催京都精神医療連続講座で喋る。終わるとすぐ最終の新幹線で山口へ。土・日2日間、萩児相の○○さんが仕掛けた「子どものためのソーシャルワーク演習」をお手伝いするためである。というわけで週末はかなり慌ただしかった。児童相談所はどこも大変な状況だけに、山口県の取り組みは貴重だ、と率直に感じた。

ところでプログラムに大阪市中央児相・津崎さんの講演があり、彼が声をかけて大泉博子副知事がやって来たのにはびっくりした。おかげでその夜、副知事と会食をする羽目に陥ったのは予期せぬ出来事であっ

た。居心地？　ノーコメント。

○月○日

「人が倒れているんです！」

出勤途上、職場近くで若者が声をかけてきた。見ると、エンジンがかかった車のドアは開き、所有者らしき中年男性がぴくりともせず路上に倒れ込んでいる。児相職員が過労で倒れたわけではないが、救急車を呼んだ。お互い健康に気をつけ、嵐のような日常業務を乗り越えましょう。

2000/12/24　No.9

大阪の家庭養護促進協会が出している「あたらしいふれあい」11月号をつい最近読んで、思わず協会にメールを送ってしまった。以下のとおりである。

「あたらしいふれあい」は、8ページ立ての冊子に充実した内容が盛り込まれ、文章も読みやすくて、いつも感心させられています。愛読者がここにもいるのだと思ってください。

さて、里親委託後4年、行方不明だった実母が現れて縁組の同意を翻し、引き取りを求めた裁判で実母側が勝利し、人身保護請求を経て着の身着のまま連れて行かれた、という記事はショックでした。

まず、経過に関する疑問から申し上げます。この事例では、実母の行方不明を理由に特別養子縁組を成立させられなかったのでしょうか。民法は「特別養子縁組の成立には、養子となる者の父母の同意がなければならない。ただし、父母がその意思を表示することができない場合又は父母による虐待、悪意の遺棄その他養子となる者の利益を著しく害する事由がある場合は、この限りでない」と規定しており、子の利益という原則に立ち返った場合、必ずしも実親の同意を待つ必要はなかったと思えるので

すが……。

　実母が４年間も現れなかったことを考えると、その事実こそが特別養子縁組の事由になるはずだし、逆に言えば、このようなトラブルを防ぐ、つまり新しい親子関係の法的安定を図るためにこそ特別養子縁組の制度ができたのではなかったでしょうか。養育を目的とした里親委託ならば事情も変わってくるかも知れませんが、仮に縁組が認められずに推移したのであれば、司法は自らの責務を果たさず、その怠慢を仇で返すような決定をしたとさえ言えるという気もいたします。

　こうした判例が出されると児童相談所は、里親委託に対し、トラブルを避けるためより慎重な姿勢をとらざるを得なくなってしまいます。

2001/01/01　No.10

○月○日
　明けましておめでとうございます。
　「実はお願いがありまして……」
　電話の相手は大阪家庭養護促進協会スタッフ。前号で紹介の里親委託をめぐって私が出したメールの件であった。
　「実は今、人身保護請求をめぐって最高裁へ上申書を書いているんですが、川﨑さんのメール引用したいんです」
　今日中に返事がほしい、とかなり急いでいる様子。即座にＯＫしたが、あらためて経過を聞き、考え込んでしまった。縁組に同意していた実母はまったくの行方不明というのではなく、稀に連絡もあったため特別養子縁組申立てのタイミングを逸したというのである。児相の慎重姿勢が仇になったとも言えよう。

　なるべくならトラブルは避けたい、というのが私たちの率直な気分だ。だがこうした事例にぶつかると、やはり子の利益を優先し、もっと積極的に里親委託、また縁組に取り組まねばならないのではないか、と感じた次第である。

2001/01/07　No.11

　新年最初に読んだ『少年事件の実名報道は許されないのか』（松井茂記著、日本評論社）には、正直言って考え込まされた。サブタイトルに「少年法と表現の自由」とあるように、これは憲法で保障された表現の自由に照らして少年法を真っ向から論じた著作である。

　「家庭裁判所の審判に付された少年又は少年のとき犯した罪により公訴を提起された者については、氏名、年齢、職業、住居、容ぼう等によりその者が当該事件の本人であることを推知することができるような記事又は写真を新聞紙その他の出版物に掲載してはならない」という少年法61条は、憲法21条（集会、結社及び言論、出版その他一切の表現の自由は、これを保障する）に抵触する可能性が強く、審判を一律に非公開とする現在の制度も問題だ、というのが著者の主張であろう。

　法律的諸問題を多面的に論じており、知識の少ない私は、残念ながらきちんと評する力がない。そもそも裁判を公開で受けるのは国民の権利であるという認識すら不足していた私には無理もないことだが、虞犯行為を審判で対応することの是非その他、もっと訊いてみたい、疑問をぶつけてみたい、議論してみたいと思うことは無数にあった。少年法、また少年非行を論ずるうえでは無視できない書物ではないだろうか。できれば誰か本書を正面から批評してほしいのだが……。

2001/01/14 No.12

　本年第3号です。毎度お騒がせいたします。
〇月〇日
　年が明けると、各福祉司を窓口にして次々と相談が始まってゆく。
　ネグレクトケースが正月を無事過ごしたと聞いてほっと一安心したものの、母子家庭の母は入院して援助を求め、息子がバイクで事故を起こしたと訴えてきた母は涙声。施設入所児の面会交渉権を争っている父母からは相次いで互いを非難する電話。新年最初の連休にも自宅の電話が鳴った。
　「子どもが自殺未遂を繰り返している、と親が切羽詰まって電話してきてるんですが……」
　担当福祉司や判定員が協議を求めてきたもので、要するに相変わらずの児相風景なのである。
〇月〇日
　以下は過日の毎日新聞記事。
　「神戸市が元野宿者の男性（71）の請求に応じ、生活保護受給者の生活ぶりなどを記した『ケース記録』をほぼ全面的に開示していたことが7日、分かった。従来、生活保護関係の情報は国が非開示の方針をとっていたが、昨年4月施行の地方分権一括法で地方自治体の裁量が大幅に増えたのを受け、同市が独自に開示の判断をした……」
　児相研セミナーでも児童記録票の開示問題について何度か議論したが、生活保護という福祉記録が全面開示されるのであれば、児相も例外というわけにはいかないように思えてくる。
　とすると、たとえば"児相は虐待と認識し、親は本人の症状を心配して相談。結論だけは一致して施設入所に至った"といった事例など結構あると思うのだけれど、そうした場合、児童記録を開示して混乱は生じないか、等々あれこれ考えてしまいました。

2001/01/21 No.13

　京都府三児相の心理判定員が集まって開く心理テストカンファレンスは、私が判定員になってすぐ始まったから、おそらくもう20年ぐらいは続いていよう。その当時から、相談内容は伏せたまま、テストのローデータだけで議論するスタイルでやってきた。最後は「このテスト結果ならこんな症状が考えられる」とメンバー全員が予測し合う。ゲームじみてはいるが、この手法は確実に力がつく。
　そんなカンファレンスも児童福祉司になってからはご無沙汰していたが、課長職に就いて再び参加させてもらうようになった。この日はそのカンファレンスの日。WISC-Ⅲ知能検査は、使ったことがないため理解不足は否めなかったが、ロールシャッハテストやＰＦスタディなどは、データを見ているうちに見えてくるものが、やはりある。虐待に追われる児童相談所だが、こうした地道な努力を積み重ねていくことが大切なのだ、とあらためて感じた次第である。
〇月〇日
　山口県社会福祉研修所が主催する「児童福祉担当職員研修会」に1日おつきあいさせてもらった。何人かが事例を用意してくれたが、各人が苦心したり課題だと感じていた点は、どれも今日の児童虐待への対応を考えるうえで一般性を含んでいる、と私には思われた。逆に見れば、児童虐待防止法は施行されても解決できないことは種々ある、ということが浮き彫りになったと

言ってもいい。

　それにしても、この日の山口は珍しく雪。高速道路も閉鎖され、やむなく欠席された方も多く、おかげで研修所の担当者は慌ててあちこちに連絡、翌日のプログラムも中止となってしまった。私の住む京都府南部も雪とあられに見舞われて、たった今も一面雪化粧。

　冷え込み厳しい日々が続いています。皆さんもお身体にはくれぐれもお気をつけください。

2001/01/28　No.14

〇月〇日

　土曜の午後。京都子どもの虐待防止研究会の懇話会が何とか無事終わって宇治児相の〇〇課長と喫茶店に入った。珈琲とケーキで約2時間。私は前日の近畿児相・相談判定課長会議の様子を伝える。

　「今年〇〇市では、十数人が保護所で正月を迎えたらしい。近年にないということだ」

　「〇〇県では児童自立支援施設が小舎夫婦制から大舎制に変わり、20名以上の男子寮を夜間一人の職員が見なければならないって」

　「〇〇市は、新年度に予定していた常勤1名に非常勤2名の増員を、前倒しで1月に実施したそうだ」

　「立入調査しても子どもと保護者が一緒だと一時保護が難しいやろ。〇〇県では病院や保育所に立入調査して身柄を確保しているというんだ。『だったら職権保護でいいんじゃないの』という質問も出たんだけれど、保護者から"なぜ児相職員を入れたのか"と非難されるのを心配する病院なんかもあって、立入調査という形をとっているらしい」

　「『児相はどんな根拠で虐待と決めつけた。記録を見せろ』と、保護者が児童記録票の開示請求をしているって話も聞いたよ」

　「それと、各施設とも満杯状態で他府県からの受け入れはとうてい困難という話だ。児童自立支援施設で言えば、中国地方に足を延ばしたり北海道も利用したっていうからね」

　こんな話をして帰宅したのが午後8時。途端に妻から非難の声。

　「どこへ行ってたの？　会議がこんなに遅くなるはずないでしょ。相談所から何度も電話が入ってるんだから」

　迷子で5歳の女児を保護したが、虐待が判明したので一時保護してほしいという警察からの通報である。

　「保護者が現れて引き取りを希望していますが、妹がいまして、ウチとしては2人とも保護してほしいんです。親の説得もお願いしたいので同伴させたいんですが……」

　ケイタイで担当福祉司とつながった。

　「今どこ？」

　「イセ」

　「イセ？」

　"伊勢か！"と気づいたときには、まだ体温の残るコートを引っかけて私は家を飛び出していた。"たった今まで児相のすぐ近くの喫茶店にいたのになあ"と悔やんでも後の祭り。結局この日の帰宅は午前1時半。"観念して携帯電話を買うべきだろうか"と思いながら寝入った次第であった。

2001/02/04　No.15

〇月〇日

　京都府三児相の管内人口は合計約120万人。それに対する児童福祉司は総勢14人である。その福祉司に課長を加えて年2回開

催しているのが児童福祉司会議。全プログラムを福祉司が決めており、自主的運営が尊重された業務会議と言っていい。

福祉司時代、私は何度となくこの会議に助けられた。困りぬいた事例、言わずにはおれぬエピソードを語って気持ちの整理をつけたり、皆で当面の課題を話し合う。白熱した議論が深夜まで続くこともしばしばあった。ただしかつては年3回開催していたものが財政難で2回となり、宿泊も認められなくなった。困難な日常業務を続ける福祉司にとって、カタルシス効果を持つ宿泊型の研修は是非とも必要だ、と私は思うのだが、財政当局には理解されないのである。

そんな児童福祉司会議が、2日間の予定で開かれた。テーマはご多分に漏れず虐待問題が中心。だが2日間の会議中、何人かの福祉司に緊急の連絡が入り、メンバーが出たり入ったりの慌ただしさ。年々そんな状況が強まっているのである。

という私自身、何度も中座してしまった。案件は、例の警察からの虐待通告で一時保護した幼児の件。傷害事件として子どもから事情聴取をしたいと希望する警察への対応のためである。本課とも協議して最終的には応じたのだが、証言能力のない5歳の子どもに実母とその内縁の夫の暴行について話させる必要があったのか、わだかまりの残る結論ではあった。

皆さんはどう思われますか？　また似たような体験はありませんか。

2001/02/11 No.16

○月○日

初めて児童福祉司となって相談業務の渦中に投げ込まれた人は、例外なく苦労し、とまどい、過重なストレスに苦しむ。だから、この人たちにエールを送り、児童福祉司活動の基礎を理解してもらうことが是非とも必要だ、と思い立って5〜6年前に始めたのが、京都府の「新任児童福祉司研修」である。

1日（2コマ）×5日間でプログラムを組み、隔月ペースで実施する。企画もスタッフも内部でまかなう安上がり研修だが、実用的、実践的ではある。実は「児相研・児童福祉司研修ワークショップ」を考えたときも、私にはこの京都府での経験があった。

さて、この日は研修最後のプログラム。卒業というわけではないが、初回で先輩福祉司のインテークビデオを見たメンバーが、今度は自分の面接ビデオを持参した。

やはりビデオは威力を発揮する。ただし私がビデオを見て感じたことを、面接した当人が同じように受けとめたわけではない。自分のことはわかりにくい、とが私のこの日の学びであった。

家族療法ではビデオを収録することが当然とされているが、初めて相談に来た人に、いきなりビデオ収録を頼むのは確かに気後れもするし難しさもある。しかしこれは相当に役立つと思うので、やってみる価値はある、と思った次第である。

○月○日

人前で喋る機会が多くなり体調には気を配っていたのだが、3シーズンぶりに風邪を引いてしまった。そんな身体にむち打って一時保護の当直に入る。声が出ないため、就寝前、幼児2人に絵本を読み聞かせるのが苦痛だった。

皆さんも健康にはくれぐれも注意してご活躍ください。

2001/02/18 No.17

○月○日

　おそらくどこの児童相談所でも毎週1回はケース会議、つまり受理判定処遇会議を開くと思うけれど、では実際はどのように進むものなのか。全ケースを上程する京都児相の場合を紹介してみたい。

　この日の出席者は13人の職員のうち10人。欠席は事務室居残りの庶務、一時保護業務の保育士と調理師である。

　会議はまず先週の積み残しから始まった。父と祖母が養育している幼児。発達の遅れもあって家から飛び出すので危険という相談。約30分使って当面の対応策を話し合う。

　さて、精神疾患をかかえる保護者が引き取りを希望する乳児院ケース。「事前に関係者協議が必要」と決めて所要9分。児童養護施設を無断外出した中3女子の今後については11分間で本人面接の方針を決定。虚偽性障害の母から出ている一時保護の依頼は26分議論、母の病状を客観的に把握したうえで対応することにした。時計を見ると午後2時半。風邪気味の身体に会議室が冷える。通勤で使っているマフラーを膝掛け代わりにすることを思いつく。

　次は虐待で警察から身柄付き通告され、現在も一時保護している幼児の処遇。

　「一緒に暮らしてたら、子どもは返してもらえんぞ」

　母と内縁の夫はこんな会話を交わして別れ、実家の祖母は仕事を辞めた。母が実家に戻り祖母の協力を得て子育てをするというのである。1本の通告がこんなにも家族を揺さぶるのだ、と私は思い知る。引き取りと同時に2号措置、と決めた。虐待防止法施行後初めての2号。引き取り時の注意、福祉司指導の内容、さらには一時保護のあり方などにも話が広がり、これだけで1時間31分を消費した。しつこい風邪はマフラーを使っても効果なく、少しずり下がっていたソックスを引き上げてみる。

　以下は今週の受理ケース。訓練のため肢体不自由児施設へ入所希望の2件、重症心身障害児施設での短期入所事業利用ケース2件、療育手帳の交付にかかる資料提供依頼、2件の特別児童扶養手当診断ケースはひっくるめて6分で終えた。

　強度行動障害の中等部2年生。5歳の妹へ暴力をふるい家庭では無理、施設に入所させてほしいという相談は報告と討議で12分。「精神疾患を持つ母は受診もせず、保健所・福祉事務所の助言も聞き入れない。2歳の子どもは異臭がありコンビニ弁当で暮らしている」と福祉事務所から届いた文書。場合によっては立入調査、という意見も出たが、早急に福祉事務所等と協議して報告を、と決めるのに21分。最後は女子高校生の相談だ。父から竹の棒や定規で叩かれ、怒鳴られる。家を出たいと思っているのだが……という本人の訴え。ただし児相に相談したことは絶対父には知られたくないと希望する。ではどうするのか。「父が怒る理由は何か」「これは虐待か」あれこれ議論は続くが、とにかく高校生だから、児相ができることの全部を説明したうえで本人の意向を汲むということになった。この事例に20分使って時計を見ると4時59分。本日のケース会議は終了し、私の風邪はぶり返したのであった。

2001/02/25 No.18

○月○日

　一時保護所を併設する京都児相の管内人口は30万。一保スタッフだけでは夜間や休日の対応ができず全職員13名が交代で当直勤務に入る。としたらどうなるか。過重な

業務は5時には終わらず、交代を待つ一保職員を気にかけながら慌てて子どもたちのところへ走っていく。翌朝まで勤務した後はそのまま本来業務に戻って夕方、時には夜遅くまで30数時間を連続して稼働する。こんなスタイルを長年続けてきたのは、おそらく一時保護件数がほどよく少なかったからだろう。計画的な行動観察をし、時に緊急ケースが入っても職場が活気づくぐらいに考えておけば、担当の福祉司や判定員だってじかに子どもに触れるのだし、子どもたちも喜ぶというわけだ。

さてこの日は日曜で児相研代表委員会。だというのに妻が名古屋まで電話してきた。

「ゴミ箱ひっくり返して破れた書類を見つけたから場所がわかったけど、どこに行くかぐらい言ったらどう？」

「相談所から何度も電話がかかってます。一時保護の子どもが行方不明になってるよ」

「……」

そもそもは金曜日。虐待で身柄付通告された幼児2人の一時保護を何とか終わらせ、久しぶりに土日は休養できる、と皆がほっとした時のことだ。ふと小さな新聞記事が目にとまった。

「火事で子どもが焼け出されてるけど、これってうちの管内だよなあ」

言うが早いか福祉事務所から電話が入り、4歳と8歳のきょうだいがやって来た。聞けば燃えるべくして燃えた火事である。

母はフィリピン人。水商売の客だった父と結婚して2児を得たのはよいとして、在宅の弟は日本語がうまく話せず、そもそも軽い知的障害が疑われた。その母が入院し、弟の養育に困った両親は兄に学校を休ませる。終日幼い兄弟だけで過ごすのだから、カナダでは確実にCASに通告されるケース。父の帰宅が遅くなった3日目の夜、火が出た。

疲弊しつつ当直体制を組んだものの臨床スタッフだけでは手が足らず、日曜日は庶務担当の女性が日直した。全員が協力しなければ一時保護の遂行ができない以上、それもやむを得ない。

という状況での行方不明だった。どうも散歩に出かけた外出中に迷子になったらしい。が、名古屋にいては何もできない。連絡のついた職員数名が出てきて3時間後、何とか発見したのであった。

○月○日

滋賀県彦根児相主催の「児童虐待防止専門研修」に呼ばれた後の懇親会で、この話をした。彦根児相は数年前の新築時、新たに一時保護所を設置。管内人口50数万人、一保職員は6人（？）で、夜間や土日も基本的にはそのスタッフで対応する。と同時に非常勤で学生の宿直員を入れ、夜間も複数体制を敷いているという。

「虐待された子どものケアも必要な一時保護所で、庶務の人が一人で対応するのは問題になりませんか？」

返答に窮してしまった。

2001/03/04 No.19

○月○日

「私を呼んで1時間というのは酷やわ」

「最近、講演が下手になって時間どおり終わらなくなったの」

という岩崎美枝子さんの話を、私は廊下の受付で耳をそばだてながら聴いていた。日曜日、例年をかなり上回る参加者があった京都府里親大会の記念講演。家庭養護促進協会大阪事務所長をまもなく退職するというのに、岩崎さんは今以て若々しく、声もいい。かつてある里親ケースで行き詰ま

り、協会を訪ねてアドバイスをいただいたことを思い出しながら、私は久しぶりに〈この人なればこそ〉という話を聴かせてもらったのであった。

午後からは、ある里親の涙と笑いに包まれた体験発表と真剣さあふれる分散会。それらが無事終わってふと気がついた。2月に合計9日間あった休日のうち、私は8日までを何やかやと出歩いていたのである。思い切って翌日を振りかえ休日にする。

というのに依頼原稿がたまっていた。金剛出版『児童虐待と児童相談所』(岡田隆介編)、京都弁護士会会報、京都新聞「わたしが子どもだったころ」、厚生労働省・買春被害事例集の各原稿は、この日の夕方までにすべて脱稿した。

ならば後はお楽しみ。パソコンの電源を切るといそいそ外出。2月は危うく1本の映画も見ないで終わりそうだったが、イギリス映画「リトルダンサー」に続く2本目に「キャラバン」を選ぶ。ヒマラヤの秀作。見終わってすぐタクシーで府立文化芸術会館へ向かった。古典芸能集中公演〈狂言〉のモニターに選ばれていたのである。長年京都に住んでいても狂言は初体験、仕事を忘れた。400字の感想を送り、慌ただしかった2月が終わりを告げた。

2001/03/11 No.20
○月○日

小さな職場とて臨床スタッフは全員が出払っていた。その時である。

「課長、ちょっとこの電話に出てもらえませんか」

「××さんという方です。少し不満そうな様子でしたよ」

応対した庶務の職員が困った様子で声をかけてきた。

「ええ、私も何度か電話してるんです。でも担当の方はいつも不在ですし、ずっと連絡がないもので……」

"担当は凸山ワーカーか、彼も忙しいからなあ"

受話器を握りしめ、心中こんなことをつぶやきながら急ぎマウスをクリックする。と、

"出てきた、これだ"

"ハハーン、落ち着きがなく注意しても効果がないって相談だな、母親は子どもが下校しただけでうんざりするってか……"

"×月×日に心理診断を実施、次回はその結果を伝えるというのに、それが今もできてないんじゃあ、不満もつのるわけだ"

「申し訳ありません、お話はごもっともです。それでしたら……」

＊

実は私のパソコンには、我が児相が扱うすべての施設入所児童および相談継続中の在宅ケース、さらには終結ケースに至るまで、主訴や家族状況、相談経過のデータが入っており、たちどころに現状がわかるようになっている。したがって担当者不在でも対応はしやすく、各福祉司も毎月プリントして渡すデータを活用することができる。はずだが、そこは管理が強まるようで嫌だと感じているかも知れない。

さてデータ入力のコツは、日々厭わずまめに作業すること。風邪でしばらくできなかった作業を、この日は遅くまでやった。体調が完全に戻った証拠であろう。これで年度末を乗り切りたいのだが果たしてどうか……。

2001/03/18 No.21
○月○日

"あった！　あったやないか"

三重県北勢児相に出かける日の朝、押入の中をひっくり返して見つけたのは、『はじめてのおるすばん』(しみずみちを／作・山本まつ子／絵　岩崎書店)。何しろ娘が小4の頃まで毎夜欠かさず〈本の読み聞かせ〉を続けていた私は、絵本1冊に至るまで捨て難く、すべて残してある。そんな中で最近ふと思い出したのが、20年近く前に買ったこの本なのだ。

………………………

「みほちゃん」
「なあに」
「ね、みほちゃんに　できるかしら」
「なにが？」
「ひとりで　おるすばん」
　ことし　三つの　みほちゃんは　はじめて
　おるすばんを　することになりました

………………………

　物語はこうして始まるのだが、見つけた嬉しさそのままに絵本を鞄に詰め込み、北勢児相「子ども虐待防止研修会」で披露してしまったのはいささか独りよがりだったかも知れない。が、前にも紹介したように、〈母が入院、小2の兄は学校を休み4歳の弟をみる。結果は火事で焼け出され一時保護〉という兄弟がいた。父の帰宅が遅くなった3日目の夜、火が出たのである。そうして思い起こすと〈母が買い物に出た隙に留守番の乳幼児3人が焼死〉という悲しいニュースが流れたこともあった。"12歳未満の子どもが一人で置かれるのはネグレクトに当たる"とがカナダの約束事だとしたら、では日本はどうなのか。私は次第にそのことが気になっていた。
　"それにしても、3歳という設定はどうやろ"
　帰宅してからもぼんやり考えていると、妻が声を掛けてきた。
「珍しい本を持ち出して、どうしたん？」
「いや、ひょっとしたらこれはネグレクト推奨絵本かもしれんと思ってな。カナダでは……」
　途端に妻の顔色が変わった。
「誰がそんなことを言ってるの？」
「いや、別に誰も……。ちょっとオレがな、考えてみただけや……」
「そんなこと言うんだったら、うちでも虐待してたよ。熱が出た時、『一人で寝てるんよ』言うて学校休ませたことなんて、なんぼでもある」
「あんたは『忙しい』言うてさっさと出かけるやろ。私だって仕事の都合がつかん時はある。子どもも図書館から本をいっぱい借りておとなしく読んでいたじゃない」
「……」
　返す言葉がなかった。

2001/03/25　No.22

○月○日
　児童福祉司指導について少し考えてみたい。
　以前にも紹介したが、長期の家出中にバイク盗の疑いで補導された中学3年生である。"父からずっと殴られてきた、もう家には帰りたくない"と訴え、泣きじゃくる彼を見て警察が身柄付きで通告してきた。
「お父さんが"一度会って話したい"と言ってるけど、どうや」
　言い終わらないうちにふてくされ、居室に入り込んでしまう有様。
「とにかく家はイヤ。施設でいいんやオレは」
「主人が一方的に悪いわけではないんです。でも今は無理に引き取っても……」
「首に縄くくってでも連れて帰る！」

父母と子ども、意見は三者三様で処遇は難航した。が、
「オレも２〜３発は殴られて当然や。悪いときは殴らんとアカンやろ」
彼がこんなことを漏らす。父の暴力は度を越しているから問題なのだという理屈なのだ。"体罰容認の文化は根強い"とが私の感想だが、それはさておき福祉司と判定員、一時保護スタッフがチームを組んで面接を繰り返す。
「あの父親がそう簡単に考えを変えることはないね」
「けど一時保護については了解してるんでしょ。面会も控えてくれてるし……」
「ところで彼、本当は家に帰りたいみたい」
処遇をめぐって児童相談所側も紆余曲折する。在宅での「児童福祉司指導」という結論が出たのは保護所で父子が無事対面した後だ。行政処分だから文書で通知しなければならないが、実はそこが一つの眼目。
「……一時保護を解除するにあたり、児童のこれまでの行動及びこれに伴う家庭内での状況に鑑み、当分以下の点について経過観察を行います」
こんな文章の後に次の３点を示した。
（１）児童においては深夜徘徊や無断外泊をあらため、バイクの無免許運転等の犯罪行為を行わずきちんと登校すること。
（２）保護者は児童に対して暴力的な体罰を行わないこと。
（３）上記２点を確認するため、児童・両親で定期的な来所をしていただくこと。
＊
虐待防止法施行直前に自宅に戻った彼はつい先日卒業し、最後の面接に父子で現れた。
「お父さん、どうですか？」

「ワシは何も変わっちゃおらん」
父は相変わらずの口ぶりだったが、以後は体罰も皆無、本人も遅刻がちながら登校を続け、深夜徘徊なども影をひそめたという。この日のケース会議で福祉司指導解除の提案があった。
「そうですね、文書を用意したので本人にも保護者にも児童相談所の考えを説明しやすかったし、来所についても枠組みがはっきりしてよかったと思います」
担当者の感想に、私も納得していた。

2001/04/01　休憩版

○月○日

花冷えの４月。児童相談所の桜は満開を迎えようとしているのに、いまだ年度末の山が越えられないケースに四苦八苦。おかげで日曜の今日も家庭訪問するはめに……。
そんな事情はともかく今週のWeeklyは一休み。かわりに京都新聞からの依頼で書いた原稿「私が子どもだったころ」を送信します。ご笑覧あれ。
＊
「○○君の家がテレビを買ったらしい」
小学校に農繁休暇があり、田植えと稲刈りの時は一家総出で働くのが当たり前という農村。
噂はあっという間に村じゅうに広がった。大相撲でも始まると、子どもばかりか近所の大人も寄ってきて黒山の人だかり。お座敷の中央に鎮座するテレビを食い入るように拝み見る。そんな時代だった。
夏休みはひたすら川遊びである。流れにさらわれて溺れかけた、などというのは日常茶飯事で、岩場の上から思い切って深みに飛び込むスリルも、通過儀礼のようにして経験した。
秋、わざと遠回りして山道を帰った時の

こと。
「あれえっ」
　ふと見ると、立派なイガ栗がごろごろ転がっている。道ばたに落ちてるモノを拾わぬ手はない。夢中でポケットに詰め込んだ。と、後ろから野太い声がした。
「おい、何してる！」
「これは人にやるもんじゃない。ポケットのはやるから、今後はもう勝手に持ってくんじゃないぞ」
　思えば、こんな出来事が最初だったかも知れない。子どもだから大目に見てくれると高を括ったのかどうか、その後の私はブドウ畑でつまみ食いをし、サツマイモを掘り出しては生で囓ったりと、いたずら盛りの悪ガキに成長していった。
　が、畑を荒らし回るだけならまだよかった。ブレーキの効かなくなった行動は次第にエスカレートし、学校の購買部から消しゴムや鉛筆をチョロまかすようになっていたのである。
　一方で私は、学級委員長に選ばれたり、学業成績もまあよかったから、まさか陰でそんなことをしているなんて、気づくものは誰もいない。
　友だちにこっそり話すと影響される者もいて、悪事は次第に広がっていく。ついにはバスに乗って隣町まで出かけ、文具店や駄菓子屋でモノを盗む万引き旅行を繰り返した。
　こうなると、さすがに隠し通すことはできない。ある時ついに発覚、やったメンバー6、7人が保護者とともに校長室に呼ばれて叱られた。
「集団万引きなんて学校始まって以来だぞ」
「君はクラスの模範にならないといけないんだろ」

だが、茫然として何も考えられない私は上の空。その時である。
「こんなこと、もう絶対せん」
　隣りに座っていた同級生の一人が、誰に言うともなくつぶやいたのである。ハッとした。我に返ったと言っていいかも知れない。こうして集団万引き事件の幕は降ろされたのであった。
　ところで、ほどなく中学生になった私に新たな悩みが加わった。新しくできた友人に、万引き少年だったことがバレはしないか不安だったのだ。それは絶対に知られてはならない私の秘密になっていたのである。
　"秘密"は思春期突入の一つの証であり、めくるめく時代に色を添えるもの。私の人生は、第二コーナーにさしかかっていた。

2001/04/08　No.23

〇月〇日
「マンション火災・男児が煙に巻かれ死亡」
　つい先日こんな記事が載ったのを、皆さんはご記憶だろうか。気になり出すと、やたらその手のことが目につくのである。
「午後11時40分ごろ、会社員××さん方から出火、子ども部屋など約20平方メートルを焼いた。玄関ドアの内側で、一人で留守番をしていた長男（小4・10歳）がうつぶせで倒れているのを××さんが発見、病院に運んだが間もなく死亡した。同署の調べでは、××さんの勤務先に長男から泣きながら「布団が焦げた」と電話があったため××さんが自宅に急行。ドアを開けたところ煙が噴き出し長男が玄関先で倒れていた。出火当時、××さんは仕事で外出中、妻は長女（4つ）を実家に預け、長男が所属するミニバスケットボールチームの保護者会の懇親会に出ていた」（埼玉新聞を要約）

やはり職場で話題になった。
「これを虐待・ネグレクトと言うんだったら可哀想やわ」
　もう小4なんだし、こういうことってどこでもあるんじゃないの、というのが大方の意見。第一保護者会の懇親会なら、たまたまこの家族が不運に見舞われただけであって、他にも一人で留守番をしていたミニバスケ部の少年は大勢いた可能性がある。
　ところで厚生労働省が出している「子ども虐待対応の手引き」には次のような一節がある。
「親がパチンコに熱中している間、乳幼児を自動車の中に放置し、熱中症で子どもが死亡したり、誘拐されたり、乳幼児だけを家に残して火災で子どもが焼死したりする事件も、ネグレクトという虐待の結果であることに留意すべきである」

"乳幼児だけ"の留守番はネグレクト、というのが現在の共通認識なのだろうか。
　絵本『はじめてのおるすばん』を取り上げたWeekly No.21を、昨年の児相研・カナダ研修で通訳していただいたKさんに送ってご意見をお聞きしたら、「トロントでこの絵本は発売できません」と明確なコメントが返ってきた。一方、絵本を出版している岩崎書店にも送ったが、こちらからは今のところ返事がない。
「虐待とは何か」
　この基本的な質問に、私はまだ答えを出せないでいる。

　好評の（自画自賛）Weeklyですが、しばらく休載いたします。ご愛読ありがとうございました。そのうち再登場させたいと思っています。

II
（2001年5月〜2001年10月）

2001/05/27　No.24

　しばらく休載していた児童相談所Weeklyを再開します。今回は直接的な児相の話題ではないので恐縮ですが、またおつきあい願います。

○月○日
　リンダ・ハリディ・サムナー著『性的虐待から子どもを守る』（1〜3）「法廷支援ワーカーのための手引き」は、いずれもテナー・ネットワークが編集・発行した小冊子だ。ある日、これらの冊子が我が家に届けられた。贈り主は不明だったが、編集責任者の名前に見覚えがあった。箱﨑幸恵。拙著「子どものためのソーシャルワーク」シリーズ①『虐待』について、「養子と里親を考える会」の機関誌に過分な批評を載せてくださった方だ。"もしやこの人から？"と思いつつ、1冊目「沈黙の叫び」を手にしてみた。
　著者自身が6歳から父親に性的虐待を受け、万引き等での拘留も経験し、16歳で結婚。我が子に愛着感情を持てず、生後3カ月で殺そうとした自分に怯え、酒に溺れ、自殺も試み、不倫を繰り返す……。そんな経緯の末、性的虐待の情報も答えも何もない中、独学で性暴力や法廷の仕組みについて学び、性的虐待から子どもを守る活動に積極的に携わっているのが著者である。過去17年間に約5,000人の性暴力被害者の面接を行った彼女の主張には強い説得力があり、深い共感を禁じ得ない。

それにしてもカナダの統計では4人に1人が16歳までに性的虐待を受けているという。確かオンタリオ州女性局が発行したパンフにも同じような数字が出ていたはずだが、やはりまだ信じられないという思いは残る。というより、カナダでこの数字が残されているのであれば、日本ではどうなのかが気になるのである。

頂いた冊子はすべて一気に読ませてもらった。最後に、編集を終えた箱﨑さんが書いたあとがきから、自助グループで唱えられている"平安の祈り"という言葉を紹介させてもらう。

「どうか、わたしにお与え下さい。変えられないものを受け入れる落ち着きと、変えられるものを変えていく勇気と、そして、その二つを見分ける賢さを」

2001/06/03 No.25

○月○日

このところ毎週、金曜になると何かしら対応を迫られる緊急事態が発生する。だが今週はどうやらセーフ、というので夜には京都国際社会福祉センターに顔を出してみた。ソーシャルワーカー養成講座を次週から2コマ引き受けているのだが、その準備も兼ねてこの日の講義を聴かせてもらおうと考えたのだ。講師は京都ノートルダム女子大の桐野由美子先生。

以前から面識はあったが、まとまってお話を聴くのは初めて。小気味のいいテンポで盛りだくさんのことを話され、たくさんの刺激を受けた。その中の一つを紹介してみたい。次の発言である。

「裁判所命令なしに子どもを一時保護するのは子どもの権利条約違反です。行政レベルで片づけることではありません」

慌てて調べてみた。第9条である。

「締約国は、児童がその父母の意思に反してその父母から分離されないことを確保する。ただし、権限のある当局は司法の審査に従うことを条件として適用のある法律及び手続に従いその分離が児童の最善の利益のために必要であると決定する場合は、この限りでない」

司法判断を得るまでの24時間とか72時間を緊急的に保護するのは別として、行政機関がそれ以上親子分離を続けることはできないというのが条約の趣旨であろう。だが現在の日本では、虐待されている子どもを保護しようと思えば児童福祉法33条に頼るしかない。事実、届いたばかりの新しい児童相談所運営指針にも次のような箇所が書き加えられた。

「……強引に面会を強要し、入所についての同意を撤回する等の場合には、施設長の連絡により、児童相談所長は、入所中であっても一時保護委託に切り替え、法第28条の規定に基づく申立てを行い、家庭裁判所の決定によって再度入所の措置をとる」

実質的には何も変わらないのに、入所措置は違法で一時保護委託なら適法というのはいかにもわかりづらい。そんな詭弁を弄するよりも、権利条約に違反しなければ子どもの保護ができないという日本の現実を早急に改善すべきではないのか、と寝ながら考えているうちに夜が明けた。土曜日は多忙な中で細々と続けている初級ピアノのレッスンの日。と、

「児相の管理宿直員です。××警察から電話が入っていますが……」

出かけようとしたまさにその時、電話が鳴った。やむなく警察署に連絡する。

「昨日、学校に行くと言って出かけたまま帰宅しなかった15歳の女子高生を早朝に保護しました。以前にも家出したことがあ

りまして、児童相談所で一時保護してもらえないかと思ったんですが……」

週末のピアノレッスンはまたしてもキャンセル。発表会で大恥をかいたのも当然だ、と我が身を慰める以外に術がない。

2001/06/10　No.26

○月○日

「大きな音がしましたし、子どもが投げ飛ばされているんじゃないか心配なんです」

「以前、5歳の姉に痣を見つけました。その後ひどい怪我をした様子はありませんが……」

「表向きは母子家庭ですが内縁の夫もいます。暴力をふるうのはこの人かも……」

「昨夜も近所の人が通報してパトカーが来たんです。ただ警察も、中に踏み込むところまではいきませんでした」

「きょう、姉は登園しましたが、4歳の弟は発熱を理由に休んでいます」

「昨日は4人でファミリーレストランに行ったと姉が話していました」

虐待のおそれがあるという通告だ。保健婦や児童委員、さらには通報を受けて深夜に出動した警察からも連絡が入った。事実関係は曖昧だが児童相談所として放置することはできないと考え、家庭訪問することにした。だが機関によって意見が異なる。保育所など、もうしばらく静観したいというが、一刻も早く保護してほしいという声もある。

＊

「児童相談所の者です。子どものことで連絡が入ったので訪問させてもらいました」

任意の訪問。面識もなければ約束したわけでもない。福祉司が声を掛けたが、母は招かれざる客を訝しげに眺め、迷惑そうな態度をあらわにする。そこで日を改めての面接なども提案してみたが、応じる気配はない。と、姉が顔を出した。特別変わったところはなくて一安心したものの、弟の具体的な様子まではわからなかった。

＊

さてこんな家庭訪問で果たしてよかったのか、思い悩むことは多い。

まず、こうした場合の訪問マニュアルを、少なくとも私たちは未だ持っていないという問題がある。たとえば本人の姿を確認するために相手の同意を得る方法、テクニック。

「私ども、業務として確認しなくてはなりません。お母さんもご迷惑かとは思いますが、弟さんのお顔を一目だけでも見せていただきたいんです」（と、口調はあくまでも丁寧に、しかし決して引かぬ姿勢を言葉に込める）etc. etc.

だが、事実を隠したい人もいれば誤解されたと立腹する人もいるだろうし、どのように言おうと拒否される場合は想定しておかねばならない。むろん児童虐待防止法によれば「速やかに当該児童の安全の確認を行う」ため、「児童虐待が行われているおそれがあると認めるときは」強制力を伴う立入調査が可能なのだから、理論的にはそれを活用すればいい。が、「立入調査は、通常の福祉的対応が不可能な状況下で実施されるものであり」（警察庁少年課「児童虐待の防止等に関する法律第10条を踏まえた援助要領」）、この事例の場合、現時点ではそこまで踏み切ることができなかった。

このような場合の正しい対応とは何か、皆さん方のところではどうされているのでしょうか。アドバイスをお待ちしています。

また何か参考となる資料等があれば是非とも教えてください。

2001/06/17　No.27

○月○日

　「第2回日本子ども家庭福祉学会」を途中で抜け出して、どうにか自宅にたどり着いたところである。そのシンポジウムでちょっと紹介したのが、つい先日行われた京都府の児童福祉司会議の様子。年2回、全福祉司が集うこの会議は、冒頭で各自が自己紹介をするのだが、今回、知らず知らずのうちにキーワードが"気分転換"になっていた。

　「福祉司になると植木鉢が増えると聞きましたが、私も始めたんです。でも疲れて世話は夫に任せっぱなしです」

　「近所のレンタルビデオは1本70円。嬉しくなって週末は何本も借りるけど、いざテレビの前に座るととすぐに寝てしまって……」

　「気分転換は入院ですわ」

　入院してしまえばそりゃあ確かに気分転換にもなるだろうが、慢性疾患をかかえた福祉司の日々は並大抵ではあるまい。ともかく話を聞いていて感じたことは、個々のケースでストレスを感じるというレベルを越えて、福祉司には疲労が日常化しているということだ。このままでは何かが起こる、そんな危惧を抱いたのは私だけだろうか。

　さて、前号で述べた虐待通告への初期対応、家庭訪問調査。近着の月刊『少年育成』6月号をめくっていたら参考となる記事が載っていた。峯本耕治弁護士が連載しているイギリスの虐待防止制度である。イギリスでは社会一般に「児童虐待は犯罪である」との認識が広まっているようで、通告を受けた場合、社会サービス局と警察が共同調査を行うというのである。ただし通告後24時間以内に両者で事前協議を行い、その結果として社会サービス局が単独調査する例も多いらしいのではあるが。

　むろん保護者にとっては最初の面会が驚き・恐怖・怒りなどを呼び覚ますことは日本と変わらないわけで、イギリスのソーシャルワーカーは「重要なことは最初に困難に直面しておかねばならないということ」「通告によって虐待の疑いを持った場合には、そのことを隠さないで、最初の面会のときに……きちんと親に説明しないといけない」と考えているという。

　だが私が感心したのは、「子どもと親に対しては書面で調査の終了を連絡」し、かつ「調査が原因となった苦痛や苦悩が子どもや親に認められる場合には、カウンセリングを提供することを検討」するという点だ。日本では、通告された者が怒り、傷つき、かえって地域からの孤立を招くようなことがあっても、残念ながらそこへの配慮まではされていないのが実情だろう。

　以前述べたように、職権による一時保護自体が権利条約に抵触しているおそれがあって、一時保護を強行する場合にもどこか後ろめたさがあるうえ、調査に伴う相手の痛みには事実上ほおかむり。速やかな安全確認のためそんな家庭訪問を求められる児童相談所の職員に疲労が蓄積するのは当然ではないだろうか。

2001/06/24　No.28

　今日は久しぶりに家族で映画。職場から余計な伝言が入ってこないよう祈りつつこれを送信しています。

○月○日

　名古屋での養問研全国大会。午前の講座

を一つ受け持った私は、本当は日曜出勤の振り替え休日のつもりだった。ところが謹慎処分を受けた高校生のことで、その日の夕方、急きょ施設や学校と協議の場を持たねばならなくなった。新幹線と山陰線を乗り継いで訪問を済ませ、いささか疲れ気味で職場に連絡したら、つい先ほど虐待通告があったと、アフターファイブに職員が対応に追われている。戻って検討し、私は翌日予定していた人間ドックをキャンセルする……。

というような日々の中で、少し毛色の違う電話が入った。

「○○さんのことを覚えていますか？」

以前勤務していた児童相談所からだ。もちろん忘れようはずもない。なぜと言って、児童福祉司時代に私が唯一受けた不服申立ての相手なのだ。ただしその申立ては一風変わっていたと言っていい。

「施設から帰園させるようにとの話があるけど、当分その気はありません」

「あんなところに置いていたら、やせ細るだけ」

入所してすでに十数年の重症心身障害児施設から正月帰省させたあと、長男を施設へ戻さないという事例であった。施設と保護者双方の主張を聞いて調整をはかるが、事態は打開できない。だが重症心身障害児施設といえば何人もの待機者がいる。委細は省略することとして最後は保護者に選択を求めた。

「このまま退園するか施設に帰園させるか、決めてほしいのですが……」

ところが答えはそのいずれも拒否。そこでやむなく措置解除したところ、不服申立てと相成ったのである。5年以上も前のことだ。ではなぜこの期に及んで私に連絡が入ったのかと言えば、費用徴収の問題が残っていたからである。実は入所中に支払うべき保護者負担金が、当時すでに百万円以上の滞納になっていた。不服申立てが却下された後の協議で分割払いの約束はできたのだが、最近になって保護者が質問してきた。

「措置停止中は負担金を支払う必要はないんですよね。ところで息子は入院したこともあるし、その期間どうして措置停止にならなかったんですか？」

当然の疑問であろう。帰省させたままの状態が長期化する中で、私も停止を検討しなかったわけではない。

「その点ですが、当時は明確なルールもなく、結果として措置停止に至らなかったんです。実は『措置停止の統一的運用のためのガイドライン』は、この事例も一つのきっかけとなって定められたものなんです」

＊

措置停止については、児童相談所以外の方にはわかりにくいかも知れません。またその扱いは微妙で難しいものがあります。皆さんのところではいかがでしょうか。

2001/07/01　No.29

○月○日

「児相と十分な打ち合わせがないまま子どもを引き取らせたというので、施設が始末書を求められたという話を聞いたんですが、どうですか？」

「どうも児相の人は上からものを言う感じでねえ……」

過日の養問研（全国児童養護問題研究会）全国大会で耳にした話である。児童相談所と施設との関係は近くて遠い、とが私の感想だが、それはともかくこの日は京都府児童相談所と児童福祉施設職員が集う年1

回の交流会。2日間の日程で、児童相談所からは約半数の職員が出席する。ご多分に漏れず児相と施設の関係は微妙なところもあるが、両者に加え本庁主管課からもプランナーを出して一緒に企画を立て、共同して運営する交流会は、最近になってどうやら焦点が合ってきた。

　プログラムの一つに「権利ノート」を取り上げたのは、私たちのところでも遅まきながら作成作業が進行しているからである。ノートの是非を巡って肯定グループと否定グループをつくり、ディスカッションを試みた。一種のロールプレイである。役割に縛られて窮屈な思いをする場面もあり、あらためてロールを解く作業の重要性を感じたのは別として、さまざまな意見が出た。

　「ノートに書いてあることばかりに気を取られ、職員も子どもも自分の頭で考えなくなるでしょうね」

　「権利について深く理解すれば、必然的に他人の権利も尊重するようになります。ということは子ども同士のトラブルなんてなくなって職員はすごーくラクになるんです。権利ノートのおかげで施設はバラ色ですわ」

　ただし、全体として「権利ノート」はまだ咀嚼しきれていない、というのが私の印象であった。

　ところでごく最近開催された全国児童相談所長会は、国への要望事項の一つに児童養護施設の職員配置基準の改善を挙げている。しかも「6対1から3対1へ」という当初案を「2対1へ」と変更したはずである。権利保障というからには、ノートをつくって事足れりとするのでなく、こうした具体的な改善を図るべきではあるまいか。

　　　　　　　＊

　さて、かなり濃密だった2日間のプログラムを終え、軽い疲労感を感じた私は「しばらく消えます」と宣言し、そのまま映画館に足を運んだ。「シーズンチケット」はイギリス映画。社会の底辺で生きるティーンエイジャー2人の姿に、途中つらくなってしまったが、最後はかすかな希望も仄見えて幕となる。ちょこっと顔を出すソーシャルワーカーも同業者として興味深かった。映画はストレス多い日々を過ごす私のエネルギー源なのかも知れない。

2001/07/08　No.30

○月○日

　障害児の母子通園指導を業務とするP園の事例検討会に、児童相談所の心理職が交代で参加するようになってどれぐらい経つだろうか。この日はちょうどその検討会。私自身は心理判定員を退いて早くも十数年になるのだが、相談判定課長ということでローテーションに加えてもらっている。事前に送られてくる資料に目を通してP園に向かった。

　「今見せてもらったVTRですけど、彼、セラピストが渡そうとしたジュースを手で受け取らないで、直接口を突き出して飲む形になったでしょう。どうしてかなあ」

　4歳の男児。言葉も遅く、友だちとうまく遊べないというのが母の心配だ。

　「遊びが続かないんですよ。興味はあるんだけど拡散してしまう……。結局セラピストも後追い的な動きになってねえ。そこが悩みなんです」

　「一つ一つの動作が完結しないまま、次の行動に移ってしまうからじゃないでしょうか」

　園のスタッフはまさにプロで、男児の細かなしぐさや何気ない母の発言も見逃さず、検討会が進むにつれて少しずつ子どもとそ

の家族の特徴が浮き彫りになってくる。そのせいだろうか、虐待対応に追われて疲労気味の私にも、すっかり忘れていたプレイセラピーの経験が甦り、この場の心地よさが何か夢のようにさえ思われてくる。

とその時、

「川崎さん、職場から急ぎの電話が入ってますよ」

夢から覚めるとはこのことだ。慌てて検討会を中座して電話口に出ると、緊急ケースだという。2週間前に切迫早産で入院した母子家庭の母が、急場をしのぐため知人に預けていた幼児の相談だ。もちろん"母子家庭でなぜ妊娠か？"などと考える余裕はない。

「深夜1時に母の病棟に電話が入り、事情があってもうこれ以上は面倒が見られないと言われたらしいんです。今朝はどうにか保育所に連れて行ってくれたようですが、夕方のお迎えも無理だって言うんですよ。どうしましょう」

あいにく、担当福祉司は忌引で休み。小さい職場では緊急対応できる職員も限られてしまう。検討会もそこそこに、私は以後の予定をキャンセルして福祉事務所を訪問、母の入院先も訪ねてみた。ただし母は24時間の点滴で、助産婦が心配そうな様子でちょこちょこ覗きに来る。調査不足は承知のうえで面接を切り上げ、所内に戻って保育所に連絡、母の知人という人にも電話した。この日だけは何とか対応しましょうとの返事をもらって胸をなで下ろし、その後は児童記録票の作成。一時保護を提案する翌朝の臨時ケース会議の準備を何とか終えて時計を見ると午後10時。やはりこれこそが児童相談所本来の姿だろう、と得心するほか術はないのであった。

2001/07/15　No.31

○月○日

週明け早々、私は家庭裁判所との連絡協議会を欠席して保育士とともに大阪へ向かった。前号で紹介の、切迫早産で母が入院した子どもたち（実は小2と5歳の2人兄弟）を一時保護するためだ。事情で私がそのまま福祉司活動を続行することにしたのである。

帰途、兄が側溝に足をとられて擦り傷。慌てて近くのコンビニに入り、消毒薬を買って応急処置をしたのはともかく、無事一時保護所に到着すると、入院中の母親に電話連絡、ひとまず安心してもらったうえで翌日の訪問を約束した。

病院で母親と面接したのはもちろん、小学校・保育所・福祉事務所も訪ねてあれこれの協議をした。病状を確認して今後の見通しを考え、学校や保育所からは子どもたちの日常の様子も教えてもらう。さらには母と実家の関係、離婚した実父や胎児の父についても若干話題となる。

「妊娠9カ月になれば点滴も終わるんで、いったん退院できそうなんです」

「よかったですねえ。で、今後のことはどのようにお考えですか？」

「はい、退院できればすぐにでも引き取りたいと思っているんです。幸いなことに私は友だちに恵まれていて、アパートの知人も『保育所の送迎なら引き受けるよ』と言ってくれますから」

気丈夫な母であった。面接記録を整理しつつ今後の進め方を考えているうちに夕方。この日は一時保護の当直なのだ。食事につきあい、お風呂も一緒。寝る前には絵本も読んでやった。学校では大きな問題もないと言われていた兄が「イヤ」を連発するのには困ったけれど、その兄が少し遅れのあ

る弟をかばう姿には感心した。だがもう少し詳しく観察していくと、2人が別々になるような場面ではむしろ兄のほうが不安がる。世話をしてもらっているようで、実は弟が兄を助けているのであった。

心理診断や小児科医による健康診断を終え、処遇会議では施設入所が決まった。いずこも満杯状態で新しい入所は困難となっている児童養護施設の一つに何とか頼み込み、その後は母親、保育所、学校、そして福祉事務所にも電話で報告、最後に一時保護所で子どもたち2人と面接した。置かれている状況がまだ飲み込めない弟と違って、兄は覚悟し、けなげに話を聞くのでこちらも辛くなる。が、そんな感傷に浸っている余裕はない。施設へ提出する処遇指針も作成しなければならないのだ。

というのが児童福祉司の日常茶飯の業務。久しぶりの福祉司活動に、しかし大変さを再確認させられたのは間違いはない。こうして兄弟は児童養護施設に向かった。あらためて施設の職員に事情を説明し、いよいよ彼らと別れる時がやって来た。

「じゃあ、お部屋に行こうか」

と、声掛けた時のことだ。兄が急にうずくまる。ふと見ると小さな顔が涙で濡れている……。それまで必死に抑えていたものが一挙にあふれ出たのであろう。

さて、短期間であっても親子が一緒に暮らせないとはかようなことだ、と思うにつけても、被虐待児の分離保護という決断には痛みが伴うのである。中身のない小泉改革で「痛み」を押しつけられるのは困りものだが、しかし、こちらの場合は担当者が痛みを自覚しておくことが重要だ。なぜと言って、我々の「痛み」は、必ずや子どもたちのよりよい処遇へのバネとなるからである。

2001/07/22　No.32

ちょっと長くなってしまうが、"私の一週間"を書いてみる。たまには振り返らないと、我を忘れてしまいそうになるから。

〇月〇日（土曜日）

「京都こどもの虐待防止研究会」は午前の部で津崎哲郎さんをお招きした。児童虐待防止法そのものの課題、実施体制の問題など、この人ならではの発言に大いに刺激された。さて昼食をともにしながら、いくつかの質問をした。

「児童虐待防止法ができたってことは、今まで何もない状態から一歩進んだわけですよね。だったら私たちも少しは楽になっていいはずだけど、そんな気がしないんですが……」

「これまでのカウンセリングは母性原理中心だったでしょう。実は父性原理を取り入れていくと、意外にうまく運ぶんですよ。こちらの毅然とした態度に相手が"壁"を感じると、居丈高だった人が逆に従順になって、むしろ積極的に指導に従うこともある。考えてもいいことでしょうね」

「かつて多くの福祉司は、悩みを聞いていく中で何か家族の役に立てた、というのが喜びだったと思うんです。でも今は虐待への介入、保護者との対立に直面させられ、失敗すればマスコミに叩かれる。こんな時代の福祉司の生き甲斐って何なんでしょう」

「苦しい状況をみんなで乗り越えてご覧なさい。一種の戦友というんですか、絆が深くなりますよ」

「虐待ケースで鍛えられたらタフになるからね。その後どこに行っても通用します」（笑）

もっといろいろ聞きたいことがあったが、

またの機会に譲るしかない。
〇月〇日（日曜日）
　朝から××児童相談所に出かけた。心理判定員のK君が、前夜からの一時保護業務を終える時間を見計らってのことだ。「児相研」会計担当の彼が会費納入状況をチェック、資料を受け取って帰宅する。この日は蒸し風呂状態の四畳半の自室にこもって児相研の仕事。「事務局便り」の作成と「会費納入のお願い」を発送するのである。
　「食事の後片づけはどうするの!?」
　「……」
　深夜までかかって封筒貼りをしていると、不満そうな妻の声。長い人生の中では「当番」がまわってくることもある、と私は自分に言い聞かせているのだが、家事分担にまで影響しては確かにまずい。彼女も児相業務と児相研の諸活動を否定しているわけではないが、私の態度は非難に値するのである。が、ここは黙して語らぬに如くはない。
〇月〇日（月曜日）
　週が明けて月曜日。午前・午後ともケースのことで担当福祉司と一緒に動く。午前は過疎地を公用車で往復2時間、午後は病院訪問である。
　その後は所内であれこれの協議。「例の虐待通告ケースですが、母親が妊娠してるって情報です」「乳児院入所ケースの保護者と連絡がつかなくて、里親委託の話がうまく進みません」「13歳の中学生が妊娠した、と学校がかなり慌てています」「養護学校の生徒さんですが、夏休み中の面倒が見られないんです。ええ、去年もネグレクトの通告があった子どもです」etc.etc.
検討すべきことは次々に現れてきりがない。
〇月〇日（火曜日）

「新任福祉司研修」の第2回。今回はテーマの一つに「児童記録票の諸問題」を取り上げた。そこで「児童相談所運営指針」をひもとき、「子ども虐待対応の手引き」を手にし、東京都児童相談センター発行の「虐待対応マニュアル」も読んでみたが、正解が見つからない。
　「氏のケースワークのバックボーンは、書き綴る〈記録〉にある。……彼が記録を書き続けることの背景には、過去の担当者が記録を書かなかったが為にその子のことが曖昧にしか分からず、しかもその事がこれまでの曖昧な処遇と大いに関連している事への悔しさや、自分が為したさまざまなケースワーク上の悔しさなどが交錯し、それが記録を書き続ける事への大きな動機付けとなっている」
　これはS氏が私のことを評して書いたもの。記録を書くため、私は筆記具も研究した。その結果、今でも記録さえ読み返せば、どの事例、どの面接でも場面を具体的に再現できるという自信がある。だが、あるときこんなことを言われた。「分厚い記録を引き継いでも、実際のところ読む暇がありません。簡潔に書いてもらわないと困ります」
　所内決裁にとどまらず、保護者や本人からの開示請求、家裁への申立て資料等々のことを考えると、なるほど正確で詳細な記録は不可欠だろう。が、福祉司には丁寧に記録する時間がない。ばかりか前任者の記録を読む時間すらないのだから"いったい何をかいわんや"だ。かくして新任福祉司研修は、明確な方針を打ち出せないまま終わったのであった。
〇月〇日（水曜日）
　日付変わって水曜日は、世界人権問題研究センター主催の「人権大学」。「被差別部

落の暮らし」「在日外国人と本名」「痴呆性高齢者の人権」などのテーマに混じって「児童虐待防止法の取り組み」を加えたのは時勢を反映してのことだろう。ここで日頃から疑問に思っていることの一つを話してみた。

「厚生労働省『子ども虐待対応の手引き』には『健やか親子21検討会報告書』を引用する形で次のような箇所が加えられました。すなわち『虐待では、（一）多くの親は子ども時代に大人から愛情を受けていなかったこと、（二）生活にストレスが積み重なって危機的状況にあること、（三）社会的に孤立化し、援助者がいないこと、（四）親にとって意に沿わない子であること、の四つの要素が揃っている』というのです。でも（一）について、私には些か意見があります」

この表現はやはり不適切だと思う。正しくは「子ども時代に大人から愛情を受けていなかったうえに、そのケアが現在までなされていないこと」とでも表現すべきだろう。"愛情を受けていなかった"と言うだけでは動かしようのない過去に縛られ、かえって彼らを追い詰めてしまう。そもそも（二）（三）（四）の困難に対処できないのは、"過去の事実"によるのではなく、その"扱われ方"によるのではないのか。講座の後、エレベーターに同乗した参加者の一人が同意を示してくれたが、そもそもこの一節は、文書上も主述に意味上の乱れがあり、日本語の表現としてもいただけない。再考すべきであろう。

○月○日（木曜日）

定例の受理判定処遇会議、いわゆるケース会議の日だ。半日を費やす会議の様子はともかくとして、この日は虐待対応協力員のU君に手伝ってもらって、アフターファイブに児相研事務局便りの封筒詰めを行った。

「悪いねえ、こんなことを手伝ってもらって……」

「4月から児童相談所に来てもらっているけど、どう？」

「やっぱり大変ですよねえ、児童相談所は」

週30時間の非常勤職員として新たに配属された虐待対応協力員をどう生かせばいいのか、最初はあれこれ悩んだけれど、これだけ虐待通告が増えてくるとそんな心配は無用である。児童福祉司とともに現地へ出向き、その様子を記録する役割を担う彼は、手薄な児童相談所にあっては貴重な存在なのだ。何しろ我が職場ではこの間、正規職員はただの1名も増員されていないのだから。

封筒詰めが終わると中央郵便局へ。翌日が休日のせいか24時間対応の窓口はかなりの混雑だったが、発送作業は無事完了した。

○月○日（金曜日）

そして休日の金曜日。拙著「子どものためのソーシャルワーク」シリーズ最終巻『障害』をついに脱稿。この日は偶然にもアパート暮らしの娘が帰宅。何年ぶりかで家族揃ってレイトショー「千と千尋の神隠し」に出かけたのであった。

2001/07/29　No.33

○月○日

「暑い京都の最も暑い時期だというのに職場のエアコンが故障し、扇風機で熱風を浴びながら頭をひねっておりました。そんなわけで今日の話はピントがずれてしまいそうですが、ご容赦ください」

「さて児童虐待防止法が成立したとき、私は『この法律はたいしたことはない』と

思ったんです。なぜと言って、内容的には児童福祉法の積極的運用という域を出ていませんでしたから。ところが法律が施行されて半年余り、はっきり言ってその予想は外れました。というのも法律の中身ではなく、このような法律が制定されたということ自体が社会に大きなインパクトを与えたと思われるからです」

　この日行われた全国情緒障害児短期治療施設職員研修会のパネルディスカッションで、私はこんなふうに口を切った。

＊

　「この前、『ある団体に子どもを拉致された』という相談の電話がかかってきました。人権侵害として訴えたいというのですが、よく聞いていくと、その団体というのが何を隠そう児童相談所だったんです。『そちらで十分話し合ってください』と返事したんですが、もちろん納得してもらえませんでした」

　「こんな話もあります。私の知人に届いたメールです。『ある日突然、"虐待通告があったので……"と児童相談所の方がやって来ました。何度かの訪問の後、"誤報ですね"と結論づけてもらって、それはよかったんです。でもいったい誰がそんな連絡をしたのか、"もしかしたらこの人？あの人？"と思い始めると、近所の方ともうっかりお喋りできません。窓の外の新築住宅を眺めながら考えこんでしまいます。こんな場合どうしたらいいのでしょう』という内容でした」

　「さらに別の例を話します。これは虐待の事実を認めた方の話ですが、『虐待と通告された以上、もうここには住んでおれない』と真剣に悩んでいるというんです」

＊

　「これらの例をどう考えたらいいのでしょうか。児童虐待防止法は"児童の福祉に職務上関係のある者"に虐待発見の努力及び虐待された児童の通告を求め、それを受ける児童相談所は適切な保護をはかるよう要請されています。つまり今述べた例は、児童相談所の当然の活動であると言っていいはずです」

　「ただ、こういう話を聞くにつけ私は、"これは今、社会が軋んでいるのだ"と感じています。児童虐待防止法の成立で私たちは"通告型社会"に一歩足を踏み入れたと言っていいかも知れません」

　「少し古い数字ですけど、カナダ・オンタリオ州では、1993年に虐待・ネグレクトとして通告され、実際に調査した46,700件（子ども人口の2％）の中から無作為に抽出した2,500件を分析しています。そこでは誤報が39％を占めていました。虐待は密室の中で起こりますから、疑わしいものも通告するのであればこのような数字になるのは理の当然でしょう。つまり、6人の子どもを保護するために4人の子どもの誤報を引き受けるということを、社会が容認しなくてはならないのです」

　「十数年前、引越し直後の頃です。まだ挨拶も済ませてない隣家の人が深夜に訪ねてきました。2歳の息子の夜泣きがひどかったんで、それを気にされてのことでした。これが今ならどうでしょう。夜中に息子が夜泣きをして私が困っていると、児童相談所から電話がかかってくるんです。子どもがぐずってるのに……、とイライラしつつ電話に出ると、虐待通告の連絡です。さあ大変と思ってよく聞いていくと、現場はどうも我が家の近く、どころか実は息子の夜泣きを聞いて虐待を疑った隣人が児童相談所に通報し、私のところに緊急連絡が入った……。なんてことも起こらないとは

限りません。それが通告型社会なのであって、私たちはそれを甘受すべきなのです」

「しかし今日時点で、そこまでの社会的な合意はない。だからこそ先ほど申しましたような例が生じるのではないでしょうか。ということは、もしかしたら児童虐待防止法は、この社会にとってはまだ異物であって、私たちは上手にそれを飲み込み、消化することが求められているのかも知れません」

*

「虐待防止法が児童相談所を揺るがせている、と私が考えているもう一つの理由をお話したいと思います。過去、児童相談所が取り扱っていたのは、"ひどい骨折がある"とか"本人が必死になって救いを求めてきた"といった明らかな虐待事例だったと思うんです。ところがこの法律は、"確証はないが虐待が疑われるケース""今日は虐待と言えなくとも明日は危ないというハイリスク事例"までをも対象としているのではないでしょうか。現に法第9条は"児童虐待が行われているおそれがあると認めるとき"は、立入調査が可能であると規定し、従来の児童福祉法より広い範囲を調査対象にしています。要するに"このような場合には公的機関である児童相談所が介入せよ"ということを法律、すなわち国家が求めているわけですが、そのような対応に児童相談所のみならず社会も習熟していないのです」

「まとめて言いますと、この法律が成立することによって通告型社会への第一歩が始まった、さらに公的機関は虐待の一歩手前からの介入を要請されるようになった、しかし私たちの社会は、この法律をまだ十分にはこなし切れていない、逆に言うと、この児童虐待防止法は私たちの社会のあり方を大きく揺るがす可能性を持っている、だとしたら児童福祉に関わる分野だけでなく、社会の各層各分野の幅広い人たちがこの法律について議論し、私たちの社会にふさわしい制度とは何なのかを考えていく必要がある。私がぼんやり感じているのは以上のようなことなのです。皆さんはどう思われますでしょうか」

2001/08/05 No.34

○月○日

「これは絶対無理やで、お父さん」

高校生の息子が手にしていたのは手作りジャムの瓶。買ったばかりの瓶の蓋がどうしても開かないというのだ。

「何だ、情けないな。ちょっと貸してみろ」

息子になんぞ負けやせん、と張り切ったのがいけなかった。思い切りひねったその結果、瓶の蓋はびくともしないのに、右手はひねりの衝撃をもろにかぶってひどい痛みが走ったのである。しかも3日経ち、4日が過ぎても快方のきざしがない。ものはつかみにくいし字も書けず、キーボードを叩けば微妙に悪化するようで、放置できなくなった。

「今日は早めに帰らせてもらいます」

整形外科を受診すべく、自宅付近まで戻った時のことだ。

「今どこ？」

携帯電話から聞こえてきたのは次長の声。

「もう帰り着くところですが……」

「あのなあ、昨日のネグレクトケースなんだけど、また連絡が入ったんだ。ちょうど担当福祉司と虐待対応協力員が近くの保育所を訪問しているので、とりあえず現地に行ってもらったんだけど……」

以前から話題になっていた家族であった。

子どもは8・4・1歳の3人。彼らはいつも裸足で街を歩き、幼児は下着もつけず、路上に寝そべり、あるいは紙おむつをぐしょぐしょにして道路を歩いているのを見かねた通行人が、警察に連れて行ったこともあった。こんな状態なので、次に警察が保護したら親には引き渡さず児童相談所に通告してもらおう、と関係者で話し合ったのだが、警察に協力を依頼してみると簡単には話が進まない。

「これまで、連絡すればすぐに迎えに来ています。それに母親に養育放棄があったとしても父親もいますからねえ……」

　この直後、3人が裸足で公園にいたとして警察に通報されたのが、前日の夕刻だったのである。児童相談所にも連絡があったが、すでに母親が迎えに来ており、そのまま引き取られていった。

「児童相談所はいったいどうして一時保護してくれなかったんですか!?」

「話し合いの意味がないじゃないですか!」

　翌朝、関係者協議に参加していた保健婦から激しい抗議の電話が入った。たじたじとして応答したその日の夕方、"幼児が素っ裸で遊んでいます。昨日の今日ですよ"と通報してきたのは、抗議したその保健婦であった。

　しかし、福祉司と分業して虐待対応協力員が現地に到着したときは、もう子たちの姿はない。自宅の私、相談所の次長、現地の福祉司、3カ所を結んでの電話のやりとりはなかなかに歯がゆいところがあったが、とにかく家庭訪問して子どもらの安否を確認することにした。

「今、訪問を終えたところです。子たちはいましたが、家の中は悪臭もあって、ひどく乱雑でした。"このような状態が続くと児童相談所として保護することも検討しなくてはなりません"と言ったんですが、母親は"そんな権利があるんですか"と反発していました」

　警察の身柄付通告が難しい場合、児童相談所独自の判断で保護しよう、という所内議論をふまえ、あらためて注意を喚起したのである。

「今日はもうおしまいにしましょう。ご苦労さんでした」

と伝えて、児童相談所に報告を入れようとしていたら妻の声。

「早く行かないと、夜診の受付時間が終わってしまうよ」

「ウルサイ、電話中だ」

「何よ、手が痛いと言って食器洗いもずっとさぼってばかり、いい加減にしてよ」

　が、そんなことにかまっているヒマはない。

"公園で子ども3人が遊んでいたら一時保護されたっていうのでは、保護者も納得できないだろうなあ"

"しかしアパートの前は交通量の多い道路だし、これでもし交通事故にでも遭ったら、児童相談所の責任が問われるやろな、きっと"

　かくして、またまた悩み多い日々が続くのであった。手もまだ痛む、ついでながら……。

2001/08/12　No.35

　暑さ厳しい中で、おそらく皆さんも大変な日々をお過ごしのことと思います。手の痛さを感じるたびに、おっちょこちょいと言われ続けてきた小学生の頃を思い出し、苦笑いしています。

○月○日

夜中、父の暴力で警察から虐待通告、連絡を受けた私が急きょ出向いて一時保護し、施設入所させた中学生がいた。C男である。この時はDV被害を訴える母も家出して婦人保護施設で保護されたのだったが、彼らのその後については以前に書いた記憶がある。

「親権は母に譲って離婚する。こうなった責任の一端は兒相にもある」

確か半年後、父は担当福祉司にこんな台詞を残して調停離婚が成立したのだった。

さて、その後のその後である。

「あいつらがそんな気なら、一切の縁を切る。今日中に相続放棄の手続きをしてくれ」

「ポチはどうしてくれる。息子と母親が責任を持つと言うんで飼ったはずや。それを勝手に飛び出して放ったらかし。毎日、誰が散歩させてると思ってるんや。こういうのを無責任と言うんじゃないのかい」

「C男の籍が俺んとこに残ってるやろ、即刻母親のほうへ移してくれ」

「荷物が残っている。料金着払いで送ったらよいんか」

「返事がないが、いつまで待たせるんや。誠意がなさすぎる」

思い出したように、あるいは畳みかけるようにして電話がかかってくる。母は居場所を明かさないし、施設に連絡しても親権者でない以上は父の思うようにことが運ばない。勢いすべての憤懣は児童相談所にぶつけるしかないのであった。しかし考えてみると、これはある意味で当然だろう。というのもC男が"寝耳に水"で一時保護され、さらに母親も姿を消して以来、父は母子いずれにも拒否されて直接話す機会が持てていないのである。私は家庭訪問を試みた。

「何でこうなるのか、わけがわからん」
「もういい、縁を切る」

父はこう言いながらも、真意はどうも正反対。

この日は紆余曲折の末、やっと父子面会までこぎつけたのである。父と暮らすことを選択した兄も一緒だった。

「ワシの言いたいことは一つだけ。こうなった責任は自分の行動にあるということや。C男が家出を繰り返し、母親がかくまったことがそもそもの原因やからな」

「どうせ、もうこれで会うこともないやろ」

別れてから、すでに1年を越えていた。

「お父さん、児童相談所としてはあくまでも関係改善を望んでいます。今日の面会もそのために設けたものですし、C男君の責任を追及するようなことは避けてください」

父の発言に不安を覚えた私たちも、何とか落ち着いてもらおうと必死である。

こうしてついに対面の時がやって来た。C男が施設の職員に伴われて入室する。緊張の一瞬、C男の表情はいかにも固く、無言であった。では父は？　と思ってそっと振り返ると、息子の姿が視界に入った途端に感無量になったのだろう、目を真っ赤にはらし、それ以上はC男の顔を見ることすらできないのであった。兄がC男と目を合わせニコッとした。やむなく私たちが仲立ちするような質問をし、C男が答え、父が黙って聞く。そんなことがしばらく続いた後のことだ。今度は一転、涙を拭いた父が猛然と喋り始めるではないか。ほとばしり出るC男への叱責、母への非難。言わずにはおれない父であった。

一段落をしたのを見計らって、家族で外出するよう提案する。すでに"昼食は家族

で"と予定していたのである。が、
「もういいですわ、十分です」
「もう何も言いやしません。兄貴と2人だけで喋れるような場所はないですか？」
「いや、やはり行こう。たまにはうまいものを食べさせてやろう」
　そこには、いつまでも揺れ動く父の姿があった。
　翌日、心理判定員が施設を訪ねてC男と面接した。外出中、父は非難がましいことなど口にせず、こざっぱりした服を買ってくれたのだという。その服を来て面接に現れた彼の心境はいかばかりだったのか。また父、兄、そして母はどんな思いでいるのか。そしてバラバラになったこの家族への援助はどのようになされるべきなのか。私にはまだわからないことばかりなのであった。

2001/08/19　No.36

　一時保護の当直を終えてふと気づくと、日曜の今日は50歳の誕生日。ささやかな祝いのつもりでフランス映画「幼なじみ」を見てから自宅に戻り、この原稿を書いています。

○月○日
　ここしばらく、マスコミは児童養護施設から一時帰省したまま変死した小学生のことを大々的に取り上げている。その中に、"本人を伴って両親が相談に訪れたとき、児童相談所は全治1カ月程度の虐待を確認して即刻一時保護したが、警察には通報しなかった"という記事があった。関連して「私たちは親子関係を修復することが目的で、よほどのことがない限り警察への告発はしない」という当該児童相談所長のコメントも掲載されている（毎日新聞

2001/08/15付朝刊）。
　"たとえ『虐待してしまう』という訴えであっても、わざわざ相談に来た保護者を犯罪者として警察に通報するのは躊躇するよなあ"
　"そんなことになれば、保護者は危なっかしくて自ら虐待相談なんてしなくなるぜ"
　事件そのものについては他府県のこととて正確な情報もなく、私にコメントする能力はないのだが、あれこれ考えてしまうのは避けられない。そんな時、突然NHKの記者から電話が入った。
　「本日、児童虐待で内縁の夫が逮捕されていますが、何か心当たりはありませんか？」
　「えっ、今日ですか？」
　と聞き返したものの初耳だ。もしもそれが本当なら子どもを一時保護しなければならない。小さな児童相談所の小さな保護所だが、すでに7月から続く一時保護に、交替で当直に当たる職員は疲れ気味であった。が、もちろんそんなことは言っておれない。
　「あのう、もう少し詳しく教えてもらえませんでしょうか」
　こちらから事情を訊くのは本末転倒だが、背に腹はかえられない。恐縮しながら尋ねてみると、事件は半年以上も前のことだという。それでわかった。以前に警察から身柄を伴う通告を受けて一時保護した幼児への暴行事案である。母は内縁の夫と別れ、実家に身を寄せて子育てをするというので一時保護を解除し、子どもは引きとってもらった。その事件が、今になって逮捕となったのである。翌日の新聞記事を丹念に拾っていくと、暴行に加わった母も書類送検されているという。
　さて気になるのはこの時の診断書だ。顔

面打撲等で"2週間の自宅療養を要す"と書かれていたのだが、警察自らが事件を知った場合には全治2週間程度の怪我であっても逮捕に至るのである。では保護者自らが相談に駆け込んだ場合、全治1カ月でも犯罪として扱わなくていいのか。

児童虐待防止法は第10条で"警察官の援助"について規定したが、このような場合の児童相談所側の対応については十分な議論がなされていない。今回の事件は、あらためて私たちに難しい問題を投げかけたような気がするのだが、皆さんはどうお考えだろうか。参考として石田文三弁護士の談話を引用し、本号を締めくくりたい。

「児童相談所が最初に虐待を確認した時点で、傷害事件として警察に告発することは可能だが、よほど重大なケースでなければ告発しないのが一般的。将来にわたる子どもの養育を考えれば、親に犯罪者のらく印を押すのは好ましくなく、警察が立件する保証もないためだ」（同毎日新聞）

2001/08/26 No.37

○月○日

児福審・措置審査部会で初期対応について意見をもらうべく用意していた事例が、よりによって当のその日、虐待再燃と思われる事態となった。週末の金曜日である。審議会で慌ただしく事情を説明し、意見をもらうと途中退席。先発部隊を追いかけて保育所に飛んで行った。職権による一時保護を覚悟し、保護者と保育所の関係を考慮して立入調査証も持参した。だがすでに到着していた児童福祉司と次長（兼一時保護所長）が、依頼していた嘱託医の診察結果を訊き、直接本人の姿を確認、行動の様子も観察した結果、この日の一時保護は見合わせるということになっていた。

迎えに来た母との重苦しい面接を経て、児童相談所に戻ったのはもうかなり遅くなってから。待っていた所長に概略を報告していると、K新聞社から電話。

「校内暴力が過去最多になっと発表がありました。コメントしてほしいのですが……」

「勘弁してよ」

とは言えないので丁重にお断りし、急ぎ一時保護中のケース協議に移る。

「オレんとこに帰らんかったら、ただじゃあ済まん」

「母のもとに返すなら、殴りに行きますよ」

「法律を守る気はない」

父からこんな電話が何度も入り、緊迫した1週間を過ごしていたのである。面会要求には応じないと決めているのだが、土・日は職員体制も弱くなり、万一のことも考えておかねばならない。一応の方針を決めた後で、次長が耳打ちしてくれた。

「明日の土曜は所長が出て来るし、あさっては自分が顔を出すつもりやから」

私が週末の2日間を東京に出向くのを知っていて、"安心してどうぞ"というメッセージであった。

*

さて、突発的事態で遅れてしまった事務仕事を片づけようと机に座った途端、ケイタイ電話から場違いな妻の声。

「何の用や？」

「今晩の夕食はないからね」

「あっ、そう」

という以外に台詞もない。電源を切ったら次長が声をかけてきた。

「どっか、行こうか」

さすがに気配りでは誰にも負けないと噂される人だ。気がつくと時計の針は午後10

時をまわっている。仕事はもうやめだ、2人でお好み焼き屋に向かった。

「児童相談所って、どんな仕事をしてはるの？」

「子どもの引き取りの権限も児童相談所ですか？」

ビールが少し入り、客も少なくなった頃合いを見計らって、女主人が声をかけてきた。次長が丁寧に答えていくのだが、マスコミで連日報道されている小学生虐待死事件が念頭にあるのは間違いない。児童相談所に対する関心は、今やどこに行っても高いのである。だがこの引き取り問題、あるいは一時帰省については、どう考えどう整理すればいいのか。

「少し教えてほしいことがあります。カナダでは"保護者の申請による保護"は少ないと聞きましたが、日本ではごく普通に行われています。しかし、たとえば親が入院して養育が困難になるというような例は、日本だけの特殊な事情ではないように思うのです。では、なぜカナダでは保護者の申請による保護が少ないのか、このような場合、どのような対応をされているのか、といった点について以前から疑問に思っていました。機会があればご教示ください」

これは、昨年のカナダ研修で通訳をお願いしたK氏に宛てたメールである。その返事が、ついさっき届いた。

「CASに問い合わせた結果、日本のように、親が入院するため子どもを任意で預けるようなケースはないそうです。統計的に、親が"任意"で子どもを預けるのは全体の4.3％ですが、これは"子どもを棄ててしまうケース"で、決して一時的に保護を頼むのではありません。子どもがいったんCASに保護されてしまうと取り返すのが大変なので、わざわざ"任意"で預けることはしないようです」

我が国では、児童福祉法第28条を適用して施設入所させている事例が、この数字をひっくり返した4.3％もあるだろうか。同意による施設入所ならば、親権者がその同意を撤回すれば入所を継続する根拠は消滅する。このような状況で帰省や外泊問題に直面している私たちが、保護者の要求に苦慮するのは当たり前だろう。

「……児童にとって最善の方法として面会や電話などを控える必要がある場合について、施設長に与えられた権限に基づき制限する必要のあることを説明する。それでも納得せず強引に面会を強要し、入所についての同意を撤回する等の場合には、施設長の連絡により、児童相談所長は、入所中であっても一時保護委託に切り替え、法第28条の規定に基づく申立てを行い、家庭裁判所の決定によって再度入所の措置をとる」

児童相談所運営指針にはこう書いているが、こんな決断が簡単にできるとは思いにくい。同意を前提にした保護者との対応は技術的にもかなり難しく、児童相談所が苦慮するのは当然だ、と私は思う。

等々と考えているうちに、お好み焼き屋の営業時間は終了した。帰宅は午前様。自宅業務もたまっているが、今晩はもう寝ることにする。

2001/09/02 No.38

○月○日

不倫相手の子を産み落とした母が選択したのは、夫との離婚。が、当の男性も姿を消してたちまち生活は困窮、彼女は児童相談所の門を叩いて子どもを乳児院に預け、再婚した。

「施設から引き取ってやろうよ、家族

じゃないか」

言い出したのは夫から。

新しいアパートに移り、家族3人の生活が始まった。というだけならば私たちの出る幕はない。

「子どもに愛情が持てません」

母が相談にやって来た。

「でも、引き取ったばかりですよね。ご主人は協力してくださらないんですか？」

「いえ、主人はむしろ、預けることに反対なんです」

「だったら……」

「生活が苦しく、私は夜の仕事をするつもりです。施設に預けたいんです」

言えば言うほどに母はかたくなな態度をとる。

「生活の目途が立つまでのわずかな期間なんです。何とかお願いします」

訪問すると、子どもはいかにもやせ細っており、無気力で元気がない。念のため、かつて過ごしていた乳児院に連絡して驚いた。

「えっ、すごく人なつっこい子どもで、皆の人気者でしたよ。無気力だなんて、そんな……」

すでにネグレクト状態にある！と察した福祉司は母の希望を受け入れる。が、問題はこの後だ。夫婦が離婚してしまったのである。当然のこと親権者は母。しかもその母の行方がわからなくなってしまった。入所後、一度も面会に現れないままの失踪で、住民票はそのまま。携帯電話の番号も変わっているから連絡のしようがない。

「どうしましょう、これでは里親委託するにも躊躇してしまいます……」

担当福祉司は困り果てているが、残されているのは"すぐにでも引き取る"という母の空疎な言辞だけなのだ。

*

さて、私が問題にしたいのは、"保護者の同意"について。まずは児童虐待防止法第12条を見てみよう。

「児童虐待を受けた児童について児童福祉法第28条の規定により同法第27条第1項第3号の措置が採られた場合においては、児童相談所長又は同号に規定する施設の長は、児童虐待の防止及び児童虐待を受けた児童の保護の観点から、当該児童虐待を行った保護者について当該児童との面会又は通信を制限することができる」

前号でも少し書いたことだが、仮に明らかな虐待があり、「面会又は通信を制限する」必要のある事例があったとしよう。ところが現在の法体系では、それは必ずしも保障されない、と私は思う。というのも児童福祉法第28条で家庭裁判所の承認を得るためには、次の2つの要件を満たさねばならないからだ。すなわち、

「保護者が、その児童を虐待し、著しくその監護を怠り、その他保護者に監護させることが著しく当該児童の福祉を害する場合において」

「第27条第1項第3号の措置を採ることが児童の親権を行う者又は後見人の意に反するとき」

つまり保護者が施設入所に同意すれば、家庭裁判所の承認は求めないという仕組みになっているのだ。この条項を見ても明らかなように、我が国における子どもの保護は、まずは保護者の同意が優先する。児童相談所は、だからこそ対立関係にあっても保護者の同意を得ることに力を注ぐのである。そして保護者が一時帰省や面会、引き取りを強引に要求したり、争いが生じたときに初めて、

（1）措置解除し（つまり施設から退所さ

せ)、
(2) あらためて職権で一時保護を決定し、
(3) さらに退所させた当の施設に一時保護委託して子どもの安全を確保し、
(4) その上で家庭裁判所の承認を求める、
という極めてわかりにくい方法が浮上する……。

　保護者との分離に関しては、同意を尊重しつつも、他方で"同意を前提にしない家庭裁判所の決定"という仕組みを導入することも検討すべきではないか、そんな気がするのだが、皆さんはどうお考えだろうか。
　ついでながら、先に挙げたような場合、他府県では里親委託をされているのかどうか、またその際の判断基準（たとえば保護者が行方不明になってからの期間等）についてご教示くだされば うれしいです。

2001/09/09　No.39

　先週の日曜はキーボードの故障で慌ててパソコンショップに駆け込んだ、と思ったら今朝はモニター画面に何も映らない。すべての予定に優先させて買い換えに走る。修理は価格より何より時間がかかるから間尺に合わないのである。今や私はパソコンに完全に依存していることを痛感、ちょっと恐ろしくなってきました。

〇月〇日
　「タバコの火を押しつけるような行為について、児童相談所の職員はどうお考えでしょうか」
　とＨ弁護士に問われて、声がなかったのはいったいどういうことなのか。しかもそこは私たち児相研（全国児童相談研究会）が会員クローズドで行ったセミナー会場での出来事なのだ。本来なら、最も率直に意見交換ができてよいはずの場と言っていい。

　その時私は、つい最近一時保護した児童養護施設に在籍の高校生のことを思い出していた。退学寸前だった彼は、"根性焼き"つまりタバコの火を押しつけた痕を、両腕にそれぞれ10個以上も見せてくれたのであった。
　それはさておき"タバコの火による火傷を見過ごせるか"と問われれば、児童相談所職員の誰もがノーと答えるだろう。では、「火傷の痕を発見した場合、直ちに一時保護するか"と問われたら、100％イエスという返事が返ってくるだろうか。また"タバコの火の痕を発見したら、児童福祉法28条の申立てをしてでも必ず施設入所させる"と答える職員はいったい何人いるのだろうか。私にはわからない。
　虐待死をテーマにした関東ブロック児相研セミナーと翌日の児相研全国運営委員会に参加して私が最も強く感じたことは、児童相談所の職員が、もう本当に限界近く、あるいは限界を超えて業務に立ち向かっているということだ。法律や制度上の課題が山積し、児童相談所固有の問題も種々残されている中、組織的に解決すべきことが個人に任され、事件が発生すれば担当者が自らを責め続けることもしばしば。だから真面目であればあるほど過重なストレスに圧迫され、退職や転勤を余儀なくされ、あるいは自らカウンセリングに通い、健康を損なう人が続出する。
　やりたいこと、やるべきだと思っていることが実行できないというジレンマに日常的に身を焦がしている児童相談所職員は、先のような問いかけをされただけで、曰く言い難いストレスに見舞われたのではないか、私にはそんな気がしてならないのである。
　では、このような中で、私たちは何をな

すべきなのか。児相研の全国運営委員会では「この秋、三重で行われる第27回全国セミナーは、児童虐待防止法施行のちょうど1周年に当たる時期に開催されるのだから、是非とも児相研として何らかの見解を出してほしい」という意見があった。

考えてみれば、児童相談所という現場で起こっていることは私たち自身が一番よく知っているのであって、児相研（全国児童相談研究会）の存在意義も、こうした現実を広く社会に訴えかけるところにあるのではないか。

会が終わってちょうど2週間、ネグレクト気味の児童に関するいささか対立気味の関係者協議を終え、帰途の公用車を運転しながら考えていたのは、こんなことだった。

　　　　　　　＊

「まだ仕事してるの？　終わったら顔を出してよ」

職場に戻ってデスクワークをしていたら、同僚からお誘いの電話が入った。

「あと少しで終わらせるから……」

考えてみれば今日は金曜の夜。

"少しは気分を晴らそうか……"

と思っていたら、またしても電話の呼び出し音。が、今度は相手が違った。

「もしもし、××警察署ですが、実は先ほど30歳の女性を現行犯で逮捕したんです。それが彼女は母子家庭でしてね。ええ、小学校1年の女の子がいるんです。あのう、これからその子を一時保護してほしいんですが……」

こんな話に議論の余地はない。

「もしもし、今日は帰れなくなったからな」

「あっ、そう」

妻との会話は10秒とかからない。

夜遅い面接で残っていた職員に応援を頼みつつ、私は急きょ、一時保護の当直に入ることになった。50歳に達して腰痛も悪化、先日はひょんなことから初体験の鍼治療を受けた身だ。自ら好きでこの仕事をやっていると自負してはいても、確かに疲労は身に沁みると言わざるを得ない。

2001/09/16　No.40

〇月〇日

職場から徒歩0分、私が毎日必ず顔を出しているのが「喫茶ブラジル」だ。とにかく昼休みにここで休憩を入れないと、午後からの長丁場がもたない。

いつものようにカウンターに座っていると、アルバイトの女性が声をかけてきた。

「川崎さんは常に本を手にしてるでしょう、こんな小説は読みませんか？」

差し出されたのは『白い犬とワルツを』。著者はテリー・ケイ、新潮文庫だ。

「夫と気が合いすぎてね、彼も同じ本を買ってきたんですよ」

自分ではおそらく買うこともない本を、こうして紹介されるというのは読書の幅を広げる好機だ。ありがたく頂戴する。読んでみて納得のいく小説であった。

というのはよいとして、ぶ厚いというほどでもないこの本、読むのに意外と時間がかかってしまった。なぜかと考えて気づいたのは、これまでずっと習慣にしてきた通勤途上の読書、特に帰りの電車で本が読めなくなっていることだ。

たとえば月曜日、相談進行中の全ケースをチェックし終えて時計を見ると、すでに午後10時。

「このケース、担当ケースワーカーから放置されているんじゃないの？」

等と、ぶつぶつ言いながら課長職の立場で点検するのだが、過重な業務にあえぐ担

当者の状況を考えると、とてもこれ以上の無理は求められない。
　"じゃあ、どうすればいいのか？"
　妙案は浮かばず、こちらもストレスがたまってくる。
　火曜日の夜、Ａ新聞の記者が取材にやって来た。日中はこちらも業務がいっぱいで応じられなかったのだ。
　「児童虐待防止法成立時の児相研の『見解』を見つけましてね、『これだ！』と思ったんですよ」
　児童相談所の苦労も世に訴えたい、という記者にあれこれ説明し、彼が辞した後、残ったデスクワークを片づけていると、またしても夜は更けてゆく……。余談ながら、この夜は前代未聞のアメリカ同時多発テロが勃発。帰宅後は自宅業務をこなすつもりだったが、深夜までテレビに釘付けとなり、寝不足がひどくなってしまった。
　翌水曜日は朝から勤務をこなした後、アフターファイブに一時保護の当直へ。子どもを寝かせてからは、時間を気にせず深夜まで山積みの仕事を整理する。朝起きたら職場、通勤不要。これって幸せ気分と言っていいのだろうか。
　そして木曜日。引き続き仕事を続けて夕方、病院を訪問した。逮捕・拘留されていた母親が、留置に耐えないとして精神科病棟に入院したのである。経過があって私が直接担当しているのだが、母と面会する時間がとれず、結局は夜間を使うしかないのである。主治医と協議し、面会も実現したが、今後の展開にはかなりの難しさがあった。こうして前日から続いた勤務は終わったものの、電車に乗っても自宅で寝ていても、すぐにこのケースのことが浮かんできて他のことが考えられない。ヘビーケースに、要は思考を支配されているのである。

　金曜日は担任教師が一時保護中の子どもの面会にやって来た。勤務を終えた後、いったん自宅で家事を済ませ、それから児童相談所まで出てくるのだから担任も大変だ。教師を見送り面接記録を書きつけると、やっと週末。時計はまたしても午後10時を指していた。
　というわけで、帰りの電車で本を開く気力は失せてしまうのだろう。結局、落ち着いて読書できるのはトイレの中。思わず知らずこんなオチになってしまったけれど、悪しからずご了承ください。

2001/09/23　No.41

○月○日

　少し手間取っていたが、拙著「子どものためのソーシャルワーク」シリーズ最終巻『障害』はこのほど刷り上がり、明石書店から出版された。『虐待』『非行』『家族危機』を加えた全４巻のシリーズで、言うなれば私は、自分の児童福祉司活動を総括しようとしたのである。そのために多くの方々から思いもかけず有形無形のさまざまな援助をいただいたのだが、この場を借りてあらためて感謝を申し述べたい。
　ところでソーシャルワーカーとしての自分がこれまでの活動を振り返り、文字としてそれを定着させる作業を続けていたときに出会ったのが、『ニューヨーク州児童虐待調査官』（キース・Ｎ・リチャーズ著、ＰＨＰ研究所）である。著者が1951年生まれと知って俄然興味が高まった。私と同年齢なのだ。児童相談所で私がワーカーとして働いているとき、彼はアメリカでどんな活動をし、それをどう表現したのか。その両方に目配せしながら読んでみた。
　　　　　　　＊
　「そんなのでたらめだわ。誰がそんな告

げ口してるのよ」
「残念ながら、それは秘密事項なので言えません」

「おっしゃるとおりにしましょう、奥さん。どちらにせよ、ご主人と直接お会いしたいので、その日取りを決めましょう」と私は答え、児童福祉センターの報告書に告発された加害者としての権利を明記した文書（どんな選択肢があるかを示している）のコピーと一緒に私の名刺を手渡した。

調査の半数でこのジレンマに陥る。裁判所命令があって初めて医者の診察を強制することができるのだが、明確な根拠なしでは、特に両親があいまいな場合、我々児童福祉センターの職員が強制できるわけではない。

子どもたちの保護を決断するにせよ、家庭裁判所で今日待機している判事から口頭の許可が必要だ（この許可があって初めて我々は正規の保護申請を用意し、裁判所に提出するための72時間を与えられることになる。もしも判事が申請が妥当だと認めれば、子どもたちは社会福祉局長の保護に委ねられることになり、認められないときには子どもたちは両親、あるいは養育可能な親戚に戻されることになる）。

ベルハム郡警察の性犯罪課は、数年前から児童福祉センターとの連携捜査を実施していた。その結果、被害者の事情聴取については、同時に立ち合えるよう、警察も児童福祉センターも都合をつける。共同で面接すれば、被害者が何度も同じことを繰り返し説明せずに済む。また互いが持っている情報を随時交換することも可能だ。

私は傷跡の精密なカラー写真が撮れるように、35ミリのカメラを持って出かけた。

その写真を現像するには警察との間で遵守しなければならない一連の手続きがある。これは証拠の保管管理が間違いなく行われたことを示す上で欠かせない。

私はあわてて彼女のあとを追いかけ、駐車場へと急いだ。判事が保護権を我々児童福祉センターに与えたこと、その保護監督の権利を彼女が妨害しようとしていること、このままステファニーを連れ去ると、自分の娘ではあっても誘拐という犯罪になることを、そこで彼女に伝えた。

立ち去れという警告が2度出たら、私は立ち去ることにしている。その時点で、令状なくしてそこに留まる権利はもはやないからだ。

新しい通報には新たな訪問が義務づけられているのだから仕方がない。

親の権利をきちんと伝える必要があるのは重々承知している。郡にとっては、万一保護のあいだに子どもがケガをしたときの賠償責任を少しでも減らす、あるいは避けるためにも欠かすことができない。
こうした手続きが行われたかどうかは、審理でも質問される。どんな些細なことであろうと、省いたとわかれば、大きなつけがまわってくる。私は馬鹿げていると思いつつも、決められたとおりの手順を踏んだ。
＊
引用が長すぎたかも知れないが、その点はご容赦いただくとして、彼が現に関わっ

ているいくつかのケースが同時進行的に描写され、その時々の彼の心境も浮き彫りになる。とても読みやすい本であった。

ところで、彼は書き出しの部分で自分のことをこんなふうに書いている。

「正しい決断を下すために、私は託児施設、病院、学校、更生施設などあちこちを訪ねるが、どこへ行っても、勤め先や職業を明かすと、警戒され、反感を持たれる。私は児童虐待調査官だ」

これはカナダCASのソーシャルワーカーが語っていたことと共通するのだが、それはさておき、私が感じたのは、介入に当たっての適正な手続きを熟知していることが、彼らの専門性の重要な中身の一つだということだ。考えてみれば明らかなように、虐待に介入するということは、介入される側のさまざまな権利を侵しかねないのである。ならば、強制的な介入を行うためには、それだけの適正な手続きが前提となるし、担当者もそれを承知していて当然だろう。

一時保護するのであれば口頭であっても裁判所の許可が必要だし、写真を証拠として採用するのであれば改変の疑いを避ける扱いが求められる。介入される側にとっては当然のことながら「加害者の権利」が明示されて然るべき……、等々と考えていくと、我が国では虐待の被害者だけでなく、対応する児童相談所の職員、さらには虐待の加害者も十分には法の保護を受けていないのではないかと思ってしまうのだが、いかがだろうか。

2001/09/30　No.42

○月○日

「こんな時トイレに行っちゃだめじゃない。たった今、ローズが日本タイ記録のホームランを打ったんだから」

「いや、通路で見てたんだ」

ここは大阪ドーム球場。近鉄バッファローズが12年ぶりの優勝を果たす直前の試合を、私は興奮気味の妻と2人で観戦しているのである。

「大阪ドームの切符を取ってよ」

野球のことに詳しいわけでもないのに、妻は以前から近鉄ファンで、否応なく息子も近鉄を応援するはめになってしまった。これまで一度もドーム球場に出かけたことのない妻が、この時とばかりに切符を買おうというのである。だが誰が行くのか、切符は何枚必要なのか。それがわからない。

「いったい誰が行くんだ」

「あんたと私」

「……」

「何か文句ある？」

「ないけど、息子は？」

「だめよ、高校の運動会やし」

「……」

試合は月曜の祝日。一時保護中の子どもも週末にはやっと施設入所の目途がたち、タイミングはよい。というのもこの施設入所、なかなか難しい問題をかかえていたのである。

「親権者である母親の身柄が拘束されています。母は子どもを内縁の夫らしき人物に引き取らせたいというのですが、いろいろ調査していくと不適当と言わざるを得ません」

「他方、母は児童扶養手当を受け取っています。『その方とは住民票も同じですから』といったんはうち切られたんですが、住民票を移動させて再支給してもらってるんです。ええ、生活の実態はよくわかりません。実は以前にも児童福祉施設を利用したことがあったんですが、やはり手当の受

給資格がなくなるというので、正式な入所措置に同意してもらえなかったんです」
　"手当がもらえなくなるから措置は困る"
　内縁の夫問題はさておき、こんなわがままが通るだろうか。というので、念のため私は家庭裁判所の調査官に問い合わせてみた。〈保護者の意に反して〉入所決定ができないとしたら、残るのは法児童福祉法28条の〈家庭裁判所の承認による入所〉しかないと考えたからである。
　ところが調査官の話は意外にも簡単ではない。というのも28条の要件は、「保護者が、その児童を虐待し、著しくその監護を怠り、その他保護者に監護させることが著しく当該児童の福祉を害する場合」だからである。内縁の夫が著しく虐待したわけではない。母は逮捕されたのであって、自ら監護を怠ったと言えるのかどうか。
　「28条の要件に該当するように申し立ててくださいね」
　こんな回答を得た私は、何としても母親の同意を得ようと決意したのだが、どうだろう。やはり28条承認の要件は、もう少し柔軟に活用できるよう改めるべきではないだろうか。
　それはともかく、苦心の末、入所申請書にサインをもらったのが金曜日だったのである。風邪気味で土曜を休養日とし、日曜は社会病理学会のラウンドテーブルに呼ばれて鼻づまりの声で発言。夜は一時保護の当直だ。そして翌日朝一番に映画を見ると、後は妻と落ちあっての大阪ドーム。
　「え、何？　よく聞こえないんだけど……」
　「○○君の親から電話があったって？」
　児童相談所からドーム球場まで追っかけ電話が入ったのは愛嬌として、この日は4番中村の逆転サヨナラホームランで試合終了。妻につられて私も大観衆の熱狂の渦に巻き込まれ、久しぶりに仕事を忘れた1日となったのであった。

2001/10/07　No.43

○月○日

　拝復　桐野由美子様
　過日の児相研関西ブロックセミナーでは大変お世話になりました。何しろシンポジストに大阪市中央児相の津崎さん、岩佐弁護士、桐野先生というこれ以上ない方々にお越しいただいたので、東京や名古屋からも参加される方があるなど、小さい集まりにしては注目を集め、中身の濃いものになったと感謝しています。ただシンポジストの皆さんには時間不足で申し訳なく思っています。
　さてメールを拝読させていただきました。とても大切な指摘をたくさんいただいたように思っています。今日はその中の一つについて、私たちの児童相談所の実情をお伝えしてみたいと思います。アメリカでのソーシャルワークの経験もふまえてのことでしょうが、先生は次のような疑問をお持ちでした。
　「痣や傷が子どもにあったという通告の場合、日本ではいまだに、ワーカーが直接、すみやかに子どもに会いにいくということを原則としていないということについて、私はいつも悩んでいます。日本の場合、間接調査というやりかたを尊重するので、学校の教職員等とお話して、その後すぐに子どもに会えないのですね」
　実はつい先日、虐待通告があった場合の初期対応について、所内で検討会を持ちました。泥縄式という言葉がありますが、どうも私たちは「泥棒が入って縄を編もうとしたら、藁がなかった」というレベルなの

かも知れません。

まず実態を話し合ったんです。

「やっぱり玄関先では話しにくいですねえ。といって突然訪問して中に入れてくれるわけもありませんから……」

「それで子どもの様子はわかったんですか？」

「保育所でケガの状態は見ているんです。それで保護者と話すべく家庭訪問したんですが、どんな状況かまではわかりませんでした。相手はそもそも拒否的ですから、そこを強引にとはいかなかったんです」

「ちょっと訊きたい。それは児童虐待防止法9条の立入調査ではないんですか？」

「違います。任意の訪問です」

「任意の訪問でも安全確認は可能ということなんですかねえ？」

「……」

「でもね、玄関を開けてくれたらまだいいんです。精神的に不安定なお母さんがいて、かろうじてドア越しに応答はしてくれたんですが、ごく短時間だったし子どもの様子もつかめなかったですね、その時は」

児童虐待防止法で児童相談所は速やかな安全確認を義務づけられたけれど、訪問された側はそんなことなど何も知らないし、ましてや協力する必要性など感じない。ただただ早くお引き取り願いたいとしか思わないとしたら、任意の訪問で的確な調査を行うのは至難のわざというほかありません。

としたならば、方向は二つだと思います。

一つは何とか児童相談所の立場を理解してもらい、調査に協力してもらうこと。そのためには、保護者や本人と出会う前に可能な限り情報収集に務め、面接がスムーズに行えるようにしなくてはなりません。同時に、児童相談所がいきなり訪問することの意味をわかってもらうよう、リーフ等を手渡すことも考えていいと思います。

〈突然の訪問についてご理解ください〉

平成12年11月に「児童虐待の防止等に関する法律」が施行されました。児童相談所はこの法律に基づき、子どもさんのことについて虐待あるいはその疑いがあるとして連絡・通告を受けた場合、すみやかに安全確認することなどを義務づけられています。

もちろん通告にはまちがいもありますから、このような訪問をご迷惑と感じる場合もあるでしょうが、法律の趣旨をふまえ、是非ともご理解・ご協力をお願いします。

〈児童相談所に要請されていること〉

虐待（のおそれ）という通告があった場合のすみやかな調査、児童の安全確認（8条）

通告された方が誰であるかについての秘密を守ること（7条）

児童の安全にとって必要があると判断した場合の一時保護（8条）

必要があると認められる場合の強制的な立入調査（9条）

素案として以上のような案文を作成してみました。

さてもう一つの方向は、以上のような努力をしつつ、安全確認についてはドラスティックに対応を変え、大胆に9条の立入調査を使うということです。ただし児童相談所が〈立入調査を原則とするような調査活動〉に踏み込むことができるのか、またその場合どんな問題が起こるのか、私にはまだよくわかりません。

アメリカでは、虐待通告を受けて訪問調査をするソーシャルワーカーの側にどんな権利と義務があり、それを受ける市民にはどんな義務と権利があるのでしょうか。換

言すれば、初動の訪問調査はどの程度の強制力があるのか、またどんな性格を持っているのか、知りたいところです。

スミマセン。疑問にちゃんとお答えせず勝手なことを書いてしまいました。その点はご容赦ください。今後の先生のご活躍をお祈りしています。

2001/10/14　No.44

○月○日

no signal coming

こんなメッセージが流れたらもう終わりだ。以後、画面はいつまでたっても真っ暗のまま。

買ったばかりのモニターがこんな状態になって、私は焦りに焦った。何しろ今では、メールをチェックし、原稿を書き、過去に作成した無数のファイルを調べ、児相研会員名簿の管理もし、依頼された講演の打ち合わせやレジメの送信も、広辞苑も南山堂医学大辞典も百科事典も時候の挨拶文も、何もかもすべてパソコンに頼っているのである。

先日、岩波新書『ＩＴ汚染』（吉田文和著）を読んでいたら、ＩＴ機器の製造過程で水環境汚染や土壌・地下水汚染など深刻な環境問題が起こり、急速に陳腐化する携帯電話を始めとして使用済みの機器が有害廃棄物となって環境に重大な負荷をかけている、と書いてあった。ところがこうした環境のモニタリングや地球温暖化などの環境シナリオを描くのにコンピュータは不可欠だというのだから、世界はいつだって悩ましく、理不尽な矛盾をかかえているというほかない。のだがそんなことに構っている暇はない。たまに早く帰宅しても、私は性懲りもなく時間の大半をパソコンの前で過ごすから、家族の評判は必然的に急落する。

「夕ご飯が冷めてしまうわよ、食べないつもり？」

「あのね、食器の片づけが残っているんですけど……」

「お父さん、またパソコン買ったの!?必要ないじゃん」

「うちではお父さんが一番の無駄遣いやわ」

が、何を言われようと一刻も手放せないのがパソコンなのだ。そのパソコンがウンともスンとも言わなくなった。

＊

と思っていたら不意にウィンドウズが立ち上がったのである。

「何だ、動くじゃないか」

ほっと胸をなでおろした翌日、またまた症状再発。

「なぜだ、昨日は動いたんだぞ」

「頼むから言うことを聞いてくれよ」

と、なだめてもすかしても微動だにしない。

「一番安いモニターを、しかも値切って買ったからなあ」

「待てよ、週末に業者を呼んでLAN接続してもらった、あれが怪しい！」

「いや、パソコン自体が古くなってきたんや、きっと」

私は次の日、思いきって半休をとった。職場に迷惑をかけ、仕事も山積しているが、それを打開するためのツールが壊れていてはいくさもできぬではないか。

「もしもし、お宅が作業して数日後ですよ」

「買ってすぐですからね。何とかしてくださいな」

「とにかく原因を究明したいんです。思い当たることってないですか？」

あちこちに電話するが、いずこの返事もはかばかしくない。

*

で、結論はどうなったのかというと、これがまた不可思議きわまりない。原因不明のまま順調に起動するのである。ケーブルの接続不良だったのかと睨んではいるのだが、動けばそんなことはどうだっていい。今では電源を入れるたびにちょっとしたスリルが味わえる、というお粗末なパソコン顛末記であった。

ところで、こんなふうにパソコンに疲れてしまう自分は、実は虐待の加害者と同じ穴のムジナ、と言ったら皆さんはどう思うだろうか。たとえば若い親だ。子どもについてあまりにも無知だと嘆息した瞬間、パソコンで悩む自分と瓜二つのような気がしてくるのだ。知っている者にとっては当たり前すぎることが、他の人には超困難に見え、そのためのガイドブック、つまりパソコン雑誌や育児書をいくら読みあさっても求めている答えは手に入らない。とどのつまりはパニックになって、あとはお定まりのコース、というわけだ。

望まれて生まれた子どもが虐待され、希望をもたらすはずのITがストレスと環境のマイナス要因となる。世の中はなかなかに難しい。

2001/10/21　No.45

○月○日

M夫妻と私たちは、もともと妻同士が友人という関係だ。かつ彼らの長男と我が家の長女、向こうの二男とこっちの長男はともに同級生に当たるので、妊娠中からしょっちゅう電話で励まし合った仲でもあった。

さてM夫妻の二男は重症心身障害児。子育てという点では、私たちとはまた違った苦労を背負ってきたのである。そんな様子を折にふれ聞かされていた私は、拙著「子どものためのソーシャルワーク」シリーズ最終巻『障害』にコメントをお願いし、快く引き受けてもらったのであった。

「シリーズ完結を祝って、一度食事でもしようよ」

「実は来週、二男が修学旅行でね。夫婦そろって出かけられるの」

こんな電話をもらってすぐ、京都四条の、鴨川を眺める小さな料理屋を予約した。

「お久しぶり。子どもができてから夫婦4人で食事するなんてなかったよねえ」

「ホント、特にそっちは大変だったでしょう」

「今週はもう、すっかり羽のばしてるよ。昨日も一昨日も友だち誘って外食したし……。それに朝がラク。とにかく養護学校に送り出すまでが大変やから」

*

お酒も入り、話もはずんできたきた頃だ。携帯電話の着信音。

"こんな調子でいったい何度職場に呼び戻されただろう"

不安を覚えつつ応答すると、相手が違った。

「え、Tさん？　珍しいじゃない」

「ウン、ちょっと相談したいことがあってね。自宅に電話したら息子さんが携帯の番号を教えてくれたの。今、いいかしら」

彼女は私の古い友人で、やはり障害のある息子を育てながら市会議員に立候補、今ではベテラン議員の域に達している。

「また、どんなこと？」

「児童虐待をしたという父親が私のところに相談に来たの。当の娘さんは児童養護施設に入所してるんだけど、児童相談所が

面会を拒否しているんですって。それで、どうやったら会わせてもらえるのかを教えてほしいと思ったの。どう？」

「……」

一瞬、言葉に詰まってしまった。実はつい先日、虐待・DVで離婚に至り親権も母に譲った父と、私は面接していたのである。息子が施設入所して1年あまり、初めて子どもと面会したときは、顔を見た瞬間に涙ぐみ、ついで猛然と息子を責め、またそれを後悔する父の姿は以前にも紹介したが、その後も父の心境は複雑だ。

「母が引き取るというなら、住まいのことだって力になれる」

「進学で費用がかさむというなら用立てしてもいい」

「子どもをいつまでも施設に入れておくのは不憫でならない。そのことに限って母親と話をしたいのだが……」

「知り合いから野菜やミカンが手に入る。施設に送ってもいいだろうか」

覆水は盆に返らない。が、この父だって援助が必要なのだと思うと、私も悩んでしまうのである。そんな時のこの電話。

「そうですねえ、まずは紳士的な態度を崩さないこと。無理無体な姿勢だと、それだけで児童相談所は拒否感を持つからね」

「面会時間、面会場所、立ち会う人、その他、出される条件はすべて飲む、ぐらいの方針で臨んだほうがいいでしょう。もちろん条件はきちんと守るという信頼感を与えないといけません」

「それから弁護士に頼むという方法もある。冷静に交渉してもらえるからね」

「面会できないのが娘さんの拒否による場合もあります。ところが保護者は児童相談所の説明に不信感をもつこともある。そんなときに弁護士が入れば、場合によっては父の代理人として直接本人に会い、気持ちを確かめられるかも……」

こんなことを話した数日後、再び電話が入った。

「今日だったんです、児童相談所に行ったのは。でも3時間以上話し合って結局だめでした。『被害者は娘さんですよ！』なんて言われてねえ。それでも父親は『高校だけは卒業させたいから不服申立てはしない』って言います。ええ、私も同席してたんです」

「確かに虐待はあったみたい。でも、じゃあ父親のケアって、誰がしてくれるんですかねえ？」

「……」

私には、またしても言葉がない。

＊

さて携帯電話を切ってからは再び会食。弱い阪神タイガースと優勝した近鉄バッファローズに悲喜こもごも、アメリカのテロとアフガン報復を憂い、如何ともしがたき娘や息子に嘆息しているうちに心地よく酔う。

夜遅く帰宅してパソコンの電源を入れると、「『障害』を読みました」というメールが届いていた。

「このシリーズのよさは、読みやすいこと。現場の悩みや迷いが率直に書かれていて、臨場感もあるし共感ももてます。けれど読み終えて、あまりの根の深さに救われない子どもたちが（大人も）たくさんいることに気づかされ、暗い気分になります。子どもや障害者が大事にされていないし、その仕事に携わる人たちも大事にされていない」

だからこそ……、と私は思うのであった。

○月○日

　週末の3日間をY県で過ごすこととなり、私は買ったばかりのノートパソコンを持参した。自分ではお手上げのため業者に頼んで現在使っているパソコンとLAN接続。過去のデータはすべてノートパソコンにバックアップしたので、新型ノートパソコンさえあれば、過去のファイルはすべてたちどころに引っ張り出せるようになった。

　ところで児相研メーリングリストで先ごろ話題になった「家族」。確かこのテーマで私も何か書いたことがあるな、とホテルの一室でパソコン画面を眺めていると、なるほどあっという間に呼び出せた。

＊

「今年は敗戦後四〇年を迎え、戦没者追悼と平和への誓いを新たにする行事が大々的に行われた。しかし、私の心は明るくない。なぜなら、平和の持続性について不安を覚えるからである。戦後生まれの人が国民の半数を越え、戦争にも平和にも無関心な人が増大し、また、右傾化の力も強くなっている。一方、世界的には核戦争の準備が着々と増強されており、平和と言ってもぎりぎりのところで維持されているに過ぎない。人類は自己破壊の性質を内蔵した唯一の動物である……」

　河合雅雄は『森林がサルを生んだ──原罪の自然誌』(講談社、1985年)の文庫版まえがきをこんな風に書き出している。この小さな文庫こそ、私の思索上で重要な転換点を作り出す契機となった本の一冊だ。

　さて彼の専門はご承知のように"サル学"である。ところが『学問の冒険』(佼成出版社)を手にして私は、彼の本当の(あるいはそもそもの)関心は人間そのものにあったのだということ、そしてその契機となったのが"戦争"であるということを発見した。戦争中に青年期を過ごした彼は、大陸に出征した日本軍兵士が残虐な行為を犯しながら、敗戦となってそれぞれの故郷に戻ると"あたかもスイッチを切り替えたかのように……豹変した"様を見て、"悪から善へのこの飛躍は何であろう"と疑問をもち"人間の内包する悪は、どこからきたのであろう。それを探れば人間というこの奇妙な生物のあり方を解く一つの鍵が与えられるだろう。……人間とは何か……という大昔からの難問に迫るのに、人間の内なる悪の起源を探りたい""それを探るには、やはりサルから人類への進化を考えていくのが意味のあること……"と思いを巡らせた。この善と悪について、彼は『森林がサルを生んだ』で一つの回答を示す。若い頃に抱いた疑問を何十年もの間捨てず、こうして著作にする姿勢が素晴らしいのだが、彼はさらに人類そのものの由来にも挑戦する。膨大な『人間の由来(上・下)』(小学館)を読めばわかるのだが、そのキーワードこそ"家族"であった。彼の師であった今西錦司は、家族こそ人類社会の特徴であると洞察し、家族成立の条件を4つあげたという。すなわち雄、雌の恒常的な関係を前提に、①インセストタブーの存在　②外婚制の存在　③コミュニティの形成　④雌雄間の分業の4項目である。河合雅雄は40年余にわたるサル研究から、家族をもつサルは人間以外にないことを示したのである。云々。

　これを私は、1994年に書いたのだが、このあとに続けて"家族は人間(特有)の基本的社会単位である"とふまえたら、たとえば往々にして社会から孤立している虐待ケースは、コミュニティの形成という家族成立の条件からみて危うく、性的虐待

ケースではインセストタブーの存在という条件が欠落していることになる。まさに人間存在の根本にかかわる深刻な問題ではないのか」などと記してあった。

　　　　　　　＊

　それはともかく、Y県のホテルで"家族"について沈思黙考している間に、我が職場では事件が勃発していたのである。SOSを訴える深夜の電話に職員2人が急きょ出動し、午前3時頃まで家庭訪問をしていたというのだ。今、このケースが職場を揺さぶっている。

　Weekly原稿というのは、1週間が平穏無事だと何も書くこともないけれど、ありすぎると、それはそれでまた執筆の時間も余裕もなくなってしまう。そんなことで今号はずいぶん遅れてしまった。

　諸般の事情で、またしばらくWeekly連載をお休みさせていただくことにします。再開あることを期待して（しないで？）お待ちください。

III

（2002年5月〜2002年11月）

2002/05/12　No.47

○月○日

　Weeklyをしばらく休載している間に、薫風緑樹をわたる季節となりました。が、我が家のパソコンの不具合はついに克服できず、やむなく5台目となる新マシーンに移行しました。そんなことも手伝ってか、季節はさわやかでも私の気分はそれほど晴れ渡ってはいません。

　とはいえ、あまり音信不通状態が続いてもよくありません。そろそろWeeklyを再発信してみたいと思います。ただし、まだコンセプトが決まっていません。おそらくは右往左往すると思いますが、ご容赦ください。

　　　　　　　＊

「ネエ、ちょっと見て」

　旧機に保存していたデータが新しいパソコンにうまく移せず、悪戦苦闘している最中に妻が声をかけてきた。

「どう、覚えている？」

「……」

　振り向いて啞然。飛び込んできたのは目にも鮮やかな赤のワンピース姿の妻！

「これ、新婚旅行に着ていった服よ」

「!!」

"一体オマエは何をやっているのだ、この忙しいときに！"

　30年近くあらゆる相談に対処してきた私も、流石にこれほどうろたえたことはない。

「ちょ、ちょっと出てくる」

　言うが早いかそそくさと外出した。

　　　　　　　＊

　連休の一コマである。外出先は行きつけの喫茶店。頭を冷やし、何かを考えるのにはもってこいの場所だ。このときも、焦ってはいたが手にはちゃんと全国児童相談所所長会のアンケート。

"えっ、全国所長会のアンケートって何ですか？"という方も多いかと思いますが、実はこれ、3月末までに提出するよう求められていた代物。3月から4月にかけて、私の職場はいつにも増して多忙をきわめ、このアンケートもうっちゃっていたのだけれど、連休直前になって東京都児童相談センターから催促の電話が入ってきた。

「もうほとんどの児童相談所から提出してもらっているんですが……」
　時あたかも春。その陽気に当てられたのか、妻は変身。居場所をなくした私は追い立てられるようにして喫茶店にしけ込み、アンケートに答える他はない。
「ふむふむなるほど、司法権の関与を強化したいってか……」
「立入調査への令状発布を新たに要望するということなんだな」
　読んでいくと、児童虐待防止法成立後の状況をふまえて、全国所長会として新たにいくつかの要望事項を出そうとしていることがわかる。事前にそれらへの意見を求めてきているのが今回のアンケートであった。たとえば先述した司法権関与の強化。
「虐待する保護者が、施錠して家に閉じこもったときなどには、鍵の破壊等による強力な対応を要する」
「（強制介入の判断が司法側に移行すれば、児童相談所も）保護者との事後の協力関係を期待できる」
「一時保護への令状発布も検討が必要である」
　これへの賛否を問われて、ではどう答えるのか。ちょっと考えて、私は次のようにメモしてみた。
「警察の犯罪捜査であっても令状が必要である。ましてや"虐待のおそれ"があれば住居へ踏み込むことが可能となる立入調査には、家庭裁判所の決定が必要だろう。行政判断だけで実行するのは問題だ」
　次に〈一時保護への令状〉に関しても意見を添えた。
「２ヶ月を超えてはならないが、必要なら延長も可能とされた一時保護を、職権で一方的に行うのは、〈子どもの権利条約９条〉との関係でも問題がある」

「司法判断を抜きに行政だけで親子分離を一方的かつ長期にしてよいのかどうか。やはり児相の権限だけでできる期間はごく短期間とし、それ以後は（保護者の同意もしくは）家庭裁判所の決定を必要とすべきであろう」
　ところで同じ京都府のＵ児相が、少し異なった意見を出していることを後から知った。すなわち、
「立入調査は福祉機関が自発的に行うことができる〈安全確認〉のための一つの方法である。調査範囲と調査目的を拡大し続けてはいけない。児相はスーパーマンではない」
「強力な対応は別制度で行うのがよく、この部分は分業にすべきである。一時保護への令状発布も福祉制度としては行き過ぎではないか」
　というのだ。これは、児相が鍵を破壊することまで果たしてやっていいのかという疑問であり、一時保護に関しても、保護者との相談をベースにした福祉的対応を尊重すべきという意見であろう。
　確かに虐待への法的対応を徹底的に強化していけば、相談援助を基本的スタンスにしてきた児童相談所は質的に変化してしまうかも知れない。果たしてそれでいいのかどうか。Ｕ児相の意見は、法律の個々の不備を修正する前に、そもそも児童相談所はどこへ向かって舵をとるべきなのか、をこそ検討すべきだという問題提起とも言えるだろう。
　こんなことを考えながら帰宅したとたん、娘の声が聞こえてきた。
「オカアサン、電話がかかってるけど、課長って誰？」
「お父さんのことや、アンタそれも知らないの？」

どうもやはり我が家には、私の居場所など元からなかったのである。

2002/05/19 No.48

○月○日

　新年度になって、ある児童相談所からいろんな問い合わせが入るようになった。と言ってもたいしたことではない。

「一時保護して１カ月になる子どもがいるんですよ。実はその子の保護者が他県に転出しましてねえ」

「ええ、家庭引き取りは難しいので施設入所させるしかないんですけど、その場合、ウチで措置するよりも転居先の児相で対応してもらったほうが、子どもにはプラスだと思うんです。そちらに似たような事例はありませんでしたか？」

「……というわけで、この人たちは、私にしてみれば単なる通りすがりでしかありませんが、でも今さら転居先の児童相談所を紹介するのもたらい回しのような気がして、結局はウチで措置しましたねえ」

　質問を受けた瞬間、私は直ちに「児童相談所運営指針」を手元に引き寄せ、「管轄」という箇所を開きながら、こんなふうに答えたのであった。といっても、運営指針に質問の趣旨にピッタリ当てはまるような解説はない。おそらく質問者は、指針を読んでも判断がつきにくいために電話してきたのであろう。要するに、「児童相談所は則第４条に基づき、管轄区域を有しているが、個々の事例の具体的管轄の決定については、……児童の福祉を図るという観点から個々の事例に即した適切な判断を行う」しかないのである。

　　　　　　　＊

　ところでこの問い合わせには背景がある。実は昨年度までこの児童相談所を支えていた相談課長が突然退職し、今は実家で農業にいそしんでいるというのだ。去年の秋には、私も関与していた研究会にお招きして講演していただき、終わってからも四方山話をいっぱいした記憶があるが、課長職の彼は、時間外や土・日にかかってくる電話への対応に追われ、急な通告には自ら出向くなど、獅子奮迅の活躍をしていたのであった。それゆえ当該の児童相談所はいわば大黒柱を失い、やむなく経験だけは長い私のところに質問が飛び込んできているわけである。

　彼がどうして退職したのかは知らないが、最近は児童相談所の仕事を是非とも続けたいと希望しているのに自ら転勤された人たちが確かにいる。ここ１、２年、そんな方達からメールが届くようになった。日々夜遅くまで業務を続け、帰宅してまで記録を書き、なおかつ緊急の電話で追い打ちをかけられる中、家族との折り合いがつかなくなった女性。従来にはなかったような保護者との対立、攻撃にさらされて精神的に不調をきたしてしまったまじめな男性etc.etc.まさに年齢性別不問、とき・ところ無関係に、誰もがぎりぎりの状況で奮闘しているのであろう。

　だから転勤することを選択した人は、それを思ってますますつらくなる。もちろんそれは、彼らの責任では決してないのであって、今日の児童相談所がかかえる大きな課題のひとつと言って差し支えない。児童虐待防止法が施行され、虐待への対応だけでなく児童福祉のあり方までもが問われている今日、その渦中にある職員が安心して業務に従事し、創意を発揮して意欲的に発言・提言できるような環境が用意されること、それこそがまずは求められる。と、30年近くを児童相談所だけで過ごしてもは

や他に行き場がなくなったからではなく、私は純粋にそう思うのである。

2002/05/26 No.49

○月○日

　小料理屋の一室。
「こう見えても、昔はOLやってたんだから」
「ええっ、それ本当？」
「そうよ、ソロバンだって1級持ってるしね」
「へえ、それにしてはいつも数字が合わないんですよねえ」
「違うの。それは福祉司さんの処理が間違ってるから仕方ないんです」
　京都府にある3つの児相の3人の受付相談員が、珍しく一席設けた。そこへS課長と私も呼ばれて出かけたのだが、それには理由がある。実は6月1日に予定されている人事異動で、長い間児童相談所を支えてきたこの職が廃止されることになったのだ。
　相談関連のいくつかの業務に加え、彼女たちが共通して行っているのが児童相談所の各種統計処理である。
「電話相談を除く現在の相談受理数ってわかる？」
「悪いけど、今日中に今年度の虐待通告件数を、地区別・年齢別に教えてほしいんだ」
「未処理となっているケースを、福祉司ごとに一覧で打ち出してくださいな」
「本庁から急な照会があってね……」
　ともかく、あらゆる要望に対し、S課長が設計したパソコンシステムを駆使してたちどころに数字を示すのが彼女たちの役どころ。まことに重宝な存在であった。ではなぜその職を廃止するのか。考えていくと今日の社会情勢、児童相談所を取り巻く環境の、まさに帰結点であると言わざるを得ないような気がしてくる。

＊

　実は京都府も今年度から児童虐待対応チームを設置し、三児相ともに児童福祉司2名、心理判定員1名（＋嘱託の児童虐待対応協力員1名）をスタッフとして当てることになった。それにあわせて京都府全体で児童福祉司は14名から21名に、心理判定員も10名から12名に増員されたのである。こんなことはかつてない。のだが単純な人員増は許されない。私も詳しく知っているわけではないが、さまざまな折衝、紆余曲折の末、福祉司や判定員の増員と引き替えに一時保護所の保育士と受付相談員を減員し、そのかわり非常勤嘱託の保育士を各所に2名、合計6名配置したのである。結果的に、児童相談所全体で正規職員は3名増員され、50名体制になった。

＊

　だが事態がこのように動いたことで、私は思わず天を仰ぐことになる。受付相談員からあらためて一つ一つの業務内容を説明してもらい、夜中に自分で細々とした一覧表を作成し、では今後、誰がそれを引き継ぐのかを検討してみて、その業務の多様さにため息が漏れてしまったのだ。彼女たちが引き受けていたのは、事務分担に書かれていることだけではない。あたかも水が隙間を静かに埋めていくように、業務が円滑に進むよう下からしっかりと児童相談所を支えていたのである。
　いったい他府県では、誰がどんなシステムでこうした諸業務を担っているのだろうか、と考えてふと思い出すことがあった。すぐに棚の奥に埋もれていた古いVTRを引っ張り出してみる。
　NHK放送大学98「カナダの子ども家庭

サービス」。高橋重宏教授が紹介していたのは人口430万人というトロントのメトロポリタンCAS、1993年のスタッフである。全体で640人のうち、ソーシャルワーカーは276人（一人あたりの人口1万5,000人ぐらい）。そのほか専任の弁護士が8人、さらに保育士（チャイルドケアワーカー）、精神科医、看護師、ボランティアコーディネーター、事務職員等がいるのだが、高橋教授はこんなふうに説明を続けた。

「それから、ソーシャルワーカーの多くに秘書が雇用されているのも、日本とまた違うところだろうと思います」

"そうだ、秘書がいれば児童福祉司は一心にソーシャルワーク活動に専念できるじゃないか"とは、すでに私が福祉司時代に何度も思い描いた理想だったが、いよいよ切実になってきた。じゃあ、どこか適当な人材はいないのか。思案していたら、はたと一人思いついた。

「あのう、このケースはもう3カ月ほど連絡がとれていないようですね」

「わかった。他府県の施設を当たってみましょう」

「この件は一度弁護士さんに相談したほうがいいかも知れません」

こんなふうにして業務の推進を図るのは課長の役割。今後は私が児童福祉司の秘書役を自覚すればいいのである。

　　　　　　＊

「いきなり受付相談員がなくなるって聞かされたときには、さすがにびっくりしたわ」

「それで、今度の異動はどうなるのかしら」

「課長はもう知ってるんでしょ」

「……」

急に矛先を向けられて、たじたじすることもあったが、結局3人の受付相談員は全員が児童福祉司の内示を得たようであった。初めての福祉司業務とはいえ、彼女たちはいずれも児童相談所経験が長く、期待こそすれ心配は不要だろう。

ともかくこうして京都府の児童相談所は新体制に移行した。いったいどんなことになるのか、ふたを開けてみなければわからないが、私は引き続き現在の職に残留である。奮闘するしかない。

2002/06/02　No.50

○月○日

高校時代の私は、こう見えても合唱部だった。ただし致命的な弱点があって、それは正しく音がとれないこと。簡単に言えば音痴である。ところが男女4人だけという事情からやめることもできず、東京芸大声楽科出身の顧問にさんざんしぼられ、失意のうちに卒業したのであった。

だが不思議なことに、下手だからこそのあこがれというのがあって、確か四十路を過ぎた頃に、今度はピアノの稽古に通うことにした。子どもたちのために買ったピアノを眺めていて、自分もやってみようと思い立ったのである。ただしこれ、家族の不興を買うばかり。ある時など息子曰く、

「お父さんのピアノはひどい。僕がこんなのを聞かされるのって、子どもの権利条約に違反してない？」

これには珍しく、いつもは親に反抗的な姉が弟をいさめた。

「お父さんは指が固いから、今から始めてもだい無理。布団でもかぶって我慢しなさい」

それを聞いて、妻がしみじみと口にする。

「それにしても、ホント、上達しないもんなんやねえ」

というわけで、これが私の、人におい それとは言えない趣味。土曜の朝レッスンに出かけ、帰宅途中にうまい珈琲の店に立ち寄る、というのがささやかな楽しみなのである……はずが、最近どうも様子が変わってきた。
　今はレイトショーの映画を見るときも、「悪いけど、今から2時間は連絡がつかないから」と児童相談所の管理宿直（アルバイト学生）に電話し、見終わってからは変わったことがなかったかどうかを確認する。それと同じで、レッスンに行ってる短い間にも何か連絡が入って来やしないかが気になって、好きでもない携帯電話を手放せなくなったのである。
「さっき私に電話したかい？」
　この日もレッスン中に着信があり、喫茶店の片隅から児童相談所に電話した。
「あ、はい。○○警察署から児童虐待のことで連絡が入ったもので……」

＊

　どうも前置きが長くなったが、今回は児童虐待への警察関与について書きたかったのである。本題に移ろう。
　事例は小学校1年生。公園で子どもとキャッチボールをしていた父が、速い球が取れないと泣き出した子どもを帰宅させ、宿題をするよう言いつけた。ところが自宅に戻ってみると彼は約束を守らず、友だちと遊んでいるではないか。怒った父が近所をランニングするよう命じ、自分も一緒に走ったというのである。それだけならいいのだが、今度は"だらだら走るな！"と、人前で子どもを叩いたり蹴ったりしたのであった。
　見るに見かねた近所の人が警察に通報し、警察は父を署まで呼んで"これは児童虐待だ"と注意、誓約書を書かせて返したという。
「昨夜そんなことがあったので、とりあえず連絡しておきます」
　ところでこの事例、実はすでに児童相談所での経過があった。以前から保育所や学校から通告を受けて家庭訪問し、面接にも来てもらい、継続的な関わりを続けていたのである。警察にはあらためて担当の児童福祉司から連絡してもらった。
「その子のことはよく知っています。父親は体罰肯定論を振り回すので、この前も『そこまでしたら虐待です』と申しあげたんです。ええ、今後のこともありますので、可能ならば通告書を送っていただけないでしょうか」
　さて、ここまで読んで皆さんは何を感じられただろうか。あるいはこのような対応に何か疑問や問題点を感じることはなかっただろうか。

＊

　言うまでもなく児童虐待を発見した者は、これを児童相談所もしくは福祉事務所に通告しなければならない。だから警察はわざわざ土曜日であっても、事案を処理した翌日に児童相談所へ連絡してきたのであろう。では近所の人はどうか。おそらく彼らは、遠く約1時間もかかる児童相談所など知らないのである。だからこそ児童福祉法第25条は、従来の規定に加えて「児童委員を介して……通告」という一節を挿入したのだが、それでも近所の人が選択したのは警察であった。
　今回はケガをするような事態でもなかったので、警察も事情を聞いて注意するにとどめ、後は児童相談所でという対応となったが、ではいっそのこと、児童虐待の通告先に警察を加えるというのはどうだろう。たとえば触法少年は児童福祉法に基づき警

察から児童相談所に通告されるのだけれど、このシステムを換骨奪胎して児童虐待に導入するなんてことがあり得るのか。皆さんはどうお考えでしょうか。

2002/06/09 No.51
○月○日
「今日は帰らせてもらいます」
　終業のチャイムが鳴るが早いか、タクシーに飛び乗って駅に向かう。速攻で帰宅した私に息子が声をかけてきた。
「お父さん、このために帰ってきたの？」
「もちろんや」
　W杯サッカーの日本初戦は午後6時キックオフ。かつてこんなに早く帰宅した記憶はないが、今日は許してもらおう。コップにビールを注ぎ、テレビを見ながら思う存分に一喜一憂した。
　引き続いて韓国チームが登場し、感動的な先制ゴール！
　が決まった直後のことだ。
「お父さん、電話」
　内心いやな予感を抱いて受話器を握ると、果たして的中。
「児童相談所の管理宿直です。K市の虐待SOSスタッフから電話がかかってきました。保護してほしいという子どもがいるけど、住んでいるのはそっちの管内だと言うんです」
「それで、連絡先は？」
「かかわっている養護教諭の電話番号を教えてもらいました」
「わかった、こっちから電話する」
　女子高の1年生。もはやサッカーどころではない。彼女は今、自宅近くの本屋にいて携帯電話で養護教諭と連絡し合っているらしい。
「さっきも話していたんですが、今日はどうしても家には帰れないというんです。何でも母親にひどく叱られたようで、暴力的というよりは心理的虐待に近いと思います」
「この生徒については、これまでから非常勤のスクールカウンセラーが面接を続けていました。それでカウンセラーにも連絡したんですが、彼女は母親とも何度か出会っていまして、こういう事態は早晩生じるだろうと予測していました。できれば分離したほうがいいと言うのです。ええ、校長にもその意見を伝え、学校としても保護をお願いしようということになりました」
「今日のことで、何か思い当たることはありますか？」
「実は彼女は登校しぶりの傾向がありまして、この2日間も学校を休んでいたんです。いえ、朝は普通に出て、登校せずに夕方帰宅しました。それを知らずに担任が自宅に連絡したため母が欠席を知り、電話できつく怒ったわけです」
　"母親にしたって、欺くようなことをされたら怒りもするんじゃないやろか"
　"簡単に一時保護や分離を考えるより、今日のところは学校が親子の間に入って、何とか納めてくれないものか"
　思わずこんな気持ちにかられたが、すでに午後9時半。心理的虐待などと殺し文句を言われ、学校の希望となれば、方針は自ずと決まってくる。
「わかりました。ただ時間が時間だけに、相談スタッフは帰宅して誰もいません。一時保護所も、実は昨日子どもが帰って行ったところで、これから夜間の態勢を整えなければなりません。私もこれから児童相談所に向かいますが、到着するのに1時間はかかります。その点をご了承ください」
　教師に伴われて彼女が来たのは午後10時

半、それから本人と面接し、教師とも話し合って翌日の臨時受理会議の資料を作成し、時計を見たら午前1時半。
　"今日は泊めてもらいます"
　と独り言ちながら、私は児童相談所の一室に潜り込んだのであった。
　　　　　　　　＊
　さて、我が児相にも児童虐待対応チームが発足したことはすでに述べた。結局これがチームの初仕事。月曜日に辞令をもらい、火曜日の夜に舞い込んだ緊急事態に早くも機動力を発揮する。まさに待っていたかのような通告だ。チームのメンバーが役割を分担して母親に一時保護の事実を伝え、夕方には来所してもらって面接。本人とも話し合った。
　「何とかめどはたちました」
　チームメンバーによる保護者面接の結果を聞いてほっと一息。午後8時過ぎに退庁した。
　前夜に自宅を飛び出して、まる1日ぶりの我が家の食卓。冷蔵庫からビールを取り出し、ほろ酔い加減でW杯のニュースを見ていた時のことだ。
　　　　　　　　＊
　「お父さん、児童相談所から電話」
　「何だって？」
　時計を見ると、午後11時を回っている。
　またしても管理宿直の学生だった。そう、またしてもいやな予感が的中する。
　「家出した子どもに頼まれて車に乗せたところです。子どもは家に帰りたがらないので児童相談所で預かってほしいのですが……」
　今度は民間人からの相談であった。家族をよく知っている知人2人が、子どものことを考えて深夜に行動しているのだ。
　よく聞くと、すでに児童相談所で相談中の子ども。少し前にも一時保護し、その後も家庭訪問などを続けていたのであった。自宅は児童相談所からかなり遠い。
　「ちょっと待ってください。こちらで一番よい方法を考えて必ず連絡しますから」
　急ぎ担当福祉司に電話する。
　「こんな形で一時保護するのは好ましくないと思うんです」
　「なるほど、じゃあ警察に間に入ってもらおうか」
　「ともかく保護者に連絡してみます」
　こんなやりとりを続けているうちに、再び管理宿直から電話。
　「あのう、また電話があって、『どうなるかわからないけれど児童相談所に行くことにした、今そちらに向かっている』とのことです」
　「何だって、それで今どこにいるって？」
　「もう市内に入っているようです」
　あわてて相手の携帯に連絡した。
　「こちらに向かっているとお聞きしましたが……」
　「ええ、もう少しで着くと思います」
　「わかりました。ただ、この時間はもう誰も残っていません。一時保護所のスタッフでは対応できないので、私がこれから児童相談所に向かいます。ただし到着するのに1時間はかかります。その点をご了承ください」
　終電はとっくに出た後。タクシーを呼んで児相に向かい、やって来た子どもを寝かせ、あれこれの話を終えたときには早くも午前3時。
　"今日も泊めてもらいます"
　と独り言ちながら、私は再び児童相談所の一室に潜り込んだのであった。

2002/06/16 No.52

○月○日

　遅まきながら京都府にも児童虐待対応チームが設置される、ということはすでに書いたが、近く記者会見をして大々的に（？）アピールするらしい。

　「じゃあ、通告はもっと増えるんですか？」

　新しく赴任したばかりの児童福祉司が不安そうに尋ねてきた。

　「そうやねえ、可能性は高いと思う。今日の新聞にも『児童相談所が把握している虐待は約半数にとどまっている』と書かれてたからね」

　新聞記事とは、6月11日に公表された厚生労働省研究班の初の全国調査のこと。そこでは2000年度の虐待件数を3万5,000件と推定し、この年に児童相談所に通告された件数（約1万8,000件）と比較しているのである。いくつかの記事は、児童相談所が虐待件数の約半数しか把握していない（通告を受けていない）ことを、あたかも児童相談所の責任であるかのように評していたが、いささか的はずれと言えよう。

　それはともかく虐待対応サポートチームの業務内容について、記者会見に先立って少し説明してみたい。

（1）虐待通告に対する初期対応（初期調査、児童の安全確認、初期介入等）
（2）法的権限に基づく対応（立入調査、児童福祉法28条に基づく家裁への申立て等）
（3）危機介入（職権による一時保護、施設からの強引な引き取り要求への対応等）

　発足前に3人の相談判定課長で協議し、以上を業務の中心に据えた。ただしこれは私たちのオリジナルではない。先行するいくつかの府県市での経験を参考にしただけのことである。

　チームスタッフは児童福祉司2名、心理判定員1名に非常勤の児童虐待対応協力員を加えた計4名。児童虐待対応協力員は配置されて2年目となるが、未だ保護者にこの名称を使ったことはなく、今回「子育て協力員」と名乗ることにした。ファーストコンタクトで"虐待対応の職員です"とは、さすがに言いにくいのである。

　さて、このチームの特徴はメンバーに心理判定員が参加していることかも知れない。では初期対応における心理職の役割は何か。

　「緊急訪問などについては、児童福祉司が優先的に対応し、複数対応が必要な場合は虐待対応協力員が同行する。心理判定員は必要に応じて緊急的な訪問等も行うが、子ども担当という位置づけを基本とする」

　一応このように定めはしたが、決めごとどおりにはことが運びそうにもない。実際の動きは目下のところ未知数である。

　ところでサポートチームの児童福祉司も一部地域を担当し、一般相談も受けることにした。管内人口30万で昨年度の虐待通告は52件（電話相談除く）だったから、虐待対応だけでなく他の業務を加えても大丈夫だと踏んだのである。が、

　月曜に辞令が出て早速起こった出来事はすでに書いた。そして翌週のこの日……。

　性的虐待を疑われた小学生のことで、児童福祉司と心理判定員がペアで関係者協議に出かけた直後のことである。

　「母がイライラし、子どもを叩いたり包丁を持ち出して脅している。母自身が自分を抑えられないと訴えており、児童相談所を紹介した。今日にでも連絡してやってほしい」

　精神科医からの電話であった。母には人

格障害の診断が出ているらしく、自殺未遂や自傷行為も繰り返しているという。こういうときにはスタッフが4名いると心強い。残った福祉司が電話を入れ、家庭訪問することにした。のだが時を同じくして保育園から電話。

「登園してきた子どもがケガをしています。夕方までに来園して状態を見ていただけないでしょうか」

4名のスタッフが2組に分かれて連絡を取り合い、関係機関と協議し、家庭訪問や保育所を訪問、3つの事例に対処する。しかもこのほかにアルコール依存・摂食障害の母によるネグレクト事例への対応も重なってサポートチームは大わらわ。

「さぞかし、びっくりされたでしょうね」
「どんな仕事をするのか、だいたいわかりました。荒療治でしたけど……」

児童福祉司の一人は、実は今回の異動で新しく児童福祉司になったばかりの女性。こんな感想を漏らして午後8時過ぎ、退庁した。それから約1時間後、精神科医から紹介された母親宅を訪問したチームが戻ってくる。

「なかなか大変な人でした。子どもはおなかをすかして待っている様子なんだけど、止まらないんです、話し始めたら……」

初回面接にもかかわらず、軽く2時間半を超えたという。

「私たちも、やっぱりバーンアウトするのかしら」

スタッフからは早くもこんな声が漏れ聞こえてくるのだが、確かに想像以上のストレスフルな業務である。

2002/06/23 No.53

○月○日

金曜日の夜を一時保護の当直で過ごし、土曜日は映画「森の学校」を見てから帰宅した。私が気に入っていた河合雅雄著『少年動物誌』を映画化したのである。ちょっと豊かな気分に浸った後は、締め切りを過ぎてしまった依頼原稿の作成にとりかかり、ワールドカップサッカーの試合もテレビ観戦した。何となく贅沢な気分である。翌日の日曜は里親さんの交流会。ということで本稿の送信が遅れてしまった。さて、

「保健所が訪問したことは言ってくれるな」
「学校からの話はしないで欲しい」
「通報はするけど名前を出さないで」

虐待の通告をめぐって公的な機関ですらまだこんな実情である、と○○さんがメーリングリストに投稿されていた。ではこんな例はどうか。

*

前号でも少し紹介した性的虐待を疑われた小学1年生の顛末である。

そもそもの発端は、カウンセリングを受けていた母親の発言であった。

「娘が父親から性的虐待を受けました。少し前のことですけど、お父さんが一緒にお風呂に入って、出てきたら下半身から出血していたんです」

カウンセリング場面での発言だから扱いには慎重を要するが、もしもこれが事実なら放置できない。カウンセラーは難しい立場に立たされたと感じたのであった。ただし面接担当は非常勤の臨床心理士で、援助の全体は市保健センターが責任を持つという構造。そこで発言は保健師に報告され、そのうえで児童相談所に通報されたのであった。父はまじめな会社員。一見してとてもそんな人だとは思えないという声も聞こえてくる。

児童相談所では発足まもない虐待対応サ

ポートチームが早速ミーティングを行い、方針を協議する。

「事実なら重大だよね。でも事実でないのにこんな発言をしたとしたら、そのこと自体も問題です。とにかく母親と会えるように取りはからってもらいましょう」

「こういう場合は児童相談所に相談しなくてはいけないから……、とカウンセラーから母親に伝えてもらえばいいでしょう」

「場合によっては子どもとの面接も考えなくては……」

こうして関係機関との協議に向かったのだが、そう簡単にはことが運ばない。

「母親に伝えた場合、カウンセリング関係が切れてしまわないでしょうか」

「母親が父に面接の中身を話したらどうなるのか心配です」

「母が面接に来なくなったらどうします？」

児童相談所側のスタッフもいささか面食らってしまう。

「じゃあいったいどうせよというのか」

と口にこそ出さないものの、内心ではそう感じていたはずである。

確かに児童虐待防止法は、第7条で「当該通告を受けた児童相談所……は、その職務上知り得た事項であって当該通告をした者を特定させるものを漏らしてはならない」と定めている。しかし今回のような場合、通告者を特定させることなく話を進めることは不可能だろう。だからこそいきなり踏み込むようなことをせず、事前に児童相談所のことを説明してほしいと頼んだのである。だが、通告してきた側の不安感が予想を超えていた。

この事例では、カウンセラーや保健師に対して"児童相談所が最終的な責任を持つので"と説得して何とか納得してもらい、打ち合わせどおり母親に話してもらったのであった。ところが、これをきっかけにして母から父に話が伝わった。

「出血したとき『ちょっと見てくれ、身体を洗いすぎたかも知れないから』って頼んだのは俺だろう？　なぜ今頃になってそんな馬鹿なことを言い出すんだ」

「わからない」

父母にはこんな会話があったという。こうして調査が進むほどに、今度は母の問題が浮かび上がってきた。ではこんな母にどう接するべきか。難しい課題も潜んでいるようだが、いずれまた。

2002/06/30　No.54

○月○日

「あのお母さん、パソコンを使うのよね。電話をかけたら、『昨日メールを送りました』って言うの、私はまだ使いこなせていないのに……」

「へえ、あの人がねえ」

「とにかく慌ててチェックして、返信したんです」

こんなことを話していると、隣の席で聞いていた別の福祉司が割り込んでくる。

「最近は、××さんのお父さんともメールで連絡しあってますよ」

「えっ、そうなの？」

仕事が忙しくて電話もなかなか通じないため、来所日時の確認や簡単な応答は従来からFAXでやりとりしていたという父と、今ではメールを使って連絡しているというのである。

世の中のＩＴ化は押しとどめようもなく、私たちの職場も、いつのほどにか全員が行政支援システムの一環としてメールアドレスを持たされることになった。そこで新たに異動してきた児童福祉司が、真新しい名

刺にアドレスを書き込んだのである。来談者にその名刺を手渡していたら、思いもかけないところからメールが届くようになったらしい。

「そのうち、黙ってキーボードを叩いているだけで不登校が解消したり、非行の子どもが立ち直る時代が来るのかなあ」

「メールをそのまま印刷すれば、たちどころに児童記録票も仕上がるわけだし、児童相談所の未来はバラ色だ」

というのは夢のまた夢。実はケース記録をめぐって、私は今も苦しい事態をかかえ込んでいるのである。

　　　　　　　＊

少し前になるが、ある県の児童相談所から電話がかかってきた。

「新任児童福祉司の研修を企画しているんですが、ケース記録をどう書けばいいのか、一度しっかり学んでおく必要があると考えているんです。このテーマで講師をお願いできませんか」

残念ながら諸般の事情で引き受けられなかったが、この依頼には是非とも応じ、一緒に議論してみたかった。というのは私たちの職場で行っている新任福祉司研修でも、ここ数年「児童記録をめぐる諸問題」というコマを設けていたし、ケース記録、児童記録票に関しては、私自身に相当のこだわりがあったからである。

「公的相談機関である以上、相談活動で生じたことは適切に報告され、残されておかねばならない。それがケース記録であるが、どうも現在の児童福祉司にとって記録をつけることはかなり苦しい作業のようである」

「業務多忙も手伝って、面接等の内容が記録されずに放置されると、公的相談が個人の相談にとどまってしまう。厳しく言えば相談の私物化。現に相談には応じたものの、また相手にも喜ばれているのに、受理会議に上程されることなく放置されていたため記録がまったくなくて、引き継いだ後任の福祉司が困ったという事例があった」

児童福祉司の時代、私は記録のためには筆記具にも気を遣い、細大漏らさず書き綴った。だから記録さえ読めば、たとえ10年以上前の事例でもそのとき何が起こって何を感じたのか、リアルによみがえるはずである。が、そんな記録方法が唯一正しいのかどうかはわからない。

実際のところ"前任者の膨大な記録など、忙しくて読んでおれない"と嘆く者もいるし、庶務担当者からは、記録のために時間外勤務が増えないよう工夫してほしいと注文がある。しかし虐待通告は増大し、家庭裁判所への申立て等の際にも必要だということで、今まで以上に詳細な記録が求められるようにもなってきた。ところが、

「これじゃあ、何もわからないよ」

「いくら何でも、誰が面接に来たのかぐらいは書いてくれないかなあ」

相談判定課長になって5年目、毎年必ずといっていいほど記録の書けない児童福祉司が出現するのである。そこで私は回ってきた児童記録票を読みながら、こんな独り言をつぶやいてしまう……。

が、上には上。児童記録票自体をいっこうに回さず、積もり積もってしまう例もないではない。児童福祉司の多忙さを見ると一概に責めるわけにはいかないが、しかしこれでは相談機関としての体をなさない。

「あのう、心を鬼にして言うんですが、決裁すべき児童記録票が〇〇件ほど残っているんです」（注：怖くて〇〇の中に数字を入れることができない）

やむなく、おそるおそる、注意を喚起す

る。
　つまり"児童記録をどのように書くか"ではなく"とにかく何でもいいからまずは書いてくれ"という現実が、児童相談所のすべてではないにせよ、ごく一部ではあるが、残っているという次第。
　皆さんのところはどうでしょうか。

2002/07/07　No.55

○月○日
　週末の土曜に行われたある研究会で、話題提供したのは滋賀県のＳさんだった。休憩時間に彼が言う。
「この１カ月って、ちょっと楽じゃなかった？　何しろみんなワールドカップに熱中して、虐待どころじゃなかったはずだからね」
　そうい言われてみると、確かに今のところは、昨年同期に比べて通告件数が少ないのである。
「でもね、３位決定戦と決勝の試合の最中、その両方ともに緊急電話が入ったんだ」

＊

　ビール片手にテレビでワールドカップを観戦するというのは、日頃の疲れを癒すささやかな楽しみのはずだが、よりにもよってこの時間帯に電話が鳴り響いてくれるのだ。
「あのう、緊急に連絡を取りたいと言っていますが……」
　児童相談所の管理宿直からこう言われると、無視するわけにもいかない。
「あなたはサッカーは見ていないの？」
と思わず言いたくなるが、もちろん電話をしてくる人たちにすれば、それどころではない。
　３位決定戦の相手は、いささか酔っぱらった父親。
　携帯電話を使用しているのだが、電波状態が悪く、言っている内容が正しく聞き取れない。そのため返答するにも的が外れ、ともすれば話は蛇行する。機嫌を損ねた父はますます難癖をつけ、最後は「たわけ！」と怒鳴って電話を切ってしまったのであった。
　続いて決勝戦。教えられた相手の電話番号をまわすと次のようなメッセージが届く。
「おかけになった電話番号にはおつなぎすることができません。番号の最初にあらかじめ186を押してからおかけ直しください」
　自宅の電話はあらかじめ番号を非通知に設定しているのだが、そうすると受信を拒否されてしまうのだ。しかし自宅の電話番号を相手に教えることだけは、何としても避けたい。だって先ほどのような父親から毎晩電話がかかってきたら、家族も参ってしまうではないか。
　すでに一口ビールを流し込んでいた私は車を使用することができず、やむなく一番近い公衆電話まで走っていく。公衆電話だと、相手が非通知拒否の設定にしていてもだいたいはつながるのである。そのことに気づいた私は、この間何度となく公衆電話を利用していた。余談だが、NTTは携帯電話の普及に伴い公衆電話を逐次撤去するという方針を立てているらしい。願わくば、どうか私の愛用するあの電話だけは残しておいてほしい。
　さて、そこまで苦労して連絡してみてわかったことは、緊急性などおよそない用件。簡単に言えば、私のワールドカップに冷水を浴びせる効果しかなかったというほかない。

＊

「それはともかく、これから通告も増えてくるだろうね、夏も近いから」
　Sさんと喋っていた矢先、携帯電話が鳴った。まったくところ構わずかかってくるし、かけることができるのが携帯電話というものだ。研究会を中座してトイレの前あたり、なるべく静かな場所で話を聞く。
「あのう児童相談所の管理宿直ですが、虐待通告があったので……」
　急ぎ通報者に連絡をとる。近隣に住む女性だった。
「約30分ぐらい前に、子どもの泣き声や『イタイ、イタイ』という声が聞こえてきたんです。去年も似たようなことがありました。夏場になると窓を開けるし、声も聞こえやすいんですよ」
　町の保健センターに連絡して該当する児童がいるかどうかを確認し、相談経過なども聞いてみよう、と思って時計を見る。午後3時半だから、週明け一番で取り組めば48時間以内には何らかの見通しがもてるな、と判断する。
　統計を見てみると、近隣からの通告が増加傾向にあるが、夏場はおそらくこれまで以上にこうした通告が増えるのであろう。
　皆さんのところはいかがでしょうか。

2002/07/14　No.56

〇月〇日
　我が児童相談所は管轄地域外に設置されているため、どうしても出張することが多くなる。この日も児童福祉司や心理判定員、また児童虐待対応協力員等がペアを組んで、子どもや保護者と面接し、関係機関との協議のために出かけていく。
　夕方になって職員が戻ってくると、私はその日の様子を聞かせてもらうのだが、深刻な事態をかかえ込んでくることもしばしばだ。
「はっきりした理由はわからないのですが、どうも母親がリストカットしたらしく、出血して病院に運ばれたんです。子どもは近くの民生児童委員に助けを求め、一晩泊めてもらったというんですよ」
　不安定な母親で、ずいぶん前から似たようなことが繰り返されていたらしい。
「けなげな子どもです。おそらく母親を置いて自分だけが施設を利用するという気持ちにはならないと思います」
「今からではもう遅すぎます」
　中学2年の女児。不適切な環境であることは明白だが、児童相談所としてどのような手が打てるのか、優柔不断な私は思い悩むだけで、実際に女児と出会った担当者は事態打開の根本策が見えないことに、怒りや無力感、苛立ちを感じている。

＊

　ところで考えてみると、最近やたら似たような事例を経験していること気づかされる。
「お母さんが血を流しています。すぐ来てください！」
　小学生が深夜に電話してきたため、急いで家庭訪問したときも母親のリストカットによるものだったし、眠剤を大量に服薬して病院に担ぎ込まれる場合も珍しくない。
「腹が立ったので、子どもは山に捨てました」
　こんな電話をかけてきたため、警察も出動して大騒ぎになった小学生の例では、その後母親が大量服薬をして意識不明となり、そのまま寝たきり状態になってしまった。あるいは児童相談所の処遇に理不尽な猛抗議をし、それをきっかけに担当の児童福祉司が抑うつ状態に陥ってしまった事例である。その例では、猛抗議した母親がその後

万引きで逮捕され、彼女は留置場の中で隠し持っていた眠剤を一挙に流し込み、意識朦朧となって拘留されたまま入院となった。警察はびっくりし、以後、24時間体制で病室を見張っていたはずである。この母親は、公判で医療機関から「人格障害」との診断を示されたのだが、態度の豹変ぶりには驚かされる。ある時は暴力団顔負けの迫力で激しく攻撃もするが、一転してろれつが回らないような口ぶりになり、時には殊勝な態度で反省することもある。さらに身体状況も目を見張る。車イスや杖を常時使っているのに、整形外科医は決して問題を発見できないのである。

こんな彼らに特徴的なことは、得てして母子の共生関係が強いこと。

万引き事件の母親は小学1年の息子に対し、一方で養育を放棄し、身勝手な子育てと言わざるを得ない状況に身を置きながら、他方ではしっかと息子を抱き寄せ、おおげさにキスをし、偏愛する。あるいはつい先日、やはり眠剤を服用して救急車で運ばれた母の場合、児童相談所は一時保護を提案するのだが、肝心の本人（小学校6年生の女児）は母の身を案じ、むしろ反発して応じようとしない。そのほか、自立を志向し親に反抗しても決しておかしくない時期の女子高校生も、自殺未遂や摂食障害などで入退院を繰り返す母親にアンビバレントな感情を抱きつつ、離れるという決断まではくだせない。

「こんな人が増えてきたんですか？」
「さあ、どうなんでしょう」
「でも、私たちが対応に困難性を感じる人って、こんなタイプの人が多いですよね」
「世の中の動きとも関係があるんでしょうか」

自分のことが精いっぱいで、ある時は自らを傷つけ、命を削り、他方では子どもと密着し、時として子どもに包丁を向けたりもする、多くのばあい自らも被虐待の体験を持つそんな親たちに、児童相談所は実際のところ、どのように接すればいいのか。

＊

「その方でしたらお受けしかねますので、他を当たってください」

私がびっくりしたのは、救急で運び込まれた患者の名前を確認したとたん、病院側が受け入れを断ったという話だ。直接確認したわけではないので真偽のほどは不明だが、いわゆる「人格障害」と言われている人たちに対して、医療サイドもその対応に苦慮しているという話はよく聞く。

「治療と言っても、極めて難しいですからね」
「お母さんのことはともかく、子どものことを考えましょう」

＊

皆さんのところで、そんな苦労はありませんか？

2002/07/21　No.57

○月○日

今朝の毎日新聞を見ていたら、「心神喪失等の状態で重大な他害行為を行った者の医療及び観察等に関する法律案」いわゆる「心神喪失者医療観察法案」についての特集が載っていた。見出しには「課題多い心神喪失者法案」「揺れる『再犯』予測」「『人格障害』含む危険」等の文字が踊っている。

この法案は、付属池田小学校乱入殺傷事件をきっかけにして国会に提出されたもので、殺人・放火・強盗・強制わいせつ・強姦・傷害を対象犯罪とし、新たに全国の地

裁に設置される裁判官と医師1人ずつから成る合議体が、審判で対象者の入院や通院の可否などを決めるというものである。

9日に衆院法務・厚生労働両委員会の連合審査会が開かれたそうだが、医師や刑法学者も巻き込んで与野党の意見は二分している。

「『再犯の恐れ』の判定は、現在の措置入院で必要とされる『自傷他害の恐れ』の判断と同じ。不可能ではない」

与党側の参考人である医師や刑法学者がこのように主張し、野党側の参考人は次のように主張した、と毎日新聞は書いている。

「『自傷他害の恐れ』は急性期の患者について、現在の症状から近い将来に病状が悪化するかどうかの判断。『再犯の恐れ』はもっと遠い将来のことで、全く異なる」

＊

インターネットを検索していたら、日弁連の声明が見つかった。日弁連は法案が閣議決定された3月15日、会長声明を出して政府案に反対を表明していたのである。

「政府案は、『再び対象行為を行うおそれ』を要件としての期限の定めのない強制入院、3〜5年にわたる強制通院といった処遇制度を創設し、地方裁判所に設置する裁判官および精神保健審判員からなる合議体が裁判することとしている」

「『再び対象行為を行うおそれ』は『再犯』のおそれにほかならないものであるが、再犯の危険性予測は、医学的にも困難なものとされていて、その予測の信頼性はきわめて乏しいものであるのに、政府案では、それを理由として無期限の入院が可能とされている。不確実な再犯予測を前提に無期限の身柄拘束を行うことは許容しがたい人権侵害をもたらすと言わざるをえない」

ところが日本医師会の西島常任理事等は5月に厚生労働省で記者会見し、法案の今国会成立を強く訴えたというのである。

「再犯のおそれを精神科医が予測できないという理由で、一部の団体が本法案の成立に反対していることに関しては、『医師に求められているものは、（1）対象者が精神障害者であるか否か（2）今後対象者が治療を受けなければ、どのような症状が続き、あるいは発現するか（3）人の生命、身体等に危険を生じさせる行動を含む問題行動に出ることがあり得るか——についての判断である。このような判断は現代の医学により十分に可能であり、現状においても行われている』と反論した」（日本医師会ホームページから引用）

＊

なかなかに重大問題だが、法案はどうも今国会では可決されず、継続審議となるらしい。

ところで、「再犯のおそれ」という言葉に引きずられて、私は常々気にかかっていることを思い出した。今日はそのことを少し書いて皆さんの意見をもらおうと考えているのである。それは他でもない「虐待のおそれ」。児童虐待防止法では、「おそれ」という表現が2ヵ所ある。第2条児童虐待の定義での「児童の身体に外傷が生じ、又は生じるおそれのある暴行」という表現と、第9条立入調査に関する部分の「児童虐待が行われているおそれがあると認めるときは、児童委員又は児童の福祉に関する事務に従事する職員をして、児童の住所又は居所に立ち入り、必要な調査又は質問をさせることができる」という箇所だ。

定義に関して言えば、"たまたま幸運で外傷は生じなかったけれど、まかり間違えばひどい怪我をしたかもしれない"という場合も虐待であると考えられよう。このよ

うな場合、児童相談所は実務上どう扱えばよいのか、検討したいこともあるのだが今回はさておくとして、第9条に関して考えてみたい。

法律を読む限り、「児童虐待のおそれ」とは"密室状態のため確認できないだけで、実際には虐待が行われている可能性の高い場合"を指すのであろう。ならば確認のために立入調査も必要だということは理解できる。

では、"虐待しているとまでは言えないが、今後虐待を犯す可能性が高い"場合、つまり虐待のハイリスク家庭などは、どのような扱いになるのか。たとえば先週号で少し話題提供したような例——人格障害等と診断され、時として包丁を持ち出すような保護者——の場合、児童相談所は「虐待のおそれ」がかなり高いと判断して介入し、職権で一時保護すること等が求められるのか、つまりそれが必要なのか、あるいは可能なのか、という問題である。

これまで職権介入が必要であると強調されてきた背景には、相談援助関係にこだわりすぎて児童の安全が確保されないことへの批判があった。つまり明らかに重大な虐待があるにもかかわらず、保護者が虐待を自覚しなかったり指導にまったく応じない状態を、手をこまねいて見ているだけでは駄目だという当然の主張である。

ところが最近は一歩進んで、現に虐待されているだけでなく、明日の虐待の可能性が高い場合にも児童相談所は介入すべきであるという声が強まっている、と私は思う。

「このような家族構成の場合、危ないことは専門家なら常識である」

たとえば、このような意見（批判）を聞くことは多い。

確かに子どもの命が失われたり重傷を負うような怪我をしてからでは遅すぎる、という意見は説得力があるし、児童相談所に身を置く立場として、そうならないことを切に願ってはいるのだが、先の「心神喪失者医療観察法案」が、すでに事件を犯した心神喪失者の「再犯のおそれ」を問題にしている（にもかかわらず大きな問題があるとして慎重意見が強い）ことと比べて、児童虐待における種々のリスクアセスメントによる介入基準というのは、児童の安全第一という観点からすればそのとおりだと思いつつ、時としてやや踏み込みすぎではないかという疑問が、"それって後ろ向きの考えだぜ"というささやき声とともに頭の片隅をよぎるのである。

＊

今回取り上げる余裕はないが、「おそれ」という表現は「少年法」にも登場する。言うまでもなく「……その性格又は環境に照して、将来、罪を犯し、又は刑罰法令に触れる行為をする虞のある少年」である。

「心神喪失者医療観察法案」における「再犯のおそれ」

「少年法」における「将来、罪を犯し、又は刑罰法令に触れる行為をする虞のある少年」

「児童虐待防止法」における「児童虐待のおそれ」

これらはすべて異なるものではあるが、1974年、法制審議会で決定された刑法改正草案で「保安処分」の創設が問題となり、精神障害者に対する人権侵害ではないかとの厳しい批判にさらされて法務省もこれを断念したという歴史などを思い起こしながら、私はまたしても悶々とせざるを得ないのである。

＊

今回はいつにも増して論述の視点が未整

理で、あれこれレベルの違う問題を混同している点も多く、私自身まだ混乱しています。読まれた方にもわかりにくかったのではないでしょうか。伏してお詫びするとともに、できればメーリングリスト参加の皆さんが、それぞれの立場でコメントしてくだされば幸いです。

2002/07/28 No.58

○月○日

　日曜日、Weekly原稿を数行書き始めた途端に電話が鳴って虐待SOS。そのまま飛び出して現地に向かい、民生児童委員らと話し合い、家庭訪問もした。そんなこともあって、またしても本原稿の送信が遅れてしまったのでありました。あしからず。

○月○日

　喫茶「ブラジル」は児童相談所から徒歩0分。マスターは控えめな性格でクラシック音楽好き。さらに……、
　「これですか？　ええGAGGIAです。イタリアの中でも最高級品と言われています」
　「関西では神戸でしか手に入らないみたいですよ」
　コーヒーミルひとつにも注文をつけ、うまい珈琲のためには地道な努力を惜しまない。
　だから私は、支障がない限り昼みみには必ずここに立ち寄ってカウンターに座る。なぜと言って「ブラジル」の珈琲がなければ、ハードな業務の午後半日を乗り切るなんてできないからだ。
　さて、そんな喫茶ブラジルに、夕方遅く3人が集まった。
　「ちょっと別室に行って来ます」
　勤務時間は終わっても所内はまだ面接などでバタバタしており、場所を移したのである。珈琲をすすりながら話し合うほうが、ずっといい案が出る。

＊

　「欲張って何もかもプログラムに組み込んでしまうより、体験学習の時間を十分とったほうがいいんじゃないかなあ」
　「とすると、具体的なプランはどうなる？」
　「この前の児童福祉司会議で、ロールプレイも取り入れた初回面接の研修をやったでしょう、あれって評判よかったみたい」
　「面接場面の一瞬間を取り出して考える応答構成トレーニングも有益だよね」
　「事例検討もワークショップ的な形でやろうよ」
　例年より遅れて6月に行われた人事異動で新たに児童福祉司が7名増員となった、それまで14名だったから一挙に1.5倍（ただし児童相談所職員は全体で3名しか増えていないという不思議はここでは取り上げない）。急増と言っていい。かつ転勤した人の後任も加えると新任の児童福祉司は11名。半数近くが新人という事態を招いたのである。これは大変なことだ。そこで彼らに対して最低限であっても必要な研修を企画するため、急ぎ3つの児童相談所からスタッフが集まって研修企画を立てることになったのである。
　「ワークショップも大切だけれど、実務講座が必要じゃないの」
　「どんなことがある？」
　「触法通告の扱いに関する事項、処遇指針の作成にかかる確認、措置停止の統一的運用のためのガイドライン、児童記録票の諸問題、記録の書き方、一時保護決定通知を含む文書通知の件、家裁との関係・少年調査記録等の扱いについて、里親希望者へ

の調査の進め方、その他その他いろいろあるんだよね、これが」
「なるほど」
「ところで先輩福祉司からのミニ講座って案はどうだろう」
「そう、ワンテーマで時間も短くし、極意を語ってもらおうよ」
「うんちくだね、いわば」
 さらに児童相談所の他の職員にも呼びかけるオープン企画をひとこま含みこんで合計5日間、新任福祉司研修のアウトラインが決まったのであった。

＊

 こんな話し合いでだいたいの企画を決め、職場に戻ってみると、どうだろう。残っている職員はまだまだ多い。
「今日はタクシーを4回も使ってしまったの」
 それこそ新任の女性福祉司が遅くまで残って話している。
 あちこち走り回っているのだが、移動する時間のロスがもったいないためタクシーを使わざるを得ないのである。
「でもそのうちの1回は私用だったんです」
 昼休みの休憩時間には、食事もそこそこに息子のバスケットボール観戦をしたというのである。
 彼女からは確か土曜日にもケース対応のことで電話をもらっていたが、家族のことも相談業務のことも、身を削りつつこれ以上ないというほどに奮闘し、充実感を感じている姿は初々しくもあり、むしろ研修を企画する私のほうが励まされるのであった。

2002/08/04　No.59

〇月〇日
「通園バスを利用するようなって、きょうだい3人ともが落ち着いています。これまでは登園時間が10時とか11時でしたから園の日課にもうまく乗れず、あまりいい状態ではなかったんです」
 代わる代わる怪我をして登園し、虐待も疑われていたきょうだいであった。それが保育園の送迎バスを利用するようになって安定してきたのである。ところが喜んだのも束の間、バス代が高くて利用を見合わせるという返事が入ってきた。
「子どもたちもバスを楽しみにしていたんですがねえ……」
 私たちも不安を覚えていたところへ、再び保育園から連絡があった。
「つい先日、定期監査を受けたんですが、『虐待のおそれもあるような家庭なら、送迎バスの費用について配慮してもいいのでは』と言われました」
「他の家庭との兼ね合いもあるので全額補助というわけにはいきませんが、工夫してみたいと思います」
 虐待のリスクが高い場合、保育園などに安定して通園できるかどうかは重要なポイントだ。だから"あなたの行為は虐待にあたります"と繰り返すより、こうした援助のほうがずっと効果的、なのだが費用に関しては保育園側の持ち出しになってしまう。監査の指摘とはいえ、民間の保育園が身銭を切って援助することは、簡単にできることではない。
「明らかな虐待、あるいはそのおそれが極めて強い場合には、自治体の予算でこうした援助が可能にならないやろか」
「児童相談所が出かけていって保護者と揉めるより、よほど効果があるよ」
「でもね、『おめでとうございます、虐待と認定しましたので保育料は無料にいたします』なんてことになったら、やっぱり変

じゃないの」
「けれど虐待の背景に深刻な経済問題が潜んでいるような場合、いくらカウンセリング命令を出しても根本的な解決にはならないと思うんだ。援助というなら、このきょうだいの送迎バス問題は一つの研究材料になるよ」

＊

こんなことを話題にしていたときに届いたのが、『CAPニュース』第43号（子どもの虐待防止センター発行）である。そこには上野加代子氏が「児童虐待——どこに問題を求めるか」と題した一文を載せており、目を引く箇所がいくつかあった。

「近年、……児童虐待問題への関心の高まりとともに、……リスク（いまだ起こっていない危機）という考え方に強調点が置かれている。病院や保健所で児童虐待のリスク項目を特定しようとする研究もなされており、そこではかならずと言ってよいほど、リスク得点の高い親子を発見し、早期に介入することの必要性が説かれる」

「アセスメントの最近の傾向として、どのような状態が虐待であるかよりも、どのような親が虐待をしそうなのかといった"予測"に焦点が移っている」

「さらに、関係機関・団体のすべての活動が、"子どもの命を救う""親を援助する"善いことだとして自明視される傾向が強くなっている」

虐待ハイリスクの家庭に対して、同意を得たうえでさまざまな援助活動を展開し、虐待の未然防止をはかるというのであれば、確かに早期発見も意味があるだろう。しかし"リスク（いまだ起こっていない危機）"の段階で職権的な介入を行うとしたら問題は複雑になる。その点は私もWeekly No.57で指摘したところだ。だが上野氏の問題提起はそこにとどまらない。

「虐待アセスメントの考えは、生活苦、ローン、失業、劣悪住居といったものを、経済政策、就労政策、社会保障施策の問題としてとらえずに、個人がマネージできるもの、個人が責任を負うべき事柄として扱っている」

＊

「日本でも、児童虐待だと判定されている少なからぬ割合の家族において、何らかの経済的な困難を発見できるのではないだろうか。それを、努力の足りない親の道徳的欠陥や前世代から引き継がれた心理的トラブルだととらえるか、あるいは個人のリスクマネージメント努力の範囲を超えた、失業や雇用対策や住宅対策や保育所対策の不備としてとらえるか、また原因は何であれ、家族療法やカウンセリングや親業クラスにつなげることで養育者の態度変容を促すか、それとも社会福祉の基盤整備を充実することで児童虐待だと判定されるような要因そのものを減らし、子どもの福祉政策全般の水準を押し上げていくべきか、本格的な虐待対策が始まったばかりの日本においてもっと議論されるべきだと思う」

上野氏はあえて二者択一を迫るような表現を用いているが、個々の家族へのはたらきかけと社会政策としての基盤整備、その両方ともが必要とされていることに疑いはないだろう。ただ、最近の多くの論調は後者を忘れさっている、というのが氏の主張であると私は思う。

願わくば、児童虐待に取り組む現在の私たちの苦心や苦労が、今後の社会福祉、人間福祉全体の向上につながるものであってほしい。そう願わずにはいられないのである。

2002/08/11 No.60

○月○日

　隣家には、北側2階にかなり大きなベランダがある。
「普通なら日当たりを考えて南側につくるはずだぜ、不思議だなあ」
「でも、あれだけのスペースがあったら南も北も関係ないんじゃないの？」
「それにしてもや」
「それより、うちはベランダっていうのも恥ずかしいような単なる物干しでしょ。アンタが書斎、書斎って騒ぐから、こっちはいろいろと不便がきてるのよ」
　10数年前、貧しい予算を奪い合うようにして夫婦が争ったマイホーム建築プラン。こんな会話は日常茶飯事だったが、隣家ベランダの謎は、引っ越し後すぐに解消した。
「まあまあ、一杯飲んでください」
「いやあ、今年は一段と派手ですなあ」
「枝豆できました」
「ドドン」
「今度はまた大きいのが上がりましたなあ」
　親しい客が寄り集まっての歓談は、年に一度の花火大会当夜の出来事。かのベランダは花火を眺める特等席だったのである。
「あの家がもうちょっと低ければなあ」
　もちろん我が家からも花火が見えないことはない。ベランダからぐっと身を乗り出せば一望のもとに観ることはできるのだが、わずかに障害物がある。
「オイ、我が家もどーんとベランダを拡張しようか」
「馬鹿なこと言わないで。年に一度の花火のためにそんな無駄できるわけないでしょ」
「それより西瓜を切ったから、早く食べましょう」

　こんな愚にもつかぬ会話を繰り返しながら花火大会は過ぎ去っていくのであった。ただし、いつもだと業務多忙につき帰宅したときは祭りの後、という場合が多い。それが今年は土曜日に重なった。
「久しぶりにゆっくり花火でも見ようか」
「そうだ、ビールと西瓜を買ってこなくちゃ」
　こうして準備万端整ったときに、またしてもいやな感じの電話の呼び出し音。
「児童相談所宿直員の○○です。あのう、先ほど2歳半のお子さんのことで電話がかかってきたんですが……」
「また行くの？」
　妻は早くも警戒心をあらわにするが、とにかく折り返し連絡するしかない。
「ええっと、今おむつをはずしてオシッコのトレーニングをしているんです。でもトイレまでは行っても、なかなかしてくれないんですよ」
「ええ、この夏に自立してくれたらと思って、がんばってるんです」
「今朝はチョロッとしてくれたんですが、見ているとかえってしない感じもします」
「放っておいたほうがいいのかなと思うんですけど、トイレからオカーサンって呼びますしねえ」
　ちょっと相談したかったのだろうが、保健センターなどは閉庁しており、何とか児童相談所の電話番号を探し当てたのだろう。閉庁というのであれば児童相談所も同じなのだが、幸か不幸かこちらには管理宿直がいて、電話であれば24時間いつでも受け付けている。ともかく虐待通告ではなかったから、むしろほっとしたというのが正直なところだ。簡単なアドバイスをして終わった。

あとは、自宅にいながらにして花火を堪能し、丸ごとの西瓜を切って食す。
"児童相談所職員にだって、こんな休日があっていいでしょ"
私は、誰に言うともなくつぶやいたのであった。

2002/09/01 No.61

○月○日
これを夏の夜の夢とでも言うのだろうか。
「近所で子どもがひどく叱られています。ええ、一度ではないんです。以前から続いているものですから心配になって……。今日は思い切って玄関まで行って表札を見てきました。○○さんというお宅です」
近隣住民からの虐待通告だが、この女性、きちんと名を名乗り、直接お会いすることも承知していただいた。詳しく話を聞き、いざ児童相談所が調査に乗り出すと……、
「住民票を確認しましたが、そんな年齢の子どもはいません。念のため両隣についても世帯構成を調べてみましたが、やはり該当するような方ではありませんでした」
過去に保健指導などの経過はないか、町の保健センターに尋ねた結果は意外な回答。
「お盆の時期だから、誰かが実家に戻ってきたのではないやろか」
「戸籍で確認しましょうか？」
そこまですべきかどうか。迷った末の調査でも、やはり該当するような児童の存在は確認できなかったのである。

*

こんな例はどうか。
「遊びの教室に通ってきているお母さんですが、『子どもを叩いてしまう』と訴えるんです。でもそんな話をする割には、妙に明るいんですね」
「この前は母親が怒ってドアをばたんと閉めた拍子に、追っかけてきた子どもがそのドアにぶつかって倒れ、一瞬意識不明になったと言うんです。タクシーで病院に運び込んだそうです」
「自分で訴えてこられますし、ともかく児童相談所に連絡しておかなくてはと思ったんです」
「怪我の様子ですか？　ええ、外傷があるというわけではないんです」
遊びの教室スタッフからの連絡であった。ところが……、
「その日には、おっしゃる方は見えていません。というより、そのお子さんはこれまでに一度も受診されてないんです。カルテ自体がありませんからね」
母が連れて行ったという病院に確認すると、そんな患者は来ていないというのである。これはいったいどういうことなのか。謎はまだ解けていない。

*

児童虐待防止法の施行以来、いろんな通告が児童相談所に届けられるようになった。その中には、事実誤認というだけでなく意図的な誤報も混じっているような気がしてならない。
とはいうものの私たちは夏の夜の夢といって寝ぼけているわけにはいかない。通告が急増すれば、必然的に一定の割合を占めるようになる誤認や誤報、意図的な歪曲に対して、時間と労力を費やし、適切な判断をくださねばならないのだから、なかなかもって大変な業務ではある。

2002/09/08 No.62

○月○日
「みなさん、こんにちわ」
「コンニチワ」
一斉に黄色い声が返ってくる。

「今、一人一人の名前を書いたノートを渡したでしょう、これは『権利ノート』っていうんです」
「ところで『けんり』ってわかるかな。とても大事なものなんだけど」
「わかる！」
「ここに書いている権利は、売ったり買ったりはできないんだよ。なぜならね……」

*

遅ればせながら私たちのところでも児童福祉施設に入所している子どもたちに権利ノートを渡そうということになって、施設と児童相談所が共同でノート作成に取りかかったのが2000年5月。それから数えてすでに2年以上が経過したのだが、思いの外手間取ったノート作成作業がやっと終わった。あとは完成した権利ノートを携えて、すべての児童福祉施設を訪問し、児童福祉司が一人一人に手渡すのである。

私もある児童養護施設を訪問した。ここでは人数が多いこともあり、小学生から高校生までの子どもたちを年齢別にいくつかのグループに分け、それぞれのグループごとに集まってもらった。

「ノート読めるかな？」

漢字にはすべてルビをふってある。私が説明を担当した小学2・3・4年のグループでは、早くもめいめいが読み始め、がやがやと騒がしい。

それぞれの項目を簡単に説明してみた。
「意見があったら聞いてもらえるんだよ」
「ない」
「ないの？」
「ない」

こんな返答が即座に返ってきたが、前に座っていた子どもが小さい声でつぶやいた。
「お小遣い」

「うん？　お小遣いって？」
「お小遣いがもっとほしい」
「そうだね、そんなことも園の先生に言ってみたらいいんだよ」

そして最後のページを繰ってもらう。
「ここに名前が書いてあるでしょう。その人が児童相談所の担当の先生です。困ったことがあったら、そこに書いてある番号に電話したらいいからね」
「ところで、君たちは弁護士って知ってるかな？」
「知ってる」
「知らない」
「そうか、知らない人もあるよね。困ったことがあって、園の先生や児童相談所に話しても、やっぱり解決できなかったら、そこに書いてある弁護士さんに聞いてもらうこともできるんだ」
「だから、このノートは大切にしてなくさないようにしてください。わかったかな」
「なくしたらどうなるの？」
「そうだね、本当はなくさないようにしてほしいんだけどなあ」
「少しは予備があるから……」
園の職員が補足してくれた。

*

さてこのノート。配布に先立って最後に開かれたノート作成部会に、私は委員ではなかったのだけれど都合で代理出席することになった。実務について多少の議論はあったものの、ノート自体はすでに完成していたので、これまで作成にかかわっていたメンバーのふりかえりが中心である。

「やっとできた。これから施設が試されていくわけで、がんばらねばと思ってます」
「時間をかけた分、施設内でも議論がで

きました。高校生交流会などで子どもたちがどんな意見を出してくるのか楽しみです」

「でもノートを配布することで、新たな問題が起こってくるかも知れない。施設間でも情報を交換しながら取り組んでいきたい」

「実は職員間でもまだ十分な意思統一ができているわけではありません。ノートの完成で部会は終わったけれど、施設内ではこれからがスタートだと思っています」

「児童相談所も一時保護した子どもたちに配るわけで、私たちも意識改革していく必要があるように感じています」

「私のところは知的障害児施設ですから、知的障害児の権利をどう考えるのか、これから考えていかねばならないことがたくさんあります。職員用のQ&Aが欲しいと思っています」

発言を聞いて感じたことは、部会のメンバーは作成作業を通じ、また種々の議論をふまえ、権利ノートの持つ意味や必要性を何度も確認してきたのだろうが、それがまだ施設職員の隅々にまでは浸透しきっていないのかも知れないということだ。全体としては、"いよいよこれから"という緊張感もただよう会議であった。

ところで2002年5月発行の『子どもの権利を擁護するために』(厚生労働省監修、日本児童福祉協会刊)という本を読んでいたら、「権利・責任ノートの活用」という項目があった。そこにはこんなことが書いてある。

「ノートの活用とは、現状を『良い・悪い』と評価することではありません。未達成・逸脱状況にある現状からノートで示されている水準に至るまでの手順・方法や、そのために必要な合意づくりをしていくことが求められているのです。職員として、どうしたらその水準に達することができるかを考え、それにそった実践をすること、それが『活用する』という意味です」

なるほどそうかもな……、と考えていたら小6の子どもが手を挙げた。

「質問です」
「どんなことかな？」

小5・6年のグループを担当していた児童福祉司が彼女とやりとりをする。

「わたしは目が悪いので、権利ノートが読めません。どうしたらいいんですか？」

児童養護施設とはいえ、いろいろな事情で視力障害を持つ子どもも入所しているのである。

「あなたは点字は読めるの？」
「読めます」
「じゃあ、権利ノートの点字版を用意します。それでいいでしょうか」
「はい」
「少し時間がかかるかも知れないけれど、約束したので、必ず持ってきます」

こんなエピソードを交えながらの権利ノート配布の取り組みであった。

2002/09/15　No.63

〇月〇日

児童福祉施設に入所している子どもたちに「権利ノート」を配布したことはすでに述べた。では受け取った子どもたちは、自分の名前が書いてあるノートを手渡されてどんな気持ちになっただろうか。

「大切なノートだよって話していただいたからでしょうか、低学年では『センセイこれ預かっといて』と職員に持ってくるような子もいました」

「ノートの説明を聞いてから妙な言葉づかいをするんですよ。『私、今プライバ

シーやねん』なんてね。どうやら自分のことで相談してほしいという意味らしいんです。小学生ぐらいでは、プライバシーって言葉自体が珍しいんでしょうかねえ」

　過日、児童相談所と児童福祉施設職員の交流会があったのだが、そこでは当然のことながら、できあがって活用を始めたばかりの「権利ノート」が話題になった。そのおりに子どもたちの反応を聞かせてもらったのである。

　施設の子どもたちが権利について認識し、積極的に発言し、主張するようになるには、私たち自身が不断に努力を重ねなければならない、私はそんな気持ちになったのだが、他にも次のようなことが話題にのぼった。

　「子どもたちは、やっぱり児童相談所の担当の先生に関心があります。『この前児童相談所の先生が来たのは○月○日だった』とか『ボクの担当の人も○○さんや。ノートに書いてあったもん』などと子ども同士で話してました」

　「児童相談所は結構ひんぱんに担当者が交代するでしょ。『今度の人で○人目や』って報告してくる子もいましたよ」

　いっぺんに心苦しさがあふれてきた。というのも今年の人事異動は、事情もあって担当の児童福祉司が大幅に入れ替わったのである。ところが多くの福祉司は、異動直後から尻に火がついたような火急の相談に忙殺され、施設に在籍している子どもたち全員に出会って言葉を交わすなどというのは夢のまた夢。

　だったら新しくできたノートを一斉に配布するのは子どもたちに出会う絶好のチャンス、この時こそ担当福祉司が直接ノートを手渡して挨拶すればいい。はずなのだが、たとえば施設の中には児童相談所から100キロもの距離があり、それすら時間的な余裕がない。結局は児童相談所を代表して1名の児童福祉司が各施設に出向き、自分が担当している子どもだけでなく、他の福祉司が担当している入所児童にも代理でノートを手渡したのであった。

＊

　さて子どもたちの反応を知らされてまざまざとよみがえってきたのは、2000年に実施した児相研カナダ研修旅行での光景だ。私たちはカナダ在住のK氏に案内と通訳の両方をお願いし、カナダ・トロントのさまざまな機関を訪問したのだが、その中の一つにPape Adolescent Resource Centre、通称パーク（PARC）があった。パークとは"さまざまな理由で児童福祉のケアを受けている若者たちが集い、交流する場"とでも言えばいいだろうか。私たちはここで彼らと夕食を共にする機会を得たのである。

　夕方からの急な冷え込みに震えあがり、慌ててセーターやスーツを着込む日本のソーシャルワーカーたち。片やTシャツ一枚で平気な様子のカナダの若者。彼らが歓迎の気持ちを込めてつくってくれた激辛カレーに、私たちは内心いささか辟易していたが、中庭での話は弾んだ。

　「日本の児童養護施設にいる子どもたちとも交流したんですって？　どんな印象でしたか？」

　「あまり意見を言わない感じがします」

　「特に性の問題なんか、口をつぐんでしまって……。誰でも関心があるテーマだから意見がないはずないんですけどね」

　なるほど、と思って聞いていたら、逆に質問が飛んできた。

　「ちょっと訊きたいんです。日本では子どもたちが担当のソーシャルワーカーに会えないって聞いたんですけど、本当ですか？」

「いや、会えないってわけじゃあないんだけど……」
「でも私たちに比べると、会って話をする機会はかなり少ないように感じました」
「確かにそうかも知れないなあ」
「なぜですか？」
「どうして子どもたちはソーシャルワーカーに会う機会が少ないんですか？」

こう訊かれて一瞬、会場は沈黙する。私たちが返答に窮したからだ。かく言う私も、かれこれ10数年前に児童福祉司になったときのことが脳裏に浮かび、言葉に詰まってしまった。当時はまだ厚生省が虐待統計すらとっていない時代だったが、それでも多忙さは変わらず、前任者からの引き継ぎ事務だけで夜中の10時近くまで及び、辞令をもらったその日からフル回転を余儀なくされた。このとき私が担当した施設入所児は約60人。加えてすぐに対応を迫られていた在宅の相談も30件ぐらいはあった。100人近い子どもたち一人一人と丁寧に出会おうと思えば思うほど、順番が回ってこない子どもが生じてしまうジレンマ……。

「カナダと日本ではソーシャルワーカー1人が担当する子どもたちの人数が全然違うんだ。だから子どもたちに会いたくても、簡単にはいかないんだよ」

どうしても言い訳めいた発言になってしまうが、カナダの若者は納得しない。

「そうだ、いい考えがある。政府にそのことをちゃんとわかってもらえばいいじゃないですか」
「……」
「日本のソーシャルワーカーも、日本の子どもと同じでおとなしいんですねえ」
「だって政府に要求すれば改善してもらえるのでしょう？」

最後は苦しまぎれの発言。

「いろんな意見をありがとう、帰りの飛行機の中で、君たちの発言をもう一度かみしめながら解決策を考えてみるよ」

＊

あれから2年。事態は改善するどころか、虐待通告の急増なども影響して施設はいっぱいになり、担当福祉司の負担はさらに大きくなった。とはいえ一人一人のこどもにすれば、そんなことは関係ない。もっと大切にしたい、されたいという願いは児童福祉司にも子どもたちにも渦巻いているのである。それが皮肉にも、権利ノート配布の場面で浮き彫りになってしまった。私たちの苦悩はまだまだ続くというほかない。

と考えているところへ、権利ノートのことを書いた前号のWeekly No.62に関して意見が返ってきた。差出人は先に登場していただいたカナダ在住のK氏である。

＊

川﨑さん

いつもいつもWeeklyを送ってくださいまして、ありがとうございます。川﨑さんの日々の苦闘が臨場感あふれる文章でかかれていて、日本の現場を知るのにとても役だっています。

さて、最新号に「こどもの権利ノート」のことが書かれていました。その中に以下の文章があって、ちょっと疑問に思ったので書かせていただきます。

2002年5月発行の「子どもの権利を擁護するために」（厚生労働省監修、日本児童福祉協会刊）という本を読んでいたら、「権利・責任ノートの活用」という項目があった。そこにはこんなことが書いてある。

「ノートの活用とは、現状を『良い・悪い』と評価することではありません。未達成・逸脱状況にある現状からノートで示さ

れている水準に至るまでの手順・方法や、そのために必要な合意づくりをしていくことが求められているのです。職員として、どうしたらその水準に達することができるかを考え、それにそった実践をすること、それが『活用する』という意味です」

確かに、職員の側から見れば、上記の「活用」が求められているのかもしれませんが、そもそも「権利ノート」は、子どものためにあるのではないのですか。自分がどのような権利があるかすら知らされていない子どもに対し、「以前から子どもたちにはこういう権利があります。しかもそれは国連で採択された権利で、日本政府も批准している」ということを知らせる必要があるでしょう。子どもにとって見れば、このノートの「活用」は、『未達成・逸脱状況にある現状からノートで示されている水準に至るまでの手順・方法や、そのために必要な合意づくりをしていくことが求められているのです』などというのんびりした話ではなく、今の、現在の権利侵害が切実な問題なのではないでしょうか。

また、「合意作り」には、法的な整備や政府の制度作りも含まれているのでしょうか。それとも、すべて職員に任せるつもりなのでしょうか。私は、上記の引用文を「子どもの権利は、職員の実践で対応しなさい」と言っているようで、政府の責任逃れにも読めるのですが。

*

「子どもの権利を擁護するために」という本は、現場の職員も多数執筆に参加しているため、おそらくは理想と現実の狭間で呻吟しながら書いた人もいたはずである。むろんK氏の指摘はまったくそのとおりで返す言葉がない。また確かに厚生労働省の各種通知や手引きなどは、正しいことが書いてあっても、結局のところ実現の方策として職員を叱咤激励するということが多すぎる。つまり最低限必要だと思われる政策的・物質的な基盤整備が後回しにされているような気がしてならないのだ。

詳細は不明だが、最近も児童自立支援施設内での体罰が新聞記事になった。それはともかく、考えてみると児童福祉施設で生活する子どもたちの権利擁護は、まだよちよち歩きの覚束ない段階でしかない。だからこそ私たちは現状に安住せず、常に自らを厳しく律するとともに、いみじくもカナダの若者が発言していたように、現状改善の声を大きくしていかねばならないのである。気分の引き締まる思いがするK氏からのメールであった。

2002/09/22 No.64

○月○日

学生時代の親しい友人に頼まれて断り切れず、休日ある大学で児童福祉の講義をすることになった。対象はこれから社会福祉現場実習に参加する予定の2回生。障害者とか高齢者その他、福祉のさまざまな分野の中から学生がどれか一つを選択するので、その際の参考になるような話をしてほしいということであった。どうも講師は各分野から一人ずつ呼ばれているらしい。

だったら是非とも児童福祉に関心を持ってもらおう、願わくば、今まで児童福祉を選択肢に入れていなかったような学生が、話を聞いてこの分野での実習を希望するようになってほしい、という気持ちになった。

「××と児童福祉司は3日やったらやめられない」

とは、26年間を児童福祉司として過ごした田中島晃子さんが仰った言葉だが、虐待

対応の大変な時期だからこそ、この世界で働くことの喜びを伝えたい、そんな思いで大学に向かった。のだが、それをどのように伝えればいいのか、プランがない。

迷いつつ大学に向かう途中、電車の中でたまたま読んでいたのが雑誌『そだちと臨床』創刊第2号だった。ふと目にとまったのが、京都府宇治児相の児童福祉司山本忠明さんが書いたコラム。ある日の面接で父が語ったエピソードが紹介されているのだが、それはおおよそ次のようなものまた。

仕事人間で帰宅は遅く、息子の問題も母親任せの父はその日も会社の送別会。酔っぱらって駅に降り立つと、折悪しく最終バスは出てしまっていた、というのがことの発端だ。やむなく妻に迎えを頼もうとするのだが、息子がインターネットでも使っているのだろう、電話はいっこうにつながらない。一人とぼとぼ歩いて家路に向かい、さしかかったのが小川に架かる小さな橋であった。歩き疲れた彼は、ぼんやり川面を眺めていて、はっと我に返る。

「あの頃、息子はグライダーを持って『川で飛ばそう』としきりに誘っていたなあ、でもオレは『仕事が忙しい』だとか『そのうちまた』などと言って、結局一度だって息子を連れてきたことがなかった」

「どうしてあのとき……」

「あのとき……」

気がつくと彼は、玄関に靴を脱ぎ捨てるなり階段を駆け上がって息子の部屋に飛び込んでいたという。血相を変えて一方的に部屋に入ってきた父の異様な姿を見て身構えた息子に、彼は一人語りのようにして話しかける。

「おい、グライダーを飛ばしに行こう」

「グライダーのエンジンを買いに行こう」

面接で父は、ぼそぼそとうつむき加減にそんな話を始めたのであった。

「ええ、息子と一緒に店をまわったんです。でもねえ、何も知らない素人が急にエンジンを買おうって、店の人が相手にしてくれないんですよ」

驚いたのは一緒に来ていた母親のほうであった。最初、夫はいったい何を言い出すのかといぶかしげに見ていたが、その目にはいつしか涙があふれていたのであった。

＊

「これだ！」

と私は思った。

「そうなんだよな、こんな話があるから福祉司稼業は辞められないんだ」

「そうか、私が学生に伝えたいことも、結局こういうことじゃないか」

こうして腹は固まった。今日の講義の枕は、許可はもらってないけれど山本忠明さんのこのエピソードをもらうことにしたのである。

さて、大学では約100人の学生が待っていた。

もちろん初対面だし、彼らにどの程度の知識があるのかもわからない。そこで講義の途中、いくつかの質問を織りまぜながら進めていく。

「ところで、児童相談所は何歳までを対象にしているか知ってる？」

「情緒障害児短期治療施設っていう名前を聞いたことはあるかな？」

2回生ということもあってか、率直に言って彼らの知識不足は否めない。そんな学生を相手に話すのだから、中身をどこまで理解してくれるのか、不安を抱きながらの講義であった。

「児童福祉司と言いますけれど、最後の文字をよく見てください」

「栄養士、弁護士、社会福祉士、救急救命士、医師、教師、保健師、看護師、調理師……、資格を持つ多くの人たちは"士"や"師"で呼ばれています。ところが"司"を使う職種は、そうですねえ、保護司の他には宮司とか行司ぐらいで、考えてもなかなか出てきません。児童福祉司はそういう意味では貴重な存在ですよね。ともかく文字どおり児童福祉を"司る"のが児童福祉司なんです」

「この児童福祉司という仕事、3日やったらやめられないと言う人がいますが、本当でしょうか」

こんなふうに切り出しながら、私は山本さんの面接のことを紹介したのであった。ところが意外なことにエピソードを語る私自身の感情が知らぬ間に高ぶっていて、最後は声も詰まりがちになってしまう。

だが講義は始まったばかり。遅れてばたばたと飛び込んでくる学生もおり、教室はまだざわざわしている。だから仮にもせよこんな状況で涙でも浮かべようものなら、学生は不審に思うだけで後は台無しだ。私は必死になって平常心を保ち、何とかこの場を切り抜けたのであった。

　　　　　＊

さて、この何でもないような講義のひとこまが、私にいろんな想像をかきたてる。もちろん齢50を越え、老眼の進行だけでなく涙腺もゆるくなっただけ、というのが最も妥当な解釈かも知れない。が、児童虐待の対応に追われ、相談業務の醍醐味を味わうより先に疲弊し、あるいは途中で退職し、また心ならずも転勤していかざるを得なかったたくさんの仲間がいることが想起され、山本さんのコラムに、学生よりも何よりも私自身がことのほか励まされ、心を動かされたのではなかったか、そんな気がし

てしかたがないのであった。

2002/09/29　No.65

〇月〇日

　本来業務をこなしたあと、児童福祉司や心理判定員がそのまま夜間の一時保護業務に就き、当直があけた翌朝からは再び通常の勤務を行う。これは一時保護所の職員も同様で、その場合は午前8時半から翌日の夕方5時までの32時間、ずっと保護所の子どもたちとつきあうことになる……、というような勤務体系を、私たちは長年続けてきた。小さな児童相談所に併設された小さな保護所なればこそできることであったし、これはこれで処遇上も結構プラス面があった。のだが、ここ数年の児童相談所の実態は、職員をかつてないほどに疲労させ、もはや現状を維持することが困難となり、何らかの改善が不可避となった。

　こうして出てきたのが、夜間の当直（一時保護業務）を非常勤職員に委ねるという方策だ。ただし一時保護業務の水準を低下させるわけにはいかない。採用したのは障害児療育キャンプなどの経験もある学生たち。彼らは子どもとのつきあい方をよく知っているし、年齢も近いから、子どもたちには人気がある。とはいえ、あえて担当福祉司や心理判定員が自ら当直に入って子どもと一緒に過ごしたり、学生側の事情、たとえばキャンプと重なったり大学の試験などで彼らが業務に入れないこともある。そんな時は、これまでのように私たちが一時保護の当直を行わねばならない。

　　　　　＊

　そんなわけで、私は久しぶりに夜間の一時保護業務に就いたのであった。保護所に行くと、小2・小3の姉妹が待っている。私は初対面。

「なあ、ビーズできる？ これをつくりたいんやけど」

姉の愛子がおずおずと話しかけてきた。昼間に保育士らと一緒にいくつかの作品を仕上げていて、その続きをしたいということらしい。

「ちょっと待ってな。たぶんできると思うけど……」

と言ってテキストを眺めるが、簡単そうで難しい。それにごくごく小さなビーズを極細の針金に通す作業が、老眼進行中の私にはいささか苦痛でもある。

「ごめんよ、できへんわ」

あれこれ試みた末にあきらめた。

「いいよ、また明日つくるから」

こんなやりとりをしている間、妹の育子はテレビゲームに熱中している。

さて、そうこうしている間に夕食の時間がやって来た。今日はカレー。2人ともしっかり食べてくれた。

「これ食べる？」
「うん」

姉妹2人がサラダの具を交換している。見ていると、言葉だけでなく軽いしぐさや合図も交えてコミュニケーションしている様子。2人だけに通じる意思疎通の方法があるのだろう。家族と離れて一時保護所で暮らすについては不安もあるはずで、それを思うと姉妹が一緒にいることは何かにつけて心強いのだ。

さて、では、彼女たちはなぜこの場にいるのか。言うまでもないが、事情は相も変わらず悲惨だ。簡単に記すと、

離婚して子どもを引き取った母が、生活保護を受けながら自立をめざした、というところまではごく当たり前の話であった。ところが母はサラ金に手を出して取り立てに追われ、市営住宅の家賃も滞納、ついには立ち退きが避けられない事態となった。一方アパートには、いつのほどにか若い男性が同棲を始めている。そのうち母は妊娠し、中絶のため入院……。あれやこれやが重なって子どもの養育ができなくなり、児童相談所の出番が来たのであった。

児童福祉司が家庭訪問をした。室内を見渡すと、居室の壁は壊れて穴があいており、そこに紙片が貼ってある。よく見ると、その紙片に何やら文字が書いてあるではないか。

「暴力はやめてください」

どうやら書かれた文字は男性に向けられているらしい。そして暴力の矛先は、壁やモノだけでなく子どもたちにも……。

＊

けなげな姉妹。夕食が終わると、後片づけも2人でさっさとやってしまう。こんなふうにてきぱきと日課をこなしてくれるとこちらも大助かりである。

入浴をすませ、自由時間に彼女たちが用意したのは「人生ゲーム」。実を言うと、私はこのゲームがあまり好きではない。ゲームの上とはいえ莫大なお金のやりとりがあり、それも金まみれの大人社会を単純に肯定し、むしろ奨励するような印象があるからだ。だが人生ゲームは、おそらく一時保護所の必需品であろう。この日も私はそれを実感した。

「私がお金を配る役していい？」

妹の育子は、もうゲームの世界の住人だ。じゃんけんにも勝って一番にルーレットを回し、コマを進めると次の文言。

「スポーツ選手になれる。気に入れば職業カードを受け取り12万ドルもらう」

彼女が銀行の紙幣を引き出す様子を見ていて、思わず声をかけてしまった。

「ちょ、ちょっと待って。それって1万

ドルじゃなくて10万ドル札だよ。これ1枚と2万ドル札で計算があうんだ」
「はあっ!?」
　10万ドル紙幣を12枚数えていたので、そのことを指摘した途端、育子の態度が急変した。こちらをにらみつけ、不満そうに紙幣を戻す。ただし手元には2枚の10万ドル札がしっかり残されているのであった。
　この後は、もういけない。
「給料日のところまで進んだから、3万ドルもらえますか」
「それ、言わないでよ!」
　コマの進み具合に応じて銀行係の彼女に声をかけるのだが、それだけで不機嫌になる。お金を渡すのは、理由の如何を問わずどこか悔しいのだ。
「サハラでサソリに噛まれ……」
「読まなくていいの!」
　金儲けに鬼気迫る雰囲気の育子。
"こわーい"
　思わず心の中で声が出る。姉には味方しつつ、監視役と疑われた私は完全に敵役になっているのだ。
「どうせ私が一番だからね」
　単純な間違い、意図的なミス、ごまかし、いずれかは不明だが、そこかしこで本来の受領額以上のドルを集め、独走態勢で勝利を手にした育子。
"人生ゲームが、はしなくも彼女の一面をあぶり出したな"
　そんな思いにとらわれていたら、先ほどまでの必死の形相とは別人のような声で、彼女がつぶやいた。
「あ、ちょうどいい時間や」
　最後は満足して就寝と相成ったのであった。

＊

　そんな彼女たちの今後について、児童福祉司が育子に面接して意向を尋ねている。
「これからのことだけど、育子ちゃんはどうしたい?」
「今のアパートは、男の人がいるからイヤ」
「施設にも行きたくない」
「じゃあ、どうしたいの?」
「ずうっとここにいたい!」
　そういえば翌朝、当直を終えて一時保護職員に引き継いだとき、私には決して見せなかった笑顔で彼らと挨拶を交わした姿が印象に残っている。だが彼女たちも、ほどなく一時保護所を出て行かねばならない……。
　児童相談所の仕事は、いつもどこか切ない。そんな気にさせられた姉妹であった。

2002/10/06　No.66

○月○日
　急に涼しくなった気候のせいか風邪を引いてしまい、ここ1週間ほどは体調が思わしくなかった。喉にきて声が出ず、なるべく喋らないようにはしていたが判断力にもぶりがち。定例の受理判定処遇会議も、陰気な顔をして座っているうちに、はや司会者が終了を告げてしまう。
「ちょ、ちょっと待って。無断外出して家に帰ってしまった○○君のことなんです。彼はもともと施設に戻りたくないのだし、どうやら保護者も同じような気分でしょう。施設とも連絡しあって家庭訪問するなり何なり、もう少し積極的に動かないと……」
　家庭裁判所の審判で児童自立支援施設に入所していた児童である。しばらく頑張っていたのだが息切れしたのだろう、勝手に飛び出してしまった。まっすぐ自宅に戻ったのだから事故や事件の危険は少ないのだが、指導途中で簡単に措置を終わらせるわ

けにはいかないはずである。

　引き続き接触を試みることを決めた翌朝。出勤した途端に児童自立支援施設・愛知学園の事件を知らされた。

　「出勤途上に聴いたラジオで『12～15歳の少年4人が宿直職員の首を絞めて殺害し、現金約5万円が入った財布を奪って園外に逃げた』って言ってましたよ」

　「ええっ？！」

　思わず立ち上がり、目的もなく事務室内をうろつく。風邪も吹っ飛んでしまったが、すぐに思い出したのは、1985年月2月に起こった名古屋市児童相談所一時保護所での事件だ。書棚をひっくり返して第11回全国児相研セミナーの報告書を引っ張り出してみると、あった。名古屋市児相の職員が、このセミナーで「特別報告」をしていたのである。

　「事件は昭和60年2月27日未明に発生しました。その概要は、『一時保護中の中学2年生の女子2人が、夜勤中であった36歳の保母の首を絞めて殺し、マスターキーを奪い、さらに事務室から現金17,950円とキャッシュカードを盗り逃走した』というものです」

　一時保護所と児童自立支援施設の違いがあるだけで、愛知学園の事件と酷似しているではないか。それはともかく報告は、苦渋の中で事件を真摯に受けとめ、事件を決して無駄にしないという名古屋市児相の人たちの悲しみと決意がこもったものであった。そのことをまざまざと思い出しながら、私は続きを読んでいった。

　「児童居室で仮眠をとったことが、事件の大きな要因として指摘され、事件後そのことについて種々議論されました。一方では、閉鎖性の必要を認めながらも、一方では『養護施設に準ずる』として、児童と起居をともにしなければならないとされている矛盾した法体系のなかで、名古屋の場合は、周囲からの要請にも極力応じながら、何とか児童の福祉を守る、という苦労をしてきました。家出を繰り返し暴走族等との関係も深まり、心身ともに荒廃してしまった状態で一時保護された児童について、いつでも自由に無外し、暴走族仲間にもどってしまうようでは、一時保護の役割は果たせないのではないか。社会防衛ではなく、その子自身を守るためには、施設として一定の閉鎖性は必要であるという見解をもっていました」

　「そういうなかで、入所中の児童が不安定となり、逃げたいために職員を襲うという事件がs56年6月、s57年4月、s57年8月と3回発生しました。いずれも深夜から明け方にかけて、女子中学生が居室で仮眠中の保母のマスターキーを奪うために、枕カバーで口をふさごうとしたり、ふとんをかぶせようとしたが、保母が気づいて未遂に終わった、というものです。さらにs58年2月には保護所職員の指導に対する不満や狭いところに閉じこめられたという閉鎖感等から男女の非行児童ら8人が不安定となり、夜8時半から10時近くにかけて職員に反抗し、暴動寸前となる、という事件も発生しました」

　児童福祉施設や一時保護所が、子どもの無外を防ぐために鍵をかけるということが、事件で問われたことの一つであった。

　ところでこの事件が起こった後、児相研は5月11日に名古屋で「一時保護所問題シンポジウム」を開催し、翌日には全国運営委員会を開いている。そしてこれらをふまえ、1985年6月1日、「名古屋市児童相談所一時保護所における『保母殺害事件』についての緊急アピール」を出したのであっ

た。一部を引用してみたい。

「いま日本では、児童問題は大きな社会問題になっています。経済効率至上主義のもとで、家族の荒廃、地域における環境・連帯・文化の破壊、学校の管理教育が凄まじい勢いで進行した結果、児童の健やかに育つ権利が侵害され、児童の問題は特別な家庭や学校での問題ではなく、社会全体に広がった深刻な問題としてあらわれています」

「児童相談所に来る児童は、こうした権利侵害を受ける中で、人間としての共感性を獲得することを阻害され、不安・不満・傷心を深くいだいている者が多くを占めて来ています。中でも一時保護所に入所する児童には、このような問題を集中的に背負う者が増えています」

「このような児童の『奪われた権利の回復』をはかる（東京都児童福祉審議会意見具申）ことが児童相談所の役割です。特に一時保護所は、衣食住を保障された児童が、仲間と共に学び、遊ぶことにより、生きる目あてと支えをみつけ、自信を回復するきっかけをつくる大切な役割を持っています」

「ところが職員配置、建物、設備などの法的基準は『養護施設に準ずる』というあいまいな、一時保護所の性格を無視した規定のまま、児童福祉法施行以来40年近くも放置されています。その結果、低基準が固定化され、児童処遇上決定的な問題点となっています」

「この事件は、問題点を訴え、改善を実現するためのわたしたちの力が弱ければ、仲間の生命も、児童の将来も失うことを教えています。わたしたちは、再びこのような事件を起こさないための抜本的改善のため、力を集めて運動したいと思います」

アピールが強調していたのは、問題発生には基本的な構造があるということだった。事件を単なる偶発的な出来事と考えるのでなく、その裏に潜む必然性にしっかりと目を向け、改善を働きかけねばならないということだろう。今は亡き鈴木政夫さんが起草したのかどうかはわからないが、果たしてこの指摘は今日に生かされているのかどうか。もう一度考えてみなければならない。

*

ところで、今回の愛知学園での事件を考えるうえで見逃してはならない重要な事件が、他にもある。鹿児島・牧ノ原学園での体罰死事件がそれだ。1988年の第14回全国児相研セミナーにおける「子どもの人権は今」と題したシンポジウムで、事件を取材した南日本新聞社の山崎記者が発言している。こちらも報告集を再度読み直して考えてみたいのだが、今は時間がない。今回のWeeklyは、極めて中途半端なものになってしまったが、続報を期待してご容赦ください。

2002/10/20 No.67

○月○日
ここはシェフィールド
イングランド北部の工業の中心
50万人余りが住むヨークシャーの街
シェフィールドが誇る産業は鉄鋼
世界最高の優れた鉄鋼製品を産出
鉄鋼のおかげで
シェフィールドは未来に向けて突き進む！

これは、英国アカデミー賞を受賞した映画「フルモンティ」冒頭のナレーションだ。ただし物語は、その25年後、打って変わって鉄鋼不況にあえぐ街の労働者たちを主人

公にして進んでいく……。

*

ロンドンから列車で北へ265キロ、樺太（サハリン）の北端とほぼ同緯度にある彼の地を我々夫婦が訪ねることにしたのは、娘が短期間シェフィールド大学に留学したからである。そこで一度出かけて娘に会うことにした。

せっかくのイギリス旅行だからと、ついでにロイヤルオペラハウスでプッチーニ「トゥーランドット」を観、ストーリーを知っているミュージカル「マイフェアレディ」も、ロンドンでは最も伝統あるという劇場で楽しんだ。

のはいいとして、添乗員のいない今回の旅でとにかく問題だったのは、言葉が通じないこと。「よど号事件」や「連合赤軍事件」が勃発し、学生紛争も未だささめやらなかった今から30年以上も前、大学が荒波に襲われているのをいいことに何の勉強もせず、こっそり卒業証書だけをもらったことを最近つくづく後悔するのだが、いかんせん覆水は盆に返らない。

が、人々は総じてみな親切だった。

「あのう、ここにはどう行けばいいのでしょう？」

「Oh、τΣ；々ξグバ' thirty eight νωゞυΩ」

「……」

地図を片手に声をかければ、たどたどしい英語であっても、何とか意味はわかってくれるものである。だが残念なことに、相手が教えてくれる中身がちんぷんかんぷんでさっぱりわからない。

道を尋ねた若い女性は、出勤途上だと思われるのにわざわざバスステーションまで私たちを案内し、38系統のバスに押し込んだうえで車掌に事情も説明してくれた。た

だしお笑いぐさだったのは、私たちが目的地そのものを勘違いしていたため、かえってとんでもないところへ行ってしまったこと。何のことはない、道を訊いたときにはすでに本来の目的地から徒歩数分のところまでたどり着いていたのである。

*

こんな調子だから、正しく切符を買い、確実にシェフィールド行きの列車に乗ることだけでも一苦労だった。が、何とか娘にも会うことができ、ほっとしてホテルの一室で眠りついた時のことであった。

「リリリリリリリリリ……」

何やらけたたましい音がする。

「何か鳴っているわよ」

妻が声をかけてきた。どう考えても非常ベルとしか思えないが、念のため廊下に出ると、紛れもなく天井に取り付けられたベルの音。

こんな経験を、私は前にもしたことがある。児相研カナダ研修でトロントのホテルに泊まったときのことだ。確かその時もサイレンが鳴り、ついで館内放送があって、幸いにも英語のわかる人がいてくれたため、すぐに事情がつかめたのであった。

「このまましばらく様子をみていればいいんだって」

「それに事故が起こったのはもっと上の階だから、いつでも逃げられるよ」

こんなことを喋りながら外を見ると、路上には早くも飛び出している人、人、人。私たちは余裕の表情で彼らに手を振って応えたのであった。

さて、ここはシェフィールド。

「どうしましょう！」

「ちょっと待て、フロントに電話して訊いてみる」

そう返事するが早いか、私は受話器を

握った。
"What is this siren？"
"νω´´ΣΩゝ"´τυ々ξ，Thank you"
　電話するといっても、これでは泳げぬ者が慌てて海に飛び込むようなもの。はっきりわかったのは最後の"Thank you"だけで、何の役にも立たない。しかし、"Go out"とか"Hurry up"などと言わずに"Thank you"というぐらいだから、たいした出来事ではないのだろう……、そんな気持ちで振り返り見た妻の姿に驚いた。あっという間にパジャマを着替え、貴重品バッグを手にして立っているではないか。
「何してるの！　早く逃げよう!!」
「でもな、"Thank you"っていうぐらいだから……」
「何バカなこと言ってるの。死んでしまうわよ！」
　妻に急かされ、慌てて部屋を飛び出したのは、ホテル客のほぼ全員が退去した後のことであった。
　このホテル、幸いにも目の前に消防署があって、素早くやって来た署員によって現場検証が行われ、安全も確認されたらしく、我々は再び部屋にとって返したのであった。
　それにしてもいったいあれは何だったのか。わけもわからぬままベッドに入った私は、どうにも落ち着かない。眠れぬ一夜を過ごしたあと、翌朝、意を決してフロントに尋ねてみた。
「昨夜はいったい何が起こったんですか。私には何もわからないので、説明してほしいんです」
「ええ、いいですよ。実はプラスチックが入っていた灰皿に、誰かがたばこの火を置いたんです。それが原因でFire Alarmが鳴り響いたわけですが、私たちは安全上の理由によって建物内からみなさんを立ち退かせる必要があったんです」
「なるほど、そうだったんですか」
　と、スムーズに会話が成立したわけではもちろんない。原因はどうしても知りたいが、会話ができないことから一計を案じたのである。
"I want to understand what happened last night"
"Please write it here"
　とか何とか言って、用意した紙に書いてもらったのである。
「もう一つお尋ねしていいですか」
「もちろんいいですよ」
「昨夜、私は『このサイレンは何ですか』と訊きました。その時、"Thank you"という言葉は聞き取れたのですが、肝心の部分がわかりませんでした。いったいどんなことを言われたのか、ここに書いてください」
「ＯＫ、おそらく次のように言ったはずです」
"The Siren Is The Fire Alarms."
「ほらごらんなさい。あれが本当の火事だったら、私らは確実に死んでたわよ」
　愕然とした。当然かも知れないがこの場合は妻のほうが全面的に正しい。

＊

　こうしてみると、今日の児童虐待対応は、もはや私には無理だという気がしてきた。何しろ私は"行動の前に考える"のが好きで、そのためには自分の命すら守りきれないような人物なのだ。虐待の現場となる密室の様子など考えてもわかりはしないのだから、危険があればまずは安全確保から始めるべきなのである。にもかかわらず原因究明に汲々として決断を延ばしてしまえば、重大な事件にもなりかねないではないか。

2002/10/27 No.68

〇月〇日

　ついさっきまでトイレの壁に貼ってあった古ぼけたポスターを手に、私は家族の顔を見回した。
　「これ、もう必要ないやろ」
　「いらんよ」
　「いらん」
　どうも会話は盛り上がらない。
　「えらく素っ気ないなあ、これまでずっとお世話になったはずやないか」
　「別にそんなことない」
　「……」
　この日は息子が18歳の誕生日。ささやかなお祝いをしている最中に、そんな古臭いポスターを出されても、家族一同、迷惑顔をするほかないのであった。
　このポスター、実は1994年に外務省国内広報課が発行したものだ。スローガンに「世界中の子どもたちの幸せのために」と謳っていることでもわかるように、我が国が子どもの権利条約を批准したのを機に作成されたのである。おそらくは、条約第42条に「締約国は、適当かつ積極的な方法でこの条約の原則及び規定を成人及び児童のいずれにも広く知らせることを約束する」と明記されていたからであろう、当時は児童相談所にもたくさんのポスターが持ち込まれ、私たちもあちこちに貼りだしたはずである。
　"そうだ、我が家の子どもたちにも知らせなくっちゃあ！"
　と考えた瞬間、いいことに気がついた。
　「スミマセン、1枚もらいます」
　いささか後ろめたかったけれど、残っていたポスターの1枚をこっそり頂戴することにした。爾来、我が家のトイレには、今日までこのポスターが輝いていたのである。

だが末っ子が18歳となって、我が家には〈子ども〉がいなくなってしまった。

＊

　とはいえこのポスター、役に立ったときもある。
　「ぼくが、子どものけんり条約について調べたのは、〇〇の家で子どもがぼう力を受けているのを見て、こどものけんり条約に反していると思ったからだ」
　「うちには子どものけんり条約の本やポスターがたくさんあるけど、もしかしたら、ぼくの家でも子どものけんり条約に反していることがあるかも知れないので、調べることにした」
　小6の夏休み、息子が自由研究で〈子どもの権利条約〉を取り上げたのは、トイレに入る都度、無意識のうちにポスターを眺めていたからではないのか。以心伝心というべきかどうか、とにかく興味津々、戦々恐々としながらレポートを待っていると、奇想天外、驚天動地、玉石混淆、牽強付会、何と表現すればいいのかわからないが、あれこれ出てきた。たとえば、
　「電車に乗るのに、中学生以上は18歳未満でも大人料金を払わなければならない」
　「これは子どものけんり条約の、1条に反していると思う」
　"えっ、1条って何だっけ"
　私も意表をつかれ、思わず条約をめくって確認すると、「この条約の適用上、児童とは、18歳未満のすべての者をいう」とある。
　JRや私鉄の駅員を訪ねてこの疑問をぶつけるよう、息子をそそのかしてみた。一緒に出かけ、傍で問答を聞いていると、真面目に応じる駅員さんが困っている様子が手に取るようにわかってしまう。さて、
　「作文を書いてくるというしゅくだいが

出ると、お母さんがこっそり読む」
「お母さんは、『子どもの考えを知るのはぎむだ』とか言うけど、ぼくはそれがいやだった」
「自分の考えをおやに見られたくなかったし、『この後はどうなった？』ときかれるのも、めんどくさくていやだった」
「これは子どものけんり条約の16条に反していると思う」

ひらたく言えば、プライバシー保護の条項。こう指摘された母親は、では何と応じるのか。興味をそそられるが、その前に当時高校生だった姉が書いた意見も紹介してみたい。というのもこの自由研究、疑問と感じたことを当該の大人に直接ぶつけ、意見をもらうという趣向に加え、中高生になる姉たちにも協力依頼をしていたのである。
「お母さんは、義務で読んでいるのではありません」
「自分が読みたいから読んでいるだけなのです」
「お母さんの場合、まるっきり私たちを子ども扱いするから腹が立つのです」
「これは懸命に作文を書いた人にとって、かなり失礼だと思います」
「したがって、こういう時は……」
「立ち上がれ、弟よ！」（同じ経験をした姉より）

こうなると、母親もなかなか苦しい。
「子どもにも、プライバシーがあって当然だと思います。けれど……」
「お母さんは、あなたの作文を読むのが大好きで、ストレス解消になっています」
「いつ頼んでも見せてくれないので、とても残念です」
「小学生の間ぐらいは読ませてください。よろしくお願いします」

お願い一辺倒である。だが人ごとではない。私にもいろいろと矛先が向いている。
「お父さんがあまりキャッチボールをしてくれないこと」
「これは子どものけんり条約の5条と8条に反している可能性がある」
"なんだって！"
"これが権利条約違反になるのかい!?"
と、驚いている場合ではない。他にも続々と出てくるのだ。
「（大人がいないとき）ともだちを家にいれてはいけないこと」
「これは子どものけんり条約の31条に反している可能性がありそうだ」
「ピアノに行きたくないのに、行かされている」
「これは子どものけんり条約の12条に反しているかも知れない」
「食事中にテレビを見てはいけないこと」
「これは子どものけんり条約には反していないんじゃないかと思う」
"食事中のテレビ禁止はいいのか"
などと、息子の出した結論を見てほっとするから不思議である。

とにかく、これらの疑問や意見に一つずつ回答していったことも、今では我が家の歴史の結構楽しいひとこまとなった。つけ加えると、ピアノの件や小遣いなど、この自由研究をきっかけにして実現した要求もあり、息子にとっては実益も手に入れた〈権利条約調べ〉なのであった。

＊

「今日から我が家に子どもはいなくなった」
「お父さんはおまえたちを、もう大人として扱う。何をしてもかまわないし、自分で考えて自分で責任をとったらいい」
「じゃあお酒飲んでもいいの」
「R18指定の映画は？」

「どうぞご自由に。だいたい日本の法律が18歳を大人として扱っていないのがおかしいんだ。選挙権だって、あって当然だと、お父さんは考える」
「別に選挙なんて行きたくないよ」
「そうか、お父さんはこの30年間、棄権したことは一度もないぜ」
「ただ、ちょっとつけ加えると、卒業するまでは高校のルールに従うほうがいいかもな。そのあとは、本当に何も言わない」
こんなことを言って大丈夫かなという気もしたが、児童相談所に勤務していて、わが子が全員ついに児童福祉の対象外となったのは、私にとってかなりめでたいことであったのだろう。
「今日はもう1杯、ビールをもらうかな」
ポスターは8年ぶりで児童相談所に返却した。今は私の机の背後の壁に輝いて（くすぶって？）いる。

2002/11/10 No.69

○月○日
「あのう、もし……」
「えっ、ハイ」
「さっきから、お声をかけようかどうしようか、迷っていたんです……」
「あなたでしたら、これ、読んでいただけるかな、と思いましてね」
新幹線の中。たまたま隣り合わせに座った老人が、なぜに声をかけてきたのかはわからない。
83歳の一人旅。聞けば今なお現役の産婦人科医というから驚いた。新大阪で乗り込んで来た時、かなり大きな荷物を窮屈そうに足下に置いたので、棚の上に載せてあげようと考えたのだが、降りるときに困るだろうと思ってやめたことを思い出した。

「激動の大正、昭和、平成を生きる」という回顧録をありがたく受け取り、小郡で下車する。
「事前調査は完璧、私が案内しますよ」
「ええ、任せてください」
旅行計画は職場の同僚女性に頼んでいたのだが、在来線への乗り換えガイドがどうも怪しい。
「この列車って、宇部方面行きじゃありませんか」
危うく乗り込みかけて、皆で大笑いした。
というような珍道中の末に、私たちは第28回児相研全国セミナーの会場である山口市に到着したのであった。

＊

30年近い児相研セミナーの歴史上でも、海外の方が基調講演をするのは、おそらく初めてのことではなかっただろうか。日本語も堪能な韓国・賢都社会福祉大学助教授の曺（チョウ）氏から興味深いお話を伺った。
「韓国では、子どもの保護は3日間までです。それ以上になると司法などが関与して……」
「ただし日本と違って、子どもが保護されている場所はいっさい秘密となっています。たとえばマンションの一室がシェルターであったり、いろいろですが、誰もそこが保護先であるとは知りません」
翌日の分科会では、職権で保護した子どもが虐待した保護者によって一時保護所から連れ去られる、という事例が報告されたこともあって、韓国のシステムについてより深く知りたいという思いが募ったが、それはさておき、
「では次のテーマに移ります」
曺氏がそう話したところで、事務局から彼に、さりげなく囁く声があった。
「どうやら時間がきてしまいました。続

きはシンポジウムで話してくださいとのことですので、ここで私の話は終わらせていただきます」

こう説明して講演を切り上げたあと、曹氏は次のようにつけ加える。

「実は韓国では、きちんと時間を守るわけではありません。というより、10分や20分ぐらい延長するのは当然でして、時間厳守で終わってしまいますと、熱心でないと批判されかねないんです」

これで会場はぐっと和んだが、おかげで講演は、はしなくも次のシンポジウム「子どもの虐待防止活動、お国事情」へと自然につながっていったのであった。

「アメリカでは通告件数が300万件と言われています。ところで日本に戻って感じるのは、虐待を発見してもどこに通告すればいいかわからないことです。私は今は病院で仕事をしているのですが、連絡しようと思っても、いちいち子どもの住所を点検し、そこを管轄する児童相談所を確認し、電話番号を調べないといけない。専門機関の私でさえそうですから、ましてや一般の方々がきちんと通告するのは、かなり難しいのではないでしょうか。向こうでは通告はフリーダイヤルで、なおかつ覚えやすい番号に設定されています。しかも、テレビその他あらゆる媒体でその番号が周知されているんです」

アメリカでの実務経験を持つ牧野さんのお話に続いて、今度は加登田さんがスウェーデンの事情を話される。

「1979年に体罰全面禁止の法改正が行われました。総人口が1,000万人に満たないとはいえ、最近では親による虐待死事件はごくまれです。確か90年から96年まで合計しても、わずか1件だったのではなかったでしょうか。だからスウェーデンでは、身体的虐待の問題は終わったという評価なんです」

アメリカとスウェーデン、いずれも虐待対応では先進地域という印象を抱いていたが、片や300万件の通告があり、片や身体的虐待は終わったと言うのである。

"この違いは何だろう"

そんな思いを反芻しながら、私は思わず手を挙げて質問をしていた。のだが、今思い返しても、いったい何を訊いたのか、また本当は何を訊きたかったのか、それが思い出せないのである。

ただ、質問を終えたとき、壇上のシンポジストが一瞬顔を見合わせ、すぐには誰も発言しようとされなかった、という記憶がある。それはいったい何であったのか。

*

思い起こしたのは、2000年の児相研カナダ研修である。私がその時 CAS（児童保護援護協会）のソーシャルワーカーに尋ねたのは、次のようなことであった。

「カナダは"サラダボウルの国"と言われています。すべてが溶け込んでしまう"人種のるつぼ"ではなくマルチカルチャリズム（multiculturalism）、つまり多様な文化や民族集団が、互いに他の文化、民族を尊敬しあうことを理想としている社会ですね」

「だとすると、中には体罰に比較的甘いお国柄で暮らしていた人もいれば、ネグレクトなどまったく考え方の違う社会からやって来た人もいるはずです。こうした民族や文化の多様性と、虐待への厳しい対応を是とするカナダの政策とを、どのように結びつけているのでしょうか」

この時、質問に応じてくれた女性のソーシャルワーカーも、一瞬、答えをさがすような仕草を見せたはずである。そしてこん

な回答が返ってきた。
「そうした行為はカナダでは虐待に当たる、ということを粘り強く教育しています」
　　　　　　　＊
　私の関心事は、虐待対応のお国事情を理解したうえで、ではその事情を超える一般性、つまり民族や文化の違いを乗り越える基準のようなものがあるのかどうか、あるとすれば、それに照らして我が国の現状や対応のレベルはどのように評価されるのか、といったことだったかも知れない。
　未整理なまま質問したにもかかわらず真剣に応じてくれたシンポジストを前にしながら、私はしかし、いろいろな思いを引きずって悶々としていた。だからであろう、その夜の懇親会で曺さんと挨拶し、韓国の実情をもっと詳しく知りたいと思うようになった。そこから見えてくることがきっとある、私の問題意識をより鮮明にし、我が国の現状を改革していくヒントがきっと得られる、そんな気持ちがふつふつと湧いてきたのである。

2002/11/17　No.70
○月○日
「それで、お母さんは調停委員に相談したというんです」
「もしも子どもを勝手に連れ去ったら、調停で不利になりますかってね」
「そんなことはないと聞かされ、彼女はすぐに保育所に行きました」
「『今日は私がお迎えに来ました。えっ、もちろん父親も承知してます』、こう言って子どもを奪い返し、その後しばらく知人宅に潜んでいたそうです」
　児童福祉司の報告に、私は知らぬ間に身を乗り出していた。子どものことがどうしても忘れられず、夫の手から強引に引き取ったという顛末。
「でも今の生活は、そりゃあ大変です。宅配の荷物1個が100円なんだから」
「そうなんです。1個配達したら、それで収入が100円」
「これじゃあ深夜まで必死で働いても、生活が成り立たない」
「だから子どもはネグレクト状態です」
　保育所から何度か連絡を受けていたケースであった。再婚し、出産した第2子、第3子の不自然な怪我。
「『時間がありません』なんて言ってたのに、母は結局2時間近く喋り通しでした」
　波乱万丈の人生、逼迫した暮らし、必死に生きる日々。彼女はそんな思いの丈を存分に聞いてほしかったのであろう。チームを組んだ福祉司や判定員の努力と工夫、保育所との連携の中で実現した出会いであった。
　"そうだよな、虐待する親だって苦しいんだ"
　"でも、いきなり介入したんではこんな気持ちを口に出したりしないだろう"
　"援助的な面接に持っていけたのは、今後にとっても大きいよな"
　聞いていた私は、こんなことを考えていた。が、この面接、最初の通告時から数えて、すでに半年以上の月日を要していたのである。引っかかるのは、そこだ。
　"速やかな安全確認、安全の確保という時代の要請に、私たちは果たして応えているのか"
　"虐待通告に対して、私たちの対応はまだまだ生ぬるいのではないのか"
　こんな思いを払拭しきれないのである。
　　　　　　　＊
　山口県での児相研セミナー2日目、私が

司会した「児童虐待防止法の改正と児童相談所」分科会での討議は、その意味で象徴的な内容を含んでいたのではないだろうか。

出されたケースは、児童相談所が総力をあげて対応した困難事例だと言っていい。虐待通告を受け、繰り返し保護者と接触したものの事態は改善されず、約1年を経て児童相談所は職権保護を決断する。ところが休日、一時保護所にやって来た親がスキを衝いて子どもを連れ帰ってしまうのだ。児童相談所は綿密な計画のもと、警察などの協力も得て立入調査を実施、再び子どもを保護したうえで28条の申立てへと進んでいった……。簡単に言えばこうだが、もちろんここに至る全経過は、担当者の神経をすり減らし、さまざまな思いを去来させたに違いない。

さて、この事例に対する参加者の意見は大きく分かれ、会場はいささか熱くなった。

「どんな親であっても、援助を諦めてはいけないんです。ましてこの母は、過去に虐待されて育ったというではありませんか。母親への援助的なかかわりについてはどんなお考えだったのでしょうか」

「介入することも必要かも知れませんが、最近の児童相談所は、こうした粘り強い相談援助の努力を軽視しているような気がしてなりません」

だが、相反する意見にも強い確信がある。

「子どもの被害は少ないほうがいいし、その期間も短いほうがいいんです」

「1年も待つのでなく、もっと早い段階で職権保護を実行することも可能だったのではないでしょうか」

こうした意見に担当者がどう答えたか、それを述べる必要はないと私は思う。なぜなら、こうした事例に直面した人は誰でも、それらについてはとっくの昔に自問自答を繰り返し、悩み抜いたうえで決断を下しているからである。

「この議論で疲れ、その後は頭があまり回転しなかった」

「緊張したよ」

あとでこんな感想を、何人かから聞かされた。正直に告白すると、分科会を進行させる役割を担った私自身もいささか混乱し、頭の中が白紙状態になってしまったのである。これでは、"討論を通じて現場の実態が浮き彫りにされ、自ずと法改正の方向が見えてくる"という分科会のねらいなど、実現されるはずもない。

「児童相談所が築いてきた相談援助の蓄積を生かす方向をもっと深く追求すべきであって、児童虐待防止法の改正、虐待への対応システムの整備は、児童相談所のこうした側面を生かすよう検討すべきである」

「いや、虐待対応という新たな課題を突きつけられた児童相談所は、現在の介入システムの不備を法改正によって積極的に修正し、中核的な機関として思い切った脱皮を図るべきだ」

こんな基本的な問題についても、私は未だにしっかりした結論を出せないのだから、司会の任を果たせるはずもなかったと言わざるを得ない。

*

この分科会に事例を提供してくださった○○さん、○○さん、助言者として多大な援助をいただいた○○さん、○○さん、また舞台裏でさまざまな配慮をしていただいた山口県のスタッフの方々、そして参加者のみなさんには、深くお礼申し上げると同時に、種々の不手際をお詫び致します。ありがとうございました。

2002/11/24　Making of Weekly（上）

"今なら間に合う！"
　咄嗟の思いつきで、私は児童相談所を飛び出す。
　〇月〇日、金曜日のこと。急げば、チェコ映画「この素晴らしき世界」最終上映を観ることができるのだ。うまくタクシーが見つかって後部座席で一息つくと、私はその日のことをぼんやり振り返る。
　"そうか、今週のテーマは〈金曜日〉だな"
　Weekly原稿はいつも、こんなふうにしてスタートを切るのである。
　むろん、映画に行こうと思い立ったのは"今日はこれで業務を終了してもいい"という判断があったから。
　ではなぜ、それが〈金曜日〉というテーマにつながるのか。
　近年、あちこちの児童相談所職員からよく聞かされるのは、「魔の金曜日」「金曜日は早足で退庁しないとひどい目にあう」「この前も急に電話がかかってきてねえ……」といった愚痴やぼやき、あるいは悲鳴、等々である。
　といって、保護者がわざわざ金曜日をねらって虐待行為をしているわけでもあるまい。にもかかわらず、金曜日は何となく落ち着かない。
　実はこの日も、夕方になって1本の電話がかかっていた。
「課長、さっき養護学校の校長から電話があったんです」
「不安定なお母さんが、自身に刃物を向けたらしくて……」
「校長は『これはあくまでも母親の問題なので、学校としてどうこういう問題ではないんですが、明日は学校も休みですし、とりあえず連絡しておこうと思いまして……』と言います」
　ただし電話を受けた児童福祉司は、そんなに慌ててはいない。
「あのお母さんのことは前から知っていますし、心配はないと思うんです」
　彼女はこう言いながらも、万一に備え、てきぱきと重症心身障害児施設に緊急保護の可能性を打診し、その結果を学校に伝えて一件落着させたのであった。
「こんな電話って、どうなんでしょうねえ」
　あとは四方山話である。
「ウウム、これは葛藤を内包させておく力の不足じゃないかなあ」
「葛藤内包って？」
「最近、ホウレンソウが大事って言われるやろ」
「ええっと、ホウ・レン・ソウ。つまり報告・連絡・相談ってことでしたよね」
「そう、どんな些細なことでも、報告・連絡し、ちゃんと相談せよって言うんだけれど、それを徹底すると、かえって現場で判断し、対処し、責任をとる力が弱まるような気がするんだ」
「確かに児童相談所に連絡しておけば、学校もとりあえずは何かしたってことにはなりますよね」
「そもそも相談は、"葛藤内包"ってのがキーワードになる場合が多いんだ」
「と言うと？」
「子どもがおねしょした、大切なモノを壊した、朝起きない、万引きした、その他どんなことでもいいけれど、親が我慢できずに怒鳴ったりわめいたり、虐待行為に走ったり……。これって、結局は親の側が、子育ての葛藤をかかえ込めないってことでしょう」
「子どもでも同じです。たとえばゲーム

で負けて腹を立て、相手に暴力をふるうなんてのは、負けた悔しさを自分の中でちゃんと保持できない、つまり葛藤を内にとどめておけず、ぶちまけるってことだからね」

「私たちでもそうでしょ。相談が行き詰まれば、ついつい投げ出したくもなる。要するに、そこで生じている葛藤をかかえていることが、耐え難く感じられるんです」

「こういう場合に、どこかで葛藤を放り出すことができれば確かに楽なんだけど、本当はそれを自分の内側にちゃんとかかえ込み、苦労を引き受ける中でこそ、解決の糸口が見えてくるんだよね」

　　　　　　　＊

"虐待通告の丸投げ"という言葉がある。"通告したんだからこちらの責任は果たした、あとはすべてそっちでやってね"という関係機関の姿勢に対する児童相談所側の批判として使われるようになったものだ。

つまり、こんな表現さえ生まれてくるホウレンソウ世界の神経症的現象を多少皮肉るつもりで、また緊急の虐待通告などに対して24時間、365日の受付体制が備わっていないことの象徴として浮かんだのが、〈金曜日〉というテーマだったのである。

だがWeeklyを書き上げようとしたら、ひとつのエピソードだけではいささか物足りない。と考えてみると、この日も金曜日らしい出来事がいくつかあった。それらを加えれば、何とかWeeklyは作品になりそうだぞ、と見通しを立てたのだが、それはMaking of Weekly（下）にまわしたい。

2002/11/24　Making of Weekly（下）

おそらく全国でも例は少ないと思うのだけれど、乳児院の措置解除をめぐって、簡易裁判所を舞台に争ったことがある。すで

に2年以上も前のことだ。精神科治療を受けている不安定な母、パチンコで家計を破綻に追いやる父。この両親に子どもを引き取らせるわけにはいかない、という児童相談所に対し、彼らが簡易裁判所に調停を求めたのである。だが月日は流れ、現在は在宅指導の中でレスパイト的に施設を利用する形になった。そして過去の対立図式も大きく変貌、今は毎日のように悩みを訴える母からの電話がかかってくる。

そんな縁が断ち切れず、私はこの日も担当福祉司とともに家庭訪問をした。母が子育てに疲れ、負担は限界を超えた、と再び短期の施設利用を求めてきたからである。

面接を終えた後、保健所に立ち寄って報告をした。

「えっ、本当ですか？」

「そうですよ、今日はお父さんもすごく温和な態度だったんです」

保健所からは驚きの声があがった。この両親、関係する機関との対立は解消しても、たやすく良好な関係を保つことは難しく、日々苦労させられているのである。

「やっぱり渋滞してきましたねえ」

「観光地って、これだから困るのよね」

「でも、仕事をしながら紅葉狩りができるなんて、幸せと思わなくっちゃあ」

訪問場所の関係で、紅葉が見頃の観光地を通過しなければならない。こんな調子で喋っていたら携帯電話が鳴った。電話の主は別件で出張中の心理判定員。触法通告が続くのに、本人・保護者ともにコンタクトをとるのが非常に難しいと言われているケースのことだ。この日、家庭裁判所送致も念頭に、意を決して家庭訪問していたのである。

「今日は留守のようなんです。どうしましょう」

「訪問したことを知らせるメモを残しておくぐらいにしたらどう？」
　車中の電話で簡単に協議した。こんなやりとりをしつつ職場にたどりついた時はすでに夕刻。前後して、あちこちに出張していた児童福祉司らも次々に戻ってくる。
「ええ、本人にも会って話しました。深夜に帰園したというので、注意しておいたんですがねえ」
　生活態度が乱れ、崖っぷちと言われている児童養護施設の中学生を訪ねて面接した児童福祉司の報告だ。来週早々に所内でスタッフミーティングを行うことにした。
「母親に任せていたのでは満足に食べさせてもらえず、結局は万引きに走ってしまうんです」
「実は先日、見かねた伯父が自宅に連れ帰り、今はそちらで生活しています」
　母親は深夜にならないと帰ってこない、子どもはひもじくて近所で食べものを万引きしている、にもかかわらず母は気にかけるそぶりもない、そんな小学生の相談であった。伯父宅で生活しているならば、とりあえず緊急性は遠のいた、そう判断をして今週の動きはここまでとする。
　そうこうしているところへ、つい今しがた退庁した児童福祉司から電話。
「うっかり忘れていましたが、福祉事務所の〇〇さんから電話がかかってくると思います。月曜日に訪問するつもりですので、緊急でなければ、そのように伝えてください」
　間髪を置かずその人から電話。伝言を伝えると相手も納得してくれた。
　土・日たった２日間とはいえ、いざ休みに入るとなると、職員それぞれが、かかえている相談に必要最小限の手を打ち、一定のめどを立てておく。それが週末を迎える

児童相談所の変わらぬ風景なのであって、なるほど確かに〈金曜日〉だな、と私は思ったのであった。

＊

　課員それぞれの動きを追い、この週末も一応の区切りはついた、と判断したところで私は映画館に走ったわけである。
　養護学校長からの電話、この日の児童相談所全体の動き、これらをミックスすればWeeklyはほぼ仕上がるはず。あとは落としどころを考えて……と思案していたら、思わぬところに落ちがあった。
　夜遅く帰宅すると、我が家には高３の受験生一人しかいないのだ。
「お母さんは？」
「知らん」
「お姉ちゃんは？」
「知らんって」
「晩ご飯は？」
「カレーつくって食べた」
　息子手製のカレーを食べながら思い出した。姉はアルバイト、妻は職場の懇親会。
　"そう言えば今朝、出がけに妻が何やら言ってたな"
　本来ならば私が早く帰宅して夕食の支度をすべきだったのだが、そんなことはすっかり忘れていた。これで映画の余韻と感動は失せてしまい、反省しきりの父親稼業……。

＊

　さて。
　Weekly原稿は、こんなふうにしてつくられています。だいたいは金曜か土曜の午前中までにテーマを決め、草稿をしたため、行きつけの喫茶店でcoffeeをすすりながら原稿をチェック、日曜の夜には投稿をめざします。ただし週末に行事が重なることも多く結構きつい作業です。それに２日間で

は推敲も中途半端になり、やむなく不満が残るアイデアを使わねばならないこともありました。

　でも書いていると、今述べたように、たとえば金曜日1日を振り返るだけでも、全国どこの児童相談所でも同じようなことが起こっているのではないか、と想像が膨らみます。そんなわけで、ひとり勝手に納得することもあり、原稿執筆作業は楽しいものでもあるのです。が、時々は休憩しないと続きません。

　Weekly休載について、○○さんの他、私個人宛のメールでも何人かの方が惜しんでくださり、連載していた者としては大変励まされる思いでした。
　児相研メーリングリストの多様な発展に期待しつつ、機会があればいつか再開したいと思います。

第5章
誰のために闘うのか
◆ 児相再編物語 ◆

◆オリエンテーション

　振り返ると、1970年代は熱に浮かされたような時代であった。誰もが何かしら興奮し、熱中し、「時代を計る体温計」でもあったならば、摂氏40度を超えて解熱剤が必要だ、とでも警告されたのではないだろうか。
　大学紛争のあおりで東大入試が中止されたのが1969年。翌70年になると、赤軍派による日本で初めてのハイジャック事件が発生する。犯人たちが平壌（ピョンヤン）へ降り立ち、その後の北朝鮮による拉致事件に関与するなんて、その当時は思いもしないことであった。72年には銃撃戦や凄惨なリンチ殺人を伴う連合赤軍・浅間山荘事件が勃発し、沖縄が返還され、日中の国交回復も実現する。73年のオイルショックではトイレットペーパーが買い占められ、街中が騒動となる椿事（ちんじ）も起こった。
　そのような時代背景の中の1970年、大学生となって初めて京都にやって来た私に、いきなり強烈な印象を与えたのは、保革が激突した京都府知事選挙であった。街には対立する両陣営から繰り出される夥（おびただ）しいビラが乱舞し、大音量の宣伝カーが所狭しと走り回る。そしてこのとき当選したのは、現職の故蜷川虎三氏。
　「憲法を暮らしの中に生かそう」
　「十五の春は泣かせない」
　「反共は戦争前夜の声である」
　「峠のむこうに春があると歩きつづける」
　こんな名台詞を次々に生み出した蜷川氏は、28年間にわたって京都府の知事を務め、その間、京都は言うに及ばず全国の政治に多大な影響を与えたのであった。つけ加えれば、京都府職員でつくる労働組合は、「D項路線」などと称し、「府職員は府民の幸せのために働こう」「府職員の幸せは府民の幸せあってこそ」と組合員に訴え、蜷川府政を支えていた。

　私が上級行政職の試験を受けて京都府に就職したのは、そんな蜷川時代末期、1975年のことだ。実はこの年、東京では記念すべき第1回全国児相研セミナーが開催され、その後私が深くかかわることとなる「児相研」が発足していたのだが、もちろんそんなことは知る由（よし）もない。
　それはさておき、当時の私は、児童相談所などという機関があることすら知らなかった。さらに言えば、住み慣れた京都市内を遠く離れ、日本海に足を伸ばして舞鶴児童相談所に配属されたとき、まさかそれ以後32年間、児童相談所一筋に働くなどということは、想像だにできないことであった。告白すれば、

そもそも私は大学で専攻した心理学の道を捨てるために行政職試験を受けたとさえ言えるのである。児童相談所に残ることなど、だから論外のはずであった。
　ではいったい、私はどうしてそのような道を歩み続けたのか、歩み続けることができたのか。その理由の一端は、この時代に執筆して本書に掲載した「子どもが子どもであるための治療的アプローチ」（第3章）を読まれた方には、何となく察しられるのではないだろうか。何しろ当時は、児童相談所という機関で働くことが楽しくて仕方がなかったのだ。だから行政一般の仕事に変わるなんて、もはや考えも及ばない。が、歴代の所属長は、私の処遇についていつも気にしていた。人事異動の時期になると決まって次のように声をかけてくるのである。
「本当にここに残っていいのか」
「君の同期はあちこち回って偉くなっていくぞ」
　児童相談所の再編問題に取り組む私の、当時の個人的事情を言えば、このようになる。ときあたかも蜷川府政が終焉を迎え、今までさんざん辛酸をなめてきた自民党が、参議院議員を辞して立候補した林田悠紀夫氏を立てて知事の座を射止めていた。
　以上がこれから始まる児相再編物語の舞台裏である。

　では読者は、この物語をどのように受けとめるだろうか。もしかしたら、熱に浮かされた時代の名残りに過ぎないと感じるかも知れないし、本原稿自体を、若くてどこか教条的だと思われるかも知れない。そもそも私自身がこれを読み返し、たかだか20年という時代の隔たりに驚きを禁じ得ないのである。
　だが、隔世の感が強ければ強いほど、それは今という時代に対する鋭いアンチテーゼとなる。私個人に引き寄せて言うならば、過去の私が今の私を問うているとも言えよう。それこそが本稿を本書に収めることにした理由であり、なおかつ、収録に際してほとんど手を加えなかった理由でもある。

　京都府は本年（2010年）4月、再び大幅な組織改正を行って、児童相談所や婦人相談所、知的障害者更生相談所や身体障害者更生相談所などを統合した「京都府家庭支援総合センター」を新たに開設し、20数年ぶりに組織再編を果たしている。私は、そのための準備が始まった頃に京都府を退職したため、その詳細については承知していない。

はじめに

はじめに

　考えてみればまる7年におよぶ京都府の児童相談所再編問題が決着した。舞鶴児童相談所は38年10カ月余りの歴史に幕をおろして廃止され、京都府は、新しく宇治児童相談所、京都児童相談所、福知山児童相談所という3カ所の児相によって再出発をしたのである。この論稿は、今回の再編問題の経過について、主として「三児相研」（注：詳細は後述）および労働組合のサイドから振り返り、記録にとどめるためのものであるが、純粋客観的な記述ではなく、再編問題の発端から終結まで児相職員としてかかわり続けてきた私自身の目で書き綴られることになる。その点をまず明確にしたうえで、あらためて今度の再編問題全体について概括的に見ておきたい。

　私は、今回の再編問題を考える際にまず押さえておくべき点として、第一に、政府の「行革」路線が国のかなりの分野で進行している状況と時期を同じくしたという点を記憶すべきだと思う。この点とかかわって、三児相研担当者会議などでも、児相再編の性格をめぐってかなりの討論が繰り返された経過がある。ある者は「"再編"というのは言葉自体がまやかしや、はっきり舞鶴児相をなくすんやで！　これが『行革』でなくてなんや！」と主張するし、またある者は「いやいや3カ所ある児相が3カ所になるという点では何ら変わりないんやから、これは言うてみたら"移転問題"と考えたってかまへんのちゃうか？」と発言する。そして「北部の人口が減少したというならともかく、そういう事実はなくてただ南部の人口急増に対応するための再編というなら、新しく南部に児相をつくるだけでいいし、それが筋じゃないのか！」という交渉の中での組合側の主張に対して、当局は「南部新築と北部統合はセットである」という点を一貫して言い続け、「増設だけの案では厚生省も許可しない」と説明してきた経過がある。

　つまり、これらの諸点をあわせて考えると、府当局が意図して福祉切り捨てをすすめようとしていたかどうかは別にして、今日の国や自治体の「行革」路線が、児相再編問題にかなり根本的な制約を加えたということは否定できないだろうと思う。

　第二に、こうした状況も手伝って、再編問題をめぐっては、私たち現場職員、労働組合の中でも意思統一することが困難な場面がしばしばあり、皮相的に見れば"南北対立"ともとられかねないような、廃止される側と増設される側との惑情的わだかまりが表面化しかけるなど苦心、苦労が続いたことである。しかし、

その中で、最後まで3つの児相が一致してこの問題に取り組むという決意と姿勢は変わらず、休日を利用してのシンポジウムや1泊2日の合宿討論会など、これまででは考えられないような創意工夫をこらした取り組みも実現させ、団結を維持することができた。この点は貴重な成果として評価しうるのではないだろうか。

　第三に、当局と労働組合との交渉、話し合いが、繰り返し繰り返し行われたことも、今回の再編問題のひとつの特徴として挙げてよいと思う。児童相談所の職員数は3カ所あわせても47名であり、府の組織全体から言えば極めて微々たる人員、小さな組織であるが、この児童相談所の問題で福祉部次長、あるいは児童家庭課長との交渉、さらに各児相の所長との交渉なども含めると、文字どおり何十回となく交渉が行われ、また必要に応じて"府当局の学習会"といった形で現場の声を反映させるための会議も開催させてきた。現在の京都府は、たとえば1987年度の組織・機構の改正でも、最終段階で突然減員を押しつけるようなやりかたが一部で発生し、そのため職場が混乱するという事態も招いたが、職員の声を十分反映させるというよりも問答無用の一方的な方針決定、上意下達のやり方が目立っている。しかし、児相問題に関しては少なくともこうした態度は許さず、最後まで議論を尽くしたと考えてよいのではあるまいか。

　第四に、得られた結果についてであるが、確かに舞鶴児相の廃止という最大の問題は回避できなかったが、一方その他の部分では、現場で働く職員の経験および専門性に立脚した見解が、ある程度生かされたと考えていいと思う。

　特に、全国的に一時保護所が集中管理化される傾向の中で、新築される宇治児相を含め3カ所ともに一時保護所の併設を実現させた点、増員は実現しなかったものの、47名という現員は確保し、さらに「今後とも増員のため努力する」と約束させた点、また、この再編問題をひとつの契機に児相の業務全体を検討・総括し、再出発するための「業務検討会議」を設置させた点など成果として確認できるのではあるまいか。

　むろん今回の取り組みや結果について、さまざまな弱点、不十分点があることは、児相再編問題《総括》アンケート（469頁）などによっても指摘されているところである。

　いずれにせよ、こうした成果や弱点を包み込みながら、児相再編問題は進行し、そこで働く職員にさまざまな形で問いかけ、決断を迫り意識の変革さえ求めてきた。全国的、全府的な観点から見れば確かに些細な出来事であったかも知れないが、一方では、確実にその大きな流れを反映し、また児相職員にとっては重大な問題であり続けたのが、この児相再編問題であった。そして、それこそ、私がこ

はじめに

の原稿を書き記す最大の根拠であると言ってよいであろう。

前　兆

1980年人事異動

　私とT氏、D氏の3人は、駅に降り立つといつもとは反対方向に歩きだした。時間年休をとって駅前の喫茶店に入る。誰も話さず重苦しい雰囲気が続く。「で、おまえはどうする？」D氏が私に問うてきたとき、私の決意は固まっていたが、答えようとしてもやたらに唇が震え、声にはなりそうもなかった。私には、7年前のそんな場面がいつまでも忘れられない。この年、十数年間舞鶴児相一筋で働き続け、言ってみれば舞鶴児童相談所の看板とでも言える存在になっていたT氏に対し、有無を言わさぬ異動の発令がなされようとしていた。その事実をつかんだ府職労舞鶴支部児相分会では、連日分会の会議を開き、また所長にも申し入れもし交渉もしてこの異動を取りやめるよう訴えていた。　特に、この時期の舞鶴児相は"自分たちの仕事は自分たちの手で総括しよう"と「舞鶴児童相談所レポート」を編集発行したり、その中で職場討議をふまえて「80年代をむかえた舞鶴児相」などというタイトルの論文をまとめ、意気盛んに前進しようとしていた。それだけに、こうした諸活動の中心にすわっていたT氏をこの時期に異動させるという当局方針にまったく納得できずにいたのである。

　思いつめていた私たちは、とうとう本庁まで代表を派遣し、直談判におよんだのであるが、その程度のことで方針が変わるわけもなく、当時のF婦人児童課長は「新天地で力を発揮してくれ」の一点張りであった。そのとき掛け合いに行った代表がT氏本人を含め私とD氏の3人であり、喫茶店に入ったのは課長と会った翌朝のこと、最後の希望も絶たれ、いったいこのあとどうしたらいいのか、そのことを話し合うためであった。この異動問題を語れば、1980年当時の舞鶴児相の雰囲気、状況がずいぶんリアルにつかめることだろうと思う。しかし、残念ながら本稿はそれが目的ではない。実は、この異動問題のさなかにあって、異動とからめて課長から重要な問題が匂わされたのである。それが、おそらくは今回の児相再編問題に関して、当局から初めて公にされた発言であったにもかかわらず、私たちは長い間そのことに十分な注意を払ってこなかったと言えよう。当時の舞鶴児相分会は「さらに重大なことは、婦人児童課長との話し合いの席上、北部の児相の組織機構の整備をはかるという、現場には何の相談もないプランをもちだ

して、このプランを人事の道具に使おうという課長の態度です。我々は、こうした発言に対しても、明確に抗議の態度を表明するものです」（1980年4月11日付所長宛て「抗議」）と、課長発言に抗議してはいるものの、この段階では、むしろ人事異動問題に重きを置いた見方であったと言わざるを得ない。しかしその後、当時の関係者から事情を聞いてみると「この頃から再編問題は確かにあった」とはっきり述べており、私たちが今回の再編問題のスタート、発端を一応この時点に定める所以である。これは重要なことではあるまいか。というのも、当局にあっては児相再編問題は"少なくとも7年前"には検討事項になっていたのである。にもかかわらず職員に対し、具体的に「考え方」を示したのは、1984年6月の課長交渉であって、この時点から数えてもすでに4年が経過している。しかも後に述べるように、この間に出された分会要求書に対して、2度にわたって「現在検討していない」という回答もされているのである。むろん、十分な腹案もないままいたずらに検討や見直しをふれまわることが好ましくないという考え方も成立するであろう。しかし私たちは、それでもなお、この事実を記憶にとどめていてよいはずである。

再編問題の歴史

そもそも、この児相再編問題の歴史はどこまでさかのぼることができるのであろうか。舞鶴児童相談所の廃止直前に、かつて舞鶴児相に働いたことのある人々が集まって「交流会」を催したのだが、その折りに、1950年代後半に所長を務めた経験のあるYさんが「実はワシがやってた頃も舞鶴児相をなくすという話がもちあがってな、いろんな資料を集めたり、数字を調べて本庁に持ってった記憶があるんや。あのときも真剣になってたなあ……」としみじみ回想されていた。これは、私には初耳のことで驚いたのであるが、手元にこの当時を知る資料はまったくない。文書として確認できるのは、1968年に策定された「児童相談所再編計画案」（婦人児童課）が最初である。しかもこの文書自体、数年前の年末、所内を大掃除している際、たまたま倉庫の隅でほこりをかぶっていたのを見つけ出したという代物で、すでに青やきのコピーは赤茶けていて、古ぼけた紙の匂いが鼻につく。しかしともかく間違いのない「児相再編計画案」である。ここから話をすすめることにしよう。

この1968年という年は、児相が設置されてちょうど20年になる年だが、同時に特筆すべきこととして「（京都府の）児童相談所の業務運営について」厚生省が業務監査を行い、かなり厳しくいくつかの点を指摘したことであろう。たとえば、

前兆

「貴府における児童相談所の現状をみるに、各児童相談所の実態は、その規模、内部機構、職員の充足等において極めて弱体であるので、早急な整備改善が必要であること」また、「児童相談所設置の地域分布を再検討し、管轄区域の変更等により地域住民のニードに応じられるような体制を考慮すること」などをあげ、さらに中央児相における「関係職員の不足」も「著しい」と具体的な数字まで示して早急の改善を求めている。このときの不足人員は14名とされており、「行革」で人員削減に血道をあげる昨今と比べてまさに隔世の感を禁じ得ないが、それはさておき、京都府当局はこの厚生省の指摘も受けて「児童相談所再編計画案」を策定したはずである。

ところでこの時期の児童相談所がかかえていた独自の問題は、中央・舞鶴・福知山三所ともの建物老朽化・新築問題であったろう。児童相談所は当時、元淇陽学校教護相談所（中央）、元婦人会館施設（舞鶴）、元軍施設（福知山）と、すべて他施設利用のいわば仮住まいで、しかもそのそれぞれが皆老朽化してきていたのである。

そこで、このときの「68年計画案」は児相の新築移転と再編計画がセットとなった案とならざるを得なかった。具体的には、中央児童相談所を精神薄弱者更生相談所と併設する形で府有伏見公園プールの余剰地へ、舞鶴児童相談所は「クリニック機能の充実」を目途として、舞鶴保健所との併設をめざして舞鶴市内へ設置、福知山児童相談所は「当面現状のまま」「しかし、舞鶴児童相談所の充実強化、ならびに中央児童相談所の移転後……管轄区域の変更を必要とするので、その際の口丹、中丹地域の社会情勢を勘案のうえ口丹地域への移転を配慮」との方向が打ち出されている。そして、実際には、まず1970年7月に舞鶴児相、1971年9月に中央児相、そして1981年4月に福知山児相が、すでに知られている地に新築移転され、考えられていた管轄地域の変更は行われなかった。

一方、厚生省から「鋭く指摘」もされた人員問題を含む職員構成については、「児童福祉司の現行係長相当職制を廃し、専門課程修了一般職員を採用」「心理判定員の複数制と職制登用」などが方針とされていたが、児童福祉司の問題など、現在に至るまで十分な解決を見ないでいると言っていい。

私が思うに、68年の再編計画案は、児相の充実＝建物新築という形にすりかえられ、結局、舞鶴に続く中央児相の建築で事実上終了、あるいは頓挫してしまったのではあるまいか。というのは、中央児相の新築後わずか3年で、早くも新しい「児童相談所再編計画案」が検討されており、以下のように述べられているのである。すなわち「国は人口50万人に1か所の相談所増設をはかりつつあります

が、府においては既に現状を有しています。しかし、そのそれぞれが組織、人員とも未整備であり、現下の行政需要に対応しかねることから、第2次京都府総合開発計画策定の時点で、次の基本構想による再編計画をたてました。今回の府行政機構の改革期にあたり、時宜を得ればその実現をはかる必要があります」と。新しい計画案は、おそらく1974年時点で練られているのだが、それが府当局のいったいどのレベルで考えられ、またどこまで現実性を帯びていたのか、私のファイルにしまわれている一片の文書だけでは不明である。が、ともかく新しい計画案の最大の特徴は、"南北2カ所案"というところにあるといってよいだろう。そして、現行の3カ所を2カ所にすることで各所の人員を一定確保し、三部制に沿って「管理（一保）・相談（措置）・判定の三課制」を敷く計画となっている。さらにもうひとつの特徴は、人員総数は据えおくということを前提にしながら、心理判定員の大幅な増員を企てていることである。当時児相で8名の判定員を一挙に14名（課長2名を含む）にし、需要の急増していた就学前（障害児）対策を強化するという計画である。ところが、私の知るかぎり、福知山児相を廃止する形のこの南北2カ所案が、現場職員にまで明らかにされたという記憶もなければ、先輩職員からそういったことについて聞かされたこともない。南北2カ所の具体的な人員配置まで記されたこの計画案が、まったく話題にさえならなかったというのは不思議としか言いようがないが、既述したように、少なくとも、1968年の計画が、この時点、つまり1974年頃には、すでに計画策定当時の意味を失い、それゆえ、福知山児相の新築問題も新しい課題、新しい意味を持たされて登場することになるのである。

福知山児童相談所の新築

　さて、1980年人事異動での当局の強行突破や一方での児相の組織機構整備プランの発言などから、私たちは、次第に「児相再編」「児相の見直し」といった問題に敏感になりつつあった。全国的な児童相談所の動向にも関心を持つようになり、行政管理庁が「法的必置機関の全面的見直し」に言及し、そのなかには、児童相談所や教護院なども含まれているらしいといった情報がとびかうようになると、日ごろはケースに追われ、国の政治などには無関心をよそおっていた私たちも、十分理解ができぬままそれらを話題にするようになっていた。

　そんなある日のこと、「今度できる福知山児童相談所の一時保護所の児童定員が倍加するらしい」というニュースが飛び込んできた。「それに事務室はめちゃめちゃ広いらしいで」という噂まで広がっている。

> 前兆

　もちろんこの福知山児相の新築は、限度を越えて老朽化した建物で働くことを強いられていた職員にとって、切実な願いであった。だからこそ、1980年夏の着工以前も以後も、所内で建設委員会をつくるなどして協力してきたわけである。それゆえ、本来ならば、スペースや定員が拡大されることは喜ぶべきことであるのだろうが、このニュースを知った者は誰もそうは受けとらなかった。
　「舞鶴児相の一時保護所があぶない！」「舞鶴児相が福知山児相に統合される！」危機感を覚えた私たちは、舞鶴と福知山の両児相分会役員の合同会議を開催した。1981年2月10日、私が記憶する限りでは、2つの分会のこうした会議は初めてのことであった。ここでは、福知山児相からの「一時保護所定員を11名から22名にするなんて寝耳に水や。新聞報道で初めて知った」という発言もふまえ、①ただちに児童家庭課長との交渉を設定する。②府職労民生福祉部会にも「一時保護所の集中管理には反対」という内容を要求書に加えてもらう。③当面両分会役員で合同会議を設けて連絡を強化する、といった内容を確認したのであった。
　このようにして、児童相談所再編問題の事実上の交渉は、私たちがそれと十分自覚しないまま始められることとなった。1981年2月21日のことである。福知山児相まで出向いてきたF児童家庭課長との交渉では、一時保護所定員の倍加について納得のゆく説明はなく、ただ「集団治療の必要」だとか「予算対策上」だとかの意味不明の発言が繰り返されただけに終わった。
　一方、一時保護所の集中管理に関しては、「現在そういう考えはない」と明確に否定しながらも、「やるならそっくりそっくりだ」と、一挙の統廃合のほうがむしろベターであるととれる発言のあと、「しかし今はそれも考えてない」と明言し、そのうえで「かつて考えたことはあるが……」などと、具体的事実は示さないものの一定の経過があるかの如き発言を行った。これを現在の段階で判断すれば「かつて……」の部分が1974年の計画案を指していたのは間違いないことであろう。
　いずれにせよ私たちは、「一時保護所の集中管理も児相全体の統廃合も考えていない」という課長の回答を得、同時に新築自体は、私たち自身の要求でもあったといった事情から、そしてまた、現実に建物は完成間近に迫っているという事実も手伝い、そのまま新築オープンへと進んでいったのである。
　だが、この福知山児相新築は、単に老朽化した建物の建て替えというだけにとどまらぬ重要な意味を、密かに担わされていた。それは、1968年再編計画の、当初計画とは違った形での仕上げであり、同時に、新しい児相再編計画の事実上の出発点、スタートをきるものであった。

府の「行革」と保育指導員の問題

　ところで、この福知山児相の新築と時を同じくして、降って湧いたようにして起こってきたのが、保育指導員の設置と児相への配置という当局の提案である（当初は「保育専門指導員」と称されていたが、ここではすべて最終的な呼称である「保育指導員」を使用する）。

　私は、これを1981年3月4日「京都府の昭和56年（1981年）度組織改正ならびに定数配置についての分会への説明」という形で舞鶴児相の所長から聞かされた。それによれば、児童家庭対策、特に就学前児童の対策強化の立場から、本庁（児童家庭課）ならびに中央児相、福知山児相に各1名、計3名の保育指導員を新規に配置するというものであった。

　実はこの説明のわずか10日余り前に、私たちは児童家庭課長と交渉している。あとで吟味してみれば、なるほど一般的には今回の提案の布石となるような言動が散見されるものの、この保育指導員というものについての多少とも具体的な提起はまったくない。当局というのは現場に対してこういう対処の方法をとるのかと、私はあらためて感心したのであるが、それはさておきこの保育指導員の問題は、児相サイドから考えるとまことに奇妙なものであった。

　まず第一に、私たちはこれまで「保育指導員」なる職種を聞いたこともなければ、当然のことながら要求したこともない（注：この点で本庁児童家庭課への配置とは性格が異なっている。児童家庭課ではこれまで分会要求として配置を求めていたという経過があり、ここでは要求実現という側面を持っている）。しかも当時の情勢からして、京都府のどの職場であれ、増員要求が通るということは極めて困難なことであって、ましてや要求もしていない職員が（児相にかかわって）2名も増員されるというのは驚くべきことと言ってもよいであろう。

　第二に、この2名が中央児相と福知山児相に置かれるという点も理解しにくいことであった。当局の説明では、府の南部と北部に1名ずつということである。譲ってこの主張を認めたとしても、管内人口が約23万人の舞鶴児相でなく、約12万人の福知山児相に置くというのは常識的に見て納得の得られるものではない。そのうえこの点についての当局説明は「他意はない。事務室スペースの関係上」といった程度のものであったから、私たちはますます不信感を抱かざるを得なかった。

　第三の、そして最も重要な問題は、こうして配置される保育指導員の業務内容がさっぱり明確にならないことであった。「児相業務の拡大になるのかどうか？」「児相の本来業務と矛盾をきたすことはないのか？」「児相の仕事を管理監督行政

> 前兆

に変質させることにはならないのか？」「ともかく保育指導員の具体的な仕事は何か？」etc. いくつかの疑問がその場でも出されたが「具体的なことの企画立案は本庁サイドの仕事」ということで、その中身は曖昧なまま、新年度からの発足だけが決まっているという内容であった。

　それでは、このように奇妙でしかも問題含みの保育指導員の配置はなぜ提起されてきたのか、私たちはすぐさま、当時大問題となり府職労も力を集中して反対運動を進めていた"吉田保育所の廃止・京都市への移管"（実際には民間社会事業経営体である『社会福祉協会』への委託）との連動と考えた。京都府では唯一の府立保育所である吉田保育所を廃止する、その際行き場をなくした保母さんの手頃な転勤先としての苦肉の策が、保育指導員の新設ではないかというものである。

　ここで少し話は横道にそれるかも知れないが、府の「行政改革」、特に社会福祉施設の民間委託についてふれておきたい。京都府では、1979年に「京都府社会福祉事業団」が設立され、翌年身体障害者福祉センターが委託されている。そして、この後次々と社会福祉施設の事業団委託が進められてゆくのだが、洛南寮、向日が丘療育園、桃山学園など一連の施設の民間委託は、児相の再編問題と同時進行的に実行されてきていた。当局はこうした事業団委託について、一貫して「公の持つ財政的な安定と民間の持つ柔軟性と創造性」という"メリット"を強調していたが、その実態はどうであったろうか。1987年7月に開かれた府職労第10回自治研集会で事業団労組のDさんは以下のような報告を行っている。

* 「府」「事業団」二つの当局があり（公的）責任所在が不明確、事業団の主体性がない。
* 財政面では、府からの委託料に専一的に依存しており自主財源の増収がはかれない。
* 委託メリットと言われていた「弾力的・柔軟性のある運営」という点でも対象者・目的・サービスの異なった施設への細かい対応ができておらず、職員採用も迅速に行われていないためメリットが発揮されていない。
* 府からの天下り職員が増大し（管理職は全て府からの出向職員・OB職員）、府に対してものが言えず指導性、意欲、主体性に欠ける。
* 清掃・給食・警備などの再委託問題もあり、事業の継続性に危惧がもたれる。
* 当局としての施設方針、将来像がない。

　振り返って考えるなら、このような問題点をかかえてすすめられた福祉施設の民間委託の最初の突破口として焦点となったのが吉田保育所の京都市移管問題と考えてよいであろうし、またその余波が児相の保育指導員でもあったと言ってよ

第5章
誰のために闘うのか
◆児相再編物語

いと思う。

　話を元に戻すと、ともかく私たちは、当局の唐突で一方的な提案を受け、全国的にこのような例があるのか否かの調査を行う一方、3月16日には三児相分会、児童家庭課分会に民労支部や府職労本部の代表も加えてこの問題を協議し、ついで3月27日には、再度児童家庭課長との交渉を行った。交渉で詰めれば詰めるほど当局の方針が煮詰まっていないことが判明し、彼ら自身も"デスクプラン" "ing"であると認め、十分な検討のないまま配置だけを先行させようとしていることが浮きぼりにされた。一方、私たちの内部討議においても考えておかねばならないような問題があった。それは、端的に言えば「この際くれるものは何でももらおう」という主張、つまり「当局がわざわざ増員しようと言ってきてるんだから、こちらの人員要求と結びつけておとなしく従い、保育指導員の仕事内容の検討などはそのあとでもいいではないか」という考え方である。結果的に言えば、今回の児相再編を契機にして保育指導員はたった6年間配置されただけで廃止され、2名の人員枠は他のセクションに吸収される形になった。前述した主張のとおりになったと言ってよいだろう。しかしこの間の経過を見ると、特に中央児相に配置された保育指導員は、仕事内容の不明確さなどに悩まされ、不本意な形で退職してしまうことが繰り返されたと聞いている。これは、仮に増員がプラスであると評価できたとしても、そこで働く職員の働きがいをないがしろにしたり、矛盾を解決できないとしたら、果たしてそのようなことが許されてよいのかという深刻な問題を提起していると私には思われたし、それだけにこの保育指導員問題は、当局の児相再編計画、さらには社会福祉政策全般に対して強い疑問を抱かせるものとならざるを得なかった。

　以上の経過をふまえ、舞鶴児相分会では、児相の統廃合に反対する意思を初めて明確にした1981年度分会要求書をつくり上げたのである。そこでは、この間の動きに対して、

　「……同時に、福祉分野での林田府政の方向も、吉田保育所の廃止強行などに端的にみられるように、福祉切捨て政策に大きく踏みだしており、反府民の立場を露骨にあらわしてきています。

　こうした中で、今児童相談所の問題に関しても、当局の姿勢と方針が厳しく問われていると思います。この間の児相に関する当局の側の動きをみると、福知山児相の新築にともなう一時保護所の定員倍加、一方的な保育指導員の配置などが具体的に表面化してきています。

　これらの動きに関して、我々は、第一にそのすすめ方が極めて非民主的で一方

> 前兆

的であること、第二にこうした動きを通じて、児相の仕事を個別ケースのていねいな相談というあり方から管理監督的な形へと変化させていこうという傾向があるのではないかということ、第三に以上の点とも関連して、舞鶴・福知山の児相の統廃合、あるいは一時保護所の集中管理ということが当局の構想の中に存在しているのではないかという危惧があることなどを表明せざるを得ません。特に林田府政の行政姿勢からみても、統廃合の現実的可能性を否定しきる材料はありません。

児相の統廃合、あるいは一時保護所の集中管理は、そのことの持つ必然的な住民サービスの低下を考えた際、我々として明確に反対であるということを明らかにしておきたいと思います」

と表現され、要求書の第一項目には「児相あるいは一時保護所の統廃合をおこなわないこと、同時に舞鶴児相の将来的展望を明確にされたい」との内容が掲げられていた。

三児相分会合同会議

さて、とにもかくにも福知山児相は新築オープンし、保育指導員も当局提案どおりに配置されて半年余りが経過していた。この時点で私たちは「京都府下三児相分会の合同会議」を開催する。1981年11月28日のことであった。府立勤労会館で開かれたこの分会合同会議こそ、実はその後の児相再編をめぐって三児相が足並みを揃え、共同の取り組みを進めてゆくうえでの歴史的な第一歩であったと言ってよい。

会議自体は舞鶴児相分会から提案したものであった。当時の舞鶴児相は保育指導員問題も直接には課題とならず、一方、備品の充実や庁舎改善などの要求もある程度満たされてきてはいたが、児相の統廃合問題など当局に対して提出した基本的な事項については「現在考えていない」という回答で済まされてしまい、何か腑に落ちぬもの、漠然とした危惧がぬぐいきれぬまま日常業務を続けていたと言えよう。そんなとき開かれたある日の分会会議の中で、「基本問題が経済的な要求にすりかえられ、隠されているのではないか」「舞鶴だけでやっていてもタコツボに陥ってしまい、大事なところで失敗するのでは？」といった意見が強く出され、結果として、児童相談所の問題は府の児相全体で考えてゆこう、そのためにも他の二児相分会に呼びかけてゆこうとの意思を確認したのである。

こうして実現した三児相分会合同会議では、あらためて各所における問題点が明らかにされた。特に中央児相では、吉田保育所から異動してきた保育指導員が

第5章
誰のために闘うのか
◆児相再編物語

「保育現場で働くことを望んで児相にきたのにそういう仕事はまったくできず、意欲をなくしてしまった。今後についても非常に不安」と悩んでいる実情も出され、福知山児相でも、保育指導員には児相経験が20年近いというベテランが内部異動してその職を務めることとなったため、中央児相ほどには混乱していないものの、この会同会議の直前に所長交渉を行っている。その中で「新しい職種を作っておいて、今日においてさえ当局は依然として方針を持っていない、無責任である」との声が出されたとの報告があった。これらの討論もふまえながら、会議では"府下三児相分会が提起して三児相研集会を！"という舞鶴児相分会の提案について議論した。その内容というのは1泊2日で三児相各職場の各職種から自由に参加し、自由に討議するといったものであった。むろんこんなことは前代未聞のことであったし、この時点ではプログラムも定かではなく、いったい誰が参加し、どんな形で進行してゆくのか見当もつかない代物であった。それゆえこの会議の場では、集会開催を決定するまでには至らなかったのだが、一方「他の児相がどうなっているのかわからない」「予算ひとつとっても児相間でかなりアンバランスだと思う」「やはり三児相での話し合いの必要があるのでは……」といった意見も出され、それぞれ各所に持ち帰ることとなった。

　ところで、この三児相研集会という発想は、その当時の京都府の児童相談所の現状から生まれたと同時に、全国的規模で行われていた「全国児相研セミナー（全国児童相談所問題研究セミナー）」の実践が深く影響していたことは疑いないことであろう。

　この児相研セミナーは、"子どもの生活と権利を守り、働きがいのある職場にするために"を基本テーマに1975年から毎年開かれているもので、府の児相から参加したのは、1978年に第4回セミナーが京都で開催された頃からであった。一度参加してみると、児相研セミナーは児相職員にとって「子どもの問題を社会的に明らかにする共同研究の場」「仕事の苦労をわかりあう場」「福祉労働者としての厳しさやその意味、さらには面白さや大事さ、そして生き方を大事にできる唯一の"同一性"のよりどころ」（第8回セミナー基調報告）といった評価が私たちにも実感として理解でき、以後必ず誰かが参加するようになっていた。セミナーの基本原則は（1）児童相談所に働くあらゆる職種の人が参加できるようにする。（2）働いている者が自主的に開催する。（3）単にグチをこぼし合ったり情報を交換し合ったりするだけでなく、現状を変革することに結びつき、その方向や基本的な考え方を打ち出せるようにする。（4）子どもやその周囲の人たち、児童相談所で働く人たちがかかえているいろいろな問題を、権利保障の立場からとら

前兆

　えなおす。(5) 家庭・地域・関連機関・研究者等各分野の人たちと手をつなぎ、開かれた児童相談所をつくるため、幅広い研究活動を行う、以上である。これらは児相研セミナーの発展を保障してきた重要な原則であると同時に、私たちにとってもいちいち納得のゆくものであった。そして全国児相研は、現在でも私たちにとって大きな支えであり、同時に今では、私たち自身がその不可欠なメンバーとなっている。特に第11回児相研セミナーは京都府の児相から現地実行委員長・事務局長等を出して京都で開催し、全国児相研に少なからず貢献もしてきている。

　ともかく、いま児童相談所が直面しているリアルな問題をそのまま自由に語り、また全国の児相のさまざまな実践を学ぶことのできる児相研セミナーは、私たちにとって新鮮な感動であったと同時に、そういった視点で自らの足元を見ると、府のたった3つの児相間ですら、深刻な問題をかかえているにもかかわらずタコツボ状況に甘んじている現状というのは、決して黙認できるものではなかったはずである。「我々も始めよう」「まず府の3つの児相の児相研から」これがそのときの私たちの率直な気持ちであった。

第1回三児相研集会

　三児相研集会を用意する三分会の合同会議は2回、3回と持たれた。開催を決定してゆく際最も困難であったのは、一番深刻な状況に置かれている中央児相での意思統一であった。ある意味ではこうした集会を最も必要としていたはずの中央児相である（と私には思われた）。時期尚早論があるという。内部的な詰めができていない、まず足元を固めることが先決だという意見である。また"しんどい"ということすらなかなか口に出して言えないといった現状の中で、組合サイドの話をズバッとしてゆくという雰囲気にはなりにくいといった危惧も出されたようである。"それを最も欲しているものが、それに最も消極的である状況"というのを私はこれまで何度も見てきたような気がするが、このときもそんな気持ちにさせられたことを覚えている。しかし、消極論と「まず顔を合せてみることも意味があるのでは」という意見が相半ばする中、中央児相分会の執行部が集会を開催してゆくという立場で全体をまとめることで、第1回三児相研集会はいよいよ正式に開催することとなった。開催日時は1982年1月30日（土）〜31日（日）。「第1回京都府児童相談所問題研究集会」が集会の正式名称である。"おさそい"には、

　「自民党林田府政のもと、福祉切捨てが進行し職場での非民主的な管理抑圧が

第5章
誰のために闘うのか
◆児相再編物語

強まっています。同時に、仕事の内容はますます複雑さを増し、多忙を極めています。
　このような状況の中で、京都府下三児童相談所の分会が合同して準備会を開き今回の第1回京都府児童相談所問題研究集会を開催することになりました。
　今確かに、各児相の職場はそれぞれ違った問題をかかえ、違った課題に直面しているように見えます。しかし私たちのおかれている状況をより深く見つめてゆくなら、その中に共通の課題を発見し、共通の立場を確立していくことはできると思います。児童相談所に働く職員、労働者として是非とも多くの人々の参加を呼びかけたいと思います」
　と書かれており、目的としては（1）それぞれの仕事、職場の特徴を率直にだしあう中で、各所の"ちがい"の中にある"共通性"を討論を通じてさぐり深める。（2）この取り組みを、各児相の職場の強化と充実、各分会の団結と強化のための契機とする。（3）同時にその中で、同じ児相職員、同じ児相に働く労働者として連帯と団結を強め、自民党林田府政の福祉切捨て政策とたたかう共通の基礎をつくりあげる、の3点が掲げられていた。
　農林年金会館で開かれた集会には総数46名（当時）の職員のうち21名が参加し、中央児相のO氏が「これまでチリヂリバラバラであった三児相分会が集まり、連帯と団結を深めることは画期的なことである」との開会挨拶を行った。ついで福知山児相からT氏が、全国的には児相がどんな状況に置かれているのか、児相研セミナーでの討論などを通じて得た知識をふまえて基調報告を行い、私（川﨑）がこの間の経過について報告、府職労本部からも挨拶をいただいた。
　プログラムは次に分散会へと進行したが、ここでは、特に中央児相の職員を中心に「皆んなが忙しく話すことすらできない、潤いのあるもっと話せる職場であってほしい」「転勤してきたが仕事が全然わからない」「暖かい人間も冷たくなる、そうならざるを得ない」「病欠者が多いけど"自分のからだは自分で守らなければいけないんだよ"と言われてドキッとした」「言うたら寂しくなる感じ、何とも言えない雰囲気がある。もの言わないのが勝ちやなー」「状況をどう考え打開していくか、正論に向かって"よしいこう"という気持ちになかなかならない」「上から下まで責任のがれ、足のひっぱりあい」といった重苦しい発言が続出した。また、「福祉司の担当地域や所内の各種委員会メンバーは人事の一環と称してすべて所長が決めてしまう」「『私の命令が聞けないならやめてください』だとか『あの人は役に立たないから次の異動で動いてもらいます』みたいな所長の横暴がひどい」といった発言もあった。

415

前兆

しかし、討論を続けていく中で「なかにはいいところもある」と現実を相対化し全体視しようとする角度からの意見や「今までは諦めムードを持っていたけど、この機会に何かやっていかねばという気持ちになる」「職場の中で、やはり同じような問題、悩みをかかえているんだなということを感じた」「第1回だったけど、本音のところで話せたのはよかった」「こういう機会を持ったということは本当によかったし、他の児相分会からの支えもやはり必要だと思う」「今回の議論で当局に打ち勝ってゆくだけの素材をかなり持ち得たのではないか」「来てよかった」など集会自体を積極的に受けとめる発言も多く出されるようになった。

この集会については、後日の事務局会議で（1）諸困難を克服して開催したこと自体大きな意義を持つ。（2）当初の予想を上回る参加者を得て大きく成功した。（3）児相のいろんな職種の人が一堂に集まって話すというのは過去に例がなく画期的なことであった。（4）討議の内容も、仕事とか組合というレベルを越えて何でもだしあうことができ、しかも本音が語れる雰囲気があって非常によかった、という形で総括をしたのであったが、現時点で振り返るなら、これらに加えて、実はもうそこまできていた児童相談所の本格的な再編計画に対して、私たち現場で働く者が、組織的にも一致して取り組む端緒を築くものとしての意義を持ち、意識のうえでも、これまで各児相内に押し止められていた認識が京都府の児相全体へと広げられていくその第一歩にもなったということができよう。事実私たちは、この後「三児相研」という名称で、児相で起こるあらゆる問題について討議し、方針も出してゆく三児相の代表者による会議を開くようになった。これは、今回の児相再編計画が終結するまで何十回となく開催され、再編問題全体を通じて非常に大きな力を発揮したと言ってよいであろう。また、1982年に突然起こった当局による「既得権切捨て問題」（注：実は社会福祉施設の民間委託と連動したものである）では、三相分会が共同して機敏に児童家庭課長交渉を実現したり、1983年には、中央児相分会が掲げている人員要求を三児相全体の要求として確認し、それぞれ一定の成果を収めることができたのだが、「三児相研」はこうした面でも力を発揮したのであった。

胎　動

児童相談所再編の動き

さて、既述したように児相現場では「三児相研」という場が成立したことで初

めて、府の3つの児相職員が児相に起こる諸問題について常時協議し、一致して取り組みを進める体制が確立したのだが、その頃になってようやく今回の児相再編問題が表面化することとなる。

　その最初の具体的な動きはいったい何であったろうか？　私が知り得る範囲では、1983年2月2日、山城地域における府政懇談会で、「山城地域に児童相談所の設置を」との声が出され、そこに出席していた副知事が「課題としたい」と応じたのがその発端であるように思われる。そして、この直後の2月府議会本会議において自民党の議員から"府南部における児童相談所の充実強化について"の質問があり、知事は「……ただいまご指摘の府の南部におきましては、急速な都市化に伴い、児童が増加し、指導のむずかしいケースも多くなってまいっているのが現状であります。そこで、南部地域を所管いたします中央児童相談所がこれらの状況に十分こたえられるように、市町村、学校関係機関との連携を密にいたし、児童福祉司の重点的配置など、相談指導体制の整備を図るなど機能の充実に努めまして、より充実した児童福祉の推進を図ってまいりたいと存じております」と答弁することになる。そして、この後も府議会では児相問題、特に南部対策についてたびたび議論される。1983年11月には決算特別委員会で、自民・公明両党議員から、それぞれ「児相の南部設置について」「児相の数が少ないのではないか」といった質問があり、さらに、1984年6月府会では、再度自民党の議員から、代表質問の場で「……北部の充実にあわせ、府南部にもぜひとも児童相談所の建設と拡充強化について早急に御検討をいただきますよう、強く要望」との発言があり、知事も「今後とも児童相談所が児童に関する相談指導の専門機関といたしまして、特にこれからますます人口の増加してまいる南部につきまして、充実整備を考えていかなければならないと思っておりまして、十分検討をいたします」と1983年2月府議会のときの答弁より少しニュアンスの異なる見解を表明する。

　そしてこれに合わせたように、宇治市議会においても「京都府中央児童相談所を宇治市に早急に誘致開設する請願」（1984年5月21日提出）が趣旨採択されるなど、住民を代表する府議会・市議会で児相問題が活発に取り沙汰されるという状況が生まれてきたのであった。

　ところでもうひとつの別の動きとして注目されるものは、1983年11月9日、知事に提出された京都府行政改革懇話会（この年の8月に設置）の提言である。そこでは、「行政改革とは単なる切り捨てでなくスクラップ＆ビルドで、いかに府行政を活性化させるかだ」との考え方のもとに「本庁と地方振興局の意思疎通を

胎動

強化し、地方振興局や児童相談所など出先機関の所管区域の見直しをはかる」と児童相談所が名指しで見直しの対象に挙げられていた。これはその後、1985年（昭和60年）10月にまとめられた「京都府行政改革大綱」の中で「府南部地域の人口増加等に対応した児童相談所の設置並びに北部地域の児童相談所の再編」という表現で、より明確にされることとなる。

そして、こうしたいろいろな動きに歩調を合わせるかのように行政当局の発言が少しずつ変化してゆく。舞鶴児相分会が提出した1983年度要求書の「府下三児相の見直しについては頭ごなしに行うのでなく、職員と事前によく協議されたい」に対しては、8月17日時点で「現在検討に入っていない」とたった11文字のそっけない回答しか示していなかったにもかかわらず、同じ年の12月23日には所長が職員会議の中で「（児相再編問題は）私の赴任前からの課題」と語り、この間の府会や行革懇の動向について説明したあと、私見であると断わりながら「児相再編問題は昭和40年代ごろからの課題でもあり何らかの対応が必要、検討はむしろ遅すぎる」「児童家庭課長に対してこの問題についての考え方（私見）を述べた経過がある」「一時保護所が各児相に併設されているのは、近畿では兵庫と京都だけ」「一時保護所の現状から考えて現在の体制ではむずかしい」などの発言があった。また、舞鶴児相だけでなく福知山児相でも、年明け早々の1月5日「統合といってもそう簡単にはできないだろう。しかし、南部から住民要求がでていることは無視できないことだ」「また、中央児童相談所が京都市内にあることはおかしい」「今後具体的な作業にはいってくるのではないか」との所長発言があり、中央児相においても、舞鶴・福知山での両所長の見解表明を受けて分会が話し合いを求めると、1月24日、やはり私見として職員に対し「府南部は、今後まだ10万人の人口増が予測されているし、児相のアンバランス解消が課題である」「今あるものを廃止したり、管轄区域を変更することは困難」「昭和58年(1983年)、副知事との話し合いの場で"児相4カ所案"というのを出したことがある」「どう結論づけられるかはまだ未知数」などと説明している。そして、これは後日明らかにされたことであるが、1984年3月末には三児相所長の"まとめ"ということで、児相再編問題に関する何らかの見解が児童家庭課長に提出されている。残念ながらこの文書は公にされず、したがって私にもその詳細はわからないのだが、伝聞によると、「南部に新しく児童相談所が必要である。また北部については、一時保護所の福知山児相での一本化、あるいは管轄地域の変更」といった内容が出されており、さらに「一時保護の際の日宿直の嘱託制の導入」なども提起されていたらしい。

第5章 誰のために闘うのか
◆児相再編物語

　一方本庁サイドでも、1984年1月20日福祉部会交渉の席上初めて児相問題に言及し、概略以下のような内容が話された。すなわち、「府行革懇について、その具体化の指示は何らない。しかしそれとは関係なく部内で討議してきたことは周知のことである。早晩検討しなければならない課題であり、そのときには府職労とも大いに議論したい」。

　以上の諸点を考慮すると、児相再編のための"世論"が形成される（うがった見方をすればマッチポンプ式に"世論をうまく醸成する"）ことによって、行政当局がこれに公然と着手する、いわばその"護符"（世論）を手にしたと言えるのが、1984年の初頭のことと言えそうである。

第2回三児相研集会

　このようにして、当局がいよいよ本格的に児相問題を検討し、何らかの対応をとるということがはっきりしてくる中で、私たちの側で大きくクローズアップしてきたのは「一時保護所のあり方」という問題である。というのは"一つの児相に一つの一時保護所"という従来のあり方が全国的にもあちこちで崩されてきており、そのことが児相研セミナー等では重大な問題としていつも話題にされてきていたし、現に京都府においても、福知山児相新築の際のやりとりや、舞鶴児相所長の発言などがあり、黙過できぬと考えたからである。

　"児相再編問題を考えるとき一時保護所問題は決して避けて通ることはできない"そう考えた私たちは、しかし一方で、この問題を議論してゆくための十分な材料をほとんど持ち合わせていないことに気づかされる。そんなところから生み出されたのが、一時保護所問題を中心に据えた「第2回三児相研集会」であった。

　1984年2月19日、日曜である。国鉄神足駅（現JR長岡京駅）を降り、寒風の中コートの襟を立ててしばらく歩くと会場の長岡京セツルメントが見えてくる。第1回三児相研集会を開いてからほぼ2年余りを経過していた。この間に各児相とも人事異動等で人の入れ替わりもあり、こうした集会に初めて参加する人も多い。しかし、「日曜日の朝寝は一週間分の寝だめである。今日は母から"何で朝早くから起きたの？"と言われながら、バタバタと掃除・洗濯をして早速駆けつけた」（集会感想文から）という感じでこの集会にも20数名、児相の約半数の職員が参加する。

　挨拶と経過報告のあと、中央児相分会から保育指導員問題についての報告を受ける。「（保育指導員を）人員枠や受け皿としてだけの職種として放置、まだ3年も経たないにもかかわらず2度にわたって"担当職員の退職"という結果をつく

胎動

り出した現状を、もうそのままにしておくことはできない」「現在欠員となってしまっているが、中央児相の保育指導員として役割を果たしてゆくために、必要な人材を補充すべきである」といった、この間中央児相内で議論してきた内容がリアルに語られる。

　この問題についての若干の討論のあと、集会はいよいよメインテーマである一時保護所問題へと移行する。この日の企画は「一時保護所のあり方をめぐって――模擬パネルディスカッション」だ。つまり、一時保護所を"各所に併設する""集中管理する""南北に各一箇所設置する"というそれぞれの案に賛成するといったいどういう主張になるのか、私たちの中でこの３つの立場を模擬的につくり出して考えてみようというものなのだ。椅子や机を並べかえ、正面に３つの立場に立つパネラーと三児相の一時保護所職員代表が勢揃いすると、ストーブをはさんで他の参加者が、興味津々で一斉に視線を集中させる。

　まず登場したのは、児相一筋20数年、懸命のケースワークを実践中のＴ氏。"各所併設の立場"からの発言という役回りだったが、Ｔ氏「本日は模擬討論ではありますが、"集中管理反対、すべての児相に一時保護所を"というのは私自身の本音でもあります」と前置きして以下のような論旨を展開する。

　「今日、一時保護所の統廃合といった話が持ち出されてくること自体、我々自身の弱点が一つの要因になっているのではないだろうか。その意味では、当局が言いそうな集中管理説をことさら開陳するようなこんな取り組みをなぜやるのかと言う人が職場にもあるが、論点を整理し、問題点を明確にするこうした企画は是非必要である。

　さて、一時保護所の統廃合という主張の背景に、私は児童相談所における一時保護機能が正しく位置づけられていないという点があると思う。一時保護は児相機能そのものと言ってもよく、特に今日、養育機能が低下し、子どもに即してアプローチしなければならないとき、行動観察や短期治療など、一時保護所の役割はますます重要となってきている。

　私が心理判定員の時代には、対抗意識も含めて、一時保護は心理判定と並行してあるものという気持ちだったが、今児童福祉司をしていて、一時保護所は子どもと生活を共にする場であり、私自身当直をしたり、一時保護所に顔をだして直接子どもの様子を知ることの魅力は他に代え難いものを感じる。

　そして、児相の活動を地域のニードの中できちんと位置づけようとしたとき、当然のことながら一時保護所の存在は不可欠と言えよう。児相は住民が利用しやすいという物理的条件が必要であり、地域に根をおろした一時保護所という見地

　　　　　　　　　　　　　　　　　　　　　　　　　第5章　誰のために闘うのか
　　　　　　　　　　　　　　　　　　　　　　　　　◆児相再編物語

も当然の考え方である。それはたとえば、大規模児相の一時保護所が、業務内容のうえでもきめ細かさを失い、非行児などの扱いのうえでもともすれば管理的な対応にならざるを得ないこととの比較でも明らかと言えよう。

　最後に、集中管理についての疑問点、批判点を述べておきたい。ひとことで言えば、まさに文字どおり"子どもの集中管理"にならないか、"管理と画一化の一時保護所"にならないかということである。

　自分の児相のケースとそれ以外のケースで必然的に対応の差がでたり（親や学校からの訪問、担当福祉司や担当判定員の面接、緊急時の対処など）、ケースカンファレンスなども間接的・機械的になるおそれは十分あり、治療的かかわりを失ってしまいかねない。いずれにしても、デメリットは想像以上に多く、決して賛成できない主張である」

　以上のような内容であった。そして、次にマイクを握ったのはD氏。やはり児相歴10年を越えるベテラン。「心ならずも今回は"集中管理"に賛成の立場で発言する」と口をきったが、説得力ではこの人の右に出る者はいないと言われているだけに、参加者は固唾をのんで注目している。D氏はまず、「全国的にみても、大規模児相では一時保護の待機が増大しているのに、小規模児相では保護児が数名あるいはまったくないときもあり、グループ指導など考えられない状況になっていて、現在一時保護所はその実態がまちまちになっている」と一時保護所の現状分析を示したあと、以下のような論旨を展開する。

　「この違いは、すでに明らかなように、ケースの個別性によるものではなく一時保護所のあり方の違いによるものである。しかも、この違いは福祉司や判定セクションの違いに比べて大きすぎると言える。本来仕事というのは、ルール、システムにのっとって行われるべきであろう。私は、理想としてのあるべき論でなく、現実としてのあるべき論に立って少し考えてみたい。

　一時保護所は、今三所とも指導員・保母・調理各1名、計3名の体制で業務を行っている。ところが、この三所の人口比を見てみると、中央・舞鶴・福知山で、大まかに言って7：2：1となっている。ちなみに福祉司は8：4：3、判定員は4：3：2。それぞれ問題はあるにせよ一時保護所の3：3：3はやはりおかしいのではないか。これで同じ仕事をしているとしたら、どこかおかしいはずである。よく福知山児相の一時保護所は充実していると聞かされるが、仮にこの体制で初めて充実できているとするなら、その7倍の人口をかかえている中央児相で同じレベルの仕事ができるわけがない。ところが、三児相の一時保護所の業務量・実態は、表面上そんなに変わっていないとも聞かされる。

胎動

　いったいこれは何なんだろうと考えた際に思うのは、一時保護所がセクションとして未確立ではないのかということだ。ニードに応じて仕事をするのでなく、自分たちの実情に応じて仕事をしてゆく、ゆかざるを得ない体制があるのではないか。しかも、組織体制があまりにも小さいために、個人の資質によるところが大きすぎて、組織として仕事を進める際の妨げにもなりかねない。これが第一点。

　次に第二の論点として、宿日直問題などの労働条件を考える必要がある。今、8時間労働のあと宿直をし、引き続き翌日の平常勤務に入ると、合計して32時間の連続勤務となる。誰が考えても前近代的な勤務体系であり改善すべき内容であろう。

　発想の転換が求められているのだ。短期治療も可能で施設・教材が揃っていて、行事もありグループワークもできる、そして労働条件も改善された新しい一時保護所を作ろうではないか。以上で発言を終わりたい」

　さて、"各所併設""集中管理"の二説が出たあと、最後に立ち上がったのは「私は、先ほどの2人の見解と違って最も現実的な提案を行う」と冒頭で表明したK氏。"南北各1、計2カ所案"からの発言である。K氏も、T氏と並ぶ児相の大ベテランであり、今回の児相再編問題では、終始三児相研や労働組合を政治的にリードしてきた貴重な存在である。敵にまわせば怖い人と多くの人が認めるK氏は、しかし今回、最も当局サイドに近いと考えられる立場という役回りである。曰く、

　「今の一時保護所は、各所とも10名以上の定員枠を待ちながら、3名という職員体制や宿日直の問題があって、現実的にはせいぜい数名しか一時保護できない。そのため、一時保護が連続すると職員には過重負担となり、一方今このケースをと思っても他のケースを一時保護しているためにタイムリーな一時保護ができない現状になっている。

　それでは具体的にどうしたらいいのか、私は、南北にひとつずつ計2カ所の一時保護所という案を提起したい。なぜなら、まず、現在の3カ所の一時保護所をそのまま充実してゆくというのは非現実的であるからだ。今日の府や国の行政姿勢は極めて厳しくかつ冷たい。つい先日も東京都北児相の一時保護所が休止されるというニュースが伝わってきたように、我々自身もっとシビアに現実の『行革』等の動きを見なければならないのは当然のことである。

　しかし他方、集中管理ということを考えると、どこに設置するにせよ、またいかに素材を整えたにせよ、一時保護所はプレ施設化し、児相の一時保護所としての独自の機能が失われてゆくことになろう。結局、単なる合理化にしかならない

ことは火をみるより明らかである。

　それに比べて南北計2カ所案は京都府の実状によくマッチしていると言える。まず第一に、南北に長いという京都府の地理的条件にかなっているし、第二に、経済的な点から考えても、たとえば丹後半島の久美浜から舞鶴に出向くだけでも往復4,000円、これが京都までだと8,800円、宇治となれば9,200円の交通費がかかる。経済的負担だけから考えても集中管理はとうてい住民の理解を得られないだろう。さらに第三番目として、府民意識としても「京都はひとつ」と言いながら、南部、北部という府民感情は厳然として存在し、その意味でも南北に児童問題のとりでをつくることは妥当な方針であろう。

　さらにつけ加えれば、全国的に見ても、たとえば長野県では児相5カ所に対して一時保護所が2カ所、岐阜県でも児相4カ所に対して一時保護所がやはり2カ所となっており、京都府が南北にそれぞれ一時保護所を置くことは何ら問題がないと言えよう」

　以上のような諸点を述べたあとK氏は、設置場所についても「北は福知山、南は宇治もしくは城陽」と具体案まで明らかにし、参加者もうならされてしまったのであった。

　さて三人三様の発言に対し、実際に一時保護を担当している職員からコメントが出された。まだ新人と言ってよい指導員のE氏は「3人の話を聞いていると、それぞれなるほどと説得されてしまい、心の移り変わりが激しく困ってしまった」と語ったが、実際、この3人の発言の中には、理念の問題から現実の条件にかかわる諸問題、あるいは労働条件、勤務体系や一時保護所の組織上の課題、さらには一時保護の内容や指導に関する提起に至るまで、検討すべきさまざまな観点が含まれていたと言えよう。それゆえ、3人の提起と現実に一時保護所の業務に携わっている保母、指導員のコメントを受けての分散会は、第1回三児相研集会のときとはずいぶん趣きの異なった内容のものとなった。すなわち、自分たちの苦労や悩みを吐露

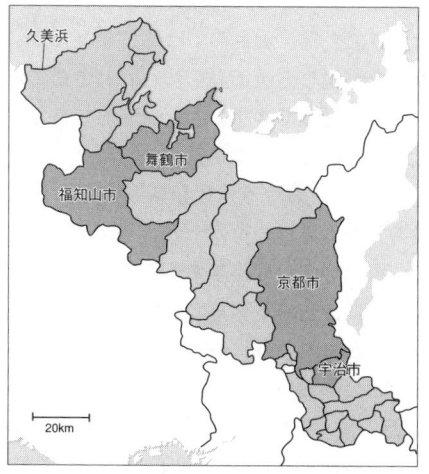

胎動

しわかってもらおうとした第1回集会と違って、この日は、それぞれが自分の仕事を通じて知り、感じたことをベースに、一時保護のあり方について率直に討論し、また学びあう場となったのである。後から提出された感想文を読んでも、「私なりに一時保護所問題を考える論点を整理してみると……」だとか、「私にとって望ましい一時保護所とは……」「一時保護所のない児童相談所とは……」etc. 参加者めいめいが自分の頭で一時保護所問題、ひいては児相問題、児相再編問題を考えようとし始めていることが伝わってくる。これこそ第2回集会の最大の成果と言ってよいかも知れない。

一時保護所問題について、私たち自身が論点の整理、明確化を行うと同時に、現場で働く職員の多くが主体的にこの問題を考えるきっかけを生み出すことになり、つけ加えるなら、その後の交渉で、当局がしきりに「皆さんもずいぶん勉強されていると聞いています」としばしば語ったように再編問題全体の経過にも少なからず影響を及ぼすことになった第2回三児相研集会は、大きな成功を収めたと言えよう。

第3回三児相研集会

「……こうした林田府政の行政姿勢の中で行われようとしている児童相談所の見直しについても、私たちは、現実問題として多くの不安を感じていることを、率直に表明しておきたいと思います。

もちろん、現在の児童相談所体制が、府下を見回した場合に一定の矛盾を含んでいること、さらに、住民の立場にたって何らかの前進的改革を必要としていることまで否定するものではありませんが、見直し作業が、もしも現場で働く職員の声を無視し、頭ごなしに行われるのであれば、私たちはそうしたやり方を決して許すことはできないし、徹底して抗議することを、あらためてこの場で表明しておきたいと思います」

「京都府における児童相談所の見直しについては、頭ごなしに行うのでなく、現場で働く職員の声に十分耳を傾けるとともに、作業の進行状況を逐一明らかにし、組合とも十分協議すること」

以上は、1984年3月23日に所長に提出した1984年度舞鶴児相分会要求書からの抜粋である。これに対して所長は、「行革こん話会が所管区域の見直しを提言し、また議会においては、南部地域に設置の要望もあり、こうした状況もふまえ1984年度に入って当局案を作成した段階で職員の意見を聞いていきたいと考えている」と、初めて「昭和59年（1984年）」に「当局案作成」「職員（組合）への提

示」というプロセスを文書で明らかにすることとなる（回答は4月9日）。

こうした状況や、また2月の三児相研集会の成果もふまえ、私たちは次の段階へと取り組みを進める意思統一を行った。すなわち「〈よりよい児童相談所のあり方への提言〉の会議——第3回三児相研集会」がそれである。「今当局案を待つのは消極的すぎる」「我々現場の第一線で活動している者が、自ら何らかの提案をしていくべきだ」「これまでの機構改革や新児相建築などの議論では、常に当局案を待ってそれにケチをつけるというパターンが繰り返されてきていたが、我々は自ら提案し、そのことによって積極的に当局とも話し合い、交渉し、また要求もし、一致点を広げていく必要がある」「そのため会議は、集中的な議論を行なうために、1泊2日で行なう」（1983.3.19.舞鶴児相分会ニュースから）

こんな三児相研担当者会議での方針を受けて、この会議は1984年4月7日（土）～8日（日）、場所を大津市・びわ湖ロッヂに定めて開催された。参加者は三児相から15名。ここではたくさんの資料が検討対象となった。主なものを挙げてみると、まず全国の児相の動態（管内人口・職員数・受付件数・一時保護所の有無等）、また児相の現状を分析した各回児相研セミナーの基調報告抜粋、東京における児相職員削減・一時保護所休止反対闘争の経過資料、また京都府の市町村の面積・人口及び今後の見通し、関連機関（保健所等）の配置状況、第三次京都府総合開発計画の概略、さらには京都府の児童相談所にかかわって、過去における種々の児相再編計画案、各児相の管内人口の推移、児相職員数の変遷、受理件数・心理判定件数の推移、この時点における各児童福祉司の担当地域の現況その他であり、これに、京都府の白地図を何枚も用意し、随時書き込み、何らかの児相整備計画をつくり出そうという計画である。

さてこうした諸資料に当たっていくと、あらためて多くの事実に突きあたる。たとえば、一時保護所の集中管理の傾向が全国的に見てもかなり進んでおり、現在も進行中の様相であること、実際に集中管理を実施した県で一時保護児の実数に大きな変動が出ている（集中管理移行後、急激に実数が減少した）例が報告されていること。また京都府内では、確かに中央児相管内でここ10年に30％以上の人口増加を示しているが、舞鶴児相・福知山児相管内でも横ばい状態であり落ち込みはないこと。しかし各児童福祉司の担当地域を人口を基準に見てみると、府全体では、2万人弱から15万人近くまで相当のバラツキがあること、さらに京都府の児相を全国と比較すると、管内人口や相談部門1人当たりで受け持つ人口という数的側面からだけ言えば、中央児相はいずれもほぼ全国平均に位置しており、舞鶴・福知山は、ともに全国的にかなり小規模、1人当たりの人口の点でも相当

胎　動

恵まれているという事実があることなどが明らかにされた。
　会議では、こうした点に加えて一時保護のあるべき姿とか、数字には表われない相談の質的側面、関係する他の社会資源の状況など、さまざまな角度から熱のこもった討論を繰り返した。
　しかし、２日間の討議を通じて、児童相談所整備計画についてのいくつかの個人的私案、試案が提出されはしたものの、会議全体としての具体案をまとめるまでには至らなかった。そして、合意された結論は、正当に要求すべきことは要求していくという、ある意味ではごく当然のものであった。それではいったい、なぜこういう線に落ち着いたのであろうか。実際にこの会議に参加した私の感想として、具体案をまとめるための素材や、討論のための十分な時間がなかったとは思われなかったし、参加メンバーを考えても当時の児相の主だった者はほぼ揃っていたはずである。にもかかわらず、当初の目論見であった「提言」が作成できなかった第一の要因は、おそらくは客観的な諸情勢も反映して、当局を全面的に信頼することができないという事情によるものであったろう。すなわち、全国の児相の比較のみから言えば、京都府は、中央児相も含めて決して特別劣悪とは言えぬ中で、ある部分（具体的には中央児相）の矛盾を解決するために、他（つまり舞鶴・福知山児相）から一定の力をまわすといった提起をしたとき、「まわす」とされたところだけがクローズアップされて、単なる切り捨て、合理化だけが先行するのではないかという危惧である。次に第二の点は、私たち職員の中に潜んでいた微妙な意識のズレとでも言えるものであろう。それは、「中央が大きな矛盾をかかえているとき、北部は力を貸して当然」「中央の問題がわからないというのではないが、これまでどれほどの解決努力をしてきたのか疑問だ。そんな状況で一方的に北部にのみ協力せよといったって……」といったような地域主義的な感情ではなかっただろうか。確かに会議の場では"府全体を見渡して"との観点が強調されもしたし、上述したような見解が表立って主張されたわけではなかったが、「提言」を全体としてまとめる際の無言の圧力であったように、私には思われたのである。第三に、だからといって"欲しいだけもろたらよい"というような現実性に疑問が持たれる要求も採用されなかったという事情もあって、先に述べたような結論となったわけであろう。
　しかし今から考えて、私は、この時点におけるこの結論は決して間違ってはいなかったと思うし、自然の方向ではなかったかと思う。また、確かにこれは、その後の経過の中で見え隠れしたいわゆる"南北対立"的な感情の萌芽をも予感させはしたものの、諸資料を総点検してゆくことで、私たちが児相再編問題に臨む

基本的な準備が整うことになったとも言えるであろう。そういう意味で意義ある会議であった。

浮　上

最初の交渉

　以上のような取り組みを経て、私たちは1984年4月28日「児童相談所見直し問題に関する三児相分会との交渉申し入れ」を福祉部長宛てに提出する。この日は11回目の三児相研担当者会議の日で、会議終了後あわただしく申し入れの文書をつくり、直接本庁まで持参したことを記憶している。本来ならば、こういうことは府職労の支部や本部を通じて行うのがルールなのだろうが、私たちはどうもそうしたことに習熟しておらず、一方気持ちだけははやっているといった次第で、こんな行動になってしまったのである。

　そして迎えた1984年6月27日、児相再編問題にかかわる第1回目の交渉が、その後一貫して交渉の主舞台となる中央児童相談所2階会議室において開催される。当局が、人事異動にからんで"児相整備"を口にしてからすでに4年余、児相問題が府議会で取り上げられてからでも1年4カ月が経過していた。

　「児童福祉行政を進めていくうえで、皆さんには日頃からたいへんお世話になっており、この場を借りてあらためてお礼申し上げます」

　交渉が始まった。就任して1年ちょっとのK児童家庭課長は、型どおり児童問題についての一般論を述べ「児童の生活・発達を守るうえで……専門的知識を持った児童相談所の果たす役割には重要なものがある」とこれまた常套句的表現で敬意を表明したあと、いよいよ肝心の児相再編問題についての内容に移る。課長はまず"児相整備"を考えていこうとした根拠として（1）行革懇の「提言」、（2）府議会における児相の南部設置を要望する質問、（3）関係市からの要望活動、（4）人口・件数の推移などを挙げて説明する。次に「整備計画」の基本的な前提として（1）厚生省の児童相談所設置基準が人口50万人につき1カ所であること（府下の人口は約109万人で児相は3カ所）、（2）行財政の状況は依然厳しく、昭和60年（1985年）の国の予算でもマイナスシーリングが提示されている中で、条件的にいい材料はない、など児相の新たな増設は困難であることを明確に述べる。そして、具体的には「南部（中央児相管内）については人口が急増し、現に新たな設置の要望がある」「北部については道路整備も進んでいる」として、

浮上

特に"舞鶴児相の一時保護所"を具体的に取り出し、「時代の要請(行政の効率的な運営)」「道路事情の改善」という中で「いろいろな考え方ができる」「組織内部で検討すべきではないか」と発言したのであった。

これを聞いた私たちは、いよいよ舞鶴児相の一時保護所をなくし、福知山で集中管理する心算(つもり)かと色めきたつと同時に、その理由として説明された内容が、ほぼ「道路事情の改善」に尽きることに何とも言えぬ怒りを感じ、激しく追及するはめに陥った。「子どもは単なる荷物なのか？」「道路事情が改善されたから一時保護所を廃止するとは暴論も甚だしい！」私たちの抗議の前に、課長は「言葉足らずの点はお詫びする」と弁明したものの「言葉が足らないのなら、たった今いくらでも補えばよい。言葉が足りないのか、認識が足りないのか？」との追及に対し、率直に認識不足を認め、今後職員の意見にも十分耳を傾けると約束、交渉は終了したのであった。

私たちは、この交渉を受け、7月には新任の舞鶴児相所長と分会交渉を持ち、一時保護所問題が"決定事項"ではないことを確認、8月にはこれらの交渉もふまえて、組合員の意見を集約する「児相見直し問題についての分会アンケート」を実施した。そして、9月に入ってから、私たちが俗に"課長勉強会"と称している児童家庭課主催の会議を設定する。1984年9月19日に開かれたこの会議を、私たちは、特に一時保護所問題を中心にして、行政当局に現場の声を十分反映させるためのフリートーキングの場と位置づけていたし、当局にしても、交渉の場での「職員の声に耳を傾ける」という約束を果たす機会として利用できると考えたのであろう、この会議は比較的スムーズに実現した。そしてここでは、児相規模の大小の功罪、関連施設との関係、さらには前述した旧所長から出された"まとめ"について、再編計画の現段階などが、当局の口から割合率直に示され、一方私たちも、一時保護所の現状やその必要性等について、現場感覚で自由に見解表明することができたのであった。

一時保護所問題の検討

このような当局との交渉や話し合いを行いながらも、私たちは再編問題の中で一時保護所が焦点になっているととらえ、危機感も深めて、この面での検討をさらに推し進めていく必要を感じていた。

そこで私は、6-27課長交渉の直後に、個人的つながりのある他府県の児相職員に、以下の諸点について何らかの情報・意見があれば是非知らせてほしいと、手紙を書き送った。すなわち、(1)一時保護所の集中管理は、全国的に見てい

第5章
誰のために闘うのか
◆児相再編物語

つ頃からどのような事情で始まり、どのような実情となっているのか。(2) 集中管理には、果たして何らかのメリットがあるのか、一般的にであれ、またその地域特有のものであれ、あるとしたらどんなものか。(3) 集中管理のデメリットについて、実際に仕事をしている人の具体的な声および統計上の傾向など。(4) 集中管理についての厚生省の見解。(5) 一時保護所の夜間勤務の実情、の5点である。またこの年の秋、第10回児相研セミナーが開かれた横浜の会場では、京都府三児相研として、セミナーに参加した各地の児相職員に対し、一時保護所を中心にした実態調査のためのアンケート活動を試みたりもしました。

　これらの調査活動で、おぼろげながら全国的な動向が浮かびあがってくる。一時保護所設置当初からもともと1カ所であった（らしい）大阪府、あるいは集中管理のままではあるが相談の激増によって逆に保護所を増やした埼玉などは別として、一時保護所の集中管理形態への移行は1960年代後半（昭和40年代）から始まっているようだ。たとえば静岡県がそうであり、神奈川県（1968年頃）、青森県（1969年）、愛知県（1971年頃）、横浜市（1974年）などもその例である。そのときの理由が何であったのか、むろん各県でそれぞれ事情は異なるだろうが、私の印象では保護所が大規模化することのメリットが強調されてのことのように感じられる。ある県では大規模化による処遇改善が目標とされていたし、他の県では夜勤の負担を軽減するうえでのメリットがかかげられ、あるいはブランチ児相の保護所の活用不足（解消）、障害児対策などの人員確保が理由に挙げられているところもある。

　しかし、こうした一時保護所の集中管理は大きな矛盾をかかえていることが、ほどなくして判明してくる。そして1970年代後半（昭和50年代）に入ると、行政サイドからそのことを取り上げる例が出現する。少し長くなるが、かなり興味深い内容でもあるので引用してみよう。その第一の例は、1976年（昭和51年）7月、東京都児童福祉審議会が知事に提出した「地域社会に開かれた児童相談所のあり方について（意見具申）」である。そこでは、「一時保護所の充実」という一項を設けて次のように明記されていた。

　「都の児童相談所は、いずれも、100万以上の人口を所管するのであるが、一時保護所の設置は全児童相談所にわたっていない。『児童相談所執務必携』にあるごとく、一時保護の機能は、緊急保護、行動観察、短期の治療指導であり、児童相談所がクリニック機能を全うするためには、一時保護所を付設することが必要不可欠条件である。

　しかし、現状は、7児童相談所のうち4児童相談所にしか設置されてはおらず、

浮上

しかも児童相談所の組織運営の主流からやや疎隔され付帯的施設として、扱われている傾向がある。

さらに、各種収容施設の量的不足は、地域の受入れ体制の問題と相俟って、一時保護の長期化を生じ、保護中の学年児童を学校教育の域外に長くおくなどの状況をつくりだしている。また、保護児童の処遇に関係する職員の量・質ともになお改善すべき点がみられる。したがって、地域に密着した児童相談所を志向する意味からも、各児童相談所には、必ず一時保護所を設置すべきである。

また、一時保護所に関する施設基準について言えば、一時保護所には、年齢的にも幼児から思春期まで広範にわたる児童を入所させ、入所期間も長短種々であり、しかも、児童相談所の臨床現場に包含された有機的関係を有する場として運営されなければならないことなどを考慮すると、養護施設の設置及び運営の基準を準用している国の基準にしばられることなく、いかなる年齢、いかなる子どもの状態に対しても、充分応えうるような都独自の基準を設けるべきである」

もう一つは青森県の例である。青森県では「児童相談所の将来像構想と一時保護について」というテーマを設け「昭和51年（1976年）度に第 4 次青森県長期総合計画の一環として、児童相談所将来像検討委員会（中央、弘前、八戸児相）において検討され、成案を得ている」という。私が偶然入手した資料「児童相談所における一時保護のあり方について——集中管理方式の検討結果」（発行；青森県中央・弘前・八戸児童相談所）は、青森県が1969年（昭和44年）度から実施した一時保護所の集中管理方式に対する総括文書という意味もあるため、他にはないリアルな内容が盛込まれている。少し詳しく引用してみよう。

文書はまず、児童相談所将来像検討委員会の結論「現行の児童相談所の強化策として現在の集中管理方式を廃止し、各児童相談所に一時保護所を設置して児童指導員、保母を配置するとともに、特に、中央児童相談所は情短施設的役割を果し得る体制を整えること」を紹介し、ついで「委託児相側からみれば、一時保護所が中央児相への集中管理方式へと移行したことによるデメリットは、基本的には児童相談所の三部制の機能の一つが欠如したことにより、児童相談所の総合力が有機的に発揮されないばかりでなく、児童の適切な処遇をも困難にしている。換言すれば、児童の福祉を阻害していると指摘せざるを得ない」と明記する。具体的な問題点として、委託児相の担当者は一時保護中に「10人に対して 1 人の面接も」行えておらず、「委託ケースのうち10～20％についてしか診断会議を開くことができない現状」であり、措置会議についても「受託児相からの出席が望ましいと思われるケースのうち、 7 ％弱しか実現していない」「また、委託児相と

第5章
誰のために闘うのか
◆児相再編物語

しては、受託児相からの出席があった場合でも、担当者と児童との関係が不十分であることや、他の職員はその児童についてほとんど面識がないなどのために、柔軟性に富んだ思い切った処置を決定することがむずかしい現状にある」「アフターケアの問題点として……委託児相では一時保護中の指導に対する参加の機会が少ないため、児童の状態像の把握に適確さを欠き、時として不完全なイメージを持ったままで対処しなければならず、適切なアフターケアが行われない」「一時保護所が距離的に遠いということから……説得に無駄な時間とエネルギーを使わなければならない。ついには説得できず、指導がタイムリーに行われないこともある」「一時保護開始後の児童の変化に保護者及び委託児相において臨機応変に対応できない」etc. 数限りなく指摘され「ある一面では児童の人格（人権）を無視するものであり、児童及び親たちの児相に対する信頼感を欠くことにもなっている」とまで書いているのである。

　むろん、ここには一般論として言えることだけでなく、青森県の地域事情（地勢・交通・児相の体制等）から生じているものもあると言えよう。しかしこの文書は、一時保護所の集中管理を考えるうえで貴重な総括文書と言えるのではあるまいか。

　ところが、こうした形で問題点が明らかにされてきているにもかかわらず、集中管理への移行は、1970年代後半（昭和50年代）に入ってからも依然として続けられる。たとえば奈良県（1978年）、茨城県（1977年）、川崎市（1977年）、また滋賀県もそうであろう。これらのところに共通していることは、新しく児相（分室を含む）を増設する、その際に一時保護所のない児相をつくるか、あるいはそれを機に集中管理に移行するというもので、"児相の充実"だとか"児相の整備"などを大義名分にして、一時保護所がこれまで以上にないがしろにされているということではないだろうか。

　また、現実に集中管理にまで至らなくとも、その方向性が具体的に表面化している例がいくつかあることもわかっている。たとえば、鳥取県児童福祉審議会が1975年（昭和55年）9月に出した「児童相談所の在り方について（意見具申）」では「一時保護部門については実態において児相によって著しい差異があり、又体勢も十分ではないので統合することも含めて全県的な立場で充実することを検討する必要がある」「なお、一時保護部門の充実はこの部門の統廃合及び施設の改築の関連において検討する必要がある」とされているし（ただし実際には統合されていない）、千葉県でも1983年頃「市川児童相談所長と組合の交渉の席上、所長会議において5カ所の一時保護課を中央児童相談所1カ所（30名定員）に集

431

浮上

中する案が総務課より出され、検討された」ということが明らかにされ、「児童家庭課長と福祉部会との交渉の席上、課長の案として市川児相の一時保護課を廃止し、柏児相の一時保護課に吸収することが検討されていることが明らかにされた」というのである（千葉県職員労働組合福祉部会の資料「児童相談所一時保護課における集中管理問題について」による）。

確かに、児相研セミナー会場でのアンケートを見ても、集中管理方式により一時保護所の正規職員が24時間子どもと接する体制が保障される、この点はメリットであると記入した人が何人かあったし、それは、保護所を持つ小規模児相が陥りやすい勤務体制上の矛盾を解決する最も正当な方法であるのかも知れない。しかし、青森県の報告を待つまでもなく、実際に集中管理方式の職場で働く人たちは、福祉司、判定員、保護所職員の枠を越えて誰もが、その欠陥を指摘し、矛盾に悩みながら現実の仕事で苦労している様子を回答してきているのである。私は、こうしたアンケート結果や手紙の返事を読みながら、絶対に集中管理を許すわけにはいかないと、決意を固めなおしたのであった。

ところで、これは余談になるが、送られてきた手紙の中にＳ県のＩさんからのものがあって、彼はこんなことを書いてよこしてくれている。「保護所の問題で、あまり話題にならないのですが、保護所については特に"適正定員"ということがあると思います」「どのような職員体制をとるにしろ、夜は男子職員１、女子職員１程度で指導することに落ち着くわけですから、この体制でやれる集団の大きさというと15人程度になると思います」「私のところは保護所職員13、児童定員34です。職員を増やすことは大事ですが、それよりも、児童定員を少なくすることの方が大事だと思います」「小さい保護所をたくさん持っていること、持ち続けることがとても大事だと思います」。

当時の私は、保護所の形態にはずいぶん注意を払ってはいたものの、Ｉさんの問題提起には十分な関心を示したとは言えなかった。しかし、この手紙を受け取ってからちょうど半年後の1985年２月27日、名古屋市児相で、夜間勤務中の保母さんが一時保護中の女子中学生に殺されるというショッキングな事件が発生してしまう。事件そのものについては、この年京都で開催した第11回児相研セミナーで、当の名古屋市児相職員から貴重な報告がなされ、セミナー報告集にも全文を掲載しているので詳述は避けるが、集中管理方式の問題とあわせ、Ｉさんのいう一時保護所の適正規模についての検討も、今後真剣に考えていかねばならぬ重要な課題となってくるであろうことを、この事件は示唆しているように、私には感じられたのであった。

第5章
誰のために闘うのか
◆児相再編物語

福祉部次長の舞鶴・福知山児相訪問

　それにしても、話が本来の筋から少しそれてしまった。ここであらためて京都府の児相問題に話題を戻すことにしよう。

　1984年11月17日、私たちは、すでに馴染みになった職員会館で14回目の三児相研担当者会議を開いていた。児相問題もこの頃ではかなり公然化し、それにしたがって真偽のほどがはっきりしないたくさんの情報が乱れ飛ぶ。「福知山児相新築の際、統合は既定の方針だったのに、何ら手がつけられていないというので、人事・財政当局は不満を持っているらしい」「児童家庭課長はすでに3回ほど東京に足を運んでいるが、どうも国の姿勢は厳しいということだ」「舞鶴出身の知事は、部長会議で舞鶴児相をなくすことには反対だと言っているらしい」「来年度予算は調査費程度で、昭和60年（1985年）度中の再編は無理、やるとしても61年とのことだそうだ」等々である。ところで、そんな話をしている最中に突然「福祉部のF次長が、近々舞鶴児相や福知山児相を直接訪問して、現場の声を聞きたいと言っているらしいが、それ知ってるか？」と問われて、私はびっくりさせられたことを覚えている。寝耳に水だったのだ。「いったい何しにわざわざ次長が出向くんだろうか？」そんな疑問や警戒心も手伝って、この日の三児相研では"別にやってくる者は来てもかまへんけど、これとは別個にちゃんとした交渉の場を設定してけじめはつけよう"ということになったのであった。

　そしてF次長の来訪。1984年11月28日である。舞鶴児相の2階会議室にはほぼ全職員が揃って次長を待ち受ける。まず所長が「私としても、一度次長には来てほしいと頼んでおりましたが、遅くなりはしたものの今日やっとそれが実現しました。なごやかなうちに話ができればと考えています」と挨拶。次長も「ずらっと職員さんが並んで、ずいぶんたいそうになったけれど、それは本意ではありません。今日は現場の最新情報も得たいと思っているし、率直な意見交換を望んでいます」と発言を始める。しかし、分会長でもあるK氏が「今日来た本意は何か？　またどんな土産を持ってやって来たのか？　児相見直し問題が今どうなっているのかまずその点を聞きたい」とズバリ問いかけたことから、社交辞令は終了し、話は一挙に核心に入っていった。次長はまず、1968年（昭和43年）の再編計画の経緯から説き起こす。むろん、その後の"南北2カ所案"も含めて私たちには承知ずみのことである。ただ、実際に長くこの問題にかかわり、かつ福知山児相新築時の児童家庭課長として、交渉の場にも出向いてきたF次長が、「福知山児相新築の時点で一時保護所の集中管理という考え方があった」と当時の内部事情を公にしたのは、私にとって多少の驚きではあった。次長は「もともと機能

浮上

も充実させることのできる大きな児相にすべきという論者」なのだそうだが、そのとき出されていた意見は「現状の一時保護所の規模だと保護所職員3名という枠は変えられない。しかし、精神面対策、長期の一時保護ということを考えれば、この配置では対応に困難も生じ得る。全国的にも統廃合の動きがある点からみても、ひとつの考え方として集中管理は成立する」といった内容であったらしい。そんなことを説明したあと、次長はいよいよ話を現在へと移す。「問題は二つ。北部の問題と南部での児相の建築の問題だ。最終的には当局の責任だが、是非とも皆さんの意見を聞きたい。まず南部だが、現在中央児相が政令指定都市・京都市に在るのは不適切だ。すみやかに府南部に立地すべきだが、住民の動線から考えて一部地域は南部児相からはずし、現在地を中部児相として残すべきだ。一方北部は、自治体の開発計画、交通運輸の便、その他諸々の条件から考えて1カ所とし、福知山に立地するのが適当だが、当面対策として一時保護所の集中管理が妥当ではないか」と具体的な構想を打ち出す。さらに、「厚生省の見解についてお話しすると『あくまでも行政主体が判断すべきである』とのことであるが、技官と事務官とで必ずしも一致しないようだ。なかには南部児相は一時保護所なしでゆくべきだとの意見を持っている人もあるやに聞いているが……」と述べたあと、最後に「昭和60年（1985年）度着手したい」と実施時期まで明らかにして話を終えたのであった。

　以上の内容は、むろん正式な当局見解ではなくひとつの"たたき台"として提示されたものでしかなかった。しかし、児相再編計画の実質的な責任者と目されているF次長が、よりによって現地まで赴き、直接職員に説明したという事実の重大さは、私たちにもすぐ理解できた。それゆえこのプランに対しては、その場ですぐ、従来からの私たちの主張の主要点だけは繰り返したものの、他方、本格的な論戦は三児相職員が揃っているところで行うべきだとの判断から、突っ込んだやりとりにはならなかったはずである。

　次長訪問を受けて、私たちの動きはあわただしくなった。12月1日には三児相研の会議を開き、同時に行われた次長の福知山児相訪問の状況とあわせて情勢を分析、そのうえで（ア）一時保護所のない児相はつくらせない（イ）三児相分会との交渉の早期実現、という2つの方針を確認する。ついで13日には、舞鶴児相で分会交渉を実施。「一時保護所の児相併設は最善の方法と思う」との所長発言を引き出し、翌日（14日）の福祉部会交渉では、福祉関係予算の補助金1割カット問題など課題も多い中で、時間を割いて児相問題を取り上げてもらい、当のF次長から「11月末に示したプランはちゃんとした方針でなく、まだ煮詰まってい

第 5 章
誰のために闘うのか
◆児相再編物語

ないのが現状」との見解を明確にさせるとともに、緊急に三児相分会との交渉を設定し、その場で当局案を示すとの回答を得たのであった。
　「以上をふりかえってみると、この1年というのは、分会、また、三児相研、三児相分会としては、見直し問題を契機にして児相機能の点検、方向性についての模索などを繰り返し行なってきたといえますし、一方当局の動きとしては、これまで漠然としたうわさ程度であった見直し問題を1年間かけて、どうやら私たちの前に案を提示するところまできたということができるのではないでしょうか」(1985年度舞鶴児相分会定期大会議案書から)
　私たちは、こんな総括をして1984年を終え、新しい年を迎えることとなった。そして来たるべき新しい年は、児相再編問題の正念場でもあり、それゆえに、苦しい局面も含んだ想像以上に厳しい年となることを、私たちは覚悟しなければならなかったのである。

福祉部計画案

　そしていよいよ当局案の提示。1985年1月11日、やはり中央児相会議室に設定された三児相分会との交渉には、福祉部次長、児童家庭課長、中央・舞鶴・福知山の各児童相談所長がずらりと顔を並べた。
　交渉は、冒頭に三分会を代表してT氏が、「いろいろな経過を経て本日のこの場がある。交渉では現場の声を聞くということ、つまり我々の意見も反映し得るものにしてもらいたい」と挨拶を兼ねた発言を行うことで開始された。当局側は当然のことながらほとんどすべて次長が回答する。
　「それでは福祉部の計画案を示します。その概要は、①中央児相の管轄区域を見直して南部に新しく児童相談所を設置する。②それと並行して福知山児相、舞鶴児相は北部児相(仮称)として統合する。③ただし統合については、諸情勢の分析、検討が必要であり、当面の間、過渡的措置として舞鶴児相は分室化していく、といったものであります。次にこのような計画案を策定した背景について説明いたしますと……」
　あとは同じであった。「人口が……」「府の行革懇が……」「議会で……」初めての正式な計画案提示とはいうものの、すでにさんざん聞かされてきた内容である。これを受けて多少のやりとりがあった。「この計画案はいつできたんや、11月末の次長訪問のときはもちろん、12月中旬の福祉部会交渉の時点でも、『当局案は煮詰まっていない』言うてたはずやが……」「12月末です」私は思わず小さく吹きだしてしまった。確かに時期はピタリと合う。12月中旬になくて、12月末

浮上

にできあがった、だから1月の現時点で計画案を組合に示す。あまりにもつじつまが合いすぎる回答なので、逆におかしくなったのだ。それはさておき、今少しやりとりの状況を続けてみよう。「実施時期はどうするつもりや？」「昭和60年（1985年）は新児相の用地獲得作業とどういう建物づくりをするのかのプランニング、昭和61年（1986年）で財源を確保し、一方この間に北部の調整も行って昭和62年（1987年）度に南部児相（仮称）を開設、このときに舞鶴児相の分室化も実施する。児童相談所4ヵ所は極めてむずかしい情勢になっているわけです。厚生省では『府の人口、面積を考えると2ヵ所にだってできますよ』と言ってるぐらいですから」「一時保護所について、その計画案ではどうなってるんや」「南部ですが、現在の一時保護所をなくすと利便を損なうおそれがあり"中部児相を生かす"という視点で検討しています。ただしまだ流動的ではありますが……」「また北部ですが、"一時保護所を持たない児相は問題だ"と述べたこともあり、福知山に置く考えです」。

"ちょっと待てよ？"私は次長の説明の具体的な意味を整理しながら、今度は疑問と怒りを隠すことができなかった。"なんやこの計画は！　南部は中部児相で一時保護所の集中管理をやって、北部はやはり分室に一時保護所がないわけやから、これでは南北ともに一時保護所のない職場ができてしまうんとちゃうか？"そんな思いであった。

「現段階ではっきりさせておくべきことは、結局、当局案というのは、南部対策の強化という行政上の必要性に対応しようとはしているものの、今日の臨調・『行革』の路線を打破するような提起とはならず、むしろその枠内での改革案となっているために、どうしても、どこかに犠牲を強いるものとならざるを得ないこと、そして、こうしたスクラップ＆ビルド的やり方というのは、今日の全国の児相がかかえている共通の問題の一つのあらわれであるという点です」1985年舞鶴児相分会定期大会ではこんな表現で当局案を整理することとなったのだが、さらに明確に言えば、私たちもその必要性は認めている南部対策を実行するために、北部の児相と一時保護所の2つが、整理・合理化の対象にあげられたということであろう。それゆえこの時点において、特に北部の組合代表を中心に「単に人口だけでは語れない。他に社会資源もなく唯一の相談機関と言ってもいい児相を統合することは問題だ」との主張が繰り広げられたのは、ある意味で自然な流れであった。

ところが、こうしたやりとりの最中に、私たちの側から後々まで波紋を投げかけることとなる発言が飛び出す。福知山、舞鶴両児相を経て中央児相に移ったD

第5章
誰のために闘うのか
●児相再編物語

氏が「京都府の3つの児相を見れば、どうみてもアンバランスは明らか。そやから児相再編は必要やし賛成やで」と当局に対して言うよりも北部の職員にメッセージを届けるような印象で断言したのである。むろんこれは、今出されている当局案に無条件でOKを出したものでないことは明確ではあったが、場所が場所だけにひとつの衝撃となるには十分であった。

　「交渉は今後も継続するし、職員の皆さんの意向を全部取り入れる訳にはいかないが、今後も十分聞かせていただきたい」1-11交渉はこんな形で幕を閉じたのであるが、これを受けての各児相分会での話し合いは、各所の事情も反映して、微妙な違いをかもしだす。

　ところで、その点について記す前に、再び多少の寄り道をしなければならない。私は、1-11交渉の中で少し議論されただけで、その後はまったく問題とならなかったものの、見ようによっては非常に重要な内容を含んでいると思われることについてここで触れておきたいと思う。

　それは、"京都児相"の問題である。当時は"中部児相"と仮称されていたわけだが、私の交渉メモを調べていくと、以下のような記録が残っている。忠実に再録すると、組合側「過渡的措置というのはなぜか」次長「中部児相については流動的、またいつになるかという点も不明」組合側「過渡的とは中部児相の動向にかかわると」次長「yes、また分室のメリット、デメリットも見据える必要」以上である。

　私が現時点で不安に思うことを率直に述べれば、「現在の京都児相の建物が老朽化し、新築が必要になってきたとき、おそらく現在地ではなく、亀岡その他の管轄区域内に立地させることを考えるだろう。なぜなら、宇治児相が府南部をほぼ全域にわたってカバーした以上、地理的に見て京都児相が京都市内に存在しなければならぬ理由はまったくなくなったから。しかし、そのときあらためて、一時保護所の存否が問題になるのではないか」ということだ。というのも、まず第一に、当局は今回の再編計画を、将来の京都児相の立地その他の構想まで含んだものとして考えているはずであること、第二に、この時点での福祉部案はその後修正を余儀なくされてはいるものの、当局からかなりはっきりと一時保居所の集中管理案が示されたという事実、第三に、再編の前後にかかわらず、三児相三保護所という選択をしたところで生じるある種の矛盾（たとえば勤務・労働条件のこと、数字上"非合理性"ととられかねない部分、組織的アプローチといった面で現れやすい弱点、その他）を解決するという口実が成立すること、第四に、今回最終的には保護所の各児相併設という結論が出され、新体制がスタートしたもの

浮上

の、当局（人事・財政を含む行政サイド）が、「保護所は児相に併設すべきだ」と主体的に判断したとは断定できないこと、第五に、一時保護所の集中管理は、「行革」という観点から見て、やはり依然として相当魅力的であろうこと、第六に、実際問題として、1960年代後半以降、建物問題が起こるときには、必ず"児相再編整備計画"が持ち上がってきているという事実、第七に、中央児相という位置づけを与えられた宇治児相の新築の場合と府で一番小さくなった京都児相とでは条件がはっきり異なっていること、これらを考えあわせれば、現在の京都児相が新築問題にとりかからねばならなくなったとき、一時保護所併設が果たして既定の路線として動かし難いものと言えるのかどうか、私にはどうにも不安なのである。あるいはさらに過激な予測をすれば、京都児相の老朽化＝一挙に京都児相廃止、府下二児相体制だってまったくないとは言えないのではあるまいか。が、今はそれがまったくの杞憂であることを願うことにして、次の段落へとコマを進めることにしよう。

軋 み

さて、1-11交渉からちょうど2週間後、1985年1月24日の舞鶴児相分会定期大会は、かなり混乱したと言ってよい。言うまでもなく、一つは福祉部から出された具体的な計画案であり、一つは交渉におけるD氏の発言である。

「D氏発言にはびっくりした。北部についてはやはり合併させてはいけないと思う。何もいいことないし、分室だって絶対おかしい」「歴史的に言えば、中央児相で体制改善の本格的な運動はなかった。そういう経過を無視して北部を削れといわれても、納得できるわけがない」「舞鶴児相がなくなっても、中央からは『すまない』という気分が感じられへん」「11月には次長も来て、職員の話も十分聞いているはずやのに、何でこういう案を出してくるんやろ。やはり押しきられてしまったという印象を持ってしまうなあ。それに中央からは統合賛成の声すらでてるわけやから……」「中央児相、福知山児相とうちとでは立場が違うんやから、あんまりよそを当てにはできへんのやないか。誰も自分のところしか考えてないという感じがする」「D氏の発言、交渉という場なのにこっちに向かって言うのはどうやろ、あれはやっぱりおかしいと思う」

こんな反発やら不信の入り混じった発言が続出する一方、「昭和62年（1987年）実施と年限まで明確にしたんやし、これはほんまにやる気や。どうせ負けるんやったらあっさり条件闘争に切り替えた方がようないんとちがう？」とか「舞鶴盲ろう分校で中学部を廃止するいう話がでたときも、結局あそこは一部の人のも

第5章
誰のために闘うのか
◆児相再編物語

のという意識があったやろ。児相も同じやと思うし……」「一時保護所併設は絶対譲れないと言うてきたけど、それが崩されるんではないかと段々不安になってくる」「舞鶴保健所東支所がなくなったときのこと思い出すとやっぱりむずかしいなあという気もして……」「D氏の発言も含めて団結するのはむずかしい。実を取ろうといったって取りようがない……」等々悲観論、消極論もかなり台頭してきたのであった。

　そんな中で「三児相分会がピチッと意見が合うのは不可能、いっそのこと"府職労舞鶴支部児相問題闘争委員会"でも作って独自に取り組もか」とか「思いつきだけで言うけど、中央児相を強化するというんなら、南部に分室とか出張所をこしらえたらどや」「ともかく北部の総人員は減らさないという運動にしよか」「舞鶴市議会に請願しよう」など、三分会の統一維持の方向でなく、独自行動で舞鶴児相廃止・分室化反対の取り組みをしたらどうかとの意見（というより気分）も、何人かから出されたのである。

　しかし「当局案が示されただけで敗北と決まったわけではない」「臨調・『行革』の中で、児相職員の総定数は増やせない、児相4カ所は無理と決めてかかってしまったら、もうそれだけで何も生みだせない」といった発言もあり、大会は、一応以下の内容の議案書を全体で確認して、閉会したのであった。

「この問題については、次長自身、60年（1985年）末が討議しまとめるリミットと発言しているように、今年度が最も重要なヤマ場の年になることは疑いようもありません。

　したがって、児相分会は、この見直し問題を、分会の最重点課題として正面にすえ、積極的に取り組んでいく必要があります。そこで、どのように取り組むかということですが、常に以下の三点を基本にして取り組まねばなりません。すなわち、

　①問題を可能な限り地域にかえす。
　②分会内部では十分討議し、討議に討議を重ねる。
　③三児相分会での意志統一をたいせつにする。
といった点です」

　さて、こんなかんかんがくがくの議論をした舞鶴児相分会大会の翌々日がもう三児相研の会議である。私は正直言ってかなり気が重かった。これまでずっと、三児相研の会議や交渉の日時の設定、取り組みのまとめや組合員への経過報告など事務局的役割を引き受けてきていただけに、いざ当局案が示され、それだけで内部がガタガタし矛盾が露呈してしまうとしたら、こんなことで本当に全体がま

とまってゆけるのだろうか……。考えれば考えるほど気持ちが揺れ動くのであった。しかも私個人は、一方で三児相研全体をまとめるために努力するという役目を感じながら、他方では舞鶴児相に所属する人間として、先の分会大会の意見、気分を三児相研に反映させねばならないという立場もあって、余計に重圧を受けていたのであろう。山陰本線の列車に乗って、いつもであれば鞄から読みかけの本をさっと取り出し1時間余りを本の世界に没頭することになるのだが、この日ばかりはどうにもそんな気持ちになれず、考えもまとまらないまま、ただあれこれと思いをめぐらすだけでいたずらに時間が経過するばかりであった。そんな思いで会場の職員会館に到着してみると、いつもと雰囲気が違う。おやっと考えてみて、それがなぜかは一見して明らかだった。これまでにこんなことはなかったし、その後も例を見なかったと思うのだが、中央児相から5人も参加しているのである。それに比して舞鶴児相からは私も含めて2人、福知山は1人だけであった。通常この三児相研担当者会議は、各所から複数参加で開くというのが不文律の合意だったのだが、福知山児相が都合で1人欠席したことと比べ、中央児相の5人というのは、この日の会議に対するあまりにも対照的な姿勢ではないのか？私はそう思わずにはいられなかった。

　だがそんなことにはお構いなく会議は始まり、まず1-11交渉をふまえた各所での討論の様子を報告し合う。福知山児相では、交渉の後3度会議を開き意思統一を図ったという。そこでの討論の概略を、当日提出されたレジメに基づいて見ていくと、（ア）南部に児相を新設することについては当然の要求であり、是非とも進める必要がある。（イ）ただし、そのためには一時保護所の併設は必須条件である。（ウ）舞鶴分室の設置については反対 or 疑問がある。（エ）北部の合併・統合は物理条件的にはマイナス。そこで問題は人員がきちんと確保できるかどうか、スタッフの充実がどれだけはかられるかにあろう。（オ）組合として譲れないものもあるが、この児相再編計画、見直し問題を京都府の児童相談所機能の充実、強化をめざすチャンスとして、現実的には仕事をベースにした対応も必要、といった形でまとめることができよう、といったものであった。

　また中央児相の代表者からは「15年後（西暦2000年）には管内人口が百万人を突破するという見通しがあるのに、職場は現時点ですでにパンクという状況だ」「これまで中央児相問題を棚上げにしてきたが、今こそ将来を見据えた対策・方針が必要である」「同じ仕事をしているのだから、アンバランスはある程度改善すべきだ」といった形の"今、再編の時期だ"という意見が分会内に根強いという報告がなされた。

第5章
誰のために闘うのか
◆児相再編物語

　一方1-11交渉の発言で波紋を巻き起こしたD氏は、この日の三児相研に対し「私的Memo」というレジメを提出する。やはりこのレジメから少し引用してみよう。D氏はまず過去から現在までを見て「中央児相；二所に分割の要求など出てもいない。増員要求もわずか2名」「舞鶴児相；自公所を廃止になどの声あるはずもなし」「福知山児相；小まわりのきく児相を！　内容の充実にむけた関心」「以上このどこからも、現場の声として統合・廃止や南部新設のどれもでてはいない」と事実を確認し、しかし実態は、管内人口74万人に対し児童福祉司8名の中央児相、23万人に対し4名の舞鶴児相、12万人に対し3名の福知山児相となっており「これは地域事情を云々するよりも、根本的に府下三児相を全体として見る視点が具体策として出されぬまま現状が維持されたに過ぎないからだ」と指摘する。

　そのうえで、「各所的事情で語るならば、ほとんど足並みが揃うことにはなるまい」と予測し「私見①　この実態を府児相に働く者として、改革すべきととらえないのは、公平を欠いた現状認識であろう」「私見②　これからの児相を考えるとき、従来もそうであったし今後もそうであろうが、児相は時代とともに移り変わるいろいろな子どもの問題にあわせて変化してゆかねばならないだろう。そのとき一番必要なのは、抱擁力の大きい組織であること、そして、小回りのきく組織であることだ」との前提から「再編、再配分はGO！　そのとき　①三児相三保護所堅持　②総人員確保　③職員構成の問題として、『児童福祉司』問題、児相職員の現員訓練について議論してゆく」べきだ。「舞鶴児相統廃合問題をどう扱うかという点は、過渡的措置を講ずるべき問題であって、そのことの反対が全体の改正を妨げたりすべきものではない。犠牲という言い方は既得権者の声であって、未だ権利を得ない者にも声にならぬ犠牲はあるのである」と結論づけている。

　このD氏の「私的Memo」に対して、私の記憶する限りでは、特別異論は出されなかったと思う。むしろ個人的には、言われるまでもなく、あって当然の見解であろうと考えていた。ただ私には危惧が2つあって、一つは、現実に中央児相は再編再配置論で一致し、舞鶴児相は統合・分室化に反対、福知山が何となくその中間的な色彩で"いかに人員を守るか"という線で獲得目標を設定しているように、今この線で全体が意思統一を図ろうとしたとき、実際に合意が形成され、団結ができるのか。換言すれば、この提起によってかえって三児相がバラバラとなり、空中分解＝現場の声が反映しなくなるという危惧。もう一つは、この時点での当局案が「舞鶴児相を分室化して、南部に一時保護所のない児童相談所をつ

浮上

くる」と要約できるように、北部にとっても南部にとっても、したがって府全体としても決して了解し得ない重大な問題を持っているという状況の中で、今再編計画にGOサインを出すことが、いったいどういう意味を持つのか、かなり不安があったということである。

　誰も決して自分のこと、自分のところだけを考えていたわけではなかった。こうして児相再編計画が当局から提起されるまでに、私たちはもう長いこと三児相での討議を続け、さまざまな取り組みもしてきたはずである。どうすれば全体としてよい結果──児相の充実と強化につながる改革──が得られるのか、その一点に頭脳を集中していたに違いあるまい。しかし三児相研の議論の中では、ちょうど舞鶴児相内で「独自路線を歩もう」との声が出たのと同じで、今度は中央児相から、逆に「今回の再編計画そのものに絶対反対というんなら、たもとを分かたざるを得ない」との発言まで出され、意思統一は困難で、私自身かなり厳しい局面に立たされたように感じざるを得なかった。

　こうした矛盾に苦しめられていた私は、あるとき偶然に、府職労本部の書記長や副委員長なども歴任し、現在も第一線で活躍しているH氏と話す機会を得て、この点について質問したことがある。「京都府が『行革』だ何だといって職員の総定数をずっと抑制してきているという状況で、どう考えたらいいんでしょうか？」「網野保健所が峰山保健所に統合されたときもずいぶん反対運動やったけど、あのときも確か南部では逆に１カ所増設されたように思います。けど現実的には、仮に北部の統合が阻止できてたら南部の増設はなかったんじゃないでしょうか？」「児相は保健所と違って全部あわせても京都府で３カ所だし、それで一緒にやりやすいんだけど、全部見渡せる分、逆にやりにくさがあります。組合サイドで言えばどだい一緒にやること自体無理なんでしょうか？」「今のような状況だと、たとえば人員問題でも、あるところで要求が通ったら、実はあるところで削られていたというのがごく普通に起こるんじゃないですか？　そのとき、まあそれぞれの職場ではいろいろ意見が出るとして、府職労全体の視野から見たとき、それはどう評価されるんでしょうか？」こんな形で次々に質問を連発はしたものの、立ち話程度の時間しかなく、明確な回答をいただくところまでは至らなかったのだが、H氏も、私が説明したような事情、矛盾があるということ自体は否定しなかったように思う。

　ところで、こうした児相内部での不一致とは別個に、しかしそうした内部不統一をも反映して、私たちの運動、取り組みを見る周囲の人々の中からかなり手厳しい批判の目が向けられていたということも事実である。児相問題がほぼ収束し

第5章
誰のために闘うのか
◆児相再編物語

た頃であろうか、あるところで私の個人的事情や資質にからむことが話題にのぼったとき、そんな批判のひとつを聞かされた経験がある。むろんその際の話題の中心は私個人の問題であり、児相問題がそのものとして取り上げられたわけではない。その意味では、それをここに記すことは、多分に公平さを欠くことになるのだが、ただこの種の批判はそれまでからも時々感じることでもあったので、あえてここで紹介しておきたい。ある組合役員からの批判である。

「"三児相研"か何か知らんが、そんなものをいくらやってもたいした意味はない」「住民を巻きこんだ運動がどこにも存在してないやないか」「専門家が議論して一生懸命考えてるんかも知らんが、結局一番根っこの声に耳を傾けへんかったら何ぼ討論繰り返しても限界があるんとちゃうかい」「いったい児童相談所のことをどれだけ地域の人にわかってもろてるんや」だいたいこんな感じの指摘であったろう。考えてみれば確かに、この児相再編問題の全経過を通して、私たちはただ一人の署名も集めなかったし、関係団体への要請や地域での集会も計画せず、府職労の地元支部への報告活動も必ずしも十分ではなかったと言えよう。この点でたとえば福祉施設の民間委託反対闘争や東京都北児童相談所の一時保護所休止反対闘争などとは大きく様相を異にし、結果的に周囲の人々に児童相談所問題をわかりにくくさせた点は否めない。それはまた「舞鶴児相が無くなるらしい」「反対しなくていいのか」「私たちもできることなら何でも協力しますよ」といった気持ちでいた多くの人達とのコミュニケーション不足を生み出し、ひいては児相問題に取り組む私たちへの不信感をも醸成することになったのではあるまいか。だから先ほどの、私へ向けられた"三児相研批判"というのは、組合としてもまた個人の心情としても、児相問題を重要視して取り上げようという気持ちが、当の児相職員によってブロックされてしまっているのではないかという苛立ち、歯がゆさのなせるわざではないか、私はそう解釈した。そして、ここでも私はその批判を全否定することもできず、かといって一方的に受け入れることもできぬまま、ただ黙って聞く以外になす術を持たなかったのである。

ところで私たちも、一度だけ「問題を地域にかえす」取り組みをしたことがある。ここでその点についても少し触れておくことにしよう。1-11交渉で初めて福祉部案が出される前後から、私たちは「問題を可能な限り地域にかえす」（舞鶴児相分会大会の方針）ということの必要性、つまり、児相再編問題の現状を地域の人々、関係団体や住民に知らせていくべきではないのか、という気持ちを抱くようになっていた。ところが、分会会議の中でも少し意見として出されていたように、児相という組織自体が決して全住民の利用するものではなく、近所の人

浮上

たちでさえ、そういう建物があるということは知っていても、児童相談所が果たして何をするところなのか詳しいことはわかっていないというのが正直なところであろう。事実、再編計画が具体化してきて宇治児相建設が正式に着工になった段階で、現に宇治市議会が宇治市に児童相談所を開設するよう全会一致で請願を採択しているにもかかわらず、地元の町内会からは「児童相談所というのはなにか怖い施設ではないのか」「そんなものをここに建てて、非行など環境悪化の恐れはないのか」「何でそんなもんをわざわざここに持ってくるんや」「騒音や排水など公害の心配はないのか」等々の懸念が噴出し、この町内会との話し合いが難航したために当初計画よりも約2カ月余り開設時期が遅れてしまうということさえ生じているのである。児相再編問題を語る前に、児童相談所がどういうものなのかを知ってもらわねばならないのか？ あれやこれやと考えをめぐらすうちに出てきたひとつのアイデアが、児童相談所とある意味で一番つきあいのある学校の先生に少しこの問題での知恵を借りてみようというものであった。

そこで、1985年の年末から年始にかけて舞鶴児相管内の3つの教職員組合（舞教組・与謝教組・奥丹教組）書記局を訪れ、児相再編問題についての概略を説明したり協力を依頼し、最終的に実施に移したのが「児童相談所問題アンケート85」である。これは、管内の教職員組合を通じて組合員である小中学校の先生方に児相再編問題について知らせ、意見を求めるとともに、あわせて児相そのものの業務や活動についても日頃感じているところを率直に記入してもらおうというものであった。この取り組みは、必ずしも三児相研全体の合意となったとは言えず、舞鶴児相分会独自の活動であったが、全体で550名からの回答があり、その圧倒的多数が舞鶴児相の統廃合に反対、もしくは不安を表明する内容であった。しかし、いくつかの事情によりこれらを十分集約し活用してゆくまでには至らなかったということも事実であり、これを企画、立案しかつ実行した私としては、不全感と同時に協力していただいた多くの先生方に申し訳なく思っている次第である。

以上いくつか述べてきたが、いずれにしても1985年1月26日に開催した三児相研では、三児相の見解、態度にある微妙な差が表面化し、完全な一致、団結が得られないまま、しかし、三児相が共同歩調をとることができてしかも全体として絶対に譲れぬ線としての一時保護所の各所併設という要求を何としても実現させてゆくということ、また当局案の持つ不明朗な部分（たとえば舞鶴を分室化すると言いながら、その分室の機能に関してはまったく明らかにされていない）、問題点については、今後も交渉その他の場所で追及してゆくことを確認し、会議を終

えたのであった。

展　開

局面の変化

　1-11交渉、1-26三児相研担当者会議の後の動きを素描すると、まず1月30日福知山児相分会で定期大会が開かれ「南北違いがあっても足並みを揃えて行こやないか」「それとは独自に舞鶴、福知山児相で話し合いを進めてゆくことも必要ではないのんか」との声が出される。ついで2月7日、舞鶴児相分会会議。「廃止を認めることができるわけがない」「現在の自分のところのことを考えるのはあたり前だと思う」「あくまでも原則論でいこう」等々。また2月9日には人員問題を中心にした福祉部会交渉があり、ここでは中央児相から出されている心理判定員1名、事務職1名の増員要求に対して「困難である」との当局回答があった。この回答については2月16日の三児相研で若干の議論がされる。そこでは、"困難"の中身が『福祉部としてその必要性は認めるが人事課がうんと言わなかった』のでなく『福祉部自体がその必要性を認めていない』というものであること、その理由として心理判定員1人当たりの人口について近畿各府県の中央児相の状況と比較しても、国の設置基準に照らしてみても遜色はない、との説明がされたことが問題視された。すでに私たち自身も調査してはっきりしているように、今問題になっている中央児相が、そもそも全国的に言えば平均的な規模であって、それだけなら何ら対策を立てる必然性はない。この時点でことさら近畿府県や厚生省の基準を持ち出すのはいったいなぜか。仮に再編を行ってもこれでは南部に人が来ることにはならないのではないか。こんな疑問が出されたはずである。またこの三児相研の会議では、1-11交渉の後福祉部長、次長が副知事と児相問題について協議しているといった情報も流された。2月13日は舞鶴児相分会で所長と交渉。議論を煮詰めていく中で所長も「この案は北部ではあまりいい影響はないのではないか」と発言する。3月1日、役員レベルでの舞鶴・福知山両児相分会合同会議「南へつくるという方針を是認したうえでやっていくのかどうか、その点を明確にすべきではないのか」こんな問題提起があったものの、結論を出せぬまま会議は終了する。また、こうした京都府における児相問題の動きとは別に、前述した「名古屋市児相一時保護所保母殺人事件」が起きたのもこの年の2月27日であった。

展開

　さて、こうしたいくつかの動きのあと、4月6日には第2回の次長交渉が設定される。例によって福知山児相分会のT氏が「1-11交渉を受けて本日のこの場がある。我々としては、今回の児相再編計画が、府全体の充実につながらないなら賛成できない。そのことをまず表明しておきたい。そのうえで1-11交渉以後の状況の変化、現時点での考え方を明らかにしてもらいたい」と冒頭に発言して交渉をリードする。ところで、この交渉はF福祉部次長との最後の交渉でもあった。F次長がこの直後の府の定期人事異動で退職することが決まっていたからである。彼は、中央児童相談所所長として実際に児相業務に従事した経験もあり、私たちも児童家庭課長の時代からさんざんやりあってきた経過があるだけに、見解の相違、対立も多くあったが、一方で児相への思い入れも持っている次長だと考えられていた。それゆえ彼の退職は、今後の児相再編問題に何か影響を与えるのではないか、そんな漠然とした気持ちを私たちは抱いていたのだが、彼はあっさり「行政は継続する」と公式的な見解を示したあと、現状について「1月段階で示した福祉部案を昭和60年（1985年）度予算編成段階で京都府案として定着させた」と説明し、同時に「専門機関の再編整備でもあり、細部については今後とも協議していきたい」と表明した。この日の交渉は、人事異動の直前であったこと、当局代表として交渉の前面にいたF次長の退職がはっきりしていたこと、また当局案に特に大きな変化がなかったこと、さらに私たちの内部での不一致などもあり、それほど活発な議論にはならず、新しい進展も見られなかったと思われた。

　ところが、今こうして交渉の記録を読み返していて、私は、この日私たちの側が重要なミスを犯していたのではないかという気持ちにさせられる。というのは、交渉のやりとりの中で次長から「南部に建設を予定している新児相の建物規模は福知山児相程度のものを考えている」との表明があったにもかかわらず、この場でそのことがほとんど問題にされていないのである。確かにこの段階では一時保護所の設置もあいまいで、建設自体に素直に賛成する状況ではなかったと言ってよいであろう。だから、そこに建てられる児相の規模だけを取り出して議論することにはならなかったのかも知れない。しかし管内人口が12万人のところに立地している福知山児相と、当局案通りの構想によっても47万人の人口をかかえることになる南部児相が同じ規模であってよいはずがない。現にいよいよ新児相を建築、設計するという段階で、当局の表明した「福知山児相規模」という内容が大きな障害となり、機能の充実した児相をつくり上げるためにかなりの労力を要したのである（詳細は後述）。そのことを思うと、やはりいついかなるときでも矛

第5章
誰のために闘うのか
◆児相再編物語

盾や疑問点はちゃんと提起し、些細なことであっても決して見逃さぬ注意深さが求められているのだとつくづく感じざるを得ない。今回の再編問題に取り組んでの私のひとつの反省点である。

　それはさておき、新年度になって予定通り福祉部次長が交代した。O新次長との初めての交渉は6月22日である。ところで、これはまったく私事にわたることであるが、実は私もこのときの人事異動で、舞鶴児相から福知山児相に転動している。この論稿の最初のところでそのエピソードを紹介したT氏の転勤と異なって、私の場合は自ら希望したものである。個人的な問題なので、その辺りの事情を詳しく語るのはあまり好ましくはないのだが、児相問題とのかねあいで少し触れておくことにしたい。人事異動に関しては、児相再編問題に取り組んでいる私の立場というものもあり、その点の検討を中心にして職場の先輩などにも相談して決めたわけであるが、やはり"今存亡の危機にある舞鶴児相を、これまで深くかかわってきた私が置き去りにすることにはならないのか？"ということが一番の気がかりであった。むろん職場をかわってもこの問題に引き続き力を注いで取り組む気持ちには何ら動じるものはなかったし、現にそのように行動した心算(つもり)である。ただ、これは仮定の話だが、もしも3つの児相がこんな形で粘り強く、持続して共同の取り組みをしてこなかったら、私はおそらく転勤するという決断をしなかったのではないだろうか。つまり、三児相研やその他のいろいろな動きが、私をしてどこにいても同じ気持ちで頑張ってやれるという確信めいたものを与えてくれたような気がするのである。同じように再編問題を考えていくとしても、舞鶴にいるのと福知山に転勤するのとでは、気持ちに微妙な違いが生じるであろうことを否定する気はもちろんないが、転勤について考えることを余儀なくされて、私はあらためて"三児相研"が無形の力になっていることを感じたのであった。ともかくそんな次第で、私は児相再編問題最後の2年間を福知山児相で過ごすこととなる。

　閑話休題。新次長との6-22交渉では重要な前進が生まれる。それは「南部につくる児童相談所にも一時保護所を併設していきたい。現在の中央児童相談所一時保護所もそのまま存続させる」との回答が得られたことである。この日の交渉前の打ち合わせでも「一時保護所の各所併設は絶対条件として妥協しない」と確認していたのだが、当局のこの回答は、単に交渉でのやりとりだけでなく、この間、一時保護所問題について全国の動向を調査したり、集中管理の問題点についてさまざまな角度から研究、討議を重ねてきた私たちの成果として率直に評価してよいものであった。また、この交渉に先立つ5月11日には、名古屋市において

447

展開

　全国児相研および東海児相研の共催で「一時保護所問題シンポジウム」が開かれており、6月1日には児童相談所問題研究全国運営委員会の名で「名古屋市児童相談所一時保護所における『保母殺害事件』についての緊急アピール」が発表されている。ここでは、名古屋の事件は偶然発生した不幸な出来事、名古屋だけの特殊事情から起こったものなどではなく、"問題発生の基本構造"は全国どこにでもあるというとらえ方をしているのだが、全国児相研のこうした機敏な対応も、一時保護所問題を考えていくうえで一定の力になったとも言えるのではあるまいか。

　いずれにしても、京都府の児童相談所再編問題は、当局のこの回答によってその局面を大きく動かしたのであった。私たちは、7月6日第19回の三児相研担当者会議において、正式に南部児相建設にGOサインを出し、あわせて「南部児相建設問題委員会」を自主的に発足させて当局との窓口にすることを決めた。同時に未解決となっている北部問題については、会場を舞鶴児相に移して交渉を持つよう、当局に申し入れを行ったのであった。

南部児相の建設

　建設問題委員会は、中央児相を中心に舞鶴・福知山児相からもメンバーを選出した。従来、児相の建物を新築する際には、ごく自然な流れとして当該児相に勤務する職員の中で委員を選び、本庁や業者と折衝してきたのだが、1981年の福知山児相新築の教訓、この間の取り組みの経緯をふまえて、三児相全部から委員を選出することにしたのである。委員長は中央児相のH氏にお願いした。

　作業は急ピッチで進められた。建設するという基本的合意が成立している以上当然のことであろう。しかしこの作業に多少とも参加した私は、逆に時間的余裕の少なさということを痛感せざるを得なかった。たとえば9月に入って、山形県（中央・庄内）、石川県（中央・七尾）、京都市、滋賀県（中央）と相次いで全国の児相の視察を行っているが、これなども多忙な日常業務の中に無理やり日程を組み込むという問題だけでなく、視察を済ませてあらためて"新児相を建築するならこういう視点で他児相の視察を"というビジョンの不明確さが浮きぼりにされる。少し考えるだけでも、"全国的に最も整った施設設備を持つ児相から学ぶ"とか"児相規模だけでなく児相の形態も類似しているいくつかの児相を参考にする""最近の新築児相から工夫点を知る"あるいは"全国的にレベルの高い実践を続けている児相を選択して意見を聞くなどいくつか考えられるであろう。こうした視点に立ってどこへ足を運ぶのか、問題は現場職員がそのための最低限の検

第 5 章
誰のために闘うのか
◆児相再編物語

討時間さえ保障されず、具体的な提案を成し得ぬままスケジュールだけが先行してしまったことであろう。

さらに時間不足を指摘するなら、とにもかくにもこうして視察を終え、建設プランを立てる段階がかなり性急であったことだ。"いついつまでに案を出してほしい"と短期間に時間を区切って要請されることも多く、それぞれの担当者を中心に相当無理をしたという話も届いている。こうした事情が続く中、当局に対して「たとえば開設時期を1年遅らせてじっくり検討するということにはならないのか」といった提案が交渉の場で出されたこともあったが、「国庫補助その他の関係上、昭和62年（1987年）度オープンを是非実現させたい」との回答が示され、結局あわただしいプランニングを余儀なくされたのであった。

さて、9月28日舞鶴児相で行われた"北部問題に関する児童家庭課長交渉"の席上、南部に新築する児相は宇治市大久保に立地させるとの正式回答があり、その直後の9月30日には初めて当局主催の「南部児相（仮称）建設打ち合せ」が行われた。この会合は1週間後の10月7日にも開かれたのであるが、2回の会議を通じて私たちが主張したものを一口で表現すれば"駆け引きではなく道理ある実質"とでも言うことができるであろうか。現実をふまえない理想論を打ち出したり、あれもこれもと願望をどんどん膨らますのでなく、どんなものがどれだけ必要かということをきちんと吟味し、案を練りあげたわけである。ところがその結果、私たちの求める建物面積が約1,000㎡となり、前述したように当局が考えていた福知山児相規模（783㎡）と大きく食い違うことになった。しかし私たちとしても、必要なもの、譲れぬ線として検討した結論がこれであったから、簡単に妥協できるはずがなかった。一方当局の"福知山児相程度"というプランは、予算上の観点が重要な比率を占めざるを得ないものであったろうから、やはりすぐさま1,000㎡を認めることには困難性があった。結局、建物規模（最終的に940㎡の建物が建設された）を確定するためにはそれから約半年余りの時間を必要としたのである。これは2回の打ち合わせの後すぐにマスタープランづくりに入ろうとしていた当局にとってひとつの誤算であったし、時間不足をさらに助長するものとなった。また、私たちがこの児相規模の問題に早い時期から着目しなかった不注意にはすでに触れておいたが、ここで私が強調しておきたい点は、双方に読み違い、ミス等はあったものの、福祉部当局が私たちの示した1,000㎡の"現場案"に対して一定の理解を示し、建築規模拡大のためそれなりの努力を払ったことである。この点は率直に評価してよいと思うのだが、私たちはそこに、繰り返すようだがこの間のさまざまな取り組みの蓄積を見ることができるし、また直接

449

展開

的には道理を持ち根拠もある"現場案"をつくり上げた実績を発見してもよいと思う。

ところで、一定のプランを提出したあとは、ほとんど中央児相の委員に諸作業をお願いする形となったため詳しい事情については私自身よくわからないのであるが、伝聞によるとその後もいくつかの問題点があったようである。そのひとつは、検討していた内容が児童家庭課や営繕課等次の段階へなかなか伝わらないことであったらしい。私たちもこと建築のこととなるとまったくの素人であり、一方建築の専門家も児相の業務に関しては白紙のところから出発する。だから面接室ひとつとっても互いが当然のことと考えているようなことが、まったく通じあっていなかったりする場面が何度も生まれるわけである。しかも今回は、山形県や石川県など遠方への視察旅行の際、建築関係の職員に対して児相の業務や建物のプランなど喋りづめと言ってよいぐらいに説明をしたり、プランづくりの段階では各室ごとにイメージ図絵を添付するなど相当の努力もしてきたという。そうした積み重ねのうえでもなおかつ思いもかけぬ齟齬が生じるというのであるから、今後同じような課題に直面した場合には十分注意を要する点と言えるであろう。

また日の丸掲揚のためのポールが突然設計図面に登場したことも私たちのあずかり知らぬことであった。京都府は今、1988年（昭和63年）の京都国体に向けて種々の取り組み、準備を進めているのだが、国体を理由にして府下の公所に京都府旗、国体旗、日の丸の三種の旗を掲揚する3本のポールを設置し続けている。宇治に新築されることになった児相にもこのポールが設けられることになったわけである。何百万円もかけてこんなものをつくるのなら、その予算でもっと児相設備の充実を図ってほしい。そんな声も現場からは出されていたが、これは福祉部当局の計画というよりも府全体の方針ということで、十分な議論すらなされず押しきられてしまった。この日の丸ポール問題は、実は福知山児相においてよりはっきりした形で現れる。どういうことかというと、北部問題についての交渉、特に舞鶴・福知山の統合にかかわる福知山児相整備問題の交渉の中で、当局は、ポールを立てる予定はないと言明していたにもかかわらず、再編を済ませ新体制が発足した後になって突如ポール設置を実行に移したのである。これは、当局と労働組合との約束を破り、信頼関係を失わせる問題であったが、児相再編問題の全経過に照らして考えると極めて不自然で異例のできごとであった。というのも、確かに児相問題の交渉では、私たち職員と当局側には見解の相違、立場の違い、さらには厳しい対立なども随所に見られ、激しいやりとりも繰り返されはしたが、

当局が私たちに隠れてこっそり何かを企んでいたとか、私たちを騙して何かをやってしまおうとしたといったような事実は基本的にはないと考えてよいのである。それゆえいろいろな思いはあるにせよ、交渉に臨む基本的な姿勢という点に関する限り私たちは（少なくとも私は）一定の信頼を当局に寄せていたと言える。ところがこの日の丸掲揚ポールについてだけは、まったく不明瞭で不可解な経過をたどっていると言わざるを得ない状況が見え隠れしているのである。児相問題にかかわるすべての過程を通じて、これは唯一の汚点ではないのか、私はそう考えている。

が、ともかく南部児相の新築はいろいろなエピソードを含みながらも一歩一歩進められ、地元自治会との話し合いが難航したため当初計画よりも2カ月あまり時期がずれこんだものの、1987年6月には無事竣工したのであった。

北部問題－その1

"焦点は北部に移行した"。6-22交渉を境に新児相建築に向かって全体が進み始めた段階で私たちはそう認識した。だが、この認識が極めて正当であったにもかかわらず、北部問題はまったく困難な状況に置かれていたと考えねばならなかった。第一私たちの基本的な見解すらはっきりさせられないでいたのである。当局が終始一貫して「南北はセットという考え方である」と言明している中で、南部に児相を新築することを私たちが現実に了解したという事実、一方南部に新築して人員を確保し北部はそのまま維持するということが非現実的な理想論でしかないことも認めざるを得ない状況であること、しかし、舞鶴・福知山両児童相談所の統合は確実にマイナス面を持つというのも自然で妥当な見解であること、これらの諸側面の中で私たちがどういう立場、どういう方針で問題に立ち向かえばいいのか、それがいつまでも明らかにならず、ただ時間のみが推移するという事態が生まれていたのである。

こんな状況が続く中、私は三児相研の会議で求められるままに「児相再編計画についての見解と要求（私案）」という私的なメモを書き表わしたことがある。そのメモには北部問題の渦中にある私たちの苦労、苦渋が見え隠れしているようで、見ようによってはなかなか興味深い。概略を述べてみよう。この"私案"は結局全体の合意とならず日の目を見ることもなかったため正確にいつ書かれたものであるかも不明だが、まず第一に「南部児相建設に関しては基本的に了解する。交渉の過程で一時保護所を併設することを確約した点は評価できるから」としたうえで、第二点目として「北部二児相の統合には基本的に反対である」と明記し

> 展開

ている。その根拠に①人口を問題にするのであれば、十数年間ほぼ横ばいの北部を統合する根拠にはならない。南部の人口増に対しては中央児相の人員増で対応するのが本筋である。②当局が（人員増という）本来的解決策を選択しない背景には、現在の臨調・「行革」路線があり、当局はこの大きな枠組みを打破する姿勢を、少なくとも児相問題に関して持っていないという点がある。私たちは臨調・「行革」に反対であり「軍事費を削って福祉にまわせ」というスローガンを真剣に実行すれば本来的な解決は可能であると考える、の２点を挙げている。さらに加えて「なお当局の『統合は基本的にプラス』との見解は、たとえば予想されるマイナス面に対する対策を軽視ないし無視することになり、また現場でこの問題を日夜考え討論している職員、組合員の怒りを買い、結果として当局は真面目に児相問題に取り組んでいるのか？　という不信感を生むことで交渉の進展を妨げることにもなりかねず二重三重の害悪となっている。これは互いにとっても悲しむべきことであり、直ちにこのような見解を撤回するとともに、北部統合の真の理由（南部対策のためであることは明白）とそこから引き起こされる影響を率直に提示すべきである」と当局の姿勢を批判している。次に第三点で、統合反対と言いつつ「昭和62年（1987年）度南部児相オープン、北部統合という以上組織・体制・人員配置等ビジョンだけでも早急に明らかにすべきである」と再編・統合後の児相について私たちも検討する姿勢を示し、さらに第四に「昭和62年度を目標に児相の総定数47を49にするよう２名の増員を要求する」と人員問題について触れている。

　以上がその主な内容である。今読み直しても、現実の推移に照らしてこの"私案"がそれほど大きくずれているとは思わないのだが、これが公式の要求・見解にまでなり得なかった背景には、やはり従来からの議論の堂々巡り、不一致が克服しきれずにいたという事情があったのではないだろうか。それとも関連してここであげた人員問題などは、これまで十分な討議もできずこの段階では要求の根拠もはっきりさせられないところから、唐突な印象を免れ得ず、再編問題の最終盤に至るまで具体的な要求としては提出できずに終わったのであった。こんな次第で私たちは、後々府職労本部からも指摘されたように、児相再編問題、特に北部問題について、6-22交渉から数えても約１年近く基本的な諸点についての要求書をまとめることができないという変則的な状況を続けることになるのである。

　それにしても、北部問題が今後の焦点であると考えた私たちが真っ先に思いついたことは、交渉の場所を変えることであった。単純な発想ではあるが、議論の場を焦点のあたっている当の舞鶴児童相談所に移すことで、北部が今問題なのだ

第 5 章
誰のために闘うのか
◆児相再編物語

ということを全体に明確にし、あわせて現に舞鶴児相で働いている職員の交渉参加を容易にするというねらいも含ませていた。このようにして実現したのが、1985年9月28日、舞鶴児童相談所で行われた児童家庭課長との交渉である。しかしこの交渉は冒頭からかなり険悪な雰囲気が支配することとなる。「こんなもん撤回だ！」「組合無視もはなはだしいぞ」「我々はまだ何も合意なんかしていない、これから議論に入るとこやないんか！」ここで槍玉にあげられているのは、交渉の約2週間前、児童家庭課長から各児相におろされた"事務連絡"であった。連絡事項の内容自体はそれほど目新しいものではなく私たちにも既知のことであったが、まずかったのは、南部での児相建築に合意した時点で北部も同様に進めることを既定のことのように扱っていた点であろう。すでに記したように三児相研、組合内部では北部問題にどう対処するのか、非常に大切な課題であるにもかかわらずしっかりした合意が得られていない。そんな不安、苛立ちが解消しきれていなかっただけに、当局側のこの動きは、結果として火に油を注ぐような役割を演じ、激しい怒りを引き出す形になったわけである。課長も最初のうちは「府会が始まり、記者会見で発表される前にあらかじめ児相職員にちゃんと通知したもの」「意見をだしてもらい協力してもらいたいとの意図からのもの」等々弁明にこれ務めていたが、最後には「事務連絡は撤回する」と発言、一件落着となったのであった。

さて、この時点で北部問題の重要なポイントは、いわゆる"舞鶴児相分室化"にあったであろう。当局はこれまでの交渉でしきりに"分室"構想を打ち出してきていたが、その大雑把な内容は「心理判定セクションも一時保護所も福知山児相に引き上げて児童福祉司のみを駐在させる」というところに落ち着きかけていたように思う。

ところが私たちには"分室"で働いたという経験がない。また全国的に見ればあちこちに分室が置かれているという知識は持っていたものの、児相研セミナー等でも分室問題が正面から議論されたという記憶もない。言ってみれば"分室問題"について何らかの見解を用意するだけの材料が、私たちにはほとんどなかったということである。

それでは"分室"を提起してきた当局にはどれほどの成算があったのだろうか。今となっては憶測の域を出ないのだが、私は、まず第一に舞鶴市など関係市、関係機関への一定の配慮が確かにあっただろうと思う。「どうも舞鶴市の幹部から『児童相談所をなくす替わりに何か別の府の機関を設置するわけにはいかないのか』みたいな要望が口に出されているらしい」などという流言が飛びかったこと

453

展　開

　もあるように、ひとつの行政機関を廃止することに対する抵抗はやはり大きいはずである。現実に舞鶴市との関係については交渉の中でも当局の口から何度も指摘されていたし、実際に府と市との間で話し合いも繰り返されている。第二に私が推測するのは、舞鶴児相の建物問題がからんでいるのではないかということだ。実は再編後約半年を経過した1987年9月30日「旧舞鶴児相の建物利用問題」をひとつの柱にして児童家庭課長交渉が持たれているのだが、この場のやりとりから、府当局がこの建物の扱いについて頭を痛めている様子が伺われるのである。つまり建物の耐用年数との関係で「当分の間（当局の説明による）分室を置く」ことが都合よいと判断したのではないかという見方である。これらをつなぎあわせると、確かに当局の案は種々の状況に鑑み総合的な判断がなされていると言えそうである。しかし、交渉の過程を通じてみる限り、それが児相業務にとってどのような意味を持ち、どんな影響をおよぼすのかといった、いわば最も筋を通した観点からの分析がなされていたかどうかとなると、大きな疑問符を打たざるを得ない内容であった。ただ、当局の判断とは別に、私たちの中の一部にも「分室すら残さずに全部なくすことはどうか？」という雰囲気、不安感があったことも事実である。児相の運営にとって相当大きな影響をもたらす"分室問題"をどう扱うか、これが北部問題のこの時点における最大の課題であった。

　ところが、事態は私にとって意外な形で展開する。つまり、場所を初めて舞鶴児相に移した9-28交渉で課長自ら「舞鶴児童相談所は"分室"として一定期間存置する方針であったが、"分室"化がベストなのか否か再検討の必要がある」と方針を白紙に戻すことを示唆する発言を行い、次いで10月30日の課長交渉では「北部問題については、地域において統合による水準低下を押さえるべく努力したい。また舞鶴市地域に関しては定例相談等で補っていく」と完全統合の方向をより強く打ち出してきたのである。当局のこの方針変更に関して三児相研、組合サイドは一口で言えば"音無しの構え"であった。分室というのは児童相談所の仕事にとって、特にチームワークで仕事をする（全国児相研の言葉を借りれば「労働の集団化」）ようになっている現在、従来以上のマイナスをもたらすであろうことは感じながらも、一方では「全部なくしてしまって大丈夫か？」という考え方も捨てきれず、また統合には反対と言いながら「完全統合はよし」と表明することへのためらいもあったのではないだろうか。この問題の正式回答は翌1986年の6-14次長交渉を待たなければならないが、この段階で"舞鶴分室""児童相談所における分室問題"について突っ込んだ検討を加える機会は失われたと言えるであろう。いずれにしてもこの当局の回答で、やっと児童相談所再編計画の

454

大枠が定まったというわけである。

北部問題－その2
「事態はかなり煮詰まってきたぞ」「舞鶴児童相談所の廃止・統合はもはや避けられない」私たちがそんな気持ちに追いやられたところから北部問題の第2ラウンドが始まった。「舞鶴児相がなくなったらいったいどんなことになるんや？」「まじめに考えへんと大変なことになるぞ」統合に反対という線は線としつつも、現実問題として舞鶴児相廃止後のあり方について具体的に吟味しなければならない、そんな状況判断が職員全体を支配するようになっていったわけである。しかも当局からは「北部二児相の統合は南部建設のための数合わせの問題ではない。適正規模により専門性向上をはかり、住民要求への対応を考えている」（9-18交渉）といった空理空論、たてまえだけの発言は飛び出すが、「北部整備のマスタープランが必要ではないのか？」との質問にも「現時点では人員も明らかではないし、持っていない」（1986年2月14日北部二分会合同所長交渉）との回答がなされるなど、再編後に北部の相談体制をどうしていくのか、具体的な対策、ビジョンはいっこうに示されないという現状があった。

そこで私たちは、1986年2月の段階で「北部問題に関する舞福合同アンケート」を舞鶴・福知山両児相分会の組合員を対象に実施した。そこでは「特に北部に関しては、まだ機構が明確でない、人員も今後の課題、さらに具体的な諸問題についても検討がされていません。そこで、このアンケートでは、統合が実際に行われた際に生起する諸問題の検討と要求等について考える材料として実施したいと考えています」とアンケートの目的を示したうえで、①いわゆるハードの部分に関して、検討したり要求したりすることはありませんか。②-a.人員ともからみますが各セクションで考え検討すべき問題、要求はありませんか。②-b.人事異動、人員問題等で不安や心配、疑問等があれば知らせてください。③各種相談活動上起こってくる問題、考えておくべき点はありませんか。④関係機関との連携で考えておくべき点はありませんか。⑤予算の執行等に関してはどうでしょうか。⑥その他、と統廃合を実行した際に起こり得る諸問題を具体的に把握する初めての試みとなった。このアンケートでは、再編後の児相運営に対する不安からか、庁舎などハード面から、児相の事業、組織体制、相談システムなどのソフト面までさまざまな要望、提案が出され、分類したうえでも約60項目の要求が結果として残されることとなった。私たちはこれをさらに整理し、5月末には「京都府北部の児童相談所問題についての当面の要求書」という形でまとめあげ、

展開

　三児相の分会長連名で福祉部長に提出する。
　私が思うには、児童相談所再編問題の長い経過の中で、この「当面の要求書」の提出は、北部に関する限り原則反対論による運動の事実上の終焉、条件闘争の始まりを象徴するものであった。それはしかし、児相再編問題全体を見通したときに「もしも今私たちをめぐる諸情勢を変えることができず、現在の人員体制の枠内で行う再編であるとするなら」という条件を前提に、一時保護所の各所併設、分室問題、南北のアンバランス等を考慮して最も致し方ない結論、「やむを得んだろうな」という実感の、私たち流の表現だったのであろうと私は想像するのである。
　ここで「当面の要求書」に掲げられた要求項目について少し振り返ってみておこう。
（１）管轄区域が広くなることにより、多くの点で、きめ細かなケースへの対応・住民サービスが困難になると予想されるが、当局は、統合に際し、どのように児相運営をすすめていこうと考えているのか、その基本方針を明確にされたい。
（２）当局は児童相談所の統合をすすめるといいながら、その際の組織・機構、人員等については何ら明確にしていない。サービス低下を招かず、専門性の維持・向上を図るために、どのような組織・機構をつくり、人員を配置する考えなのか、明確にされたい。

　これらは再編統合後の児童相談所運営の基本的な姿勢を問うたものである。次に、
（４）かりに、当局の考えにそって統合を実施するとしても、現在の福知山児童相談所の土地・建物では、相談活動にさまざまな支障をきたすことが予想される。そこで、とりあえず以下の諸点について当局の考え方を示されたい。
　として、ハード面では相談室、面接（判定）室、家族面接室、一時保護所、事務室、駐車場など個々のスペース、施設について具体的な対策を問うている。その他にも、
（７）統合というのは単に児童相談所業務にとって重大な問題であるにとどまらず、そこで働く職員にとっても、労働条件その他大幅な変更を否応なくせまることも考えられ、この点でも決して見過ごすことはできないものである。したがって、当局は、（人事異動にあたっては）こうした職員を最大限守り、職員個々の意見も十分のうえにも十分尊重し、慎重な対応をすべきであると思うが、

第5章 誰のために闘うのか
◆児相再編物語

職員に不安を与えず、通常よりもなお一層配慮し、労働組合とも十分協議する立場を貫くことができるのかどうか、明確にされたい。
（8）当局は舞鶴に分室も残さず、すべての機能を福知山児童相談所で行うという考え方を示してきているが、その際、舞鶴児童相談所の建物・土地について、その後どのように活用する考えを持っているのか、明確にされたい。
　等が要求項目として掲げられている。

　ところで、この「当面の要求書」を直接テーマにした交渉は、遅れて10月29日、会場を福知山児相に定め、児童家庭課長を招いて行われた。残念なことに私は都合でこの交渉を欠席しなければならなかったが、後から報告を聞いてみると、統合後の受け入れ児相である福知山児相の整備改築問題が非常に切迫していて時間的余裕がほとんどないという。交渉の結果、改築案については現場で具体的な要望をまとめてほしいということになり、その期間が11月中旬までというのである。「いったいどうしてこうなんだ！　なぜもっと早く……」等々思いはいろいろあったが、ともかく私たちはこれを受けて最大限の努力を払う。11月中旬という期限を守るため、両児相の分会役員が仕事を終えてから福知山児相に集合した。11月14日の夕刻である。福知山児相の事務室、面接室、一時保護所等を一室一室丹念に見てまわり、全員で改善点を討議し、合意が得られたところで次へ移る。屋外の敷地や屋上の人工芝グラウンドも含め、すべてについて検討し終えたのはもう午後9時をかなりまわっていたのではあるまいか。こうしてできあがったのが、11月15日付で児童家庭課長に提出した「福知山児相改装についての要求と提案」である。

　この後の経過については特に詳述する必要もないであろう。12月20日にはこの「要求と提案」に基づいて舞鶴・福知山合同所長交渉を実施、いつでもどこでもあるように予算不足が問題にされた。こんなところで憤懣をぶちまけてもしかたがないが、わずかな予算のために時間をかけ、興奮し、当局側と組合側がやりとりする。このあたりもう少しスムーズに事を運ぶわけにはいかないものなのだろうか。が、ともかくなるものとならないものの折り合いをつけ、年が明けると合意に基づいての改装工事が開始され、それも終了した。

　ところで北部独自の問題として、もうひとつ書き記しておくことがある。それは「当面の要求書」のおもに（1）（2）にかかわることであるが、統合に際して生じるであろう業務上の諸問題について、行政レベルで「北部業務検討会議」を開催し、業務上の問題、実務上の課題について整理し意思統一を図ったことである。この中では、1948年（昭和23年）児童相談所開設以来の全ケースの記録票

457

展開

を整理する作業も実行し、40年近い児相のあしどりを大急ぎで振り返るといったエピソードなども生まれた。こんな作業も含めて舞鶴児童相談所廃止のためのスケジュールは着実に進行し、一歩一歩"その日"に向けて動いていったのである。

業務検討会議

さて、私が以下に述べようとしている「京都府児童相談所業務検討会議」の企画と実践は、ある一面から言えば今回の児相再編問題の取り組みの中で最大級の意義を持つと評価してよいものであったかも知れない。

そもそもこの業務検討会議は「中央、舞鶴、福知山の各児相の持つ共通性と相違性は、実際のところ誰もそのすべてを把握することはできないように思われます。(各所とも)基本は児童福祉法にもとづいて行っているわけですが、歴史的経過のあることや、地域の特性に由来する物、あるいはそのときそのときの担当者の意向の反映がもちこされて現在に至っているものなど様々な違いがあります」(「児童相談所業務検討会議の経過について」から抜粋)という実態をふまえ、1986年2月1日に聞かれた第21回三児相研で問題提起されたことが発端となっている。むろんこの段階では児相再編問題が決着しているわけでもなく、一方では課長交渉、次長交渉の準備を進めていた。しかし、仮にハード面(新児相建築、北部統合)で一定の合意が得られたとしても、ソフト面(児相運営、児相業務全般)での改善、意思統一ができないとしたら、それは"仏造って魂入れず"結局時間とエネルギーの壮大な徒労に終わるのではないのかという認識、また危惧があった。

むろん京都府の三児童相談所の歴史をひもとけば、過去にも何度か児相充実のためのプランは提起されている。しかし、そこでは児童相談所業務のよりよいあり方について提起してはいたが、実質的には机上プランと、数字の組み替えの域を出ていないものが多く、現場で働く職員の意見や、意向の反映はあまり見られなかったはずである。しかもその大きな特徴は、たいていの場合、建築問題とからんで整備計画が出されたことであろう。意地悪な見方をすれば、建築問題をスムーズに運ぶために体よく"整備充実プラン"が持ち出され、利用され、最後は葬り去られたと言えるかも知れない。それゆえにこそ私たちには、今度も同じ轍を踏むわけにはゆかぬという決意が生まれたのではないだろうか。あるいはまた、初めての長い三児相合同の取り組みを通じて、次第に互いの職場状況の違いに着目し、かつ現実的な整理、統一を図ろうとする自覚がやっと芽生えてきたのかも知れない。いずれにせよ三児相研で意思統一を図った私たちは、直ちに「現在の

第5章
誰のために闘うのか
◆児相再編物語

所属で、仕事で、あるいはもっと違った視点から、疑問に思われることや、改めるべきだと考えること、不統一なこと、実質的でないこと、矛盾していること、無駄なこと、おかしいなと思われることなど……あらゆる児童相談所に関わる事柄について、思いつく所をすべて列挙していただきたいのです。それらを整理してこれからの具体的な作業について考えたいとおもいます」と"三児相研緊急アンケート"を全組合員に配布して行動に移すとともに、三児相の所長に対してもこうした業務検討の場の必要性を説き、本庁も含めて賛成を得ることとなる。そして最終的に「児童相談所業務検討会議」は当局の主催で開催することを確認したのであった。

　ただこの業務検討会議は、確かに行政レベルの会議ではあるが、かといって何もかもを決定することはできない。たとえば、児童福祉司の任用のあり方とか児童相談所の組織・機構などについては業務検討会議の中で重要なテーマとして議論はしたものの、決定、実行の能力の範囲を越えていた。しかしそれにもかかわらずこの業務検討会議は、討議が進むにつれ、再編を終えて児童相談所が再出発するためにはなくてならない場としてその重要性を増していった。最初の緊急アンケートに寄せられた各種の意見、疑問等が350項目。ここをスタートラインにして最終的には160ページ余りの中間報告書をまとめるまでの１年間、毎月の定例会議に加え各所、各セクションでの検討作業、関係機関へのアンケートその他、精力的な活動が展開された。しかもこの１年間は再編問題の最終段階であり、次長交渉、課長交渉、所長交渉と各レベルでの組合交渉も頻繁に持たれていたのであり、その一方で中央児相所長をもメンバーに加えた業務検討会議が定期的に開催されていたのだから、一見すると対立と共同の奇妙な同時進行と言えぬこともなかった。しかしながら、私はこの業務検討会議の提起と実践こそが、今回の児相再編を単なるたし算やひき算に終わらせなかった重要な要素だったと考えるし、児相再編問題をうまく活用して、長い間の懸案に着手したとさえ言い得ると思うのである。であるなら、行政サイドと組合員がテーブルを分かれてすわる交渉と、共通の席に着く業務検討会議のこの２つが同時に進行し両立したからこそ、どうにかこうにか新体制がスタートしたと言っても過言ではないのではあるまいか。

　この業務検討会議には、そういう意味で委員以外の職員も非常に大きな関心とまた期待を寄せ、そのために"業務検討会議の決定待ち"とか"業務検討会議がすべてを決める"といったような誤解も一部で生じたが、全体としては大きな成果を得たはずである。ところで「検討が始まると、最初に私たちが考えていたよりもずっと多くの問題が提出され、１年間ではとうていすべてについての結論を

> 展開

出すことは困難であることが」(あとがき)はっきりし、業務検討会議は新体制後も引き続き存続させることとし、新たな役割を担って現在も活動中であることをつけ加えておきたい。

収　束

人員問題－その1

このようにして南部の児相新築が進行し、北部に関しても統合のための準備が開始され、一方で業務検討会議も動き出すという状況の中で、最後に残されたものは、児童相談所の組織・機構をどのようなものにし、また人員配置をどうするかという課題であった。

むろん私たちとしても、この課題についてただ手をこまねいていたわけではなく、交渉その他の場所でことあるごとに問題提起してきたし、考えようによっては再編問題が浮かび上がってきた最初からすでに検討を加えてきていたと言える。それが結局最後まで未解決のままで椎移したのは、組織・人員問題の性格に由来する。つまり、私たちがいくら詰め寄ってみても、「今のところ未定」「人事当局と検討ができていない」「組織・人員は昭和62年(1987年)度のことであり現在回答できない」等々詰めた論戦を挑もうにもこればかりは福祉部当局が決定権を持たないという事情があって先へ進めなかったわけである。ただ最終段階に至る前に一度だけ多少の議論があった。それは新児相の建設に際して事務室スペースをどの程度確保するかという話題が出たときである。このときには「現在の職員配置を機械的に固定すると考えれば、新児相の人員配置は15人程度」(1985年10月30日児童家庭課長交渉)という数字が出され、次いで1986年3月19日には課長からの非公式的説明として「施設計画上の人員としては15名＋aと言ってきたが、そのaを3として計18名を基礎としたい」という内容が示されたという経過がある。しかしこれらは、当然のことながら人員問題の本格的な検討、討議の場ではあり得ない。この問題が具体的かつ切実な問題として交渉の場にのぼってきたのは、おそらく再編問題の最終段階、1986年の秋からであろう。ここではその前に、人員問題の中でも、特に人員増をめぐってのあれこれの動きについて振り返っておくことにしたい。

それにしても、当局が「児童相談所の総定数47名は何としても確保したい。それに加えてできることなら1名でも2名でも増員したい」と交渉の場で発言する

第5章
誰のために闘うのか
◆児相再編物語

ようになったのはいつごろのことであろうか。残念なことに私のメモだけからではそのことが明確にならないのだが、1986年2月14日の北部二所長との合同交渉、6月14日、9月13日の次長交渉、さらには10月29日の課長交渉と、ことあるごとに必ず「福祉部の決意としては＋αを実現したい」「47名の確保すら現状困難ではあるが、1〜2名増の気持ちは変わらない」「47名は確保したい。しかし"児相の充実"という考えからいけば47ではなお不足する」等々の発言が繰り返されている。一方私たちの側、組合の側はこの人員問題に対してどんな対応をとったのであろうか。正直言って人員増というテーマに関する限り、私たちの内部は情勢分析の段階からすでに相当のバラツキがあり、きちんと一致して取り組むことがほとんどできなかったというのが現実である。ある者は「児童相談所をこれだけ大幅にいじるのに、47名の現員を維持するわけがない、人員減は確実だ」と言うし、またある者は「47名確保が精一杯ならはっきりそこを目標にしたらいい、理想論を追いかけるより47の適正配分を主体的に主張してゆくべきだ」と考えていたようである。また私自身はと言えば「もしも仮に増員の可能性を否定できないとしたら、そこをめいっぱい追及したい」と判断していた。要するに現状認識に混乱があったのである。これでは組合として、三児相研としてちゃんとした戦略、戦術は生まれないというものである。

　しかし、それにもまして私たちを困難に陥れたのは、新体制移行を想定した際の各児童相談所の人員配置が明らかにされていないことであった。そのためどの児相でどれだけ人員が不足し、また充足するのかその分析がまったくできず、結果として要求の根拠を示し得ないという状況があったことである。しかも今回の再編計画は保育指導員の廃止や課制の導入その他、組織・機構上の改変も新しい要素として入り込んでいたため、状況判断をより複雑にしていた。こうしたことから、福祉部当局が繰り返し1〜2名増という決意を表明していたにもかかわらず、肝心の私たちがさっぱり明確な方針を打ち出せぬという変則的な事態が続いていた。「当局ですら増を口にしているのに、現場からはそれを支える声すらあげられないのか？」私はそんなあせりを感じて、人員要求に関する「個人的意見」を文書にして三児相研に提出したことがある。要点は（1）府職労本部の指導もふまえ、何らかの形で人員要求を提出すべきである。（2）しかし新体制後の各児相ごとの人員要求は現時点では不可能であり、また一般的に総定数47名を○名増やせというやり方も説得力に欠ける。（3）そこで具体的な要求の方法として、府全体をひとつにしたうえで、各セクションごとにたとえば「福祉司を○名、判定員を○名増員せよ」式のやり方にする、といったものであった。新体制

収束

がどんな形になるのかさっぱりわからない状況で具体的な要求を出してゆくことの苦慮、苦渋の結果である。しかしこの提案も全体の合意を得るだけの内容を持たず、結局三児相研では、ただ一般的に「人員増を勝ちとる」というだけの意思統一をしたにとどまったのである。後に作成した「再編問題についての要求書」の中では「人員確保は府民サービス確保・向上に不可欠であり、現行体制を踏まえ、必要な増員をはかること」と表現したのだが、私たちの最終的な合意もこのレベルであったと言ってよいであろう。

　そして人員増は、結果的に実現しない。参考までに当局が行った説明を少し列挙してみよう。まず児童福祉司について。第一は国基準（人口10〜13万人に１名）を満たしていること。第二に他府県と比較しても京都府は人口6.5万人に１名（注：この段階では相談判定課長を含めた計算になっているようである）で近畿の中では最も充実していること。第三に困難ケースの割合を見てもそれほど変わらない。第四に相談件数を他府県と比較してもやはり府では１人約200件で、多くはない。次に心理判定員に関しては国に基準はない。しかし他府県と比較すれば、京都府は人口12.2万人に１人の判定員を配置しておりやはり近畿では最高である。また１人当たりの判定件数でも大阪に次いで少ない。以上から考えて京都府はトップレベルにあると言え、47名の総定数を増やすことはできない。大まかに言えばこのような説明であったと思う。

　ただ総定数の47名だけは確保される。前述の要求書に対する当局の最終的な文書回答に基づけば「増員については極めて厳しい行財政状況にあるが、福祉部としては行政客体の変化に対応した体制を確立するとともに、現行３児相定数47名を維持することを基本に各児童相談所の均衡を考慮して職員配置を行いたい」となる。

　それにしても、この結果をいったいどう評価すればいいのか、現在でも私にはよくわからない。人員問題についての私たちの議論は果たして何らかの意味があったのか、一方、もしも私たちの要求の打ち出し方、たたかい方がもう少し具体的で強力であれば、人員増は実現していたのか、また、当局の発言、努力をどう見たらいいのか、そもそも人員増をめぐる情勢はどうであったのか、そのどれ一つとっても十分な総括がしきれないままでいるというのが正直なところである。ただ、もしもここで人員が１名でも増員されておれば、児相再編問題全体の評価についても大きな影響を与えていたであろうことは間違いないということだけは、蛇足ながらつけ加えておきたい。

第5章
誰のために闘うのか
◆児相再編物語

組織問題

　次に人員問題と並行して議論になったのが児童相談所の組織上の問題である。1986年の9‐13次長交渉の席上、当局から初めて「困難ケースもあり、執行体制の確立をはかる」との意向が示され、「執行体制とは？」の質問に「他府県にはスーパーバイザーがあり児童相談所の機能にも位置づけられている。どういう形のものにするかは現在考えている」との説明が加えられた。私たちはすぐに"これは課制の導入である"と判断したし、当局側もそのつもりで発言していたことは明らかであった。課制は当時中央児相にのみ管理課、相談課が置かれおり、舞鶴・福知山両児相にはなかった。そのため私には課制の具体的イメージが持てなかったのだが、中央児相の現行体制では、交渉の場で次長が表明したような"スーパーバイザーの役割"があいまいだったせいか、従来からトラブルがいくつも生じていたという。そのため私たちも課制導入に直ちに反対というわけではなかったが、一方無条件に賛成することにもならなかった。要は、管理強化となるような単なる職制ポストの増加でなく、実質的な児相の充実につながる内容をいかにして導入、保障していくかということであった。この点に関しては、福祉部当局も一定の理解を示し、1987年に入った1‐24次長交渉で「組織・機構についてはこれから企画管理部と協議するが、福祉部案としては、今日重症ケースを扱う際、スーパーバイザーの位置づけは重要であると考えており、相談判定課長は、技術向上等専門的観点で機能することが求められていると考える」と回答、最終的な文書回答でも、要求項目「『課』の設置については、職場の業務推進体制に真に役立つものとし、決して職制支配強化の道具としないこと」に対し「再編整備後の児相業務が平準化された形で行えるよう3児童相談所ともに管理課及び相談判定課を設置し、執行体制の強化を図り、専門的立場から助言・指導ができる職として機能させる考えである」と明確に「専門的立場から助言・指導ができる職」と表現している。こうした内容をふまえ、私たちも課制導入を了解したのである。

　ところが、この課制をめぐっては思わぬところで興奮したやりとりが必要となる。それは当局が、相談判定課長を「専門職」と認めたうえで「児童福祉司を兼務し、ケースの少ない地域を担当してもらう。それはデスクワークのみにならぬようにという考え方からである」と提起してきたからである。この発言に私たちは一斉に反発した。その理由は大きく言って2点。第一は、すでに中央児相のいくつかの経験からして課長が地域を担当することのデメリットは検証済みであり破綻していること。第二は、当局はまことしやかに兼務の理由を述べたている

463

収束

ものの、結局それはまやかしではないのかということ。つまり、課制を導入しても総定数を増やせないために、結果として児童福祉司の総数が現行15名から14名に減少し、その点を覆い隠すために課長を福祉司としても数える、いわば数のトリックをやっていると思われたこと。「そんなごまかしなんかやめなさい！もっと率直に『執行体制の強化を図るために課制を導入したいが、そのために児童福祉司は１名減となる。大変申しわけないが、これはスーパーバイザー機能を充実させるという形で補っていただきたい』と我々職員に頭を下げて頼んだらどうか」私は業を煮やしてこんな発言をした記憶があるが、次長はただ黙って聞いていただけだったと思う。

結果はどうであったのか。最終的に「課長が地域を担当する」という案は取り下げられることになった。しかし「相談判定課長は児童福祉司、心理判定員の枠の中で」助言、指導をしていくという回答は最後まで変更されていないようである。私が思うに、そのことをほんのわずかでも認めるなら、ただちに児童福祉司が１名減という事実が発生し、今後の交渉で組合側から追及されたときに窮地に立たされるとでも考えたのかも知れない。これは多少穿った見方と言えなくもないが、このあたり微妙なやりとりになっている。

いずれにしても「専門的立場から助言・指導ができる職」としての課制が置かれ、仕事は実際に始まっている。ただこうした職は、他の職種と同様、どんな取り決めをしても人事政策で簡単に有名無実化することが可能とも言い得るであろう。その意味でも私たち自身が、この確認事項を実質的に必要なものとして活用し、意義あるものとする不断の努力が求められていると言えよう。

人員問題－その２

さて、人員問題の最後は、確定した47名の職員の各児相への配分をどうするかということである。この人員配分についての交渉場面を思い出すと、私は正直言って今でも胃が痛くなるような気分におそわれる。1986年12月２日、交渉の場で次長が回答を始めた。「皆さんとは昭和58年（1983年）から話し合いを続けてきたが、本日人員問題について具体的な回答を行ないたい。まず基本的な立場として以下の４点を確認したい。第一は、行政客体の変化に伴い所管区域の見直しを行うが、府全体のサービス低下をきたさないということであり、第二は、北部の行政水準の急激な機能低下を避けるということである。次に第三点として、府南部の人口増に対応した充実強化を図ること、第四は、役割を終えた職種は見直し、執行体制を強化すること、以上である」ここまでは誰もが黙って聞いていた

第5章
誰のために闘うのか
◆児相再編物語

し、むしろ多くの人は納得していたのではないだろうか。ところが、具体的な数字（下表のとおり）が示された途端、特に中央児相分会の組合員を中心にして怒りが爆発する。「何考えてんのや！」「人口を基本にやれ！　でなければせっかくの機会をみすみす無駄にするだけや」「あるときは人口、あるときは相談件数を基準にもの言うてるやないか！　そんなこと子どもでもおかしい思うで」「いったい今まで何してきたんや！」。

	北部児相	中部児相	南部児相
所　　長	1	1	1
次　　長	1	1	1
庶　　務	1	1	1
一時保護	3	3	3
福祉司（課長を含む）	7	4	6
受付相談員	1	1	1
判　　定	4	2	3
総　　数	18	13	16
管内人口	35万人	28万人	47万人

　告白すると、私は三児相全体の代表として交渉の最前列にすわっていると自覚しながらも、この時点では確実に混乱していた。これまでに例のないことだが、発言もしない。できないままじっとやりとりを聞くだけであった。考えてもみよう、もしも仮に「北部はこの案で一応満足だ」とでも発言すれば、当局そっちのけで組合側が内紛を起こしかねなかったであろうし、一方、「もっと南部に人をまわして平準化を徹底すべきだ」と私が発言すれば、北部からはるばる足を運んで交渉に臨んでいる多くの人たちの気持ちとずいぶんかけはなれた内容の主張を展開することになる。しかも私はその北部の人間の一人なのだ。ある意味で言えば、私のこの優柔不断こそが最も糾弾されて然るべきで問題であったのかも知れない。しかし、根本問題はやはり1名の増員すら実現しなかった中で小さなパイを分配せざるを得なかったこと。私は困惑し、うろたえながらも、一方で悔しさ苛立ちを感じながら交渉の場にいたことを記憶している。
　本当に激しいやりとりがあった。12-2交渉の後も、年末年始のあわただしい中、中央児相分会での2度にわたる所長交渉、北部二所長との合同交渉が行われた。だが当局のガードも非常に堅く、結局「激変緩和」「経過措置」といった説明が出された程度で、基本的な立場や具体的な数字の変更はまったくなかったのであった。

収束

　この結果については、多くの人がいろんな言い方をしている。たとえば、中央児相のある者からは「結局北部の運動量が勝っていたということか」とため息まじりの声が届いてきたし、ある北部の職員は、納得できるという顔つきで「いや、この配置は相当考えたものやと思う」と話していたはずである。
　さて、この人員配置をどう考えたらよいのか。この点に関してもなかなか微妙なところであろう。しかし、この総括は再編後の各児童相談所での実態から必然的に見えてくるものなのかも知れない。その意味では現在の三児相の分会等でしっかりした検討、討議が求められる内容と言えそうである。

2-24　次長交渉
　長い経過のあった児相再編問題は、このようにして組織・機構も明らかとなり、人員配置も確定した。そんな段階でむかえたのが1987年2月24日、最後の次長交渉である。
　この日の交渉に基本的な問題はない。1986年度だけでも10回近く繰り返された交渉の中でほとんどの問題は議論され一定の了解がついていたからである。ただ新しい児相の体制に移行する際に生起する未解決の諸点、たとえば舞鶴児相の建物利用問題、舞鶴市地域への当面の対応について、遅れている南部の新児相建築の進捗状況及びそれまでの業務運営体制等々が話題にされた。そしてもうひとつ重要案件として残っていたのが新体制後の児相の名称である。この頃には「おい、名前はどうなってるんや？」とか「新しい児相名も自分らで考えよか」といった声も聞こえてくるなど、私たちの側も交渉の山場を越えて、少しリラックスしてきたところであったが、最後の交渉で当局から児相名の発表があった。すでによく知られているように「京都府宇治児童相談所」「京都府京都児童相談所」「京都府福知山児童相談所」である。「なお、宇治児相を中央児相と定めます。名称も含めてこれは確定であります」と発言するO福祉部次長。みんなどことなくきょとんとしている。まだ実感が湧かないのである。2、3の質問が出され、笑い声も混じったやりとりがあった。「これで舞鶴児相も、またその名前も完全に消滅するわけか……」そんな感慨が一瞬私の脳裏をかすめ去った。
　交渉は最終的な確認を文書で残すことで合意し、「21世紀にむけて、児童人口が減少しているだけに、ひとりひとりの子どもを大切に育てていく児童相談所の役割はますます重要となってきている。再編後も皆さんには大いに期待しているので今後ともよろしくお願いしたい」との次長の挨拶で幕を降ろした。正面にすわっている次長以下当局の面々がいつになくニコニコしているのが、私にはずい

ぶん印象的であった。

総　括

再編の結果について

　以上が京都府、1987年における児童相談所再編問題全体の経過である。そして私たち自身も、再編が完了し児相が新しいスタートをきった事実を受けて、1987年５月30日、最後の三児相研担当者会議を開催し、この場で「三児相研」の解散を決めた。そのうえで今後は、三児相の自主的な討議の場として「京都府児相研」および「三児相分会代表者会議」の２つを新たに発足させることを確認した。言ってみれば児相再編問題とともに歩んできた「三児相研」が、その収束とともに使命を終え、幕を閉じたというわけである。

　しかし、この児相再編がいったいどのような意味を持ち、京都府における児相の歴史の中でどんな位置を占めるのか、今のところ誰にも正確なことはわからないのではあるまいか。それゆえこの章では、再編問題の総括を行うとはいうものの、それが全面的なものにはなり得ないということを最初にお断わりしておきたい。むしろ総括はこれからの児相運営を通じて、部分的な改善、改革なども伴いながら徐々に行われるべきものであると言ってよいであろう。

　私がここで取り上げるのは、1987年３月、三児相研として最後に実施した「児相再編問題〈総括〉アンケート」である。アンケートの趣旨として「児童相談所の再編問題は、２月24日の福祉部次長交渉をもって基本的には終了しました。この再編問題は、初めて当局がほのめかしてから７年を経過し、この間、交渉や三児相研集会、担当者会議など数限りなく行ってきました。そこで、一応の区切りを迎えた現時点で組合員の声を集約し、総括をすすめていきたいと思います。是非とも率直なご意見をお願いします」と記され、大きく分けて（Ⅰ）再編の結果、（Ⅱ）私たちの取り組み、の２項目についての現場職員の声を集約しているが、その概略は別添資料のとおりである（469頁）。なおアンケートの回収率は、中央、福知山で100％、舞鶴だけが少し落ちて77％、全体では93％となっており、現場の声がかなりの程度反映されていると考えてよいと思う。ただし、これは1987年３月時点で児童相談所に在籍していた職員の声であり、長くかかわってきていてもそれ以前に転勤や退職等で児相を離れた人たちは、当然のことながら含まれていない。

総括

 以上のことをふまえたうえで、まず「再編の結果について」から具体的な中身の検討を行っていこう。「①あなたは児相の名称や定数、組織・機構など再編問題の結果についてご存じですか？」に対しては、ほぼ100％に近い人が「知っている」と回答している。当然のこととはいえ、今度の児相再編問題が全職員の大きな関心事であったことを再確認し得る結果であろう。
 次に「②あなたは今度の児相再編と国や府の押し進めている臨調・「行革」路線との関係についてどう思われますか？」という設問について考えてみたい。全体の数字では「行革」と認識する者が43.8％、そうでないと思う者が26.3％と"「行革」派"が多いとはいうものの、最後まで児相再編問題の性格規定は一致しなかったと言えそうである。そしてこの点が、これまで見てきたように、私たちの取り組み、議論を複雑にしてきたひとつの要因ではなかったか、と私は考えている。ところで興味深いことは、この設問に対して、三児相がなるほどと思える形で違う傾向の回答を示していることである。すなわち、北部の二児相では"「行革」派"がいずれも60％を上回っているのに、中央児相では24％にとどまっているのだ。少し具体的に声を拾ってみよう。「なぜそう思うか？」という問いに対して「京都府が主体性を持って児相を増設することができなかった。まったく情け無いことである。必要なものを残せない、残さない、これが『行革』路線である」(舞鶴)、「福祉充実の国民的要求に逆行し、福祉切捨て政策の具現化以外の何ものでもない」(舞鶴)、「新たなニードに応えるために、他の住民のニードを切捨てるという、いわゆるスクラップ＆ビルドの形態の行政施策である。どこかで住民の要求がカットされ、無視されるという方針の故にこれは『行革』と言わざる得ない」(福知山)といった内容が北部からは寄せられているのに対し、中央からは「今有るものをいじくりながら、一見良くも悪くもならない枠組みを持っている所は『行革』に他ならない。しかし、南部問題に焦点をあてながら対応を見直す所は必ずしも『行革』とはいえない」「基本的には『行革』の一環の動きであったものを、長年の交渉経過をもって、児相がかかえていた現状の問題性の解決に一歩踏み出させたものである」「今回、再編についての最終形は、『行革』路線とは異なる形で終結を迎えつつあるが、この路線に沿って推進しようとした当局案を我々の闘いで修正させたと解したい」「児相再編は、府レベルでの三児相の仕事の均衡化と充実を狙ったものであり、単なる『合理化』ではなく、現場の者の意見を十分反映するものとして構えられたものであったと思う（結果として現場の声を反映しない内容が決定されたのは当局のビジョンのなさ、実態を知らないで決めるセンスのなさの問題）」といった回答が届いている。

第5章
誰のために闘うのか
◆児相再編物語

児相再編問題《総括》アンケート　Ⅰ.再編の結果について

①あなたは児相の名称や定数、組織・機構など再編問題の結果についてご存じですか？

| よく知っている 52.5% | だいたい知っている 45.0% | あまり知らない 2.5% |

②あなたは今度の児相再編と国や府の押し進めている臨調・「行革」路線との関係についてどう思われますか？

| 本質的に「行革」の一貫といえる 43.8% | いわゆる「行革」とは性格を異にする 26.3% | わからない 22.5% | その他 5% | NA 2.7% |

③今回の再編は今後の京都府の児相にとってよかったといえるでしょうか？

| 非常にプラス 3.8% | どちらかといえばプラス 26.3% | 確実にマイナス 12.5% | どちらかといえばマイナス 5% | どちらともいえない 22.5% | どちらともいえる 22.5% | わからない 5% | NA 2.4% |

児相再編問題《総括》アンケート　Ⅱ.私たちの取り組みについて

①あなたは児相再編問題についての次長交渉や課長交渉に参加したことがありますか？

| よく参加した 42.5% | 参加したことがある 52.5% | ない 5% |

②あなたは分会会議などこの問題についての話し合いには参加しておられましたか？

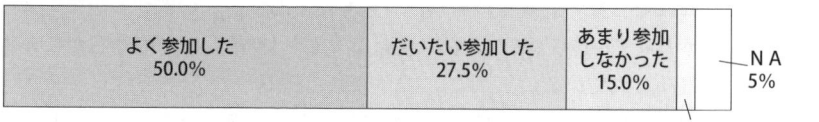

| よく参加した 50.0% | だいたい参加した 27.5% | あまり参加しなかった 15.0% | 参加しなかった 2.5% | NA 5% |

③あなたはそのときどきの分会の方針や交渉の進展具合などについて知っていましたか？

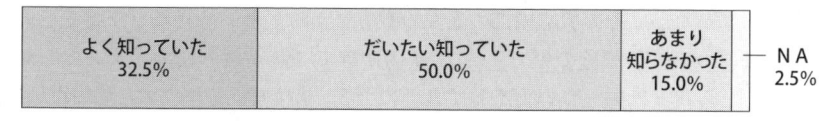

| よく知っていた 32.5% | だいたい知っていた 50.0% | あまり知らなかった 15.0% | NA 2.5% |

> 総 括

　むろんこれは、完全な対立概念、相反する認識というものではなく、ひとつの問題の持つ多面的な要素を、重点の置き方を変えて総括した、その違いによるものと考えるのが妥当な見方であろう。ただ、私があらためて思うのは、置かれている現実の諸条件が異なることが、人間の意識に反映するのはごく自然なことであるとしても、私たちはその相違を当然であるとして済ませてよいものなのかどうかということである。もう少し具体的に言うなら、今度の児相再編問題の取り組みは当局が持ち出してきたものであり、私たちが率先して提起したものではなかったが、ある意味で、この現実の諸条件の相違の人間の意識への反映に対して挑戦することを迫られたものではなかったかという問題意識である。そしてこのアンケート結果、これを前にして私はついいろいろと考えてしまうのだが、ここではただ、私たちの取り組みは決して無駄ではなかったであろうと判断していることだけを記しておきたい。

　話が少しそれてしまったようだ。アンケートの③に目を移そう。「今回の再編は今後の京都府の児相にとってよかったといえるでしょうか？」の項目。ここでも結果は②とおおむね似かよっているが、「どちらともいえる」「どちらともいえない」「わからない」を合わせると、50％を占めるところが大きな特徴であろう。また児相間の相違については、プラスとマイナスだけを取り出すと、舞鶴は10％対40％とマイナスにウェイトを置いて評価しているのに、中央だけでなく福知山でも40％対10％と同様の数値でプラスに重点を置いた見方をしていた。

　「プラスだと思う。しかし、プラスにするかどうかは今後の職員の課題です」（中央）、「新しい建物ができたことはプラスであるが、内容的には、人事配置等を見極めてゆかなければならない。特にスーパーバイザー的な課長の配置とか各職種の専門性の充実などがポイントである」（福知山）、「組織はそのままでは永続するものではない。常に変化していくものである。内部で常に変化のための努力をしなければならない。変化に痛みはつきものである。この変化のチャンスをどう生かすかはその組織内部の人間の意志による」（舞鶴）などの感想がこの点に関しては寄せられている。

　以上、おおざっぱに再編の結果についてのアンケートを振り返ったが、私自身も先程の指摘「プラスにするかどうかは今後の職員の課題」「この変化のチャンスをどう生かすかはその組織内部の人間の意志による」という指摘を支持したい。再編結果についての議論の中では、「7年間かけてこれが仮にマイナスでしかないとしたら我々はいったい何をしてきたのだ？」「意地でもプラスと思いたい。そう思えぬとしたら、思えぬ者の責任をこそ問いたい」などの意見も出されたが、

第5章
誰のために闘うのか
◆児相再編物語

粘り強い交渉を通じ、新しくなった職場で私たちが新たな決意をこめて仕事に打ち込もうとする意欲を損なうようなものでは、少なくともなかったと、私は考えたい。

ところで、こうして再編の結果を考えてゆくときに、頭においていて然るべき視点だと私が思うものをここで記しておきたい。それは、「今度の児相再編は、児相整備の完了ではなく、実は次の再編計画の出発点であろう」ということだ。実際、1968年再編計画や1981年福知山児相の新築など過去の再編整備計画の経過は、こうした視点が決して根拠のないものではないことを示しているし、また今後とも、子どもをめぐる状況や児童相談所を取りまく諸情勢は変化を続けてゆくはずである。現に、京都府の今回の児相再編計画には直接影響はもたらさなかったものの、時期的には再編問題の最中の1985年7月12日、厚生省が「児童相談所の設置形態等について」との通知を児童家庭局長名でおろし、児童相談所のあり方について今後大きな影響を及ぼしかねない内容の提起をしてきている。ここではその中身を細かく検討する余裕はないが、私たちが今度の児相再編問題を総括してゆく際、単に過去を振り返るだけでなく、私たち自身がこうした再編結果を選択したという事実を前提に、これからの児童相談所のあり方、ビジョンをも見通し、必要な教訓を導きだしてゆかねばならないと思うのである。

私たちの取り組みについて

次に私たちの取り組みについてである。別添資料には具体的な数値を出していないが、アンケートでは私たちの取り組みについて、評価すべき点や反省すべき点についての設問がある。その中では、「問題を検討する組織が複雑で、またメンバーが偏り、成行きの分っている者とそうでない者とが分離し過ぎた」とか「職場討議は一定積み重ねられたとは考えるが全体のものにするための努力がなお一層必要であったし、役員の請負い主義的傾向も若干あって……」などの感想もあるが、アンケート項目の「①あなたは児相再編問題についての次長交渉や課長交渉に参加したことがありますか？」「②あなたは分会会議などこの問題についての話し合いには参加しておられましたか？」「③あなたはそのときどきの分会の方針や交渉の進展具合などについて知っていましたか？」というそれぞれについての回答を見るかぎり、交渉や職場討議などへの参加、分会や三児相研の方針の周知などある程度まではやれたのではないか、と考えるのはこの間事務局的な動きをしてきた私の単なる自己満足であろうか。確かに私自身の評価として、たとえば三児相研の機関紙もなく、ニュースがほとんど発行されなかった点など

> 総 括

は、こうして再編の経過をまとめながら強く反省させられる部分ではあったが……。

　その他、反省点と思われる指摘についてもう少し引用してみよう。「スクラップ＆ビルドという観点の当局に対して『止むを得ない』という気持ちが、全舞鶴的、全組合的になかなか抜けきらず、取り組みを困難にしたのではないか」「タイムリミットに対してどこまでタイムリーであれたか？」「専門分野以外の者の意見が出しにくい傾向があり、止むを得ない点ではあるが今後とも配慮を必要としよう」「対住民との関係では、ほとんど手を打つことができなかった」等々である。

　一方評価できることとしてあげられているものをいくつか列挙してみると、「児相再編問題についての交渉と並行して、業務についての検討がなされ、その都度報告を聞き、今まで他のセクションのことが良く理解できていなかったのが、今回広範囲に知ることができ、自分の仕事についても見通しができた」「数年に渡り、三児相、北部二児相および福祉部会等、組合的な活動を続けてきたことが、当局に一定の措置をさせた主な力といっても過言ではない」「日常的に全員が分会に団結してきたことが全体を貫く基本にある」「こと自分の公所のみといった『なわばり意識』からではなく、府下全体のレベルで『児相問題』について検討ができたこと、その中で問題の全体が検討できた」「毎日ケースに追われており、そのことは児相を考えているということにもなるのだが、再編問題を通じて、研修会、学習会、業務検討会議からの報告、交渉等の機会ごとに児童相談所を真正面から考えることができた」「このくらいまでやれたらまず良しと考えていいのではないか」その他である。

　評価すべきことも反省点も、長くかかわってきた私には、それぞれさもありなんと思えることばかりである。苦しくもまた楽しい、多忙ながらも深く考えさせられる、かけがえのない日々であった。

おわりに

　思いもかけず長い文章になってしまった。実を言うと、1987年の3月初旬にとりかかったこの論稿は、当初その月の終わりごろには400字詰め原稿用紙約40枚の小論として完成する予定だった。ところが、いざ書き始めると、最初の計画はすぐに変更を余儀なくされる。もちろん計画通りに修正する方法がないわけでは

> 第5章
> 誰のために闘うのか
> ◆児相再編物語

なかったが、私は途中ではっきり方針を変えたのである。つまり「全部書こう、この再編問題の全経過に、初めから終わりまでかかわってきた者のひとりとして、知っていること、感じたこと、考えたこと、調べたこと、議論したこと、ともかく記憶と資料にとめおかれているものは、枚数を気にせずあらゆることを書き残しておこう」と決意をした。

　そうすることにどんな意味があるのか、私には今もって十分な確信はない。ひょっとしたら何の価値もない、単なる駄文に過ぎないのかも知れないし、またこれを手にした人が結局最後までつきあいきれぬような長ったらしいだけの記録であるのかも知れない。にもかかわらず私が、予定に反し、何度も挫折しかけながらほぼ1年をかけて書き綴ってきたのはいったいなぜなのだろうか。実はそれすらも私にはよくわからないのだが、そのことも考えながら、ここで再び個人的な事情について語ることを許していただきたい。

　本文中でも少し触れたが、私は就職してから福知山児相に転勤するまでの10年間を舞鶴児相で働いてきた。だが、この舞鶴児相勤務は（というより心理判定員として児童相談所で働くということ自体が）私の意思のまったくあずかり知らぬところで決められたのも同然であった。そのあたりの詳しい事情はともかくとして、思いもかけず児童相談所で仕事を始め、途中転勤、職種がえということを何度も考えながら、いつのまにか児童相談所が好きになり、また児童相談所によって私の成長も保障された、そんなあれこれの記憶が刻みつけられているのが私にとっての舞鶴児相である。その舞鶴児相が、私たちの力及ばずとはいえ、結局廃止されてしまう、いやすでに廃止されてしまったのだ。もしかしたらこの事実が私の気持ちを駆りたて、拙い作文をさせたのかも知れない。

　児童相談所の再編問題にかかわり続けている間に、私自身は20代から早くも30代の後半にさしかかる年齢になってしまった。今は、12年間の活動の場であった京都北部を去って、新しく京都児童相談所の職員としての日々を送っている。児相再編が一応の決着をみた今、私の責務は、今後とも児童相談所問題に取り組みながらも、具体的な臨床を通じて児童相談所に貢献してゆくことではないかと考えている。

　この論稿を、私を育ててくれた舞鶴児童相談所に捧げることで、新しい時代に向かう私の決意としたい。

（1988年2月某日記）

あとがき

　京都府を退職し、単身横浜に来て子どもの虹情報研修センターで勤務するようになってはや4年目。ここに来て感じたことの一つは、児童相談所や市町村、児童福祉施設などの現場で働いている人たちの学ぼうとする意欲、エネルギーの強さであった。我が国の児童虐待対策はまだまだ発展途上にあり、試行錯誤を続けてはいるが、だからこそであろう、研修に参加された方々は誰もが、今起こっていることは何なのか、私たちは何をいかになすべきか、ということを目を皿のようにして探し求め、どん欲に血肉化しようとしている。確かに日々の業務は矛盾だらけ、過酷でバーンアウト寸前といった現実もあるけれど、こうして努力を続ける人たちを見るにつけ、私は素直に感動し、希望を失う必要など決してないと思うのである。

　一方、センターが講師として招いているさまざまな人たちの講義を聴いていると、その知見は多岐にわたり、まことに広く奥深い。逆に言えば、児童虐待問題の取り組みはそれだけ多くの分野にまたがり、なおかつ、年々その実践が深められ、知識も発展しているということだろう。

　では私は、このセンターでいったい何ができるのか、また何をなさねばならないのか。答えは簡単には見つからないが、それを自らに問い続けながら一つの形として表したのが、本書であると言ってもいい。

　とはいえ、今回ほど本づくりが苦しく、かつ楽しかったことはない。1980年代から現在に至るまでの20数年間、多くの出版社や種々の団体から依頼されて執筆し、あるいは自ら書き起こした原稿をゲラにしてみると、実は700ページにも達しようかという分量になった。そこから200ページを削り、テーマを確認して並べ替え、整え、ときには新たに"呟き"を加えてみる。文字どおり大変な作業だったが、その長い道のりが終点に近づくにつれ、それまで単なる原稿の山としか見えなかったものが、大げさに言えば、我が国の家族や子どもの状況、さらにはソーシャルワークのあり方などを徐々に浮かび上がらせる、ように私には思えてきたのである。

　だがこの作業、とても一人でできるものではない。明石書店編集部の森本直樹さんとは何度も話し合い、無数のメールも交換し、まさに二人三脚で作り上げた、それが本書である。この場を借りて、あらためて感謝を申し述べたい。

初出一覧

＊収録にあたっては加筆・修正を行った。また、タイトルを改題したものがある。

【第1章】
一本の木も黙って立ってはいられない　『補導だより』1996年夏号　京都府少年補導協会　1996年
被害者としての加害者　『刑政』2000年8月号　矯正協会　2000年
刃物をもちだす子どもたち　『児童心理』2000年12月臨時増刊号　金子書房　2000年
たった一度の"体罰"事件　『i feel』2001年春号　紀伊國屋書店　2001年
どこか気になる子どもたち　『総合教育技術』2001年6月号　小学館　2001年
暴力をふるう子どもたち　『公衆衛生』2001年11月号　医学書院　2001年
放任される子どもたち　『児童心理』2002年9月号　金子書房　2002年
キレる子ども、プラス大人たち　『女も男も』No.101秋号　労働教育センター　2004年
人権を侵害される子どもたち　『補導だより』2005年冬号　京都府少年補導協会　2005年
楽園を失った子どもたち　『京都の福祉』2007年5月号　京都府社会福祉協議会　2007年
最前線で考える子どもと家族の今　『子どもと福祉』第1号　明石書店　2008年
置き去りにされる赤ちゃん　『生命尊重ニュース』2007年10月号　生命尊重センター　2007年
現代社会の遠い隣人　『京都新聞』2007年9月3日「現代のことば」　2007年
権威をなくした父親　『京都新聞』2008年4月30日「現代のことば」　2008年
"ことば"を憎む子ども　『京都新聞』2008年12月10日「現代のことば」　2008年
所持金2円のひったくり犯　『京都新聞』2009年4月28日「現代のことば」　2009年
ストレスに押しつぶされた母親　『家族心理学年報』27　日本家族心理学会　金子書房　2009年

【第2章】
児童虐待防止法、ついに成立　『青少年問題』2000年7月号　青少年問題研究会　2000年
児童虐待防止法、施行直前　『母子保健情報』第42号　恩賜財団母子愛育会　2000年
児童虐待防止法、施行される　『ＣＡＰニューズ』39号　子どもの虐待防止センター　2001年
増える児童相談所の緊急対応　『現代の社会病理』17号　日本社会病理学会　2002年
むずかしい初期対応　『月刊福祉』2002年11月号　全国社会福祉協議会　2002年
学校による虐待通告　『月刊 健康教室』2004年11月号　東山書房　2004年
児童虐待防止法、改正される　『季刊児童養護』第35巻3号　全国社会福祉協議会全国児童養護施設協議会　2005年
児童虐待防止法、再び改正される　『そだちと臨床』3号　明石書店　2007年
児童福祉の貧困　『月刊ガバナンス』2007年10月号　ぎょうせい　2007年
虐待死した子どもが問いかけるもの　『小児看護』2009年5月号　へるす出版　2009年
いよいよ始まった親権制度の見直し　『季刊児童養護』第40巻4号　全国社会福祉協議会全国児童養護施設協議会　2010年
児童虐待防止法10年のパラドックス　『子どもの虐待とネグレクト』第12巻2号　日本子ども虐待防止学会　金剛出版　2010年

【第3章】
子どもが子どもであるための治療的アプローチ　『児童相談事例集』第15集　日本児童福祉協会　1983年
ユースホステル盗難事件　『京都児相レポート'89』　京都府京都児童相談所　1989年
それを調べて来てよ　未発表　1988年
症状が家族を結びつける　『児童相談事例集』第20集　日本児童福祉協会　1988年
夜逃げの家族　未発表　1999年
２度の立入調査と28条申立て　『子どもの虐待とネグレクト』第９巻第２号　日本子ども虐待防止学会　金剛出版　2007年

【第4章】
専門性と処遇力、その２　『日本の児童福祉』13号　全国児童養護問題研究会、全国児童相談研究会　1998年
多忙の海に溺れる児童福祉司　『福祉労働』84号　現代書館　1999年
現場で生まれ、現場を支える児相研　『日本の児童福祉』20号　全国児童養護問題研究会、全国児童相談研究会　2005年
児童相談所 Weekly　児相研メーリングリスト　2000年10月～2002年11月

【第5章】
誰にために闘うのか　『舞鶴児童相談所記念文集「1948～1987」』　舞鶴児童相談所記念文集委員会　1989年

【著者紹介】
川﨑二三彦（かわさき・ふみひこ）
子どもの虹情報研修センター研究部長。京都大学文学部哲学科卒業。児童相談所で32年間勤務し、京都府宇治児童相談所相談判定課長を経て、2007年度より現職。
おもな著書に「子どものためのソーシャルワーク」シリーズ（全4巻）『虐待』『非行』『家族危機』『障害』（明石書店）、『児童虐待──現場からの提言』（岩波新書）、編著書に『日本の児童相談──先達に学ぶ援助の技』（明石書店）などがある。

子ども虐待ソーシャルワーク
──転換点に立ち会う

2010年11月29日　初版第1刷発行
2012年1月31日　初版第2刷発行

　　　　　著　者　　川﨑二三彦
　　　　　発行者　　石　井　昭　男
　　　　　発行所　　株式会社　明石書店
　〒101-0021　東京都千代田区外神田6-9-5
　　　　　　　　電　話　03 (5818) 1171
　　　　　　　　ＦＡＸ　03 (5818) 1174
　　　　　　　　振　替　00100-7-24505
　　　　　　　　http://www.akashi.co.jp

　　　　　装幀　　松田行正＋山田知子
　　　　　印刷・製本　　モリモト印刷株式会社

（定価はカバーに表示してあります）　　ISBN978-4-7503-3308-3

|JCOPY|〈(社)出版者著作権管理機構　委託出版物〉
本書の無断複写は著作権法上での例外を除き禁じられています。複写される場合は、そのつど事前に、(社)出版者著作権管理機構（電話 03-3513-6969、FAX 03-3513-6979、e-mail: info@jcopy.or.jp）の許諾を得てください。

いっしょに考える子ども虐待

川﨑二三彦・増沢 高 編著
小林 登 監修
〈A5判／並製〉
◎2000円

「子ども虐待について真摯に考えることは、すべての子どもたちの未来を考えることである」

子ども虐待の本質から、日本における子ども虐待の歴史や実態、子ども虐待対応の現状と課題、さらに子ども虐待に近接する近年の諸問題まで、子ども虐待問題を総合的にとらえ、いっしょに考えるための本。

内容構成

第1部　子ども虐待の理解と援助
- 第1章　子ども虐待とは
- 第2章　子ども虐待対応の歴史
- 第3章　子ども虐待がもたらす影響
- 第4章　子ども虐待の発生を防ぐ取り組み――早期発見と対応システム
- 第5章　虐待を受けた子どもへの治療的援助
- 第6章　性的虐待への対応と課題
- 第7章　子ども虐待防止とそれに関連する諸問題

第2部　子ども虐待防止とそれに関連する諸問題
- 第8章　子どもの虐待死を考える
- 第9章　援助者のまどいと悩み
- 第10章　多分野協働における課題
- 第11章　児童養護施設と里親
- 第12章　インターネットと子どもたち
- 第13章　子どもを取り巻く環境
- 終章　子どもにやさしい社会を築こう――「子ども虐待」予防のために

日本の児童相談――先達に学ぶ援助の技

川﨑二三彦・鈴木崇之 編著
〈四六判／並製〉
◎2400円

児童虐待時代といわれる今だからこそ、児童福祉の世界を生き抜いてきた先達を訪ね、思いきりいろんなことを訊いてみたい――。そんな著者の思いから生まれたインタビュー集。60代から80代までの元ソーシャルワーカーたちがこれまでの実践を振り返る。

内容構成

- **田中島晃子さん**（東京都）――オウム真理教事件にも挑んだパイオニア
  あなたの感性を磨きなさい
- **加藤俊二さん**（愛知県）――七つ道具はバットにグローブ、ジーパンや石鹸
  バンザイ、俺は福祉司だ！
- **鈴木豊男さん**（茨城県）――担当地域を限なく歩いた児童福祉司
  児童相談所には文化がなきゃ駄目だね
- **伊東美恵子さん**（大阪府）――児童福祉司一筋三八年
  悩んで悩んで道が開ける
- **山本昭二郎さん**（大阪府）――八〇歳を過ぎてなお現役の心理臨床家
  人には大切な出会いがあるんでしょうね
- **渡真利源吉さん**（沖縄県）――占領下の沖縄で児童福祉の礎を築く
  だから私は馬鹿だと言われるんですよ
- **津崎哲郎さん**（大阪市）――介入的ソーシャルワークはこうして生まれた
  待っているだけではあかんのです

〈価格は本体価格です〉